호텔총지배인의
호텔경영론

Introduction to
Hotel Management

머리말

호텔기업에서는 어떤 호텔리어를 원할까?

"뛰어난 사람"보다 "적합한 사람"이 바로 호텔기업에서 요구하는 진정한 호텔리어이다.

그럼 대학에서 호텔경영학이라는 교과목을 처음 접하는 학생들은 어떤 생각을 할까?

우수한 호텔기업에서 전문인재로 근무하는 호텔리어가 되기 위해서, 호텔경영에 관심이 있어서, 호텔을 이해하기 위해서, 호텔경영에 관한 지식을 쌓고 싶어서, 호텔이라는 막연한 동경의 대상이어서 등 다양한 관점에서 호텔경영학을 접근하고 공부를 시작할 것 같다.

우리는 지금 "호텔기업이 호텔경영학을 공부하는 모든 사람들을 기다릴 수 있지 않다는 것과 호텔산업이 지금과 같이 지속적으로 성장하고 성숙할수록 전문 인력을 요구하고 있기 때문에 더욱 더 체계적이고 시스템적인 측면에서 완벽하고 효율적인 성과도출을 위한 멘토적 역할의 호텔경영 지침서를 통해 호텔기업에서 원하는 "적합한 사람의 진정한 호텔리어"가 되기 위한 호텔경영학문의 접근이 필요하다는 것을 인식해야 한다.

저자가 호텔생활을 처음 시작해서 총 관리자가 되기까지를 돌아보면 대학에서 배웠던 호텔경영학이라는 교과목 내용 보다는 호텔경영에 대한 무지의 상태에서 호텔 업무를 시작했던 것 같다. 호텔기업 현장에서 일하면서 보고, 배우고, 느끼는 모든 것이 새롭고 낯설게만 와 닿았으며, 앞으로의 호텔리어가 갖추어야 할 이론적 지식이나 전문성에 대한 중요성을 재인식하고 미래 전문인으로서의 호텔리어에 대한 큰 그림을 그리면서 총 관리자 자리까지 걸어왔다.

학교에서 배웠던 것과 호텔기업 현장에서 배우는 업무에 대한 지식과는 많은 부문이 일치하는 동시에 실무에 종사하는 현실에서는 많은 차이점으로 인해 근무하면서 어려움이 많이 나타나게 된다. 이는 곧 대학에서 배웠던 교재 속에 내용은 있지만 호텔기업 현장과 현실에서의 내용과 많은 부문에서 다르게 담겨져 있어서 이해하고 비전을 제시하는데 한계가 있었다는 것이다.

　이에 저자는 호텔경영학에 있어서 실무적 관점에서 기본적인 이론과 학자적인 관점에서의 실무적 내용을 담을 수 있는 지침서가 필요하다는 것에서부터 본서를 저술하게 되었다.

　구체적으로 본서는 호텔경영학을 배우고 연구하는 대학생들과 현업에서 근무하는 호텔 실무자들을 위하여 호텔경영학에 대한 기초적인 이론을 바탕으로 실무적인 방법으로 접근한 호텔경영학의 입문서이다. 또한 이 저서는 호텔에서 경험한 실무를 중심으로 하여 호텔에 재직 중인 선·후배들의 자문과 호텔 관련 연구자 및 교수님들의 저서와 논문 및 호텔의 매뉴얼들을 참고로 하였다. 특히, 호텔의 현장감을 포함한 이론적 지식체계를 살리기 위해 호텔에서 실제 사용하고 있는 다양한 양식, 교육자료 및 사례들과 연계해 저술하였다.

　이러한 본서의 구성은 제1장에서 호텔경영의 이해, 제2장 호텔산업의 발전과정, 제3장 호텔산업의 구조와 현황, 제4장 호텔기업의 경영형태, 제5장 호텔기업의 등급제도, 제6장 호텔객실, 제7장, 호텔 식음료 & 연회컨벤션, 제8장 호텔 마케팅, 제9장 호텔 인적자원관리, 제10장 호텔관리 지원, 제11장 호텔 사업계획, 제12장 호텔경영전략과 미래호텔경영으로 기술하였다.

　호텔산업은 국내·외의 관광객에게 필수적인 인프라시설로서 관광의 질을 향상시킬 뿐만 아니라 높은 고용창출을 비롯한 경제적 파급효과와 차별적 관광자원으로서의 문화적 파급효과를 유발하는 중요한 산업으로 모든 사람들에게 관심의 대상이 되고 있다. 본서를 통해서 미래의 호텔리어가 될 대학생들이 미래를 예측하면서 현실을 가장 현명하게 준비하고 살아가는 예비 호텔리어가 될 수 있기를 기대해본다.

　본 저서가 발간되기 위해 호텔경영학과 관련된 저술과 연구를 해주신 선배 저자 분들께 참고 및 인용할 수 있는 기회주심에 대한 감사의 인사를 먼저 드리며, 호텔기업에서 사진촬영 및 직간접 인터뷰에 응해주신 호텔 관계자분들, 발간과 관련된 한올출판사 관계자분들께도 감사드립니다.

　감사합니다.

2015년
저자일동

Contents

차 례

CHAPTER **01**

호텔경영과 산업의 이해

호텔경영과 산업의 이해

제1절 호텔의 정의 및 개념

01 호텔의 어원

현대적 의미에서 호텔이란 용어가 영어로 처음 사용된 것은 약 200여년 전인 1726년으로, 런던에서 호텔서비스인 고객의 짐을 운반해 주는 포터 그리고 객실의 등록담당직원 및 벨맨의 서비스를 받을 수 있는 곳을 메들릭이 호텔이라고 칭하였다고 한다. 그 이후 18~19세기에 들어와서 유럽이나 미국에서 사용되었는데, 호텔의 어원은 라틴어의 Hospes에서 유래되었으며 이 단어는 나그네, 손님, 타향인, 혹은 그들을 접대하는 숙소의 주인이라는 뜻이다. Hospes의 파생어인 Hospitalis는 융숭한 대접을 뜻하는 형용사이다. Hospitale은 Hospitalis의 중성형으로 참배자, 혹은 순례, 여행자를 위한 숙박 장소라는 뜻으로 병원Hospital과 호텔Hotel의 어원이 되기도 한다.

숙박시설의 초기 형태로 보여지는 Hospital은 지금은 환자를 치료하는 병원의 뜻이지만 옛날에는 업무상 이동하는 사람들의 간이휴식장소와 숙박하는 장소였었다. Hospital은 두 가지의 기능이 있는데, 하나는 여행객을 편하게 쉬게 하는 장소였으며, 다른 하나는 부상자나 병자를 숙박시키면서 간호하는 시설이었다. 따라서 전자의 경우는 그 성격이 발전하

👨‍🍳 학습목표

☑ 왜 호텔경영학문이 필요한가?

☑ 현대적 의미에서 호텔의 정의와 개념을 이해한다.

☑ 호텔에 대한 긍정적인 시각과 부정적인 시각에
   대해서 이해한다.

☑ 호텔산업의 특성과 기능을 숙지한다.

CHAPTER **01**

호텔경영과
산업의 이해

호텔경영과 산업의 이해

제1절 호텔의 정의 및 개념

01 호텔의 어원

현대적 의미에서 호텔이란 용어가 영어로 처음 사용된 것은 약 200여년 전인 1726년으로, 런던에서 호텔서비스인 고객의 짐을 운반해 주는 포터 그리고 객실의 등록담당직원 및 벨맨의 서비스를 받을 수 있는 곳을 메들릭이 호텔이라고 칭하였다고 한다. 그 이후 18~19세기에 들어와서 유럽이나 미국에서 사용되었는데, 호텔의 어원은 라틴어의 Hospes에서 유래되었으며 이 단어는 나그네, 손님, 타향인, 혹은 그들을 접대하는 숙소의 주인이라는 뜻이다. Hospes의 파생어인 Hospitalis는 융숭한 대접을 뜻하는 형용사이다. Hospitale은 Hospitalis의 중성형으로 참배자, 혹은 순례, 여행자를 위한 숙박 장소라는 뜻으로 병원^{Hospital}과 호텔^{Hotel}의 어원이 되기도 한다.

숙박시설의 초기 형태로 보여지는 Hospital은 지금은 환자를 치료하는 병원의 뜻이지만 옛날에는 업무상 이동하는 사람들의 간이휴식장소와 숙박하는 장소였었다. Hospital은 두 가지의 기능이 있는데, 하나는 여행객을 편하게 쉬게 하는 장소였으며, 다른 하나는 부상자나 병자를 숙박시키면서 간호하는 시설이었다. 따라서 전자의 경우는 그 성격이 발전하

면서 Hostel, Inn을 걸쳐 현재의 Hotel로 변하였고, 후자의 성격이 오늘날의 병원으로 발전하게 된 것으로 추측할 수 있다.

　호텔과 종합병원의 건물구조와 기능을 보면 거의 유사한 형태를 볼 수 있다. 기능이 같은 건물구조의 한 가지 예를 보면, 호텔의 객실과 병원의 병실 등 비슷한 운영시스템을 가졌기 때문에 전쟁 중에는 시내의 호텔이 야전병원의 기능을 그대로 수행할 수 있는 것으로 볼 때 호텔과 병원이 같은 어원에서 발전된 것으로 볼 수 있다. Hostel은 오늘날에 학생들의 기숙사 · 청소년 호텔youth Hostel로서의 의미로 사용되고 있으나, Hospitale 에서 Hospital, Hostel, Inn, Hotel로 발전하는 하나의 중요한 형태였다고 할 수 있다.

02　호텔의 정의 및 개념

　우리나라에 현대적 의미의 호텔이 도입된 지도 근 1세기가 경과되었으며, 그동안 관광산업의 발전과 더불어 수많은 호텔이 건립되었다. 이에 따라 호텔의 정의 및 기능에 있어서도 변화의 추세가 뚜렷하게 나타나고 있다. 초기 호텔은 숙박기능을 중심으로 운영되고 있었으나 현대의 호텔은 보다 다양화 · 다기능화되어 가고 있는 추세이며, 호텔 수입 또한 더 이상 외국인의 소비에 의존하지는 않는다. 이것은 문화변화에 따라 생활패턴이 전통적 생활양식에서 현대적 생활양식으로 바뀌어감에 따라 수반되는 현상으로서 호텔은 기존의 가정의 역할 중 많은 부분을 대리하게 되었다.

　호텔을 일반적으로 정의하면 객실과 식사 및 부대서비스를 제공할 수 있는 시설을 갖추고 일정한 지불능력이 있는 사람에게 잘 교육되고 훈련된 예절이 바른 전문 종사원이 조직적으로 봉사하여 그 대가를 받는 기업이다. 또 여행자를 위한 각종 편의를 제공하는 시설, 즉 객실, 식당, 주차장 및 각종 오락시설 등을 갖추고 사회의 공공기업체로서 사명을 다하는 서비스사업체이며 생활에 편리한 현대적 각종 시설을 갖추고 인간의 숙박 및 식사를 계속적으로 제공하는 장소로 종래의 hotel, inn에 비하여 근대적인 호화설비를 갖추고 많은 국내외의 외래객을 일시에 수용할 수 있는 현대적 빌딩이다.

현대적 호텔의 개념

- 영리추구를 최우선 목적
- 지역사회 및 국가에 대한 사회적 책임
- 숙박 및 식사, 연회컨벤션 및 기타 부대시설을 보유하고 판매
- 사업, 사교, 오락, 휴양, 문화 등의 교류의 장소

❖ 버즈알라랍호텔, 자료 : 해당 호텔

전통적인 호텔은 여행자에게 수면, 음식, 생명과 재산의 보호 등의 기본적인 기능을 제공하였다. 즉, 호텔은 여행자에게 따뜻하고 친절하게 봉사해야 하는 기업으로 손님에게 가정을 떠난 집처럼 아늑한 분위기를 조성해 주는 환대산업으로 표현하기도 했다.

호텔의 개념에 대해서는 학계는 물론 각 국가에서도 다양하게 표현되고 있어 명확한 정의를 정립하기 어렵다고 할 수 있다. 더욱이 관광객의 욕구가 다양해짐에 따라 호텔업의 기능도 전통적인 체재기능 이외에도 사교, 문화교류의 장소 등과 같은 다양한 기능과 역할을 수행하는 호텔multi-role hotel로 그 의미가 지속적으로 변화되어오고 있으며, 종래의 홈home 기능에서 호텔의 사회적. 문화적 역할을 강조하는 기능으로 확대 변화되어 가고 있다.

호텔을 운영하는 관리자의 경영능력과 자본시설을 바탕으로 객실, 식음료, 부대시설 그리고 호텔건물과 시설 등의 물적 서비스와 종사원의 인적 서비스를 조화시켜 상품으로 만들어 판매하는 하나의 종합기업으로 성장하고 있으므로 이에 대한 개념을 시대에 맞게 정립시켜 보다 효율적인 호텔관리를 위해 도움을 줄 수 있어야 한다. 오늘날 호텔의 개념도 하나의 사기업으로서의 숙박과 음식을 제공하는 시설이라는 기본적인 인식과 더불어 오늘날에는 영리를 목적으로 하면서 사회와 국제 간의 문화교류의 장소로서 그 기능을 수행하는 사업으로 인식을 하는 것도 중요한 의의가 있다고 하겠다. 따라서 관광호텔이란 객실 및 식음료 시설 등 다양한 시설을 확보하고 서비스 체제를 확립하여 관광객에게 만족을 제공하는 기업으로서 이윤을 추구함과 동시에 문화교류의 역할을 수행하는 공익적 사업이다.

🔊 호텔에 대한 인식

■ 긍정적인 인식
  1) 대표성 이미지
  2) 관광산업의 핵심으로 인한 국가핵심전략 산업인식
  3) 일자리 창출의 핵심으로 인한 긍정적 경제적 파급효과
  4) 다양한 시설을 통한 사회문화적 편의제공을 통한 삶의 질 향상
  5) 외래관광객 이용극대화를 통한 한국 이미지의 긍정적 제고
■ 부정적인 인식
  1) 특수층의 전유물이라는 인식
  2) 고가인식으로 인한 호화사치
  3) 사회문화적 부정의 양산
  4) 노동력 중심의 산업
  5) 호텔종사원들에 대한 부정적 시각

제2절 호텔의 의의

01 현대적 의미의 호텔

호텔은 다양한 이용목적을 가진 여행자를 위하여 숙박과 식사를 제공하는 대중적인 숙박 장소로서의 의미를 갖고 있었으나 사회 환경의 변화, 소득의 증대, 여가의 증대, 교통기관의 발달, 정보의 증대, 소비자 가치관의 변화 등 제반환경의 변화에 따라 그 기능도 다양화되고 있다. 오늘날 호텔은 대규모의 현대적 시설과 서비스가 상품화되었다는 인식을 하게 되었고 서비스의 기술혁신과 고도로 개발된 신규시설에 의존하게 되었다. 현대적 의미에서 호텔은 시설의 규모나 운영방식 그리고 호텔의 위치 및 성격에 따라 다양하게 나타나고 있다.

따라서 호텔의 기능은 영리추구의 최우선목적, 공공사회에 기여하는 공익성, 숙박시설을 포함한 제반시설의 현대화, 식사 제공장소로서의 시설, 사교 및 오락장소로서의 시설, 비즈니스 활동장소로서의 시설, 지역 및 국가 사정에 따라 카지노시설, 건강 및 휴식을 위한 장소로서의 시설, 호텔이 위치한 지역의 종합적인 관광발전에 선도적인 역할 수행, 종합적인 여가시간 활용, 문화시설 및 사업활동을 제공할 수 있는 공간적 여건 및 분위기를 제공하여 즐거움과 안락함 등을 제공한다는 의미가 함축되어 있다.

현대호텔이 추구해야 하는 기능은 호텔의 제諸개념을 충족시키고, 각 호텔의 실정에 맞는 특성과 여건을 살려 효율적인 운영으로 개인생활, 개인사무실의 공간개념보다는 그 지역사회의 경제, 문화, 사회, 예술, 소통 등의 활용공간기능을 갖게 되었으나, 호텔을 이용하는 고객층의 상품에 대한 가치기준의 욕구가 다양해짐에 따라 호텔업도 환경변화에 대응하기 위한 고급화, 개성화, 대중화, 편리화, 오락화와 더불어 다양한 서비스를 제공해야 할 것이다.

- 경제적 측면에서 서비스산업으로서의 지역의 소득 및 고용효과가 크다.
- 호텔과 관련된 여행업, 농수산업, 제조업, 건설업, 교통 등 지역경제의 파급효과가 크다.
- 사회문화적 측면에서 지역문화와 연계되어 지역문화관광을 선도하며, 국가 간, 지역 간, 산업 간, 지역주민 간의 핵심역할을 수행한다.
- 정책측면에서 관광활동의 핵심적 산업이므로 국제적 경쟁우위를 확보하여 전략적 미래산업으로 개발할 필요성이 확되대고 있다.

02 호텔의 기능

호텔의 기능은 "제2의 가정이다."^{A home away from home} 라고 하거나, "가사기능을 생산판매하는 기업이다."라고 말한다. 근대산업사회 이전까지의 숙박시설^{hospice, hostel, inn}의 기능이란 취침·식사 등의 단순기능시설^{a place of shelter and rest of travelers}로서의 역할만을 담당하여 왔다. 서비스 산업시대에 돌입하면서 초기 산업시대에 단순기능을 위한 시설에서 담당하여 왔던 대부분의 소비생활 기능과 휴식·오락·보호·교육기능까지 호텔의 기능으로 이전되고 있다. 이것은 현대호텔이 현대인들의 기본적·문화적 제 욕구와 원래의 가정기능에서 상실되었던 제 기능의 대부분을 여기서 되찾을 수 있기 때문이다. 그러므로 우리들은 "호텔이 제2의 가정"이라고 한다. 일반적으로 호텔기능으로는 숙박기능, 음식기능, 연회기능, 공공기능 및 관리기능 등을 들 수 있다.

1) 과거 호텔기능

과거 호텔의 기능은 기본적인 인간의 생리적 욕구충족을 목적으로 하는 것으로서 잠자는 곳^{숙박기능}, 먹는 곳^{음식기능}, 모이는 곳^{집합기능} 등 장소적 기능이 주체를 이루고 있었다. 그러나 오늘날 식사는 즐거운 대화를 위한 욕구충족으로써, 숙박은 생명의 안전과 휴식을 확보함으로써 여행목적을 달성하기 위한 수단이 되고 있다. 집합기능도 단순한 사교욕구에의 대응수준에서 보다 고차원적인 욕구에 대응하는 것으로 변하고 있다. 이처럼 사회의 가치기준은 양적 · 질적으로 변하고 있고, 호텔경영자의 전략적 대응을 촉구하고 있다.

최근 호텔들은 위의 3가지 기본적 기능 외에 보조적인 부대서비스 기능으로서 수영장, 피트니스센터, 스파, 테니스 코트, 풋살장, 농구장, 오락실, 쇼핑 등을 갖추고 있다. 시장의 성숙에 따라 종래의 낮은 비중이었던 부대서비스 기능이 독립된 기능으로서 존재하게 된 것이다. 부대서비스의 여러 기능들도 단순한 시설기능이 아닌 사용방법이나 질적인 면까지 고려하게 되었다.

2) 현대 호텔기능

경제성장의 결과로 물건이 풍부해지자 사람들의 관심은 물건에서 마음, 즉 정신적인 풍요로 관심을 돌리는 사회적 현상이 나타나고 있다. 이것은 단순한 다양화가 아니라 양적 · 질적인 고도화를 포함하는 것이다. 사람들의 의식변화가 진행되면 시장의 요구는 유형물에서 무형물의 가치로 옮겨지게 되며, 호텔경영의 관리대상도 확대되어 다양화되고, 새로운 상품가치를 창출하도록 해야 한다.

오늘날의 호텔은 숙박, 식사, 고객의 재산과 안전에 대한 보호의 책임뿐만 아니라 청결 · 위생과 안락을 위한 최상의 시설을 제공하고 있다. 동시에 비숙박자에게도 널리 개방되는 공공장소의 성격에다 레저와 문화의 중심센터라는 별도의 기능이 추가되었다. 즉, 숙 · 식 · 락 · 안 · 공 · 문宿·食·樂·安·公·文기능의 확대라고 할 수 있다. 이러한 호텔기능의 확대로 호텔을 '하나의 작은 세계'small world, '하나의 작은 나라'small country, '도시 속의 도시'city within a city로 일컬어지기도 한다. 또한 호텔은 국제적인 사업이므로 타국가의 국민뿐만 아니라 자국민을 포함한 온갖 사람의 단면을 대할 수 있는 작은 국제사회small international society이기도 하다.

호텔의 기능

- 이용객의 안전한 체류와 숙박의 기능
- 지역문화의 허브기능 및 관련 산업과 연계된 경제적 파급효과의 분배기능
- 다양한 관광상품과 연계되어 상품의 개발과 지원기능
- 이용고객의 삶의 질 향상을 통한 자아실현기능
- 외식의 기능과 사회문화 교육의 기능

∷ 서울 그랜드힐튼호텔과 밀레니엄힐튼호텔, 자료 : 해당 호텔

제3절 호텔산업의 특성

01 경영상의 특성

1) 인적 자원의 의존성

호텔기업은 서비스산업의 특성상 기계화나 자동화와 같은 합리적인 서비스방법에 의해 고객만족을 줄 수 없다. 사람이 직접 서비스의 생산과정, 제공과정 및 만족과정에 참여하고 있다. 그로 인하여 인적 자원에 대한 의존성이 커질 수밖에 없으며, 그에 따른 인건비의 지출이 경영자 입장에서의 과다지출과 연계될 수 있다. 실제 호텔 내 가장 많은 인적 의존성이 높은 호텔 레스토랑에서 서비스상품을 생산하기 위해서는 조리부서의 서비스인력과 레스토랑의 서비스인력의 참여를 통해서 생산되고 제공되어 고객의 만족을 줄 수 있다.

2) 연중무휴 경영

호텔기업은 부서별로 서비스를 제공하는 시간이 차이가 있다. 레스토랑이나 연회컨벤션 및 부대시설은 1일 이용시간의 제한이 있지만, 대표적으로 객실부서와 그와 직접 관계되는 부서는 객실을 이용하는 투숙고객으로 인하여 1일 24시간, 1년 365일 고객서비스를 제공하고 있다. 그에 따른 서비스제공자인 호텔종사원들도 다른 산업과 비교해 상대적으로 근무시간과 근무일 및 근무요일이 다른 경우가 많다.

3) 협력에 의한 서비스상품의 생산

호텔기업은 서비스종사원들의 서비스에 대한 전문지식과 마인드를 기본으로 개인적인 서비스능력과 더불어 서비스를 제공하는 접점에 있는 모든 구성원들의 서비스 제공능력이 종합적으로 하나의 서비스상품과 연계되었을 때 종사원들의 협력을 통한 서비스상품 제공으로 고객만족을 찾을 수 있다. 예를 들어 호텔에 투숙하기 위해 호텔에 예약, 도착, 투숙, 투숙 중 부대시설 이용 등이 각각의 접점에서 고객만족을 줄 수 있을 때 고객은 만족한다.

4) 서비스상품 제공자의 근무환경

호텔기업에서 서비스상품을 생산, 제공하는 종사원들은 다른 산업 근무여건이나 환경보다 더 쾌적하고 우수한 조건에서 근무한다. 또한 서비스유니폼과 신발 등 개인적인 지출을 통한 구매가 아니라 호텔기업에서 부담하는 서비스유니폼 등을 제공해준다. 겨울이나 여름의 계절의 특성을 충분히 고려한 근무환경, 청결과 이미지상에서 최고의 서비스상품을 제공해야 한다는 특성이 종사원의 근무환경으로 그대로 연계되어진다.

5) 부문별 영업시간의 상이성

호텔에는 다양한 영업시설, 즉 식당 또는 라운지 등의 시설이 있으며, 영업활동은 각각의 분야에서 발생되기 때문에 판매시점에 대한 관리가 필요하게 된다. 이와 관련하여 회계에 있어서는 거래의 인식 및 그 기록과 함께 매상에 대한 계속적인 통제기능의 수행이 요구된다. 상품과 서비스를 판매하는 호텔업은 타 산업에 비해서 운영방법과 고객에 대한 대금회수의 어려움이 있으며, 판매활동을 정확하게 하기 위해서 내부적인 회계시스템 및 기록 · 유지를 위해 부가적인 시스템이 필요하다.

6) 운영관리의 다원성

경제의 발전, 사회환경의 변화, 관광여행이 다중화되어 고객은 다양한 시설을 요구하게 되었다. 따라서 호텔의 업종도 복합적으로 운영되는 성격이 있으며, 객실, 식음료, 스포츠, 오락 등과 같은 상품을 판매하므로 경영관리상의 적용기법을 달리해야 한다. 또한 호텔이용고객의 변화에 따라 욕구를 충족시키기 위한 기본적 기능 외에 문화서비스, 회의서비스, 유통서비스, 건강관리서비스, 정보교환의장, 여가스포츠 등 다양한 기능의 상품개발이 요구된다.

02 서비스상품상의 특성

1) 인적 서비스에 의한 상품성

호텔기업은 객실, 식음료, 연회컨벤션 등과 같은 부대시설의 서비스상품을 종사원의 서비스를 통해 판매하고 있다. 그렇기 때문에 아무리 좋은 서비스상품이라도 종사원의 서비스제공 질에 따라서 만족의 차이가 다르게 나타날 수 있다. 아울러 호텔 서비스상품의 완성도 또한 서비스종사원에 의해서 완성되어지고 고객에게 최종 전달과 판매가 이루어진다.

2) 상품의 이동 불가능성

호텔서비스 상품은 이동할 수 없는 특성을 가지고 있다. 호텔의 핵심상품인 호텔 객실과 호텔 레스토랑 상품, 또 유무형의 서비스가 함께 구성된 서비스상품은 고객의 직접적방문과 이용을 통해서 소비가 된다. 일부 출장연회와 같은 경우를 제외한다면 고객이 특정한 장소로 상품을 옮겨서는 사용할 수 없다.

3) 상품의 저장 불가능성

호텔의 서비스상품은 저장할 수 없다. 일반 제조상품은 오늘 판매되지 않으면 내일 다시 판매될 수 있는 기회가 있지만, 호텔기업의 객실상품은 항공기의 항공좌석과도 같기 때문에 당일날 판매되지 않으면 그 일자에는 영원히 판매할 수 없는 특성을 가지고 있다.

4) 상품의 무형성

호텔 서비스상품의 특징 중 하나는 실제를 보거나 만질 수 없다는 것이다. 객관적으로 누구에게나 보이는 형태로 제시할 수 없으며, 물체처럼 보거나 만져볼 수 없다. 따라서 그 가치를 파악하거나 평가하는 것이 어렵다. 호텔 서비스상품과 비슷하게 교육서비스, 법률이나 의료서비스의 경우도 이용 전 사전에 서비스상품을 평가하기 어려운 특성을 가지고 있다.

5) 상품의 동시 소비성

호텔상품은 객실과 식음료가 주된 상품으로 되어 있다. 호텔상품은 소비자가 직접 현장에 와서 그 즉시 이용하거나 매입하지 않으면 안 된다. 따라서 호텔제품의 생산과 소비는 거의 동시에 발생한다.

호텔의 상품은 시간적 · 양적 · 장소적 제약을 받는다. 호텔상품의 가치는 24시간이 지나면 소멸되고, 오늘 팔지 못한 객실을 재고로 두었다가 다음 날 다시 팔 수 없다. 또한 음식상품도 수요예측을 할 수 없어 식품을 저장하여 두면 그 호텔기업의 특성이 변질되기 쉽다. 그러므로 호텔상품은 생산과 판매가 동시에 이루어져야 할 것이다.

일반상품은 수요가 증가하면 대량생산으로 수요와 공급의 균형을 유지할 수 있지만 호텔상품은 초과예약Over-Booking의 범위도 5~10%에 한정되어 있다.

6) 상품판매관리의 특성

호텔에서의 상품판매는 고객의 방문에 의해서 생산이 되고 판매되는데, 이는 고객에게 기본적으로 제공이 되는 상품, 서비스가 호텔의 신용취급을 하는 범위 내에서 이루어진다. 고객에게 신용제공한도line of credit를 인정하고 다양한 서비스를 준비, 제공하는 것이 호텔업이다. 고객의 숙박등록은 호텔시설의 이용을 통한 신용제공의 시작이며 이용하는 시점에서 지불되는 경우는 많지 않다. 고객이 이용한 식당, 바, 세탁비용을 퇴숙check -out까지 연기했다가 지불할 수 있도록 인정하는 예라고 할 수 있다. 따라서 체재객의 출발을 고려하여 항상 고객의 각 계정으로 된 고객원장^{guest folio}에 매일 매일 그 매출액을 정확히 기록, 계산 처리함으로써 어느 시점이라도 계산을 청구하여 회수할 수 있는 준비가 갖추어져야만 한다.

03 시설상의 특성

1) 시설의 조기 노후화

호텔기업은 건물의 외관이나 실내의 집기비품이나 인테리어 등 외형적인 서비스상품에 대해서도 중요하게 영향을 미친다. 특히 호텔 객실이나 레스토랑의 경우는 더욱 더 물리적 환경이 중요하게 인식되어 고객유치와 이용만족과 직접적인 연관성이 있다. 또한 일반기업에 비해 공공의 장소로서 기능을 하고 있다는 점에서 시설의 노후화가 빨리 진행되는 곳이 호텔이다. 시설노후화가 빠르면서 동시에 최고의 시설을 유지하고 제공해야 하는 호텔기업의 시설관리 목적은 고객만족이다.

2) 비생산적인 공간의 확보

호텔시설은 호텔서비스를 이용하는 고객입장에서의 필수공간과 서비스상품을 생산하고 제공하는 종사원의 필수공간이 필요하다. 하지만 호텔기업은 이러한 공간 이외에도 호텔로비와 같은 공공장소로서의 시설을 필연적으로 갖추어야 한다. 즉, 생산적 요소 이외에도 비생산적인 요소로서 많은 투자가 필요한 공간을 확보해야 한다.

3) 고정비 지출의 고율성

일반적으로 기업의 지출은 고정비와 변동비로 구분이 되며, 호텔기업은 다른 기업에 비해서 높은 고정비를 감수해야 한다. 호텔의 고정비라 할 수 있는 인건비, 전기료, 연료비 등은 고객의 숙박 유무와 관계없이 비용지출을 초래하기 때문에 경영상 애로 요인이 된다. 기업의 유동비율은 제조업$^{95.5\%}$과 건설업$^{119.3\%}$보다 낮은 호텔업$^{44.5\%}$으로 타 업종에 비해서 매우 저조하며, 업종의 특성상 고정비율이 높기 때문에 단기지불능력에서 모든 호텔의 유동비율이 매우 낮은 것으로 나타났다. 그러나 고정비율은 매년 감소하여 표준비율에 접근하면서 안정된 수준을 보이고 있고 부채비율도 감소하고 있다고 할 수 있다. 이러한 요인은 호텔업의 시설 투자를 하는 경우 부채보다는 자기자본에서 투자비용을 충당하고 있는 것에 기인한다.

04 회계상의 특성

1) 초기자본의 막대한 투자

최고의 물리적 환경을 갖추어야 하는 호텔기업은 타 산업과 비교해 최초의 일시적 투자가 막대한 규모로 이루어진다. 방대한 투자를 요하는 호텔은 다른 일반산업시설이 연차적으로 확장하고 재투자를 할 수 있는 데 반하여, 호텔시설은 시설 자체가 하나의 직접적인 상품이기 때문에 초기의 투자가 호텔 서비스상품으로서의 평가기준이 된다. 대규모의 호텔기업은 실제로 모기업이 그룹사인 것에서도 알 수 있다.

2) 고정자산 구성의 과대

호텔기업은 고정자산이 전체시설의 절반 이상을 점유하고 있기 때문에 운영자금의 압박을 받기도 한다. 이는 곧 수익률과 연관성이 있으므로, 투자자의 의욕을 쉽게 유발하지 못한다. 일반적으로 기업의 지출은 고정경비와 변동비로 구분할 때 호텔기업은 다른 기업에 비해 일정한 수준을 유지해야 하는 특수성도 있기 때문에 높은 고정비 지출을 감수하는 부문이 수익과 직결된다. 호텔객실에 투숙한 한 고객을 위해 연료비, 전기료, 인건비, 수도료 등이 지출되는 것이 현실이다.

3) 수입의 불안정

호텔기업은 여행객을 주요 대상으로 영업을 하므로 특성상 계절적인 요인에 직접적인 영향을 받는다. 또한 일반 레스토랑, 연회컨벤션 및 부대시설을 이용하는 고객들 또한 계절성, 정치, 경제, 사회, 문화적 요인에 의한 영향을 많이 받고 있다. 이용고객의 증감에 따라 경영과 수익의 증감으로 이어진다. 휴가의 조정과 교통수단의 발달 그리고 지역사회의 새로운 소득계층이 호텔 이용을 통하여 다소 극복되었으나, 리조트호텔은 성수기와 비수기의 격차로 인하여 수입의 불안정 요소를 탈피하지 못하고 있다. 특히 휴양지 호텔에서는 더욱 심하여 호텔상품의 수요와 공급의 조화가 이루어지지 못하고 있는 실정이다. 우리나라의 경우 일반적으로 도심지나 번화가에 위치한 호텔은 계절적 영향을 적게 받고 있다. 그러나 오늘날에는 다각적인 판촉활동으로 적자경영을 면하고 있는 호텔도 많이 볼 수 있다.

4) 회계제도상의 특성

호텔에서 발생되는 경영매출은 다른 산업과 달리 신용카드를 포함한 현금 중심의 흐름이 신속하게 흐르는 특성을 가지고 있다. 또한 매출의 발생시점에 따른 회계정리, 체크인과 체크아웃과 연계된 매출의 발생 등 특수한 부문이 있어서 호텔전문회계제도로 "Uniform System of Hotel Accounts"가 있다. 효율적인 부문별 원가관리, 동업계 지표에 의한 경영분석, 경영자 및 부문관리자의 능력평가 등의 장점이 있는 시스템이다.

호텔산업의 특성

구 분	평가영역
경영상의 특성	▪ 인적 자원의 의존성
	▪ 연중무휴
	▪ 협력에 의한 서비스상품 생산
	▪ 서비스상품 제공자의 근무환경
	▪ 부문별 영업시간의 상이성
	▪ 운영관리의 다원성
서비스상품상의 특성	▪ 인적 서비스에 의한 상품성
	▪ 상품의 이동 불가능성
	▪ 상품의 저장 불가능성
	▪ 상품의 무형성
	▪ 상품의 동시 소비성
	▪ 상품 판매관리의 특성
시설상의 특성	▪ 시설의 조기 노후화
	▪ 비생산적인 공간의 확보
	▪ 고정비 지출의 고율성
회계상의 특성	▪ 초기자본의 막대한 투자
	▪ 고정자산 구성의 과대
	▪ 수입의 불안정
	▪ 회계제도상의 특성

🎩 학습목표

☑ 복잡 다양한 호텔의 분류를 파악한다.
☑ 서비스기업으로서 호텔의 특수성을 이해한다.
☑ 호텔기업의 조직과 부서별 조직을 이해한다.

CHAPTER **02**

호텔산업의
구조와 현황

호텔산업의
구조와 현황

 제1절 호텔의 분류

01 관광법규에 따른 분류

1) 호텔업

호텔업은 관광객에게 숙박에 적합한 시설을 갖추어 이를 제공하거나 숙박에 부수되는
음식·운동·오락·휴양·공연 또는 기타 목적에 의한 이용에 적합한 시설 등을 함께 갖
추어 이를 이용하게 하는 업으로 규정하고 있다. 그리고 호텔업의 종류는 그 운영형태나
이용방법 및 시설의 구조에 따라 관광호텔업, 수상관광호텔업, 전통호텔업, 가족호텔업 등
으로 세분하고 있다.

(1) 관광호텔업

① 종합관광호텔업

관광객의 숙박에 적합한 시설을 갖추어 이를 관광객에게 이용하게 하고 숙박에 부수되

는 음식 · 운동 · 오락 · 휴양 · 공연 또는 연수에 적합한 시설 등^{이하 '부대시설'이라 한다}을 함께 갖추어 이를 관광객에게 이용하게 하는 업

② 일반관광호텔업

관광객의 숙박에 적합한 시설을 갖추어 이를 관광객에게 이용하게 하거나 숙박에 부수되는 음식 · 운동 · 휴양 또는 연수에 적합한 시설을 함께 갖추어 이를 관광객에게 이용하게 하는 업

(2) 수상관광호텔업

수상에 구조물 또는 선박을 고정하거나 계류시켜 놓고 관광객의 숙박에 적합한 시설을 갖추거나 부대시설을 함께 갖추어 이를 관광객에게 이용하게 하는 업

(3) 전통호텔업

한국전통의 건축물에 관광객의 숙박에 적합한 시설을 갖추거나 부대시설을 함께 갖추어 이를 관광객에게 이용하게 하는 업

(4) 가족호텔업

가족단위 관광객의 숙박에 적합하도록 숙박시설 및 취사도구를 갖추어 이를 관광객에게 이용하게 하거나 숙박에 부수되는 음식 · 운동 · 휴양 또는 연수에 적합한 시설을 함께 갖추어 이를 관광객에게 이용하게 하는 업

2) 휴양콘도미니엄업

관광객의 숙박과 취사에 적합한 시설을 갖추어 이를 당해 시설의 회원 · 공유자 및 기타 관광객에게 제공하거나 숙박에 부수되는 음식 · 운동 · 오락 · 휴양 · 공연 또는 연수에 적합한 시설 등을 함께 갖추어 이를 이용하게 하는 업을 말한다. 휴양콘도미니엄업의 입지는 일반적으로 관광지, 관광휴양지역 등 자연경관이 수려한 지역으로서 건물이 주위환경과 조화를 이룰 수 있는 지역에 위치하게 된다. 이것은 가족단위의 취사, 체재, 또는 숙박에

관광진흥법상의 호텔업의 분류

관광진흥법 시행령 / 대통령령 제23790호 일부개정 2012. 05. 14.

1. 호텔업의 종류

가. 관광호텔업 : 관광객의 숙박에 적합한 시설을 갖추어 관광객에게 이용하게 하고 숙박에 딸린 음식 · 운동 · 오락 · 휴양 · 공연 또는 연수에 적합한 시설 등 (이하 "부대시설"이라 한다)을 함께 갖추어 관광객에게 이용하게 하는 업

나. 수상관광호텔업 : 수상에 구조물 또는 선박을 고정하거나 매어 놓고 관광객의 숙박에 적합한 시설을 갖추거나 부대시설을 함께 갖추어 관광객에게 이용하게 하는 업

다. 한국전통호텔업 : 한국전통의 건축물에 관광객의 숙박에 적합한 시설을 갖추거나 부대시설을 함께 갖추어 관광객에게 이용하게 하는 업

라. 가족호텔업 : 가족단위 관광객의 숙박에 적합한 시설 및 취사도구를 갖추어 관광객에게 이용하게 하거나 숙박에 딸린 음식 · 운동 · 휴양 또는 연수에 적합한 시설을 함께 갖추어 관광객에게 이용하게 하는 업

마. 호스텔업 : 배낭여행객 등 개별 관광객의 숙박에 적합한 시설로서 샤워장, 취사장 등의 편의시설과 외국인 및 내국인 관광객을 위한 문화 · 정보 교류시설 등을 함께 갖추어 이용하게 하는 업

필요한 설비를 갖춘 별장 또는 회사 · 단체 등에서 사원들의 연수를 위한 목적으로 발전된 숙박시설의 형태이다.

운영형태는 소유권의 지분을 가지는 공유분양제와 회원권만을 가지는 회원제로 구분되고 있다. 이용대상은 공유자와 회원권 소지자에게 연중 일정기간을 이용하게 하고, 회원은 입회금과 시설의 유지 · 관리에 필요한 비용 등을 관리회사에 납부하여야 한다.

02 조건에 따른 분류

호텔은 호텔위치, 경영형태 및 호텔특성 등의 여러 가지 주어진 조건에 따라 각기 다른 명칭으로 불리기도 한다. 예컨대, 상용호텔은 반드시 사업을 목적으로 여행하는 고객만을 취급한다는 의미는 아니다. 편의상 주어진 특성을 바탕으로 하여 경영의 일반적 유형으로 분류되는 것에 불과하다. 호텔분류의 기준은 여러 가지가 있을 수 있으나 다음 몇 가지를 기준으로 하여 구분해 본다. 다음은 호텔규모, 호텔입지, 체재기간 및 목적을 기준으로 구분한 것으로 다음과 같다.

1) 규모에 의한 분류

여행자가 이용할 수 있는 호텔규모를 객실 수로 기준하여 호텔을 분류해 보면 다음과 같다.

(1) 소규모 호텔small hotel

　50실 미만 규모 형태의 호텔을 말한다.

(2) 중소규모 호텔(평균규모)average hotel

　50~100실까지의 규모 형태의 호텔을 말한다.

(3) 중규모 호텔(평균 이상 규모)above average hotel

　100~300실까지의 규모 형태의 호텔을 말한다.

(4) 대규모 호텔large hotel

　300실 이상 규모 형태의 호텔을 말한다.

2) 입지에 의한 분류

　호텔이 어느 곳에 위치해 있는가를 기준으로 하여 호텔입지location에 따라 호텔을 분류해
보면 다음과 같다.

(1) 도심지호텔downtown hotel

　일반적으로 대도시의 중심지에 자리 잡고 있는 대규모 호텔을 메트로폴리탄호텔
metropolitan hotel이라 하며, 대연회장을 비롯한 여러 가지 부대시설을 갖추고 있어 국제회의가
가능하다. 또한 비즈니스 센터business center에서는 사업여행객을 위한 여러 가지 서비스를
제공한다. 시티호텔city hotel은 도심지에 있는 일반적인 호텔로서 외래객뿐만 아니라 지역주
민들을 위한 각종 집회 · 연회행사 등의 서비스를 제공한다.

(2) 휴양지호텔resort hotel

　대부분의 휴양지호텔은 산, 강, 바다 또는 온천 · 스키 등을 즐길 수 있는 지역에 분포해
있다. 휴양지호텔은 주로 휴가를 즐기며 휴식을 위한 고객들과 오락 등을 즐기는 고객들로

구성된다. 따라서 호텔들은 고객욕구에 걸맞는 서비스를 제공하는 것이 일반화되었다. 휴양지호텔은 고객들이 선호하는 지역 및 이용하는 지역에 따라 여러 종류[산악호텔mountain hotel / 호반호텔lakeside hotel / 해변호텔seaside hotel / 온천호텔hot spring hotel]로 분류할 수 있다.

(3) 트래픽호텔traffic hotel

여행객들의 이동 동선상에 위치해 있으며 주로 자가용을 타고 여행하는 고객들이 많이 이용하는 호텔을 의미한다. 일반도로나 고속도로 주변에 위치한 것에 따라 다음과 같이 구분할 수 있다.

- 모텔motel
- 고속도로호텔highway hotel

(4) 교외호텔suburban hotel

도시에서 떨어진 교외에 주로 위치하고 있으며 주말이나 휴일 동안 도시를 떠나 휴식을 취하고자 하는 여행객들이 많이 이용한다.

(5) 터미널호텔terminal hotel

철도역, 버스터미널 및 공항 등지에 위치한 호텔들로 호텔이 어디에 위치해 있는가에 따라 역전호텔station hotel, 공항호텔airport hotel 및 항구호텔seaport hotel로 분류된다.

3) 숙박기간에 따른 분류

호텔이 크거나 작거나 투숙고객의 체재기간length of stay을 기준으로 하여 단기체재호텔short stay hotel과 장기체재호텔long stay hotel로 분류한다.

(1) 단기체재호텔

대개 1~2일 정도 숙박하는 고객을 위한 호텔transient hotel로서 주로 단기간 호텔을 이용하는 여행객이 주 고객이다. 이러한 호텔을 이용하는 고객들은 짧은 숙박기간이 필요한 터미널호텔과 상용호텔 등이 이러한 분류에 포함된다. 단기체재호텔들의 특징은 커피숍^{coffee}^{shop}, 라운지^{lounge}, 식당 외에 나이트클럽 등의 오락시설이 있으며, 짧은 여행일정을 가진 단체여행객과 사업여행을 하는 고객들이 주로 이용한다.

(2) 장기체재호텔

장기체재호텔은 일반적으로 일주일 이상 투숙하는 고객을 대상으로 하는 호텔^{resident hotel}을 말한다. 이러한 장기체재호텔은 주로 미국에서 볼 수 있다. 일반적으로 장기체재호텔은 주방시설이나 세탁시설이 없지만, 최소한의 주방시설, 메이드서비스 등으로 수개월 이상 체재하는 고객을 대상으로 하는 퍼머넌트호텔^{permanent hotel}과 은퇴한 노인들을 대상으로 주택의 기본적인 시설을 갖춘 아파트먼트호텔^{apartment hotel} 등이 있다. 오늘날 위와 같은 장기체재호텔이 발전하게 된 요인은 국제 간 장기체재객의 급격한 증가 때문이다. 외교관의 상주, 기술도입 등에 의한 기술자의 교류, 마케팅활동을 위한 일시적 장기체재객의 증가 등은 장기체재에 따른 숙박비의 절감 목적으로 저렴한 생활비의 숙박시설을 필요로 하게 되었다.

4) 숙박목적에 따른 분류

(1) 상용호텔 Commercial hotel

상용호텔은 도심의 상업지역에 위치하여 사업 등을 목적으로 한 고객을 대상으로 하는 호텔로서 사업자의 편의를 최대한 배려하는 시설과 서비스가 갖추어져 있다. 사업을 목적으로 도시와 국가를 왕래하는 여행자들을 위해 팩시밀리, 개인용 컴퓨터가 준비된 개인전용 객실과 대중시설로서 커피숍 · 식당 · 라운지^{lounge} 등이 설비되어 있다.

또한 사업상의 업무 및 관계자 등과의 회합을 위한 비즈니스 센터, 회의실과 연회장의 필요시설들을 제공한다. 사업여행객의 업무로 인한 피로회복을 위한 헬스센터, 사우나 및 기타 여가시설 등의 서비스도 제공된다. 상용호텔을 비즈니스호텔^{business hotel}이라고 부르기도 한다.

(2) 컨벤션호텔 Convention hotel

국제회의가 유발되는 각종의 협회나 기업들이 정기적으로 회의를 개최하게 된다. 이러한 국제회의는 어느 일정기간에 대규모 관광수요를 촉발시키기 때문에 국제회의는 컨벤션호텔의 중요한 시장이 되기도 한다. 컨벤션호텔은 국제회의에 참가하는 고객들이 이용하도록 대규모 객실과 대 · 중 · 소의 회의장시설, 전시장 및 여러 종류의 식 · 음료시설이 갖추어져 있다. 특히 유럽, 미국, 캐나다 및 전 세계를 걸쳐 대도시들이 국가나 도시이미지 증진을 위한 컨벤션호텔 건설을 추진하고 있다. 리조트지역에서도 전문적인 국제회의에 참석하고 휴가를 즐기기 위해 컨벤션호텔들이 속속 진출하고 있다.

(3) 카지노호텔 Casino hotel

카지노호텔은 호텔에 도박시설을 설치하여 도박을 목적으로 찾아오는 고객들을 대상으로 하는 호텔을 말한다. 일반적인 호텔은 객실과 식 · 음료시설이 주요 시설이고 기타 시설이 부대시설이지만, 카지노호텔은 카지노사업장이 주요 시설이며, 객실과 식 · 음료시설은 부대시설의 역할을 하고 있다. 우리나라 카지노업은 관광진흥법 제3조에 의하면 전용영업장을 갖추고 주사위 · 트럼프 · 슬롯머신 등 특정한 기구 등을 이용하여 우연의 결과에 따라 특정인에게 재산상의 이익을 주고 다른 참가자에게 손실을 주는 행위 등을 하는 업으로 1994년에 관광진흥법의 개정에 의해 사행행위업에서 관광사업으로 전환하였다.

(4) 휴양지호텔 Resort hotel

휴양지호텔은 휴양지에 위치하고 있으나, 관광객의 여행목적을 보면 상용호텔과는 달리 주로 휴양을 즐기고 건강을 회복하고자 체재하는 고객을 위해 생긴 호텔이다. 리조트호텔은 경관이 뛰어난 곳에 고급스런 규모로 다양한 오락 · 유흥시설을 갖추고 있으나, 오늘날 휴양지호텔의 개념은 가족여행객의 증가와 여행 패턴의 변화로 점차 대중화되고 합리적인 가격의 식 · 음료를 제공하고 있다. 휴양지호텔의 경영은 성 · 비수기에 따라 호텔의 수입이 극히 불안정하며, 지역적 특성에 따라 훼손 · 마모 · 침식 등이 다른 호텔보다 더 빠르기 때문에 끊임없이 유지 · 보수를 실시해야 한다.

5) 요금지불방식에 따른 분류

호텔의 입지나 호텔운영방법에 따라 호텔의 요금제도는 객실요금에 3식 식사비 포함, 2식 혹은 1식 포함 및 객실요금과 식사비의 분리로 되어 있다. 미국과 우리나라의 대부분 호텔은 식사비와 객실요금을 별도로 하는 유럽식 요금제도를 채택하고 있다.

(1) 유럽식 제도 European Plan : EP

유럽식 요금제도는 객실요금과 식사요금이 별도로 계산되는 요금제도이다. 이 제도는 호텔 객실요금을 싸게 제공한다는 이미지 제고의 효과가 있다. 또한 고객은 고객이 원하는 음식을 자유롭게 선택할 수 있다. 일반적으로 상용호텔들은 유럽식 요금제도를 많이 채택하고 있다. 특히 상용여행객들은 시간제한에 의하여 식사시간을 놓치기 쉽고, 단체손님들과 식사하는 번거로움을 피하기 위하여 유럽식 요금제도를 선호한다.

(2) 미국식 제도 American Plan : AP

미국식 요금제도는 객실요금에 아침breakfast · 점심lunch · 저녁dinner 식사요금이 모두 포함되어 있는 요금제도이다. 유럽에서는 이 제도와 유사한 Full Plan 혹은 Full Pension이 있다. 주로 휴양지호텔 혹은 산간지역 호텔에서 사용하는 방법으로, 호텔 주변에 식당이나 상가가 거의 없고, 전적으로 호텔에서 식사를 해결할 경우 에 많이 사용한다.

(3) 대륙식 제도 Continental Plan : CP

대륙식 요금제도는 객실요금에 아침식사가 포함되어 있는 요금제도이다. 식사는 커피 · 초콜릿 · 롤빵과 약간의 치즈를 제공하는 대륙식 아침식사를 제공한다. 유럽 대도시의 사업여행고객을 위한 호텔에서 자주 볼 수 있는 형태이다.

(4) 버뮤다 제도 Bermuda Plan

버뮤다 요금제도는 객실요금에 아침식사가 포함되어 있는 요금제도이다. 식사는 계란요리와 빵 그리고 햄 등을 제공하는 미국식 아침식사American Plan를 제공한다.

(5) 수정 미국식 제도 Modified American Plan : MAP

객실요금에 2식이 포함된 요금제도이다. 수정 미국식 제도는 고객의 요금부담을 일부 덜어 줄 수가 있다. 일반적으로 고객은 아침식사와 저녁식사만 호텔에서 하고, 점심식사는 하지 않는다.

(6) 혼합식 제도 Dual Plan

고객의 선택에 따라 미국식이나 혹은 유럽식 요금 선택을 할 수 있도록 하는 호텔을 뜻한다. 혼합식 제도는 고객에게 선택의 폭을 넓혀 주기 위함이다.

‡‡ 경주지역 특급호텔, 1. 코오롱호텔, 2. 콩코드호텔, 3. 경주코모드호텔,
　4. 경주힐튼호텔, 5. 경주현대호텔, 자료 : 해당 호텔

03 기타 호텔경영시설

1) 모텔 Motel 과 모터호텔 Motor Hotel

모텔이나 모터호텔도 호텔과 마찬가지로 상용이나 휴양 목적으로 여행하는 고객을 대상으로 한다. 이들이 제공하는 상품과 서비스는 일반 호텔이 제공하는 것과 거의 비슷하다. 여행의 다양화에서 오는 도로의 발달과 자동차 여행의 급격한 증가로 자동차와 함께 쉬고 숙박할 수 있는 모텔이 미국을 비롯하여 세계적으로 호텔 못지않게 등장하고 있다.

모텔Motel이란 글자 그대로 자동차 여행자를 위한 모터호텔Motor Hotel인 것이다. 그러나 요즘에는 모텔과 모터호텔의 개념을 달리하고 있다. 일반적으로 모텔, 모터호텔이라고 칭하고 있으나 그 범주가 정확하지는 않다. 미국에서 1952년에 세워진 윌슨의 홀리데이 인Holiday Inn이 모텔의 상징으로서 발전하고 있다. 또한 한국인 정서적 개념과 인식으로 모텔을 접근하고 이해하면 안 된다. 모텔과 모터호텔의 특수성을 살펴보면 다음과 같다.

- 건전한 호텔의 인상
- 편리한 주차시설
- 객실 계약의 불필요
- 저렴한 숙박요금
- 팁의 불필요no tips
- 이용과 행동의 자유

2) 유스호스텔Youth Hostel

유스호스텔은 청소년을 위한 숙박시설로서 젊은이의 집을 뜻하는 것으로 청소년의 건전한 심신단련과 협동·봉사정신의 함양을 위한 공익적 차원의 숙박시설이다. 이것은 영리를 추구하는 일반 기업과는 달라서 청소년들에게 여행을 장려하는 동시에, 이들에게 저렴한 가격으로 숙박시설을 제공하는 목적으로 설치된 일종의 사회복지시설이다.

엄격한 자체의 규율, 셀프서비스, 검소한 시설, 근소한 인건비의 지출 등으로 특징지어지는 이 시설은 무엇보다도 저렴한 요금제도에 가장 큰 이점을 내포하고 있다. 또한 공동활동을 제외하고는 남녀가 엄격히 구분되어 투숙된다. 주로 이 시설은 자연의 경승지, 고적지 등에 위치하고 있으나 점차 대도시의 주변까지 진출하는 경향을 보여주고 있다.

유스호스텔 운동은 청소년들의 여행 욕구를 충족시키고, 심신을 단련할 뿐만 아니라, 여행을 통하여 국내외의 지리, 역사, 문화, 풍물, 산업 등의 지식을 넓게 하며, 단체활동의 좋은 습관을 체득하게 하고 봉사와 협동 정신을 길러 청소년들로 하여금 건전한 신체와 정신을 고양시키려는 데 그 목적이 있는 것이다.

유스호스텔의 특성은 다음과 같다.

- 공공시설식당, 집회실, 도서실, 음악 감상실, 운동장 등을 갖추고 있어 남녀가 공동으로 이용할 수 있으나 객실은 엄격히 구별되어 있다.

● 식당에서는 셀프서비스가 원칙이며, 본인이 원하면 자취할 수 있도록 되어 있다.
● 각종 등산기구와 운동장비가 준비되어 있다.

유스호스텔은 간소, 청결, 저렴한 것이 특징이며, 오늘날 세계 각국에서 고조되어 가는 소셜 투어리즘^{social tourism}의 영향을 받아서 현저하게 보급되고 있다. 유스호스텔 운동이 최초로 시작된 것은 1909년 독일의 알테나^{Altena}읍의 한 초등학교 교사인 리하르트 쉬르만 ^{Richard Schirrmann} 씨가 도시의 학생들에게 소음과 매연의 거리에서 벗어나 대자연 속으로 들어가서 깨끗한 공기를 호흡하고 휴식과 건강을 위하여 방학 중에 있는 학교를 숙사로 차용하여 이용한 것이 이 운동의 시초이다. 그 후 1932년에 국제 유스호스텔 연맹이 창시되어 가입회원에게 배부되는 회원증 제도가 확립되었으며, 이 회원증은 국제적으로 통일되어 있으므로 어느 나라의 유스호스텔이든지 이용할 수가 있고, 저렴한 요금으로 여행을 할 수 있다.

유스호스텔은 숙박시 지켜야 할 규칙이 있으며 투숙객은 이 규칙을 준수해야 한다. 예를 들어 보면, 담배는 지정된 장소에서 피워야 하며, 밤 10시에 전등을 끄고 취침하여 아침 일찍 일어나야 하며, 침구 정리와 청소는 스스로 한다. 또한 각 유스호스텔마다 제2의 부모 역할을 하는 페어런트^{parents}가 있어 투숙하는 청소년 여행자를 위해 건전한 교육 프로그램을 제공하고 지도한다. 유스호스텔 운동은 대부분이 정부나 공공단체가 그 주체가 되며, 민간인이 운영할 경우에도 전술한 유스호스텔 운동의 목적에 부합하는 공익적 사명을 더 큰 목표로 하고 있는 것이다.

3) 인

인ⁱⁿⁿ이란 호텔의 발전과정에서 본 바와 같이 초기적 현상의 숙박시설을 말한다. 질적으로 호텔의 호화스러움과는 비교할 수 없는 간결한 내용의 숙박시설을 의미하며, 아울러 호텔의 기계화에 따른 냉담한 서비스의 반동적 현상으로 근래 미국에서 새로운 성향으로 흔히 명명되고 있는 실정이다.

4) 에어포트 호텔

에어포트 호텔이란 공항터미널 또는 그 가까운 주변에 위치하고 있는 숙박시설을 말한다. 이와 유사한 숙박시설로 항구주변의 시포트 호텔sea-port hotel, 철도주변의 스테이션 호텔station hotel이 있다.

5) 빵숑

빵숑Passion은 유럽에서 발전된 전형적인 하숙식 여인숙이다. 소규모의 객실을 보유하고, 극히 제한된 서비스밖에 제공하지 않는다.

6) 로지

로지logis는 빵숑과 큰 차이는 없으나, 그 명칭이 풍기듯 독특하고 아름다운 이미지를 갖는 전형적인 프랑스의 시골숙박시설이다.

7) 빌라

빌라villa는 별장의 의미를 뜻하며, 형태로는 개인이 가족전용으로 소유하게 되어 있으나, 관광객 대상의 숙박형태임대별장도 겸하고 있다.

8) 방갈로

방갈로bungalow는 열대지방의 나무로 지은 이층의 원두막 건축형태로서 무더운 지역에서 환기와 통풍시설을 갖춘 숙박시설이다.

9) 허미티지

허미티지hemitage:산장는 별장과 유사하고, 심산유곡이나 내륙관광지에 위치한 소규모 숙박시설로서 이용자는 주로 등산객, 스키어, 휴양객이 주 고객이다.

10) 새토우

새토우chateau, 일명 mansion는 빌라보다는 큰 관광지에 위치한 소규모 숙박시설보통 100실 이내이다. 특히 건축양식이 복고적 중세풍의 지붕양식이나 프랑스의 성과 같은 저택으로서 서양 호텔과는 구별된다. 승마장과 골프장 시설을 주변에 갖추고 있다.

11) 샬레chalet

샬레chalet는 방갈로보다 작은 열대지방의 숙박시설로서 스위스의 시골에 많은, 차양이 길게 나와 있는 특색 있는 양식의 농가집을 의미한다.

12) 보텔botel

보트로 여행하는 사람이 이용하는 호텔로서 여행 중 해안에서 자기의 보트와 함께 숙박할 수 있는 시설이며, 육지의 모텔과 그 성격이 같은 것이다. 미국 남부 해안에 이런 종류의 시설이 있으며, 자동차로 여행하는 사람에 비하면 아직은 그 수가 적으나 점차 보트로 여행하는 사람이 증가됨에 따라서 이용률도 높아질 전망이다. 보텔은 모터보트motor boat를 조종하면서 해상을 주름잡으며 즐거움을 찾는 고객들이 이용한다. 자동차 여행자들이 이용하는 모텔의 수와는 비교가 되지 않지만 미국에서는 레저 붐을 타고 발전하고 있다.

13) 요텔^{yotel}

요트여행자를 위한 숙박시설로서 해안 · 호반에 요트를 계류할 수 있는 설비를 갖춘 호텔이다.

14) 비앤비 Bed & Breakfast

저렴한 비용으로 숙박과 아침식사를 할 수 있는 B&B는 영국 곳곳에 널리 산재해 있다. 런던에는 하룻밤에 20 이상인 데도 있지만 일반적으로 1인당 15~20 정도면 아늑한 밤을 보내고 쓸 만한 아침을 먹을 수 있다.

15) 게스트하우스 Guest Hotel

일반적으로 B&B와 비슷하지만 장기체류자를 우선해서 받는다. 숙박비에 아침식사를 포함하는 경우가 많지만 일단 확인하는 편이 좋다. 장기체류 숙박비의 할인율이 높다.

✄ W호텔 서울, 자료 : 해당 호텔

제2절 호텔의 조직구조

01 호텔경영조직의 의의

호텔의 경영조직이란 호텔의 경영이라는 목표를 달성하기 위해 다수인 종사원들이 각자의 업무를 합리적으로 배분하고 능률적으로 이행하기 위한 구성형태를 의미한다.

다시 말하면 호텔의 목표인 최상의 영업성과를 통한 이익을 창출하기 위해 그 활동분야를 담당한 각 종사원들을 보다 합리적이고 체계적으로 구성하여 최대한의 능률을 확보하는 것이다. 특히 호텔기업은 노동집약적 산업체이기 때문에 많은 노력을 필요로 하므로 이러한 인력을 제대로 관리하느냐의 여부에 호텔기업 운영의 운명이 달려 있다고 해도 과언이 아니다. 그러므로 각각의 구성단위인 직무체계의 구성과 그에 따른 종사원들의 합리적인 배치와 훈련이 호텔경영의 핵심을 이룬다고 하겠다.

02 호텔조직의 결정요인

1) 고객의 유형

일반기업도 마찬가지겠지만, 특히 호텔은 고객들의 만족도가 그 영업성과에 미치는 영향이 지대하다. 호텔의 상품은 판매하는 즉시 소멸하며 영속성이 없기 때문이다. 추가적인 매출은 고객의 만족도에 따라 발생가능성을 기대할 수 있는 것이며, 고객의 만족도가 낮았을 경우에는 추가적인 판매가능성은 물론 다른 고객들의 판매성과도 기대하기 힘든 상황이 발생할 수도 있다. 따라서 고객의 유형을 미리 파악하고 사정에 필요한 시설 및 장비를 구입할 뿐만 아니라 종업원들에 대한 교육훈련도 고객의 유형에 맞출 필요가 있다. 이 고객유형은 처음에 고객의 입지 선정에서 어느 정도 윤곽을 잡을 수 있다. 즉, 도심지에 위치할 경우에는 주로 비즈니스맨들의 이용도가 높을 것이며, 관광. 위락지에 위치할 경우에는 주로 가족단위의 고객들이 많을 것이므로 이에 따라 노년층과 유년층들을 위한 경영조직을 구성할 필요가 있으며, 아울러 이에 따른 종업원들의 사전교육도 필요하다고 본다.

2) 호텔의 규모

호텔의 조직구성시 먼저 고려해야 할 사항은 호텔의 객실규모와 기타 부대시설의 규모와 종류이다. 그러므로 호텔의 객실규모와 각 부대시설 종류 및 그 수용인원, 그리고 호텔에서 제공하는 서비스의 범위 등으로 인해 호텔의 조직구성이 달라질 것이다. 일반적으로 호텔경영을 위해서는 최소한의 인원이 필요하겠지만 객실규모에 따라 그 숫자는 달라질 것인데, 시프트제도에 따라 각자의 근무 스케줄에 맞춘 적절한 조정과 관리를 위한 조직이 먼저 고려되어야 할 것이다. 그리고 부대시설의 종류와 그 규모 및 배치구조 등도 각각을 담당하는 전문가와 종사원들을 따로 조직해야 할 필요가 있다고 본다.

3) 호텔의 경영형태

호텔의 경영형태, 즉 단독경영호텔이냐, 체인망의 경영호텔이냐, 리퍼럴 방식이냐에 따라, 그리고 체인경영호텔 중에서도 프랜차이즈방식이냐, 위탁경영방식이냐에 따라 그 경영조직의 구성형태는 달라질 수밖에 없다. 이는 호텔을 지배하는 경영라인의 경영이념이 경영조직의 구성형태에 영향을 미치기 때문이다.

03 호텔의 조직구조

호텔의 조직을 크게 구분할 때에는 호텔의 전면부문과 호텔의 후면부문의 2개 부문으로 나눌 수 있다. 여기서 전면부문이란 객실관리부문을 말하고, 후면부문이란 비객실부문을 의미한다고 하겠다. 이는 객실부문을 지나치게 강조한 나머지 비객실부문을 지나치게 비하한 표현이라 할 수 있다. 특히 back of the house라는 표현은 그 자체로도 직무의 중요성이 떨어진다는 이미지를 풍기고 있다.

과거의 호텔영업은 객실판매에만 최대 역점을 둔 나머지 식음료 판매는 투숙고객을 위한 서비스의 개념으로만 인식되어 왔었다. 하지만 각종 비즈니스를 위한 호텔의 이용도와 소득수준의 향상은 호텔 내의 식음료의 판매실적이 객실판매에 비해 결코 뒤지지 않을 정도로 높아지면서 호텔경영에 있어서의 그 중요성과 비중이 증대되었다. 객실의 경우 판매할 수 있는 절대적인 제품의 한정 때문에 판매수익의 증대를 위해서는 식음료서비스에 눈을 돌릴 수밖에 없는 것이다. 식음료서비스는 고객이 식사를 마치면 다시 다른 고객들이 앉아서 식사를 할 수 있으므로 주어진 공간 내에서도 얼마든지 추가적인 판매성과를 올릴 수 있다. 이를 좌석의 회전율이라고 한다.

🚩 **호텔기업의 조직 1. 하얏트호텔조직도** 📖

General Manager

Food & Beverage	Rooms	Human Resources	Accounting	Engineering
EAM-Feed & Beverage Executive Chef Director of Catering	EAM-Rooms	Director of Human Resources	Controller	Director of Human Engineering
Kitchen Room Service Banquet/Convention Lounge Beverage Convention Services Stewarding Restaurant Catering	Front Office Guest Services Reservations Laundry Security PBX Concierge Housekeeping Valet Public Areas	Employee Relation Safety Training Employment Benefits Cafeteria	Accounts Payable Payrolls MIS Night Club Purchasing F & B Cashier Accounts Receivable	Landscaping Life safety Wildlife Heating Cooling Maintenance

Sales & Marketing
Director of Sales & Marketing
Marketing Public Relations

✖✖ 자료 : 21세기 호텔관광연구회, 현학사

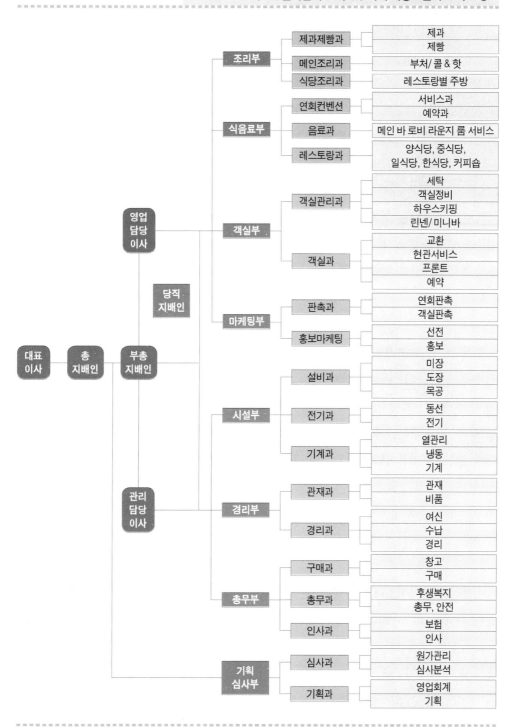

조리부	제과제빵과	제과
		제빵
	메인조리과	부처/콜&핫
	식당조리과	레스토랑별 주방
식음료부	연회컨벤션	서비스과
		예약과
	음료과	메인 바 로비 라운지 룸 서비스
	레스토랑과	양식당, 중식당, 일식당, 한식당, 커피숍
객실부	객실관리과	세탁
		객실정비
		하우스키핑
		린넨/미니바
	객실과	교환
		현관서비스
		프론트
		예약
마케팅부	판촉과	연회판촉
		객실판촉
	홍보마케팅	선전
		홍보
시설부	설비과	미장
		도장
		목공
	전기과	동선
		전기
	기계과	열관리
		냉동
		기계
경리부	관재과	관재
		비품
	경리과	여신
		수납
		경리
총무부	구매과	창고
		구매
	총무과	후생복지
		총무, 안전
	인사과	보험
		인사
기획심사부	심사과	원가관리
		심사분석
	기획과	영업회계
		기획

(조직 좌측: 대표이사 – 총지배인 – 부총지배인 – 당직지배인 / 영업담당이사, 관리담당이사)

⁑ 자료 : 이선희, 송대근, 호텔객실실무론
★ 부서명칭은 부, 과 또는 팀, 파트 등 호텔기업 특이성에 따른 명칭부여
★ 전략기획팀 또는 경영혁신팀 등 호텔기업 특수성에 따른 명칭

1) 객실부문

객실부문은 호텔의 건립목적과 관계되는 호텔경영에 있어서의 가장 핵심적이며 전통적인 부문이라 할 수 있으며, 전면에서 호텔상품의 직접적인 판매 및 판매에 따른 서비스 업무를 담당하는 프론트 오피스와 이 판매상품인 객실의 관리와 정비 및 그에 따른 부가서비스를 담당하는 하우스키핑의 두 부문으로 나눌 수 있다.

(1) 프론트오피스Front Office

호텔을 이용하는 고객을 가장 먼저 맞이하는 부서로 호텔의 첫인상을 좌우하는 중요한 업무를 담당하고 있다. 즉, 고객이 처음 호텔을 방문하여 불편함이 없이 내부 시설물을 이용하고 만족스럽게 호텔을 나설 수 있도록 제반 서비스를 제공하는 부서라고 할 수 있다.

(2) 하우스키핑Housekeeping

객실정비와 보수 및 청결상태를 유지하며 판매할 수 있도록 상품화하는 부서이다. 따라서 프론트데스크는 객실을 판매하는 부서인 데 비하여, 하우스키핑은 객실을 생산하는 부서이다. 따라서 호텔의 객실부서에서 좋은 상품을 생산해서 효율적으로 판매하기 위해서는 이 두 부서 간의 원활한 업무협조가 중요하다고 본다.

최근에는 객실을 첨단화하여 무인자동시스템으로 프론트를 운영하는 호텔도 있을 뿐만 아니라, 객실 키는 음성을 인식할 수 있도록 음성정보시스템을 구축하기도 하는 등 최첨단의 시스템을 구축하고 있다.

(3) 현관서비스업무

이를 유니폼서비스라고도 한다. 제복을 입고 고객에 대한 서비스를 행하는 업무를 일컫는다. Doorman, Bellman, Porter, Elevator girl, Cloakroom attendant 등으로 구성된다.

도어맨은 호텔현관 입구에서 고객을 영접하고 주차관리와 원활한 차량소통을 유도하며 필요시 벨맨의 업무를 돕는다. 벨맨은 고객의 입·퇴숙 절차를 돕고 짐을 운반하는 업무를 담당하며, 승강기 안내원은 탑승한 고객을 원하는 계층까지 안전하게 안내한다.

2) 식음료부문 Food & Beverage Department

호텔의 전체 매출에 대한 식음료부문의 매출은 날로 그 영향력을 발휘하고 있는 추세이다. 따라서 보다 숙련된 종사원의 질적 서비스가 요구되는 부문이다.

식음료부서의 조직은 경제성에 목적을 두고 그 목적달성을 위해 업무활동을 수행하게 된다. 이 업무활동은 상호 관계를 조직화함으로써 보다 능률적인 관리가 이루어질 수 있다.

식음료부문 조직의 특성은 각 부문 종사원의 협동이 경영목적에 잘 적용될 수 있도록 각 종사원이 수행할 역할과 직무의 관계를 규정하는 것이며, 더불어 능률적인 관리를 위한 수단을 꾀하는 것이다.

최근 호텔의 규모가 대형화되면서, 호텔경영상 충분한 이익을 창출하여야 할 하나의 독립된 부서로서의 조직을 갖추는 추세이다. 종전에는 1개의 식음료 위주로 모든 식당 및 주장, 연회장 등을 운영하였으나, 오늘날은 식음료부문의 전문성을 인식하여 식당과, 음료과, 연회과 등의 과로 나누어 운영하고 있다.

3) 관리부문 Management & executive department

판매행위를 통해 실질적인 수익을 창출하는 영업부문을 지원하는 역할을 맡고 있는 관리부문은 각 호텔의 경영형태 및 경영철학에 따라 조직의 구성형태가 달라질 수밖에 없는데, 여기서는 인사관리와 시설 및 안전관리, 재무관리와 마케팅 등으로 나누어 살펴 보고자 한다.

(1) 인적자원관리부

호텔은 인적 서비스에 의존할 수밖에 없는 영업적 특성을 지니고 있다. 호텔경영의 성공을 위한 열쇠는 인적 자원의 질에 달려 있다고 해도 과언이 아니다. 인적자원관리부서는 호텔에서 고객에게 서비스할 인적 자원의 충원과 적절한 배치, 교육, 훈련 등을 담당하고 있다.

(2) 마케팅부서

판매, 광고 그리고 판매촉진활동이 주된 업무이다. 마케팅에 대한 관심이 날로 증가하고 있는 현대에는 전문가에 의한 철저한 시장분석과 세분화에 따른 과학적 운영체계가 요구된다. 마케팅부문은 호텔상품을 고객취향에 맞도록 연구·홍보·광고하여 관광욕구를 유발·충족시켜주는 조정자로서의 위치를 말한다.

(3) 경리부서

경영자에게 호텔경영 상태에 대한 자료를 제공하는 부서를 말한다. 경영 상태에 대한 정확하고 계량화된 재무제표는 경영자의 정책결정에 중요한 요소로 작용한다. 그러므로 회계 재무자료를 분석·제공하는 부서의 역할은 매우 중요하다고 하겠다.

(4) 시설 및 안전관리부서

이 부서는 호텔 내외부의 설비 및 기계에 대한 관리유지 및 개보수와 관련한 업무를 담당한다. 목공, 배관, 전기 작업과 페인트, 카펫의 수선, 가구 손질과 각종 안전사고의 예방 및 수영장관리와 호텔 내외의 조경관리 등에 관여한다. 이들의 안전관리를 위해서는 수시로 호텔구내를 순찰하거나 CCTV 등 첨단장비를 이용하여 고객들의 안전을 위해 사전예방과 화재나 자연재해와 같은 응급사태에 대한 대책마련을 계획하여야 한다.

(5) 재무관리부서

기존의 경리부서의 업무가 현금출납 및 영업활동에 따른 각종 공과금의 계산, 전표와 회계처리, 장부정리 등이라고 한다면, 보다 과학적인 자료의 집계와 분석을 통해 경영자로 하여금 수요의 예측 및 사전 대책을 수립할 수 있는 방향을 제시하는 업무를 맡고 있다. 따라서 현재의 경영 상태를 면밀히 분석하고, 시장상황의 변화상을 제대로 읽어낼 수 있을 정도의 역량이 요구된다.

❖ 웨스틴조선 서울과 웨스틴조선 부산호텔,
　자료 : 해당 호텔

제3절 호텔산업의 현황

　　호텔산업은 이용객의 이용범위에 따라 경영되어진다는 점에서 타 산업에 비해 외부환경변화에 민감하다. 예를들어 2009년 세계 경기침체 및 신종인플루엔자의 확산으로 세계 관광시장은 어려움을 겪었으나, 그런 와중에도 우리나라는 관광시장이 성장세를 나타내며 호텔산업은 전년대비 객실 실적 14.1% 성장 등 전반적인 호조를 보였다. 이는 방한 외국인이 큰 폭으로 증가하였기 때문인데, 그중 일본인의 경우 자국 내 경기침체로 단거리 선호 및 엔고 현상에 따라 여행객이 증가하였으며 태국 및 필리핀은 한류 영향에 따라 여행 수요의 증가로 이어졌기 때문이다. 가장 큰 요인은 중국의 경기회복에 따른 기업들의 인센티브 관광에 일반관광객이 증가하였으며 국경절 및 중국 온라인 여행사의 활발한 운영을 계기로 방한 중국인이 큰 폭으로 늘어나고 있으며, 최근에는 수도권 중심으로 러시아 관광객 무비자 입국으로 인해 급증하고 있는 추세다.

　　특히 수도권의 객실 공급과 수요를 분석한 한국문화관광연구원이 발표한 자료에 의하면 2013년 기준 약 6,315실이 부족하고, 2015년이나 2016년 기준으로 수요·공급이 어느 정도 균형을 이룰 것이라고 한다.

❖ 한국전통관광호텔 라궁

구분	특1급	특2급	1급	2급	3급	등급 지명	수상 관광	가족 호텔	전통 호텔	호스텔
호텔수	75	88	189	114	93	175	-	88	4	70
객실수	25,949	15,255	15,779	6,001	5,506	10,903	-	7,891	107	1,567

2013년 12월 기준　　📢 **전국관광호텔업 등록현황**

★관광호텔업체수 총계 : 896개　★관광호텔객실수 : 88,958

★한국전통호텔업(3개) : 영산재(전남), 라궁(경북), 씨에스(제주)

❖ 자료 : 한국관광호텔업협회(2013)

구분			서울	부산	대구	인천	광주	대전	울산	세종	경기	강원	충북	충남	전북	전남	경북	경남	제주	계
관광호텔	특1급	업체수	22	7	4	3	2	1	2	-	4	7	1	-	1	3	5	2	11	75
		객실수	10,742	2,626	999	1,020	325	174	463	-	1,072	1,871	328	-	118	650	1,627	487	3,447	25,949
	특2급	업체수	31	5	5	6	2	2	1	-	6	6	1	4	3	3	4	4	5	88
		객실수	6,891	691	342	1,402	198	394	75	-	1,047	1,066	180	568	459	256	691	478	517	15,225
	1급	업체수	42	16	8	2	5	7	-		25	13	12	2	6	12	14	13	12	189
		객실수	4,811	1,551	406	127	305	427	-		2,007	827	898	105	517	784	909	1,035	1,070	15,779
	2급	업체수	22	10	1	11	5	2	2		16	4	1	8	9	3	9	7	4	114
		객실수	1,336	455	65	553	249	60	144		835	199	30	366	435	149	515	360	250	6,001
	3급	업체수	15	11	1	12	-	5	-		21	2	5	1	6	2	7	4	1	93
		객실수	739	1,519	33	552	-	237	-		1,176	114	184	50	220	122	314	151	95	5,506
	등급미정	업체수	46	2	-	15	4	2	5		27	7	2	2	2	10	9	12	30	175
		객실수	3,823	108	-	703	157	113	242		1,426	630	77	104	97	444	370	524	2,085	10,903
	계	업체수	178	51	19	49	18	19	10	-	99	39	22	17	27	33	48	42	63	734
		객실수	28,342	6,950	1,845	4,357	1,234	1,405	924	-	7,563	4,707	1,697	1,193	1,846	2,405	4,426	3,035	7,464	79,393
수상관광호텔		업체수	-	-	-	-	-	-	-	-	-	-	-	-	-	-	-	-	-	-
		객실수	-	-	-	-	-	-	-	-	-	-	-	-	-	-	-	-	-	-
가족호텔		업체수	8	-	-	1	-	1	1	-	1	11	1	2	5	9	1	12	35	88
		객실수	1,367	-	-	30	-	80	35	-	52	848	52	131	2,051	460	90	779	1,916	7,891
전통호텔		업체수	-	-	-	1	-	-	-	-	-	-	-	-	-	1	1	-	1	4
		객실수	-	-	-	44	-	-	-	-	-	-	-	-	-	21	16	-	26	107
호스텔		업체수	5	3	-	6	-	-	-	-	1	1	-	1	1	4	1	-	47	70
		객실수	119	46	-	120	-	-	-	-	31	21	-	10	17	66	21	-	1,116	1,567
소계		업체수	13	3	-	8	-	1	1	-	2	12	1	3	6	14	3	12	83	162
		객실수	1,486	46	-	194	-	80	35	-	83	869	52	141	2,068	547	127	779	3,058	9,565
호텔업 소계		업체수	191	54	19	57	18	20	11	-	101	51	23	20	33	47	51	54	146	896
		객실수	29,828	6,996	1,845	4,551	1,234	1,485	959	-	7,646	5,576	1,749	1,334	3,914	2,952	4,553	3,814	10,522	88,958

★ 수상관광호텔업 : 등록시설 없음

★ 호텔업 : 110개 업체 6,749실 증가(전년 대비 증가율 : 업체수 14.0%, 객실수 8.2%)

memo

학습목표

☑ 호텔산업의 기원과 기록상의 근거를 파악한다.

☑ 중세 및 근대 호텔산업의 발전과정을 파악한다.

☑ 미국과 한국의 호텔산업의 발전과정을 파악한다.

CHAPTER **03**

호텔산업의
발전과정

호텔산업의 발전과정

제1절 고대 숙박시설의 발전과정

01 이집트시대

숙박시설의 역사는 인류의 이동과 관련된 사회활동에서 비롯되었다. 숙박업은 우리 인류가 수렵사회 이후 거주지를 떠나 이동을 시작하면서 생겨났다고 볼 수 있다. 일찍이 성경^{Bible}에서도 시바^{Sheba}의 여왕이 예루살렘^{Jerusalem}에 있는 솔로몬^{Solomon} 왕을 알현^{지체가 높고 귀한 사람을 찾아가 뵘}하려 여행하였다는 기록을 찾아 볼 수 있고, 고대 이집트의 벽화에는 킬로이^{Kiloys}라는 글씨와 그림이 함께 새겨져 있는 여행의 기록을 바위나 벽에서 발견할 수가 있다. 기원전 5세기의 역사학자인 헤로도토스^{Herodotus}도 이집트인들의 관광에 대하여 기술한 바가 있어, 그를 고대에 있어서 가장 위대한 여행자로 지적하기도 하였다. 당시 이집트는 중앙정부와 지방정부 간의 소통을 위한 관리들의 관용여행과 무역을 위한 상용여행, 종교적 행사를 위한 종교여행이 발전했으며, 메소포타미아를 중심으로 하여 여행이 증가하면서 점차 호스피탈리티 센터^{hospitality centers}라는 호텔의 개념과 같은 Inn, Caravanserai^{캐러밴서}

라이 등 숙박시설들이 등장하게 되었다. 또한 지금의 그리스 영토인 크레타^{Crete} 섬에는 B.C. 1500년경에 세워진 가장 오래된 호스텔^{hostel}이 보존되고 있다.

02 그리스시대

    그리스인들은 올림포스^{Olympus}산 위에서 세상을 다스린다고 하는 제우스^{Zeus}신을 비롯한 여러 신들을 경배하기 위한 종교적 활동으로 여행의 왕래가 많았고, 기원전 776년 이후 올림피아에서 열렸던 경기대회에^{The olympic games}는 객지로부터의 많은 여행자들을 불러들여 고대 관광의 발전에 획기적인 전환기를 가져다주게 되었다. 또한 당시 그리스어가 주변 인근지역 중심으로 공용어로 발전하면서 무역이 증가했으며, 도시 간의 여행 루트가 잘 개발되기도 했다. 이 시대의 관광이 새로운 차원의 전기를 주어 그리스는 상용여행, 관용여행 및 종교여행이 역시 주종을 이루게 되었다. 아울러 그리스 도시국가^{City-States}가 발달되면서 위락관광으로서 쇼^{floor shows}와 무녀^{dancing girl}, 그리고 도박^{gambling}이 성행하였고, 또한 시민들의 해외여행과 관용업무여행에 도움을 주는 "프록스모스^{Proxemos}제도" 즉, 오늘의 Tour Guide와 Consultant 같은 여행안내와 상담자의 역할이 생겨나기도 하였다. 추가적으로 그리스인들은 모든 여행자들을 제우스인이 보호하는 신성한 사람으로 여기어서 후하게 접대하는 관습이 하나의 미덕으로 자리잡았다. 전체적으로 그리스시대 또한 관광과 이동과 연계되어진 숙박의 발전과정을 살펴볼 수 있다.

캐러밴서 라이(Caravanserai)

여행자들이 쉴 수 있도록 길가에 만든 집을 뜻하는 말이다. 아시아, 북아프리카, 남동 유럽이나 특히 비단길로 교역을 위해 사막을 다니는 대상들이 안전한 숙소에서 서로 정보를 나누는 장소로 쓰였다고 한다.

03 로마시대

숙박과 가장 밀접한 관계에 있는 고대 서양사회의 여행역사는 로마시대로 접어들면서
정점을 이루었다. 로마시대의 정치, 경제, 사회, 문화, 군사 및 정부조직은 제국주의의 제
도하에서 군사적으로도 서양문명에 지대한 영향을 주고 있었다. 따라서 지중해 연안의 분
쟁 속에서도 세계의 중심역할을 하는 로마중심으로 여행의 안전과 자유가 오랫동안 보장
되면서 여행이 성행하였던 것이다. 특히, 고대 로마의 여행은 다음의 4가지 조건에 의해서
더욱 성행할 수 있었다. 첫째, 로마의 화폐coins는 여행자들의 이동조건의 매개물이었고, 둘
째, 우수한 육로와 수로water routes는 여행의 촉진역할을 다하였고, 셋째, 그리스어와 라틴어
가 공용어로 통용되면서 의사소통에 불편이 없었고, 넷째, 법률시스템이 당시 외국법정과
재판권으로부터 보호를 받게 되었다. 또한, Inn과 Tavern이 제국 전체로 확대되었던 로마
는 거대한 영토의 지배와 세력의 확대가 경제성장을 촉진하여 상품과 서비스의 수요를 증
가시키고 있었다. 이때 무역목적에 따른 중산층의 여행 증가는 종교, 위락, 요양 등의 목적
으로 전국을 또는, 세계의 관광을 확대시키는 결과를 초래하였다. 그러나 기원전 5세기경
에 로마제국이 붕괴되면서 치안이 혼란해지고, 도로가 황폐되고, 화폐경제로부터 실물경
제로 전환되어 관광의 악조건이 작용하여 소위, 관광의 공백시대가 도래하였다. 이러한 암흑시대Dark Ages가 시작되었어도 예루살렘Jerusalem을 찾는 아랍인들의 여행이 점차 늘어갔으며 마침내 르네상스Renaissance 시대를 맞이하게 된 것이다.

🖊 기록상의 인류 최초의 숙박시설, 터번(Tavern)

역사 기록에 의하면 인류 최초의 숙박시설은 현재 중동 이라크 바그다드
에 해당되는 메소포타미아 문명의 발상지인 티그리스 강과 유프라테스
강 사이에 거주하던 수메르인(sumerians)에 의하여 건립되었다고 한다.
당시 수메르인들은 인류 최초로 문자를 사용하고 목축업과 농업에 능한
가장 부유한 종족이었으며, 이들의 거주지역에 숙박시설인 Tavern이 존
재하였다고 한다. 이 Tavern은 종족들의 회의나 집결의 장소, 술집의 기
능을 해왔으며 추후 상업 및 여행의 발전에서 중요한 숙박의 기능을 했다
고 한다.

✥✥ 두바이 애털란티스호텔 & 리조트, 자료 : 해당 호텔

제2절 중세 숙박시설의 발전과정

01 중세시대의 숙박시설

로마제국의 몰락 이후 여행의 역사도 암흑시대를 맞이하게 됨으로써 숙박시설도 극소수의 Tavern과 Inn을 제외하고 모두 자취를 감추게 되었다. 하지만 이 시대에는 교회가 매우 번창하게 되어 많은 사람들에게 종교목적의 여행을 하게 되는 계기를 마련하였다. 이 중세기 교회의 수도원은 Tavern과 Inn을 대신하여 종교여행자들에게 숙식을 제공하였다. 이 시대의 여행 형태는 예루살렘을 향한 성지순례Pilgrims이었다.

중세에서 유럽의 도시문명은 경제적 전문화에 기인하면서 빠른 문명의 발전을 가져오게 하였다. 즉, 1300년대가 지나면서 중세에 있어 유럽의 도시문명은 무역과 제조업의 성장과 함께 도시인구의 증가, 상인들의 이동, 중산층의 탄생, 십자군 전쟁을 통한 열정적인 모험심과 종교활동은 여행을 더욱 활발하게 자극시켰다. 더욱이 문명의 서광으로써 작가들의 활동은 르네상스Renaissance의 무대를 등장시켜 여행의 촉진을 유도하게 되었으며, 그후 점차 도로를 통한 이동이 안전해지면서 다시 여행과 동방에 대한 여행 욕구를 불러일으키는 계기가 되었다. 여행과 무역이 활달해지면서 과거에는 없던 중산층의 여행수요가 증가하여 수도원을 중심으로 한 숙박시설의 공급은 부족하게 되었으며 Tavern과 Inn들이 다시 부흥하기 시작하였다. 그동안 동서의 교역은 성장을 거듭하여 여행의 동기를 더욱 유발시키고 여가는 프랑스, 독일, 이탈리아, 네덜란드 및 이집트에서 더욱 생성하여 여행을 촉진시키고 있었다. 이러한 여건들이 1700년도에 와서는 세계의 경제와 사회의 구조가 급격히 변화하면서 대량관광mass-tourism이 발전하게 되고 미국을 비롯한 세계관광에 새로운 전환기를 주게 된 것이다. 따라서 이때부터 호텔의 개념으로서 숙박시설이 필요에 따라 설립되면서 대량관광의 형태를 부분적이나마 수용할 수가 있었다.

02 그랜드 투어 Grand Tour 시대와 영국

그랜드 투어는 17세기 영국의 엘리자베스 여왕시대에 성행하였던 관광의 형태로서, 처음에는 부유한 상류계층의 자녀들을 교육목적으로 견문을 확대시키기 위해서 서유럽 등의 순환여행을 실시하였던 때부터 생겨났던 것이다. 존 터우너 John towner 박사는 그랜드 투어를 연구하는 데는 충분한 자료가 없어 그 당시의 일기, 편지 및 여행기록의 기초적 정보자료에 근거를 두고 그랜드 투어를 연구하였다.

그랜드 투어의 정의는 옥스퍼드 영어사전에 "옛날 명문 집안의 젊은 층이 교육의 기초과목으로 유럽 내에 관심 있는 도시와 지역 등을 여행하는 것"이라고 설명하고 있으나 본래 서유럽 내의 특정지역과 도시는 정해 있지 않고 교육과 위락의 목적으로 여행하였었다.

영국에서의 호텔 hotel 이란 단어는 1760년에 처음으로 사용되고 있었다. 그러나 1600년도에 세계에서는 처음으로 영국의 스롭시어 Shrophshire 지방에서 목조 2층의 건물로서 "Feathers Hotel of Ludlow"가 등장하여 벌써 호텔이란 말이 생겨나고 있었다.

호텔이 등장하기 전에 여행객들은 대개의 경우, 목적지에서 민박을 청하거나 하숙 lodging 이나 셋방 chamber 에 숙박하는 수밖에 없었다. 그러나 영국에서는 1774년에 벌써 데이비드 로 David Low 씨에 의해서 코벤트 Covent 정원인 아처 Load Archer 경의 농가에 First Family Hotel이라는 현대적 호텔의 모형이 생겨나게 되었다. 그 후 60년 동안 영국의 도시 및 휴양지에 현대식의 호텔들이 건립되면서 1838년에는 유스톤 Euston 에 First Railway Terminal Hotel이 세워지기도 하였다.

그리고 19세기에 도시화가 진행되면서 시민들에게는 외식하는 관습이 생겨났다. 많은 인구가 교외에 살기 때문에 점심 식사하러 집에 갈 수 없는 사람이나, 낮에 쇼핑하러 중심지로 들어온 시민들을 위해 음식을 제공하는 적절한 음식점과 커피숍이 증가하였다. 터번 tavern 같은 곳에서는 시민들이 이곳에서 숙박과 커피, 그리고 간이음식을 즐겼던 것이다.

근대의 영국 호텔은 무엇보다도 리츠 Cesar Ritz; 1850~1918 에 의해서 많은 발전을 보게 되었다. 즉, 그는 1889년에 런던에 세워진 Savoy Hotel을 인수하면서 호텔경영은 물론, 식당업을 번창시켜 미국의 외식산업에도 크게 공헌한 바가 있다.

그 후 1974년 영국의 총 객실 수가 500,000개에 달하고 있으나 객실 수용능력의 절반이 해변지역의 휴양지 호텔로 구성되어 있었다. 그러나 영국의 호텔경영자는 주로 순수호텔업자, 주류업자, 호텔 및 케이터링업자, 기타 등으로 구분되면서 오늘의 Trusthouse Forte가 총 호텔수의 1/4을 차지할 정도로 그 그룹형태가 방대하였다.

제3절 근대 숙박시설의 발전과정

14세기경부터 이탈리아를 중심으로 일어난 문예부흥renaissance과 대항해, 그리고 신대륙의 발견은 유럽 중심의 세계관을 변화시켰으며, 지중해 중심의 무역을 신대륙까지 확대시킴으로써 상업적 여행을 증가시켰다. 또한 16세기 초에 나타나기 시작한 그랜드 투어grand tour는 17세기에 들어와 귀족들에게까지 일반화됨에 따라 유럽지역에 장기간 순회여행을 확산시켰다. 이 시대에는 이미 중세기 말에 생긴 여관인 Inn guild가 더욱 발전하였고 그 숫자도 많은 편이었기 때문에 여행하기 쉬워짐으로써 여행자에게 큰 기여를 하였다. 그럼에도 인inn은 현대적인 호텔에 비하면 시설이 매우 빈약하였으며, 다만 여행에 필요한 최소한의 필요조건인 수면과 음식 및 생명, 재산 등에 관련된 사항만을 제공하였다.

그러나 오늘날 기업형태로서의 호텔의 출현은 18세기 이후 영국의 산업혁명을 계기로 한 시대적 요청의 산물이라고 하겠다. 이는 산업혁명이 진행되는 동안 농촌인구의 도시로의 이동과 국내외 시장유통과 원료공급을 위한 상인들의 교류 및 상거래가 활발해지자 이를 뒷받침할 기차, 기선 등의 교통기관이 혁신적으로 발전하여 여행을 쉽게 할 수 있게 됨에 따라 종래와 다른 새로운 형태의 숙박시설이 요청되었던 것이다. 특히 19세기에 들어와 유럽에서는 새로운 시장이 태동하면서 정치적으로 많은 변혁이 일어났다. 그로 인해 왕정王政은 공화정共和政으로 바뀌고 귀족세력의 점진적인 붕괴현상이 일어나게 되었다. 따라서 이들의 사교모임의 장소가 궁정에서 밖으로 옮겨지게 되고 새로운 사교장으로 등장한 곳이 바로 호텔이었다. 여기서 호텔은 이들의 감성에 맞추기 위하여 자연히 사회성과 호화성을 강조하게 되었고, 건물의 외관이나 내장, 가구, 요리, 직원복장, 서비스 방법 등이 궁전의 그것과 같이 호화로울 수밖에 없었던 것이다.

01 프랑스

프랑스에서는 16세기부터 18세기에 이르러 절대 왕권제도하에서 왕후·귀족들을 대상으로 특권계급 전용의 호화스러운 호텔들이 생겨나 이들의 사교장소로 이용되어졌고, 잘 훈련된 종사원들에 의해 객실 및 식당서비스가 제공되었다. 신대륙 미국이 성장하면서 자국호텔 종사원들의 자질을 향상시키기 위해서 유명 프랑스의 호텔로 보내 서비스 및 요리교육을 이수하도록 했다고 한다. 이 시대 프랑스에서는 저명인사 또는 부유층의 저택을 Hotel de Ville 또는 Hotel de la Monnaie라 불렀다고 한다. 이러한 저택들은 프랑스 대혁명을 통해 공공건물로 변화되면서 자연스럽게 호텔이라고 부르게 되었다고 한다.

프랑스 호텔도 역시 관광호텔은 Deluxe, 1, 2, 3, 4등급으로 구분되면서 모텔과 터미널호텔도 포함되고 있지만 정부의 불인가된 호텔로도 존재하고 있다. 특히, 정식허가를 얻은 호텔과, 연중 몇 개월만 영업하는 계절적 호텔, 식당이 없는 Pension, 특정지역에 세워진 모텔이나 공원호텔 등이 그 예이다.

02 영국과 독일

프랑스의 호텔문화와 달리 영국은 호텔이 일반 여행자에게 숙식을 제공하는 장소로 자리매김하고 있었다. 호텔은 기존의 Tavern과 Inn에 비해 보다 높은 수준의 서비스를 제공하는 곳으로 발전하게 되었다. 18세기 영국에서 시작된 산업혁명은 우리 인류에게 새로운 산업사회와 사회현상을 유발하였다. 도시 중심의 거점생활이 시작되고 그에 따른 도로망과 교통 및 이동으로 인하여 도시 간의 여행자들이 증가하고 여행수요도 증가하게 되었다. 또한 노동자들이 생산활동 참여에 따른 소득으로 중산층의 여행수요가 획기적으로 증가하게 되었다. 교통수단이 등장하고 교통수단의 루트에 따른 숙박시설이 등장하게 되었다. 독일에서 호텔의 등장은 1807년에 근대호텔의 개념으로 온천지인 바덴바덴에 건립된 Badische Hof를 이야기할 수 있다. 이 호텔은 초기의 여관[inn]에 비해 대단히 호화스러운 숙박시설로서 건물구조도 크고 대소의 응접실, 발코니, 오락실, 독서실, 식당, 침실 및 욕실 등이 조직적으로 잘 설비되어 있을 뿐만 아니라 냉수와 온수의 공급이 원활하고 정원 등이 마련되어 있어서 근대 호텔과 다를 바 없었다.

이 호텔의 등장은 스위스를 비롯하여 19세기 중엽에 전 유럽의 호텔건설에 지대한 영향을 준 동기가 되었다. 그 후 1874년에는 베를린에 Kaiser Hof가, 1876년에는 라인 강변에 Frankfurter Hof가 건립되었다.

03 스위스

스위스는 자연적인 관광자원으로서 옛부터 여행객들에게 풍부한 매력을 주었을 뿐더러 고대부터 런던에서 파리, 그리고 로마를 연결하는 길목의 역할을 다하였던 것이다. 따라서 19세기 무렵부터 스위스는 유럽의 유일한 관광지^{play ground}로 각광을 받게 되었고, 그리하여 그곳의 호텔들은 결과적으로 세계의 휴식처로서 매력을 갖게 되었다. 특히, 스위스의 호텔들은 휴양지^{resort} 호텔로서 제공되고 있었다.

바우어^{Baur}의 아들 떼오도르^{Theodor Baur}는 츄미^{Tschurni}와 함께 Ouschy에서 호텔 전문학교를 설립하기도 하였다. 그 당시 Theodor Baur씨는 스위스에서 처음으로 팁^{tips}의 폐지를 제안하였으나 받아들여지지는 못했다. 루체론^{Lucerne}의 Grand Hotel National은 1871년에 개업하여 6년 후에는 프랑스에서 Ritz가 돌아와 27세의 나이로 지배인으로서 종사한 유명한

기네스북의 가장 오래된 호텔

서양의 숙박시설의 역사를 볼 때 흥미로운 사실은 기네스북에 현존하는 최고 오래된 호텔은 일본 이시카와 현 고마쓰시의 아와주 온천지역에서 717년에 지어져 현재까지 성업 중인 호시료칸(여관)이라고 한다. 나라시대 때 승려 타이초오대사가 수행하던 중 병을 치유할 수 있는 온천이 존재한다는 하늘의 계시를 받아 제자를 시켜 만들어진 온천장이다. 현재 객실은 82개 450명을 수용한다고 한다.

❖❖자료: 한진관광

호텔이기도 하다. 따라서 정기적으로 유럽지역의 왕족들이 방문하기도 한 이 호텔은 특히, 벨기에의 Albert 왕과 왕비가 신혼여행 중에 투숙한 후 그의 왕족들이 정기적으로 이 호텔을 방문하기에 이르렀다.

그 후 스위스는 유럽인들만이 아니라, 세계 각국에서 사랑받는 휴양지로서 무수한 고급호텔들이 속속 생겨나기 시작하였다.

04 미국

1) 초기의 숙박시설

아메리카 신대륙이 발견된 이래 많은 유럽인들이 이주하면서, 그중에서도 신앙의 자유를 얻고자 신천지를 찾아간 퓨리턴Puritan:청교도과 무역 · 개척의 이익을 목적으로 건너간 사람들의 노력으로 자유 독립의 정신을 갖고 신대륙을 개척하여 경제적 발전을 급속도로 진전시켰던 것이다.

그러나 미국은 미국 식민지를 본국상품의 판매시장 및 원료공급지로 보는 중상주의정책을 채용하여 식민지의 상공업 발달을 억제하였다. 이렇게 영국의 식민지 정책에 대하여 식민지인의 본국에 대한 불만이 점차 커지고 반항운동이 고조되면서도 이민자들의 이동이 빈번하여 자연히 영국의 숙박시설과 같은 Tavern이나 Inn들이 1600년대 초반부터 속속 생겨나기 시작했다. 영국인 최초 미국 거주지인 제임스타운에도 Tavern이 존재하였다고 하며, 콜로니얼 인Colonial Inn들이 항구에 건립되었다고 한다. 또한 사무엘 콜스Samuel Coles에 의하여 건립된 콜스 오디너리Coles Ordinary는 미국 최초의 호텔로서의 형식과 시설을 제대로 갖춘 숙박시설로 인정되고 있다.

호텔hotel이란 용어가 라틴어의 "Hospitale"에서 파생된 후, 미국에서는 1791년에 호텔이란 말이 도입되어 1790년에 도시안내서City Directories에서 많은 터번과 호텔이 숙박시설로 기록되고 있었다. 그 후 1820년에 들어와서 호텔이란 용어가 더욱 미국에서 일반화되기에 이르렀다. 미국은 호텔이 귀족계급을 위한 목적보다도 상업호텔의 색채가 강한 중산층을 기반으로 하여 발전해 가고 있었다.

2) 시티호텔의 등장과 제1차 황금기

미국 식민지 시대와 합중국 시대의 뉴욕에서는 City Hotel이란 호텔이 일찍이 등장하고 있었다. 처음에는 랑시James De Lancy씨의 사저로서 프라운시스Fraunces Tavern이라 하여 1754년에 문을 열게 된 것이다.

당시 이곳에서는 필라델피아에서 채택된 수입반대결의안Non-importation Resolutions의 서명회의1865. 11. 31가 6일간이나 열렸고, 혁명운동이 한창일 때는 군사본부로 이용되기도 하고, 본관 뒤의 큰 건물은 무도장으로 이용되기도 하였다. 1787년 펜실베이니아 주에 최초로 무연탄 벽난로를 사용하는 Arndt's Tavern이 건립되었다. 1794년 미국 최초의 본격적 호텔인 City Hotel이 73실의 객실로 뉴욕 맨해튼에 등장한 이후, 1807년 필라델피아와 보스턴에 Exchange Coffee House, 1807년 미시간 주에 최초의 벽돌건물인 Wales Hotel, 그리고 뉴욕의 마천루 호텔의 효시가 된 Adelphi Hotel 등 미국 주요 도시에 많은 근대적 호텔들이 건립되었다. 1829년까지의 35년간을 미국 호텔산업의 제1차 황금기The first golden age of hotels in the U. S라고 부르고 있다.

3) 근대호텔의 출현과 트레몬트 하우스

1800년대가 되면서 미국에서는 보다 현대적인 형태와 시설 및 서비스를 갖춘 대규모 호텔들이 들어서기 시작하였다. 1829년 보스턴Boston 최초의 현대식 호텔로 트레몬트Tremont House가 등장했다. 소위, 이 호텔을 가리켜 "근대호텔산업의 원조The Adam and Eve of the Modern Hotel Industry"라고 부르면서 미국이나 유럽에 있어 새로운 호텔경영의 이정표를 제시해 주게 되었다. 이 호텔은 로비lobby를 구비하여 고객이 바bar에서 등록check-in할 필요가 없이 바로 호텔 로비를 통하여 투숙할 수가 있었다. 말하자면 트레몬트 하우스의 등장은 호텔경영에 있어 호텔의 규모, 구조, 설비, 투자액 및 경영기술 등에 있어서 무조건 "최초first-class"의 생성자라 하여도 과언이 아닐 것이다.

따라서 트레몬트는 향후 65년간 세계적인 호텔로서 명성을 다해 왔지만, 다른 호텔의 근대적인 경영기술의 경쟁에서 물러나기 직전 20여년까지는 2류 호텔로 그 여명을 지니고 있었다. 그러나 트레몬트는 19세기에 있어 호텔경영자들에게 가장 많은 영향을 준 역사적인 호텔로서 남아 있다. 1836년 뉴욕에 Astor House, 1860년 당시 세계 최대의 호텔인 8층 규모의 Continental Hotel, 1870년 시카고에 Palmer House, 1875년 샌프란시스코에 건립된 800실 규모의 Palace Hotel이 건립되면서 새로운 건축기술도 입으로 인한 객실시설의 설치 및 편리성이 가능하게 되었으며 호텔 주변에 은행 등의 상권이 조성되었다. 또한 Astor가 1893년 뉴욕에 1,000여개의 객실을 보유하고 초호화호텔의 상징이된 Waldorf - Astoria가 건립되어 시대를 대표하는 고급호텔 이미지가 만들어졌다.

> ### 트레몬트(Tremont) House Service
>
> - 최초로 1인용 객실(Single Room)과 2인용 (Double Room) 객실을 구비
> - 객실별 세면대 및 욕실완비, 별도 열쇠 구비, 물주전자, 무료비누 제공
> - 미국 호텔로서는 최초로 프랑스요리 제공
> - 200석 규모의 대식당 구비
> - 벨보이 제도 도입 및 객실호출기를 통한 프론트데스크와 소통 가능

4) 제2차 황금기와 스타틀러

20세기에 들어서면서 미국의 호텔산업은 더욱 눈부신 발전과 성장을 이루게 되었다. 또한 미국의 호텔산업계는 지속적으로 늘어나는 여행인구에 대한 시대적 요구에 부응하는 서비스의 도전에 직면하게 되었다. 즉, 여행객들이 원하는 숙박시설의 형태types of accommodations, 서비스의 신개발new services, 중산층 고객middle-class traveler에 맞는 숙박시설과 서비스, 또는 이들에게 적합한 운영형태, 적당한 수익을 위한 객실요금room rates 등으로 호텔업자들은 고민하고 있었다. 그러나 다행히 미국 호텔업계의 아버지라고 불리는 스타틀러E. M. Statler, 1863~1928가 호텔업계에 일인자로 등장하게 된 것이다. 유럽의 왕족·귀족을 대상으로 하는 채산운영을 도외시한 서비스를 개발한 스타틀러는 과학적이고 합리적 경영방식을 채택하여 근대호텔산업의 혁신을 꾀하였던 것이다. 이렇게 미국의 근대호텔산업에 새로운 역사를 탄생시킨 그를 세상에서는 자동차의 혁명 왕 포드Henry Ford에 비교하여 "근대호텔의 혁명 왕"이라고 호칭하고 있다. 스타틀러 역사에 기록될 만한 경험과 창안ideas으로 오늘날 호텔경영에 많은 기술과 서비스의 개선에 혁명을 가져다 준 인물이었다. 더욱이 그는 "1.5달러로 욕실이 달린 객실을 이용할 수 있다.A room and a bath

for a dollar and a half. "라는 슬로건slogan을 창시하여 중산층 고객을 다량으로 흡수할 수 있었다.

이 당시의 호텔들은 수요를 따르지 못할 정도로 대규모 호텔들이 연이어 건립되었다. 뉴욕에서만도 다수의 호텔들이 신축되었고, 소도시에서는 현대식 호텔들이 없이는 도시의 체면이 안 선다는 여론이 집약되고 있었다.

1920년에는 New Waldorf Astoria 호텔이 47층의 2,150실을 가지고 개업을 하고, 1927년에는 시카고에서 Stevens Hotel지금의 Conard Hotel이 3,000실을 갖고 문을 열었는데 1967년의 소련 모스크바에서 건설된 Hotel Rossiya3,500실와 1990년 미국의 라스베이거스의 Excalibur Hotel4,032이 있기까지는 세계 최대의 호텔이 되었다.

스타틀러(E. M. Statler, 1863~1928)

- 1863년 펜실베이니아 주 게티스버그 인근의 가난한 목사의 아들로 출생
- 13세 때 McLure Hotel 벨보이로 호텔근무 시작
- 손실규모가 컸던 호텔 당구장과 볼링장을 이익을 창출하는 영업장으로 전환하는 등 호텔서비스와 효율적 경영 및 창의적 사고로 인정받는 호텔리어
- 1894년 버펄로 시에 Statler's Restaurant 오픈 및 경영 대성공
- 레스토랑사업 대성공을 통한 호텔사업 시작
- 1907년 뉴욕주 버펄로 시에 미국 최초의 300실 규모 상용호텔 Statler Hotel 개관

고객위주 서비스의 완성자

버펄로 스타틀러 호텔 Service

- 최초로 전 객실의 개인용 욕실 구비
- 객실에 전신거울, 옷장, 전화, 침대, 책상 등 비치
- 객실에 열쇠구멍을 표준화하여 어두워도 쉽게 열 수 있게 함
- 객실입구 옆에 표준화된 전등 스위치 부착
- 객실에 얼음물, 무료조간신문, 익일 세탁서비스 등 제공
- 객실문고리 "Do Not Disturb"를 걸게 함
- 계단에 화재시를 위한 비상구 설치

5) 공황기

호텔의 붐도 1929년부터 미국이 경제대공황기를 맞이하면서 호텔황금기가 사라지기 시작하였다. 이때를 가리켜 호텔경영사상 가장 어둡고 불행하였던 시기라 할 수 있겠다. 1935년 당시 호텔산업의 평균 객실점유율은 손익분기점에도 못미치는 51% 정도로, 다시 회복될 수 없는 산업으로 생각되면서 전체 호텔의 85% 이상이 도산하기에 이르렀다고 한다. 그러나 이때도 스타틀러 몇몇 호텔들은 불황시대를 이겨내는 경영노하우를 가지고 있었다. 이는 특권계급을 상대로 한 호화호텔들은 미국에서 시대적응을 못하고 도태된다는 증거일 것이다. 이때의 불황을 통하여 호텔경영의 이론은 일반대중을 고객으로 하여야만 한다는 것이 지론이 되면서 경영합리화를 위한 체인chain 호텔들이 등장하게 되었다. 따라서 호텔업자들은 자기의 호텔부동산을 헐값에 매도하지 않을 수 없었고, 호텔에는 고객의 발길이 끊기고 조용한 가

운데 모든 객실이 텅 빈 상태이었다. 어떤 호텔기업은 객실료를 인하하면서 호텔운영을 모색하여 보았지만, 역시 실패하기가 일쑤였다. 당시 호텔투숙률이 65%가 손익분기점인데도 1935년의 투숙률은 51% 이하로 떨어지고 말았다. 또한 호텔 재정전문가들도 호텔산업은 결코 회복할 수 없는 산업이라고 의견을 모으고 있었다. 한 때 호텔소유주였던 메트로폴리탄 생명보험회사Metroplitan Life Insurance Co.도 몰락하고 말았다. 그 후 제2차 세계대전을 겪으면서 미국 호텔산업은 다시 성장세로 회복되면서 호텔투자가들은 호텔을 흰 코끼리white elephant라 생각하여 몇몇 사람만이 마지못해 호텔에 투자하곤 하였다.

6) 회복 정착기

대공황이 지나고 1940년 이후에는 차차 미국의 호텔산업이 낙관적으로 회복되기 시작하였다. 1942년 제2차 세계대전의 발발로 군인들의 이동과 더불어 여행의 빈도가 높아서 당시 호텔들은 객실의 부족으로 즐거운 비명을 울려야만 했다. 그리고 자동차와 다른 운송시설의 급격한 증가로 인간이 원하는 곳 어디든지 자유롭게 갈 수가 있었다. 따라서 1947년에는 평균 객실이용률이 90%로 상승하기에 이르렀다. 그러나 호텔의 시설과 서비스는 수준 이하였다. 왜냐하면 전쟁 당시 젊은이들은 군대에 징집되었기 때문에 종업원이 상당히 부족했고, 수요에 공급이 따르지 못하여 여행객들은 호텔의 로비에서 잠을 청할 처지였다. 또한 전쟁이 갑자기 끝남으로 해서 호텔객실의 공급을 예측하지 못한 원인이기도 하다. 이때에는 완전한 호텔서비스를 제공할 수 있는 인적 자원도 대량 부족했고 경험 있는 종업원은 더욱 채용할 수가 없었던 것이다.

호텔서비스가 수준 이하로 낙후되고 있었지만, 호텔 경영자들은 최대한의 정성을 다하여 호텔산업이 기간산업인양 국가 전쟁에 공헌한다는 자부심을 갖고 호텔을 열심히 운영하고 있다.

자동차와 항공기를 이용하는 여행자들이 급증하면서 호텔의 체재일수가 짧아져 호텔투숙 점유율이 낮아지고 있었다. 반면에 도시주변과 시내 또는 고속도로 및 공항부근에는 Franchising System에 의해 호텔과 모텔들이 낮은 세금의 혜택으로 대량 건축됨으로 해서 공급과잉의 현상을 낳고 있었다. 1950년대 이후 Westin, Ramada, Hilton, Sheraton, Holiday Inn, Hyatt, Inter-Continental과 같은 유명 체인호텔이 등장해 시장을 석권하고

❖ 사진 :
1. 그랜드하얏트두바이호텔,
2. 두바이 주메이라비치호텔조감도,
3. 두바이드럼프호텔

가파른 성장세를 지속하면서 미국 호텔산업은 세계 최대의 호텔시장으로 자리잡게 된다.

7) 모텔^{motel}의 발전기

도로의 정비와 자동차의 증가로 여행객들은 좀 더 멀리, 그리고 좀 더 오래도록 여행을 즐기면서 숙박비가 비싸고 절차가 까다로운 호텔보다도 이용하기 쉽고 저렴한 모텔을 찾고 있었다. 호텔사업은 1920년을 위시하여 19세기 중엽부터 철도의 발전과 함께 성장하게 된 것이다.

그리하여 철도가 있기 전의 여관이나 Tavern들은 점차 호텔화되어 가기도 하였으나, 자동차가 생겨나면서 자동차 이용객들은 값싸고 이용하기 편리한 모텔을 찾고 있었다.

그러나 모터호텔이 너무 대형화되면서 투자의 위축과 고객들의 수요 감소로 인하여, 1970년대부터는 객실은 좁고 시설은 단조롭지만 고객들의 시장성향에 의해서 Budget Motel이 성행하고 있었다. Days Inns는 버젯 모텔의 체인으로서 가장 크며, 상용빌딩처럼 로비도 없고 프론트 업무는 잡다한 가게에서 직접 Check-in 하고 있었다. 그 중에서도 가장 오래된 버젯 체인으로는 Motel 6을 들 수가 있다.

제4절 한국 호텔산업의 발전과정

01 삼국시대 숙박시설의 발전과정

우리나라 숙박시설은 우리가 쉽게 접할 수 있는 TV 사극에서 보여지는 주막, 객주, 객사라고 칭하는 것이 숙박시설의 역사라고 볼 수 있다. 이러한 역사들은 사람의 이동에서 그 출발점을 찾을 수 있다는 것이 동서양의 숙박시설의 출발이다. 현재 우리가 사용하고 있는 여인숙, 여관, 모텔, 호텔 등의 호칭을 사용하게 된 것은 일제시대부터이다. 우리나라 숙박시설의 기원은 삼국三國시대 부족 간의 이동이나, 이웃 나라와의 전쟁에서 옛부터 그들의 이동은 빈번했을 것이다는 것에서 시작할 수 있다. 기록상으로는 「삼국사기」에 나타나는 관리들이 지방을 순찰할 때 머물던 역관이 신라 소지왕 때 개설되었다고 한다. 더욱이 고구려는 중국세력의 투쟁과정에서 생성하였다. 삼국의 사회는 귀족관료계급이 지배하고 평민과 노예계급을 중심으로 고대국가로서의 면모를 갖추게 되었다. 삼국 중 고구려는 중국문화와 접하면서 가장 먼저 정치 및 사회적으로 발전할 수가 있었다. 특히, 고구려는 농업을 주요 산업으로 하면서 수렵과 목축업이 성행하여 그들의 이동이 많았다고 본다.

삼국시대의 여행계층은 왕, 귀족, 승려, 학생 등의 지배계층이 주종을 이루고 또한, 관제의 공용여행과 상인들의 이동, 씨족들의 이주, 군사상의 이동 등이 당시의 여행 형태였음을 알 수 있다. 통일신라시대에는 당나라를 방문한 관리 등 자국인 여행자를 위한 신라방,

:: 용인한국민속촌 주막과 예천 회룡포의 삼강주막

신라관, 신라원을 건립하여 이들에게 숙식을 제공하였다. 참역제가 발달한 고려시대에 접어들어서는 역마를 두고 역장 등의 관리가 상주하여 공문서의 전달과 공물의 수송 등으로 여행 중인 관리들에게 숙박과 음식을 제공하였다. 이때 공공시설로 주막이 최초로 개설되었으며, 여행하는 선비들에게 일정 대가를 받고 숙식을 제공하였다.

02 조선시대

「경국대전」에 의하면 조선시대에도 고려의 참역제가 지속되어서 당시 전국에 약 537개의 역이 존재하였다고 한다. 그중 이동이 많은 중요 역이 있는 곳에는 숙박을 할 수 있는 시설이 갖추어져 있었다. 그 후 관리들의 공무여행을 위해 관館이 건립되었고 좀 더 낮은 급의 원院이 건립되었다고 한다. 또한 한성에는 외국 사신들을 위한 숙소가 개설되었는데 명나라 사신들을 위한 태평관, 일본 사신들을 위한 동평관, 여진족을 위한 북평관을 설립하였다.

시간이 흐르면서 이용범위가 제한적이어서 관과 원은 폐지되고 점店:주막이 일반 여행자들을 위한 숙소로 발전하기 시작했다. 조선 초기 등장한 점의 영업장은 교역행위와 이동객이 확대됨에 따라 규모가 커졌으며, 이 시기에 주요 도시와 항구를 중심으로 위탁매매를 하는 물상객주와 숙박을 주업으로 하는 보부상으로 구분되는 객주가 등장하게 되었다. 조선 말기에는 객주조합이 결성되어 국내 경제에 영향력을 과시했으며, 이때 전국 주요 도시에 약 480여 개의 객주가 존재하였다고 한다.

태조 이성계가 정몽주 등의 반대세력을 몰아내고 새 왕조를 세우게 되었다1392. 그리고 국도를 한양으로 천도태조 3년, 1394함에 따라 상류계급과 그 가족들의 대이동이 있었을 것이다. 특히, 조선조에는 양반, 중인, 상민 및 천인의 사회조직에서 적어도 中人 이상에서 귀족들이 직업의 선택이나 거주이전의 자유에서 여행과 이동이 원활하였다.

또한, 세종원년1419에 대마도를 정벌하면서부터 왜와의 통상으로 삼포를 개항하게 하고 무역왕래가 빈번하였다. 그리고 조정에서는 김종서로 하여금 두만강변의 야인을 몰아내기 위하여 육진을 설치하여 남부의 백성들을 이주시켜 살게 하였다. 개항 이후 일본상인들의 급격한 증가는 그들의 숙소 증가를 가져왔고 역시 항구 주변의 객주가 발달하게 되었다.

제국주의 열강의 침략으로 군사적으로는 국내·외인들의 이동이 심하였지만 일반서민들의 여행은 매우 둔화되었던 시기였다. 그러나 일본이 1899년에 경인철도부설권을 미국으로부터 매수하여 인천과 노량진 사이에 최초로 철도가 개설[1899]되어 여행자들의 왕래를 촉진시켰던 것이다. 그 후 러일 전쟁시에 일본이 전쟁의 수행을 위한 군사적 목적에서 경부선[1904]과 경의선[1906]이 생기면서, 점차 각처에 지선이 부설되고 1898년에는 한·미 합작으로 전차와 전등이 가설되다.

03 1900년대 이전 호텔의 생성시대

서구식 숙박시설인 호텔[hotel]의 등장은 우리나라의 숙박산업에 전환기를 가져다주었다. 지금까지의 여관은 온돌[일식은 다다미] 등으로서 객실이 구성되고 있었지만, 호텔의 객실은 침대[bed]와 가구 및 침구로써 구성된 서양식들의 방들을 말하고 있는 것이다.

우리나라에서는 최초로 인천[서린동]에 대불[大佛]호텔이 벽돌 3층의 11실로 일본인 호리리기다로씨가 1887년 건축에 착수하여 1888년에 낙성시킨 호텔로서, 당시 가장 고급으로 지어진 건물로서 한국을 찾는 유럽인과 미국인 고객을 상대로 한 양식호텔로 설계되어 운영되었다고 한다. 오랜 항해를 통해 인천항에 도착한 외교사절과 선교사 등 외국인 여행객들이 한성으로 가기 위해 머물 곳이 마땅하지 않았기 때문에 대불호텔은 개관하자 바로 선호도가 높은 호텔이었다고 한다. 대불호텔이 생기기 전에 외국인들은 외국영사관에게 신세를 지게 마련이었다. 그때 구미인들은 문호를 개방하지 않던 한국에 깊은 관심을 갖고 왕래하는 외국인이 증가일로에 있으면서, 대불호텔이 그들에

대불호텔

사진 가운데 서양식으로 지어진 3층 건물이 대불호텔이다. 건물이 헐리고 주차장으로 사용되어 오던 대불호텔터는 상가 건물 신축을 위한 공사 중 기단이 발견되면서 세상에 모습을 드러내었으며, 현재 대불호텔터는 사유지로 묶여 있어 보존과 복원에 어려움을 겪고 있다.

게는 물론 인천 거주의 외국인들에게까지 대단한 인기가 있었다. 이러한 선호도 때문에 대불호텔 길 건너편에 청나라 사람인 이태가 2층 건물인 스튜어드^{Steward}호텔을 건설하여 영업을 했다고 한다.

04 현대호텔의 발전형태

1) 1900~1950년 이전

철도의 개통과 더불어 외국인들은 인천 등 지방에서 숙박할 필요가 없어졌고 이후 서울은 국내 숙박산업의 중심지가 되었다. 1902년 독일인 손탁^{Sontag}에 의해 서울 최초의 서양식 호텔인 손탁호텔이 건립되었다. 1910년 한일합방 후 일본은 침략을 목적으로 우리나라 주요 지역을 연결하는 철도를 설치하였고 그에 따른 이동이 용이하여 국내 외국인의 왕래가 증가하게 되었다. 새로운 철도역 중심의 숙박시설의 필요성과 외국인의 철도이동의 편의성을 제공하고자 주요 철도역 중심으로 철도호텔들을 철도국 부대사업으로 설립하기 시작하였다. 대표적으로 1912년 부산철도역사 2층에 9개의 객실, 신의주 철도역사에 9개의 객실을 가진 신의주철도호텔, 1914년 65실 규모의 조선경성철도호텔^{현 조선호텔}을 당시로서는 가장 유행하는 건축양식과 시설, 조선철도국 직영호텔의 사령실과 같은 존재의 초일류호텔을 건립하였는데 현재 우리나라 현대호텔의 효시라고도 할 수 있다. 1915년 10실 규모의 금강산호텔, 1918년 장안사호텔, 1920년 온양온천철도호텔, 1922년 대원호텔, 1925년 평양철도호텔이 차례로 건설되어졌다.

1929년에 일본항공의 항공노선이 개설되어 교통이 더욱 편리해지자 1936년에 일본인 노구찌에 의해서 국내 최초의 본격적 상용호텔^{commercial hotel}인 반도호텔이 개관되었다. 반도호텔은 미국의 스타틀러 호텔의 경영방식을 도입하였고, 일반대중을 상대로 영업을 한 당시 한국 최대의 시설 및 규모를 갖춘 호텔로 111개의 객실을 보유하였다. 그러나 이 시

❖ 조선경성철도호텔
자료 : http://cafe.daum.net/distorted

기에 일반인들의 여행이 극도로 제한적이었기 때문에 일본인과 외국인을 위한 시설이 되었고 호텔사업도 일본인들에 의해 독점되고 있었다.

1945년 8월 15일 해방 이후 호텔업은 한국인에 의해 본격적인 발전의 계기를 맞이했으나 해방 직후의 사회혼란과 남북분단, 6 · 25 동란 등으로 인하여 사실상 1950년 초까지 호텔업은 정체기에 머무를 수밖에 없었다. 일제 말에 총독부와 개인이 운영했던 철도, 열차식당, 역구내식당과 조선호텔, 반도호텔, 부산 철도호텔 등은 해방 후 미군정에 의해서 관리되다가 1948년 8월 15일 대한민국 정부 수립과 더불어 교통부로 이관되었다.

손탁호텔

서양식 호텔로, 1902년(고종 39) 독일 여성 손탁(Sontag : 한자명 孫鐸)이 건립하였다. 손탁은 1885년 초대 한국 주재 러시아 대리공사 베베르(Karl Ivanovich Veber)와 함께 서울에 도착해 베베르 부부의 추천으로 궁궐에 들어가 양식 조리와 외빈 접대를 담당하였다. 그러다 명성황후의 신임을 얻어 정계의 배후에서 활약하다가 1895년 고종으로부터 정동(貞洞)에 있는 가옥을 하사받아 외국인들의 집회장소로 사용하였다. 1902년 10월에는 이 가옥을 헐고 2층의 서양식 호텔을 지었는데, 이 호텔이 바로 손탁호텔이다. 1층은 보통실과 식당, 2층은 귀빈실로 이루어졌고, 1층과 2층의 창 사이의 벽을 작게 하고 벽 전면을 아케이드 모양으로 구성하는 등 러시아의 전형적인 건물 형태를 취하였다. 미국을 주축으로 결성된 정동구락부의 모임장소로 사용되었을 정도로 구한말 서구 열강의 외교관들이 외교 각축을 펼친 곳으로 유명하다. 1918년 문을 닫은 뒤 이화학당에서 사들여 기숙사로 사용하다가 1923년 호텔을 헐고 새 건물을 지었다. 그러나 6 · 25 전쟁 때 폭격을 당해 폐허로 남아 있다가 1969년 3층짜리 호텔로 지어져 이후 여관과 식당으로 운영되었다. 지금의 정동교회와 정동극장 뒤에서 경향신문사 쪽으로 올라가는 길에 호텔의 터가 남아 있다.

✖✖ 자료 : 손탁호텔 | 두산백과

2) 1950년대

1950년대까지는 사회 및 정국이 혼란과 전쟁 등으로 호텔산업은 긴 침체기에 빠져들게 되었다. 1953년 7월 휴전이 성립되고 많은 미군들과 군속 그리고 전후 UN 한국부흥단 의원들이 한국을 방문하게 되자 점차 관광사업의 필요성을 인식하기 시작하게 됐으며, 이에 따라 정부조직에 관광과가 설치되었고 여행사와 민영호텔들이 생겨나기 시작하였다. 1954년 교통부 육운국에 관광산업 촉진을 위한 관광과가 설치되었으며, 1957년에 세계 관광기구WTO의 전신인 국제관광기구에 정회원으로 가입하였으며, 1958년 3월에 중앙 및 지방관광위원회가 설립되어서 본격적인 호텔산업의 발전에 활력을 불어넣기 시작하였다. 한편, 국내 최초로 대한여행사가 개업하였고, 민영호텔로는 1952년 대원호텔, 1955년 현 소피텔 앰배서더 호텔의 전신인 금수장호텔, 1957년 해운대관광호텔, 사보이호텔 등이 각각 개관하였다.

3) 1960년대

1960년대에 들어서면서부터 호텔산업은 일제 등 어두웠던 긴 터널을 지나 해빙기를 맞이하게 되었다. 또한 관광사업은 정부의 정책적인 지원과 민간기업인들의 노력으로 외화획득 산업으로서 괄목할 만한 성장을 하게 되었다. 1961년 8월 22일 관광진흥법의 제정과 다음 해 제정된 시행령 및 시행규칙은 관광호텔들에게 획기적인 발전의 계기를 부여하였다. 특히 시설을 기준으로 우수한 호텔을 선정, 관광호텔로 분류하여 적극적인 행정지원을 하기 시작하였다. 당시 최초의 관광호텔로 선정된 호텔은 메트로호텔, 아스토리아호텔, 뉴코리아호텔, 사보이호텔, 그랜드호텔 등이었다. 1962년 6월 국제 관광공사가 설립되면서 반도호텔, 조선호텔 그리고 지방 7개의 호텔들의 경영권을 인수하였다. 1963년 4월에 개관한 워커힐 Walker Hill 호텔은 한국 호텔산업에 있어 최초의 현대적인 호텔이라고 할 수 있다. 이 호텔은 263개의 객실을 보유한 당시 동양 굴지의 리조트호텔로서 한국관광공사에서 운영하였다. 1965년 3월 국무총리실 직속으로 관광정책심의위원회가 구성되고 4월에는 제14차 PATA 총회를 서울에서 개최하여 호텔업의 역할을 재평가하게 되었다.

❖ 쉐라톤워커힐호텔
자료 : http://cafe.naver.com/
hotelmento/4257

4) 1970년대

1970년대 호텔산업은 발전기로서 우리나라 호텔산업의 발전과 성장에 획기적인 계기를 마련하게 되었다. 1970년 3월 한국관광공사와 미국의 아메리칸 항공사 America Airlines 가 합작 투자한 20층 규모의 조선호텔이 재개관되어 국내에서는 처음으로 자본과 경영이 분리되어 운영되는 호텔이 등장하게 되었다. 동년 5월에는 관광호텔 등급화제도특급, 1급, 2급, 3급와 관광호텔 지배인 자격시험제도를 실시하여 호텔의 질적 수준과 경영의 전문성을 도모하였고 호텔 서비스를 국제적 수준으로 향상하는 데 큰 공헌을 하게 되었다.

또한 정부에서는 관광호텔의 적극적인 개·보수를 촉진하기 위하여 개·보수에 소요되는 일부 자재에 대한 특별소비세를 면제해주는 세제상의 지원과 관광진흥개발기금으로 소요자금의 일부를 융자해주어 업자들의 투자부담을 덜어 주었다. 이러한 정부의 적극적인 지원정책으로 관광호텔의 질적 및 양적 수준이 향상됨에 따라 관광객이 증가하였고 1973년에는 국내관광 사상 유래가 없는 679,311명의 외래 관광객이 입국하여 269,434달러의 외화수입을 기록하게 되었다.

1972년 하반기부터 국내기업의 경제활동 무대가 급속히 국제화되어 가는 가운데 외국인 관광객이 급격히 증가하게 되었다. 정부는 미국 보잉Boeing사에 용역을 의뢰하여 "한국 관광 종합개발 기본계획"을 수립하여 한국관광의 미래상을 제시하였고 국제관광공사가 운영하던 워

✖✖ 신라호텔과 그랜드하얏트서울

커힐호텔, 반도호텔, 대한항공사 등을 민영화하였다. 특히 1970년대 중반 이후 많은 호텔들이 개관하게 되는데, 서울에 프라자호텔1976년, 하얏트호텔1978년, 신라호텔1979년, 롯데호텔1979년 등이 건립되었고, 부산에 조선비치호텔과 코모도호텔, 경주에 서라벌호텔, 코오롱호텔, 조선호텔, 도뀨호텔 등이 건립되어서 국내 호텔산업의 성장을 견인하게 되었다.

5) 1980년대

1980년대를 우리나라 호텔산업의 황금기라고 한다. 호텔건설 붐이라고 불릴 정도로 많은 호텔들이 서울 및 전국적으로 건립되었다. 이 시기는 1980년대 129개였던 관광호텔의 수는 1990년 395여 개에 달할 정도로 엄청나게 증가하였던 시기이다. 1980년도에는 국민관광과 국제관광의 조화발전, 서비스 수준의 향상, 국제회의 국내유치, 86아시안게임과 88

서울올림픽을 통하여 우리나라 호텔산업도 일대 도약을 하게 되었다. 특히 이 시기에 국내 대기업들의 호텔사업 진출이 본격적으로 시작되었고, 국제적인 체인호텔들이 대거 들어와 호텔산업의 부흥기를 맞이하게 된다. 이 시기에는 대표적으로 강남 최초의 서울팔래스호텔[1983년], 힐튼호텔[1986년], 그랜드인터컨티넨탈호텔[1988년], 스위스그랜드호텔[1988년:현그랜드힐튼호텔], 르네상스호텔[1988년], 롯데월드호텔[1988년], 아미가호텔[1989년:현임페리얼 팰리스호텔] 등이 건립되었다.

❖ 강남 최초 특급 호텔 서울팔래스호텔과 롯데월드호텔
자료 : 해당호텔

❖ 사진 : 1. 노보텔앰버서더호텔, 2. 롯데호텔부산, 3. 리츠칼튼호텔, 자료 : 해당호텔 및 가자닷컴.

6) 1990년대

1990년는 호텔건립이 1980년대만큼 수적으로 건립되지는 않았지만 올림픽 이후 대한민국의 위상과 이미지가 좋아지면서 입국자수가 증가하고 성장세가 지속되었다. 특히 1990년에는 리조트호텔인 제주신라호텔[1990년]이 개관되어 세계적인 리조트호텔로서 자리잡았다. 그리고 1993년 대전 엑스포가 개최되면서 총객실수도 45,000실을 넘게 되었다. 1994년도에는 서울정도 600년을 기념하여 한국방문의 해로 정하고 우리나라를 찾은 외국인 투숙객에 대한 서비스의 개선뿐만 아니라 다양한 행사에 직 · 간접적으로 참여하여 호텔에 대한 이미지를 제고시키는 데 도움을 주었다. 이 시기 대표적으로 노보텔강남호텔[1993년], 리츠칼튼호텔[1995년], 노보텔독산호텔[1997년], 롯데호텔부산[1997년], 코엑스인터컨티넨탈호텔[1999] 등이 건립되었다. 1990년대 후반은 국가경제위기인 IMF로 인하여 호텔경기는 일시적 침체기였지만, 2000년대 실속경영을 위한 계기가 되었다.

7) 2000년대

2000년대에 접어들면서 호텔기업은 사회 전반적인 여건과 구조변화에 따른 장기적인 성장의 미래를 예측할 수 있었던 성숙의 시기라고 할 수 있다. 하지만 2000년대 초반 호텔은 9 · 11테러, 이라크전쟁, SARS 등 국제정세나 환경에 직접적인 영향을 받게 되어 일시적 침체기를 맞이하기도 하였다. 하지만 한류의 열풍 및 외래관광객의 입국증가로 인한 지속적인 호텔산업의 성장이 있었다.

대표적으로 메리어트호텔[2000년], 제주롯데호텔[2000년], 롯데호텔울산[2002], 메이필드호텔[2003년], 라마타프라자청주[2006년], 롯데호텔에서 롯데시티호텔마포와 롯데시티호텔 김포[2009년] 등이 건립되었다.

✿ 사진 : 1. 메리엇호텔, 2. 파크하얏트호텔, 3. 메이필드호텔, 자료 : 해당호텔 및 파크하얏트카페

또한 2003년에는 6성급 호텔인 W호텔이 국내에 처음으로 상륙했다. 스타우드 & 월드와이드 리조트가 운영하는 체인호텔 가운데 최고급브랜드인 W호텔은 지난 1998년 12월 뉴욕에서 처음으로 문을 열었으며, 현재 미국과 호주에 약 10개의 체인호텔을 두고 있다. 현재 공식적인 호텔분류등급에는 별5개 등급까지만 있으나 호텔업계 내부에서는 포시즌과 파크하얏트, W호텔 등 3개 브랜드를 별6개 등급으로 분류하고 있는데, 파크하얏트[2005년]와 함께 국내에서도 6성 시대의 호텔이 건립되어 최고급호텔의 시대를 열었다고 할 수 있다. 전반적으로 2000년대는 양적인 팽창추세의 1990년대와는 달리 객실판매 중심의 경영전략 등과 같이 수익모델 창출을 위한 서비스의 변화가 있었으며, 서비스 레지던스[Service Residence]와 펜션 등의 새로운 숙박형태가 등장하였다. 또한 대기업 및 특급호텔 중심의 적절한 가격중심의 비즈니스호텔들이 건립되어 특급호텔 위주의 호텔시장의 흐름에서 중저가호텔시장이라는 새로운 시장이 소비자들로부터 인정받기 시작하였다. 대표적으로 앰버서더계열의 노보텔, 이비스 브랜드의 비즈니스호텔들이 급성장한 시기이다.

8) 2010년대

2010년대에 한국의 호텔산업은 최초호황의 시대와 무한경쟁의 호황산업의 시대로 돌입하게 되었다. 다양한 한국문화의 관광상품화 및 국제적 여건의 향상으로 인하여 1,000만 관광객의 입국에 따른 숙박시설의 부족현상이 2,000년대 후반부터 지속되면서 관광숙박업과 관련된 법제도가 완화되고, 그에 따른 관광호텔 건립이 전국적 규모로 그 어느 때보

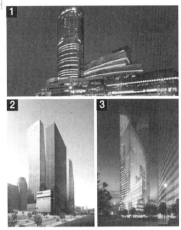

다 활발히 이루어졌고 또 건립 중에 있게 되었다. 재도약 및 재성장기 시점의 관광숙박산업은 기존 그룹계열사 특급호텔 중심의 비즈니스호텔을 유동인구와 외래관광객의 방문이 많은 곳 중심으로 설립하는 것이 본격적으로 확대되기 시작했다. 또한 중견기업이나 대기업에서 신규호텔사업에 참여 및 체인호텔과 프랜차이즈호텔 브랜드의 확대가 있는 시기이다. 2010년대의 특징은 전체적으로 특급호텔의 비즈니스호텔사업의 확대 및 활성화, 중저가 비즈니스호텔의 확대 설립, 중견기업 및 호텔산업참여의 확대, 고객에 따른 호텔시장의 세분화의 정착, 체인호텔과 프랜차이즈호텔의 확대 등을 대표적으로 들 수 있다.

쉐라톤워커힐디큐브시티호텔[2011년], 베스트웨스턴프리미어구로호텔[2011년], 힐튼계열의 최고 브랜드인 콘래드호텔[2012년], 부산파크하얏트[2012년], 머큐어앰버서더소도베호텔강남[2012년] 기타 2013년에는 롯데호텔의 참여 및 확대, 신라호텔, 한화그룹의 프라자호텔, 하얏트호텔, 메리어트호텔 등이 비즈니스호텔사업에 참여 및 추진이 진행되어 오픈예정 중에 있으며, 기존 건물의 임차 및 리모델링을 통한 호텔사업화가 확대되어가고 있으며, 하나투어, 모두투어와 같은 여행업이 호텔산업에 진입해 2013년 특급호텔을 오픈했다.

2014년에는 기존 호텔그룹에서 중저가 비즈니스호텔의 확대가 지속되어서 메리어트호텔 동대문, 노보텔앰버서더 수원, 롯데시티호텔 대전, 이랜드사의 켄싱턴 제주호텔 등이 오픈했고, 일반 기업도 중국 등의 해외 자본에 근거해 대형화 및 중저가 체인호텔을 개관했으며, 2015년도 신라호텔 공덕, 메리어트, 롯데시티 호텔 등을 비롯해 외국계 체인 및 로컬 경영호텔이 활발한 개관이 이루어지고 있다.

memo

학습목표

☑ 개별경영 호텔기업의 장단점 및 경영방식을
이해한다.

☑ 체인경영 호텔기업의 장단점 및 경영방식을
이해한다.

☑ 향후 예상되는 호텔기업의 경영형태의
방향성을 제시해본다.

CHAPTER **04**

호텔기업의
경영형태와 등급제도

호텔기업의 경영형태와 등급제도

제1절 호텔기업의 경영형태의 개념

01 단독^{독립}경영호텔 Independent Hotel

단독경영호텔이란 다른 호텔들과 어떤 관계도 유지하지 않고 소유주가 단독적으로 소유 및 운영하는 호텔을 의미한다. 즉, 호텔에 대한 투자와 경영을 소유주가 직접 하는 호텔기업을 말한다. 호텔기업의 성장과정에 있어서 초기단계에서 볼 수 있는 것으로 소규모 호텔인 중소기업 형태이거나 대기업에서 직접 운영하는 대규모의 호텔들이 여기에 해당된다. 20세기 초의 스타틀러 호텔 탄생까지는 적어도 모든 호텔들이 한 개인의 소유로 운영되는 개별 경영형태의 호텔들이 중심이었다. 우리나라에서는 신라호텔, 프라자호텔, 서울팔래스호텔 등이 가장 대표적인 단독경영호텔이다.

❖ 자료 : 다음카페 로고스선교/SKYSCRAPERS.

02 체인경영호텔 Chain Hotel

체인경영^{Chain Hotel}호텔은 모회사가 소유권에 대한 지분^{equity}을 일부 혹은, 소유주로부터 호텔시설을 임차 운영하며, 체인본부는 경영만을 책임지는 형태의 경영호텔을 말한다. 또한 체인본사 입장에서 체인호텔의 개념은 체인본사인 호텔기업 자체의 자본축적에 의해 직접 체인회원사를 소유하고 경영진을 파견하여 직접 경영하면서 규모를 확대하는 형태로 소유 직영 또는 소유경영방식이다. 즉, 개인이나 모회사가 다수의 호텔을 여러 지역에 소유하고 호텔을 경영하는 방식이다. 체인본부가 경영을 책임지고 소유권에 대한 지분을 보유하거나 주주로부터 호텔시설을 임차하여 운영하며, 고유의 상호, 상표, 장식, 건축양식 등을 동일하게 유지함으로써 표준화된 서비스를 고객에게 제공한다. 호텔의 체인화 경향은 세계적인 추세로 발전되고 있다.

대표적인 체인호텔의 예로는 Hilton, Marriott, Sheraton, Westin, Hyatt, Inter-Continental 호텔 브랜드가 있다.

03 체인경영기법 - 프랜차이즈호텔 Franchise Hotel

프랜차이즈호텔은 호텔 체인본사^{Franchisor}와 호텔 소유주^{Franchisee} 간의 계약에 의해 운영되어지는 호텔로서, 체인본사가 호텔 소유주에게 체인브랜드의 사용 및 호텔경영과 관련된 지원과 다양한 시스템이나 서비스를 제공하고 그에 따른 수수료를 받는 호텔사업형태이다. 경영권은 소유주에게 있으며, 체인본사는 가맹호텔의 재무적 지분이나 재무적 성공에 책임을 갖지 않는 형태이다. 대표적으로 Holiday-Inn이나 Haward Johnson과 같은 브랜드가 있다.

프랜차이즈 가입의 본질적인 목적은 체인이미지를 통한 경영의 활성화에 있는데, 이는 자본은 가지고 있으나 호텔경영능력이나 경험이 미숙한 사업자들이 체인본부에 가입하여 공동브랜드를 통한 효율적인 경영의 성과를 기하고자 하는 방법으로 최근 활성화되어 가고 있는 경영형태이다.

04 체인경영기법 – 위탁경영호텔 Management Hotel

위탁경영호텔은 호텔소유주가 호텔경영을 전문으로 하는 체인회사에 호텔의 전반적인 경영을 일정기간 위탁하는 방식이다. 호텔소유주는 경영관련 의사결정은 하지 않으나 운영자금, 영업비용, 금융비용 등 모든 재정적 부담을 지며, 호텔경영회사는 호텔소유주를 대신하여 호텔운영을 책임지고 그에 대한 경영의 대가로 호텔소유주와 협의한 일정한 보상을 제공받는다. 원칙적으로 완전한 경영기법을 제공하는 것으로서 계약회사는 특수계약 수수료와 특허권사용료를 받아들이는 사업이다. 또한 경영측은 하등의 투자나 운영자본도 지출하지 않으며, 어떤 위험과 손실에 대해서도 책임을 지지 않는 방식이다.

국내에서 대표적으로 조선호텔의 웨스턴과 경영계약, 하얏트호텔의 하얏트와 경영계약, 힐튼호텔, 인터컨티넨탈호텔, 라마다르네상스호텔 등이 경영계약을 맺고 경영 중인 호텔기업이다.

05 임차경영호텔 Leased Hotel

임차경영호텔은 토지 및 건물의 투자에 대한 자금조달능력을 갖추지 못한 호텔기업이 제3자의 건물을 계약에 의해서 임대하여 호텔사업을 운영하는 형태를 말한다. 임대차계약의 기본적인 형태는 건물의 내장·가구·비품에 대한 투자는 경영주체인 호텔기업이 부담하고, 임차료는 사전에 결정된 일정액을 소유주에게 지불하고 호텔을 운영하게 된다. 크게 임차계약에 의해 임차비만 지불하는 방법과 최소임차료를 영업실적대비 일정비율의 금액을 지불하는 방식이 있다. 국내에서는 대표적으로 서울명동에 있는 이비스앰버서더 명동호텔이 임차경영방식으로 경영되고 있다.

06 기타 호텔경영 형태

1) 리퍼럴호텔 Referral Hotel

체인호텔의 경영 영향력이 점점 확대되어 독립경영호텔들은 경영의 어려움에 직면하게 되면서 새로운 경영형태로 자리잡게 된 리퍼럴경영호텔이란 위탁경영 및 프랜차이즈 체인호텔의 증가에 따른 독립호텔들의 방어전략 차원에서 조성되었으며, 단독경영호텔들 간 각각의 경영상은 유지하되, 체인경영의 이점과 관련된 업무에 대하여 상호 협력하고 제휴하여 경영의 효율성을 높이려는 형태를 말한다.

2) 공동투자호텔 Joint Venture Hotel

공동투자호텔이란 둘 이상의 당사자가 계약에 의해 사전에 정해진 지분을 공동으로 투자하여 독립적인 호텔회사를 만들어서 운영하는 경영방식을 말한다. 국내에서는 대표적으로 체인호텔인 서울 반포동에 있는 JW Marriott 호텔이 있다.

3) 제휴호텔 Alliance Hotel

둘 이상의 호텔이 계약에 의해 공동 경영관심분야에 대해 협력관계를 구축하여 호텔을 경영하는 형태를 말한다. 이러한 경우에는 당사자 간의 지분의 공동투자를 통해서 이루어지는 것이 아니라 상생을 통한 경영의 성과를 나타낼 수 있는 부문에 대해 제휴를 맺는다. 예를 들면, 강남의 인터컨티넨탈호텔과 강북의 신라호텔은 서로 경쟁호텔이라기보다는 전략적 제휴를 통해 더블초이스 Double Choice 같은 서비스상품을 개발해 경영의 효율적 성과를 창출하고 있다.

❖ 호텔 브랜드,
자료 : 호텔경영학(김경한, 2011)

제2절 호텔기업의 경영형태별 장단점

01 독립경영형태의 장단점

하나의 소유권과 경영권이 분리되지 않는 독립경영형태는 최근 변화되어가는 호텔산업과 불확실한 시장여건하에서 성공적인 경영을 통한 이윤창출이 쉽지만은 않다.

먼저, 독립경영의 장점은 첫째, 경영자의 자유로운 의사결정구조에 따른 신축성있고 유연한 경영을 할 수 있다. 둘째, 체인본부에 지출하는 수수료에 대한 부담이 없기 때문에 수익을 극대화할 수 있다. 셋째, 이용고객의 눈 높이에 적합한 유연한 서비스상품 제공을 통한 고객만족을 창출할 수 있다.

반면, 독립경영의 단점은 소유와 경영이 분리되지 못한 관계로 소유주이자 경영주인 본인의 마인드나 경영방식이 호텔기업에 직접적인 영향을 미친다. 둘째, 호텔의 생산활동 및 다양한 기능을 수행하기 위해서는 상당한 자본을 필요로 한다. 셋째, 개인능력의 한계로 인하여 비합리적인 경영이 이루어질 수 있다. 넷째, 독립경영형태는 우수한 인력의 유치, 확보, 유지에 어려움이 있다. 마지막으로 호텔이미지나 서비스상품의 판매측면에서 세계적인 마케팅전략 실행이 어렵다.

❖ 대전리베라호텔과 서울리베라호텔

장점	단점
▪ 유연한 경영(경영자의 의사결정의 자유로움) ▪ 수수료 부담이 없는 수익의 극대화 ▪ 눈 높이 고객서비스 제공을 통한 만족도 제고	▪ 경영자의 개인적 의사가 직접적 반영 ▪ 자본력의 한계에 따른 경영실패에 대한 위험 부담이 큼 ▪ 경영 합리성 유지의 어려움 ▪ 우수 전문인력 확보의 어려움 ▪ 마케팅 및 홍보 광고의 어려움

02 체인경영형태의 장단점

현대 체인호텔의 가장 큰 추세 중 하나는 호텔기업의 체인화현상이라고 할 수 있을 정도로 최근 들어 호텔경영의 체인화가 전반적으로 확대되어가고 있다. 2개 이상의 호텔들이 하나의 그룹으로 형성되어 직간접적 관계를 유지하면서 운영되어지는 체인호텔은 체인본사체인직영 chain operation:소유권과 경영권이 체인본사, 프랜차이징franchising, 소유권과 경영권이 소유주, 경영계약management contact, 소유권은 소유주, 경영권은 체인본사로 구분되어진다.

이러한 체인호텔의 장점은 먼저, 마케팅 측면에서 개별경영이 할 수 없는 막대한 비용이 소요되는 광범위한 마케팅 활동이 가능하다. 둘째, 호텔운영에 필요한 자원들의 경제적 확보가 가능하다. 이는 체인호텔은 체인 소속의 전 세계 호텔들이 공급자들과의 협상을 통해 유리한 가격조건과 자원들을 공급할 수 있다는 것이다. 셋째, 체인호텔은 호텔의 분야별 전문가 확보를 통해 관리측면에서 효율성을 확보할 수 있다. 넷째, 체인호텔은 일반적으로 성공적인 경영을 통해 외부로부터 자본 조달이 용이하다. 다섯째, 체인호텔은 서비스요원에 대한 복리후생 및 급여수준이 우수하여 우수한 서비스인력을 확보할 수 있다. 반면 체인경영호텔은 항상 장점만을 가지고 있는 것은 아니다. 시간이 흐름에 따라 체인의 규모가 점차 확대되어지면서 단점 또한 다음과 같이 존재한다.

첫째, 체인호텔은 표준화된 시설, 서비스 유지를 필요로 하기 때문에 지역별, 국가별 특징이 반영된 유연한 서비스를 제공하기는 어려울 때가 있어 그에 따른 서비스의 불만족을 초래할 수 있다. 둘째, 체인호텔은 규모가 비교적 큰 관계로 인하여 독립경영호텔보다 조직구조가 복잡하며, 그에 따른 시장반응의 유연한 의사결정이 어렵다.

장점	단점
■ 적극적 마케팅활동을 통한 경영의 극대화 ■ 공급자원 확보를 통한 경제성 확보 ■ 호텔경영에 필요한 효율적 전문성 확보 ■ 외부 자본력 확보가 용이 ■ 우수 서비스인력 확보를 통한 서비스상품의 판매	■ 지역반응성 적용의 어려움 ■ 복합한 의사결정구조에 따른 유연성 확보의 어려움 ■ 고객 개별 서비스 제공의 어려움

🛍 세계적 체인호텔명과 객실 수(국내 롯데호텔 포함)

	글로벌 호텔 순위 : 50위권 진입						
	2009년				**2018년**		
순위	호텔명	객실 수	체인 수	순위	호텔명	객실 수	체인 수
1	Intercontinental Hotels	646,679	4,438	1	Intercontinental Hotels	844,000	5,096
2	Wyndham Hotel Group	597,674	7,114	2	Wyndham Hotel Group	779,500	7,720
3	Marriott International	595,761	3,420	3	Marriott International	777,500	4,026
4	Hilton Worldwide	585,060	3,530	4	Hilton Worldwide	763,500	4,125
5	Accor Hospitality	499,456	4,120	5	Accor Hospitality	711,000	4,825
6	Choice Hotels	487,410	6,021	6	Choice Hotels	636,000	6,516
7	Best Western International	308,477	4,048				
8	Starwood Hotels & Resorts	298,522	992	30	Shangri-La Hotels	38,600	95
9	Carlson Hotels Worldwide	159,756	1,058				
10	Hyatt Hotels Group	122,317	424				
				50	Hotel Lotte Co. Ltd.,	20,000	65
35	Shangri-La Hotels	29,700	65				
145	Mandarin Oriental Hotels	7,474	25	80	Mandarin Oriental Hotels	9,750	33
276	Hotel Lotte Co. Ltd.,	3,654	7				

⁂ 자료 : 2010 Hotel Magazine

03 체인경영기법 – 프랜차이즈 경영형태의 장단점

호텔소유주가 체인호텔 본사에 본사체인 이름, 로고, 이미지, 영업권, 운영방식, 마케팅, 예약시스템 등을 사용하고 수수료를 지불하는 호텔경영형태인 프랜차이즈 경영방식은 기본적으로 프랜차이즈 가입비^{initial franchise fee}, 프랜차이즈 사용료^{royalty}, 예약료^{reservation}, 마케팅비용^{marketing fee} 등으로 구성되어 있다. 이러한 프랜차이즈 경영형태의 장단점은 프랜차이즈 본사 입장과 호텔소유주 입장으로 구분해서 살펴볼 수 있다.

먼저 프랜차이즈 본사입장에서 장점은 첫째, 프랜차이징 기법을 통한 경영은 적은 비용투자로 브랜드 및 사용수수료의 성장을 찾을 수 있다. 이는 체인호텔의 방법인 소유직영 및 경영계약보다 저렴하면서도 빠른 성장수단이라고 인정되고 있다는 현실에서 찾을 수 있다. 둘째, 빠른 소비자의 인지도 및 브랜드 충성도를 높일 수 있다는 것이다. 셋째, 고객인지도와 브랜드 충성도 향상을 통한 각종 수수료 수입이 지속적으로 창출되는 사업이다. 프랜차이즈 본사입장에서 단점은 첫째, 가맹호텔의 영업책임은 소유호텔이기 때문에 영업통제권을 잃게 된다. 둘째, 다양한 호텔소유주나 경영회사와 파트너십을 통한 경영을 하게 되는데 호텔소유주와의 관계에서 비롯되는 운영관여 정도, 경영책임에 대한 전과 등 많은 어려움이 있다.

가맹호텔^{호텔소유주} 측면에서 장점은 첫째, 계약 후 신속한 소비자 인지도를 높일 수 있어 경영의 활성화를 이끌 수 있다. 둘째, 국제적, 국가적, 지역적으로 유명한 브랜드명을 사용할 수 있다는 것과 호텔본사의 중앙예약시스템 또는 글로벌예약시스템과 연계되어 판매의 극대화를 가질 수 있다. 셋째, 브랜드에 가입함에 따라 사용되어지는 다양한 이점 이외에 호텔건설자금의 차입이 용이하다. 즉, 성공된 프랜차이즈 호텔경영본사의 신뢰도를 통해 다양한 자본 및 자원 확보가 용이하다는 것이다. 다음으로 가맹호텔^{호텔소유주} 측면에서 단점은 첫째, 가맹호텔입장에서 가장 큰 손실이 될 수 있는 것은 경영이 잘 되지 않는 프랜차이즈 본사와의 계약으로 인해 계약기간 동안 발생되는 손실비용을 초래한다. 둘째, 프랜차이즈 본사는 가맹호텔에 대한 재무적 지원이 없고, 직접적인 책임이 없기 때문에 성공된 경영에 대한 확실성이 다소 낮을 수 있다. 셋째, 가맹호텔은 프랜차이즈 본사에서 제공하는 매뉴얼을 준수해야 한다. 마지막으로 프랜차이즈 본사의 규모에 따른 가맹호텔의 지원 및 경영의존도가 다르다는 것이다.

프랜차이즈 본사	
장점	단점
▪ 비교적 적은 투자규모에 비해 각종 수수료를 통한 빠른 성장 ▪ 소비자 인지도 및 브랜드 충성도의 향상 ▪ 각종 수수료 수입의 급속한 증가	▪ 가맹호텔에 대한 영업 통제권이 없다. ▪ 호텔경영주와의 관계에서 오는 어려움 ▪ 경영책임에 대한 전과

프랜차이즈 가입호텔	
장점	단점
▪ 호텔에 대한 신속한 소비자 인지도 향상을 통한 경영활성화 ▪ 프랜차이즈 본사로부터의 성공된 경영을 위한 다양한 지원의 기회 ▪ 호텔 본사의 예약시스템 이용을 통한 판매의 극대화 ▪ 본사의 신뢰도를 통한 자본 및 자원 확보의 용이	▪ 잘못된 경영계약에 따른 특정기간 동안의 손실 발생 ▪ 직접적 책임이 없으며, 특정 부문의 미지원에 따른 경영의 어려움 ▪ 프랜차이즈 본사에서 제공하는 매뉴얼의 준수

04 체인경영기법 – 위탁경영형태의 장단점

위탁경영계약방식이 개발되기 전에 호텔은 대부분 호텔기업이나 개인들의 소유로 경영되거나 또는 임차하여 운영되고 있었다.

1960년대 체인호텔 확장에 몰두하던 힐튼호텔이 기존에 전문지식과 브랜드 인지도를 통한 중남미 푸에르토리코의 산후안시에 Caribe Hilton호텔을 개관하면서 최초로 위탁경영계약이 등장하게 되었다. 위탁경영계약에 의해 경영회사가 소유주의 호텔에 제공하는 서비스의 종류는 여러 가지 종류가 있지만 일반적으로 경영감독, 시스템, 절차, 통제의 실행과 유지보수, 모든 직원의 선발, 교육훈련 및 감독, 모든 요금체계의 설정, 매월 및 매년 재무제표의 작성, 모든 면허증 및 허가의 신청과 유지보수, 모든 매장의 임대협상 및 허가, 재고품, 비품, 장비의 구매, 운행계좌의 설정, 보험정책의 유지보수, 법률서비스, 건물수리 감독 및 가구, 시설, 장비의 유지보수 및 대체, 예산 및 영업계획의 작성, 홍보, 판촉, 마케팅의 계획과 실행 등을 제공한다.

위탁경영계약을 통해 경영회사와 소유주는 장점과 단점을 경험하게 되는데 위탁경영회사의 입장과 소유주의 입장에서 장점과 단점은 다음과 같다. 먼저 위탁경영자 입장에서 장점은 호텔건물을 건축하지 않고도 운영하는 측면에서 저렴한 비용으로 신속한 성장이 가능하며, 둘째, 운영자본, 영업비용, 채무변제에 대한 재무적 책임을 지고 있는 소유주에 비해

기본 수수료를 통해 이윤을 창출할 수 있다. 셋째,
이윤을 창출할 수 있는 최소한의 위탁경영호텔 수
의 확보를 통해 규모의 경제효과를 볼 수 있다. 넷
째, 품질의 통제가 가능하며, 감가상각비의 제거 등
의 장점이 있다. 반면 단점은 첫째, 위탁경영을 통해
호텔기업의 가치가 증가하게 되었을 때 호텔자산을
매각하거나, 재계약을 하지 않을 경우에 대한 수익
의 상실이 있을 수 있다. 둘째, 호텔소유주의 재무의
사결정권의 보장되고 있어 필요한 시기에 지출하지
않아 경영의 어려움이 있을 수 있다. 또한 소유주에
대한 금융의존도가 나타날 수 있다. 셋째, 소유주의 계약해제권에
대한 경영회사의 이미지 손실 및 보상의 미비 등이 있을 수 있다.

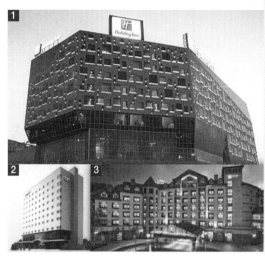

✂ 사진 : 1. 홀리데이인 광주, 2. 홀리데이인
성북, 3. 홀리데이인 리조트 알펜시아,
자료 : 해당호텔

　다음으로 호텔소유주 입장에서의 장점은 첫째, 호텔투자에 대한 장기적인 이윤을 확보
하기 위한 필수적인 전문경영 및 인력을 확보할 수 있다. 둘째, 단기간 내 호텔의 명성 및
이미지를 구축할 수 있다. 셋째, 성공적인 호텔투자를 이끌어 낼 수 있는 경영능력을 확보
할 수 있다. 반면 단점은 첫째, 위탁경영회사에 운영통제권을 부여함으로써 운영권한의 상
실, 둘째, 고정비와 차입금을 포함한 모든 원가와 비용에 대한 재무적인 책임, 셋째, 경영계
약 중에 손실이 발생하더라도 그에 따른 손실을 부담해야 한다. 넷째, 과다한 관리위탁비
용이 있다.

위탁경영본사	
장점	단점
■ 프랜차이즈처럼 저렴하면서도 신속한 성장수단 ■ 재무적 부담이 없어 낮은 위험도 ■ 규모의 경제효과 ■ 소속호텔들의 엄격한 품질관리	■ 성공에 따른 수수료 이외의 보상이 없음 ■ 필요자원에 대한 소유주 의존 ■ 계약해지를 당할 경우 경영회사의 이미지 실추

호텔 소유주	
장점	단점
■ 전문인력을 통한 우수 경영기법의 획득가능 ■ 소유주 호텔 브랜드 이미지의 신속한 성장 및 확산 ■ 엄격한 서비스관리를 통한 사업의 성공가능성이 높음	■ 경영권의 상실 ■ 비용 및 재무적인 책임 ■ 운영결과 손실에 따른 부담 ■ 호텔매각의 어려움 ■ 과다한 위탁관리비용

제3절 국내호텔의 등급제도

01 관광호텔업의 등급과 구분

1) 등급과 구분

우리나라 관광호텔에 대한 등급은 1970년에 처음 이루어졌는데 당시 교통부는 1968년 8월에 마련한 「관광진흥을 위한 종합대책」의 일환으로 등급제 작업에 착수하여 4등급으로 운영하다 1986년 12월 31일자로 관광사업법이 관광진흥법으로 개정되면서 관광숙박업 등급을 5등급으로 세분화하였으며, 2015년 1월 1일부터 현행 호텔업 등급제를 국제적인 추세에 맞추어 전반적으로 개선하기 위한 관광진흥법 시행령과 시행규칙 개정이 추진되어 평가가 진행된다.

관광호텔 등급평가제도는 관광숙박시설 및 서비스의 수준을 효율적으로 유지, 관리하여 관광숙박서비스의 품질제도를 도모하는 데 목적을 두고 시행되어 오고 있다.

국내호텔 등급결정은 관광진흥법 시행령 제22조에 의거 관광호텔업의 등급을 5성급, 4성, 3성, 2성, 1성 등 총 5개 등급으로 구분하여 시행하고 있다. 이러한 국내호텔등급은 문화체육관광부장관^{제주특별자치도는 도지사}이 관광숙박시설 이용자의 편의를 돕고, 관광숙박시설 및 서비스의 수준을 효율적으로 유지·관리하기 위하여 관광숙박업에 대한 등급을 정할 수 있다. 과거 우리나라의 경우 특1등급과 특2등급의 경우는 문화관광부에서 정하고, 1, 2, 3등급의 호텔들은 해당 지방자치단체에서 수행하였다. 그러나 1999년 등급결정의 권한은 일정한 요건을 갖춘 민간단체에 위탁하여 현재까지 이루어졌으며 우리나라의 경우 현재 이원화되어서 가장 공신력을 갖춘 한국관광호텔협회와 한국관광협회중앙회에서 주관하여 실시했었다. 하지만 여러 가지의 문제점으로 인해 2014년 9월 12일 등급평가가 의무화되었으며 2015년 1월 1일부터 개정된 등급평가기준에 근거해 한국관광공사 관광숙박개선팀, 호텔등급결정사무국에서 실시하고 있다.

:: 2015년 이전 등급 표시 무궁화

등급을 결정해야 할 대상업종은 호텔업에 한한다. 그러므로 관광호텔업, 수상관광호텔업, 한국전통호텔업, 가족호텔업 및 호스텔업이 모두 등급결정대상 호텔업이다. 그리고 호텔업의 등급은 5성급, 4성급, 3성급, 2성급, 1성급으로 각 등급은 별의 개수로 구분되어진다.

2) 관광호텔 등급 구분 목적

(1) 호텔등급결정제도 객관성 및 공정성 확보

- 공공기관의 평가제도 운영을 통한 공신력 확보
- 신뢰성 있는 제도 마련을 통한 평가의 객관성 및 공정성 지향
- 체계적 인력 POOL 교육을 통한 엄정한 평가제도 운영

(2) 호텔산업 질적 성장의 토대마련

- 호텔업 경쟁력 강화 및 소비자 만족 지향
- 국제적 기준에 부합한 호텔 서비스 표준화
- 평가 및 호텔운영 관련 컨설팅 서비스 제공을 통해 호텔운영 선진화 유도

02 관광호텔업의 등급결정권자

1) 등급결정권의 위탁

문화체육관광부장관은 호텔업의 등급결정권한을 일정한 요건을 갖춘 법인 중 문화체육관광부장관에게 등록한 법인에 위탁하고 있다. 이 경우 문화체육관광부장관은 등급결정권을 위탁한 법인의 명칭, 주소 및 대표자 등을 고시하여야 한다. 다만, 제주특별자치도는 도지사가 호텔등급을 결정하고, 등급에 관한 필요사항은 도 조례로 결정할 수 있기 때문에 제주특별자치도에 위치하고 있는 호텔의 등급결정은 관광진흥법의 적용을 받지 않는다.

2014년까지는 한국관광호텔업협회와 한국관광협회중앙회에서 이원화하여 진행해 왔으나, 2015년부터는 한국관광공사에서 주관하여 평가하게 되었다.

2) 관광호텔 등급평가영역별 평가위원

기존 관광호텔 등급평가는 서비스, 건축설비주차, 전기통신, 소방안전, 소비자만족도 등 다섯 개의 영역으로 구분되며, 평가요원은 서비스상태 및 소비자만족도 평가 관계자 3명 이상, 건축설비주차시설 평가관계자 1인 이상, 전기통신시설 평가관계자 1인, 소방안전상 태 관계자 1인 이상 등으로 구분해 6인 이상으로 구성해서 평가해왔지만, 2015년부터 등급평가단의 구성은 현장평가와 암행[불시]평가로 구분되어져서 평가한다.

📋 등급평가단의 구성(제12조 제1항 관련)

등급	현장평가	암행평가 / 불시평가
5성	3인	2인
4성	3인	2인
3성	2인	1인
2성	2인	1인
1성	2인	1인

1. 현장평가요원은 시행규칙 제72조 제1호 내지 제2호의 요건을 충족시키는 자로 하고, 불시평가요원 또는 암행평가요원은 해당 호텔의 현장평가요원이었던 자를 제외한 자로 하되, 그 중 1인은 시행규칙 제72조 제3호의 요건을 충족시키는 자여야 한다.
2. 현장평가와 암행평가 / 불시평가는 각기 다른 날짜에 실시되어야 하며, 암행평가시 각 요원은 각기 다른 일자에 평가하여야 한다.

03 관광호텔 등급결정 기준

1) 총점을 기준으로 산정하는 등급평가방식

● 현행 관광호텔 등급평가 총점을 기준으로 관광호텔 등급별로 요구되는 최소 기준을 제시하는 방식으로 운영되어진다.
● 부문별 점수는 1,000점 만점으로 구성되어 있으며 가산점과 감점을 별도로 추가 평가한다.
● 총점을 기준으로 부여받는 점수별로 등급이 결정되어진다.

호텔업의 등급결정 기준

구분		5성	4성	3성	2성	1성
등급 평가 기준	현장평가	700점	585점	500점	400점	400점
	암행평가 / 불시평가	300점	265점	200점	200점	200점
	총 배점	1,000점	850점	700점	600점	600점
결정 기준	공통 기준	1. 별표 2에 따른 등급별 등급평가 기준상의 필수항목을 충족할 것 2. 제11조 제1항에 따른 점검 또는 검사가 유효할 것				
	등급별 기준	평가점수가 총 배점의 90% 이상	평가점수가 총 배점의 80% 이상	평가점수가 총 배점의 70% 이상	평가점수가 총 배점의 60% 이상	평가점수가 총 배점의 50% 이상

등급별 평가점수표

구분	현장평가	암행평가 / 불시평가	계
1성급	400	200	600
2성급	400	200	600
3성급	500	200	700
4성급	585	265	850
5성급	700	300	1,000

2) 관광호텔 등급평가영역

현행 등급평가기준은 총 1,000점 만점이며 크게 현장평가는 공용공간 서비스 부문, 객실 및 욕실 부문, 식음료 및 부대시설 부문, 부가점수 부문으로 나누어 평가하고, 암행평가는 예약 서비스, 현관 및 주차 서비스, 로비 환경 및 프론트데스크체크인, 객실 서비스, 룸 서비스 부문으로 구분되어져서 평가한다.

04 관광호텔 등급평가 등급결정과 절차

1) 등급결정사유

　　호텔업의 등록을 한 자는 다음 각 호의 사유가 발생한 날부터 60일 이내에 문화체육관광부장관으로부터 등급결정권을 위탁받아 고시된 법인에 등급결정을 신청해야 한다. 다만, 가족호텔업 또는 유스텔업의 등록을 한 자는 등급결정을 신청하지 아니할 수 있다.

- 호텔을 신규 등록한 경우
- 등급결정을 받은 날로부터 3년이 지난 경우
- 시설의 증·개축 또는 서비스 및 운영실태 등의 변경에 따른 등급조정사유가 발생한 경우

2) 등급결정 신청과 결과

(1) 등급결정 신청시 제출 필요 양식

- 호텔업시설의 현황
- 호텔업등급별등급 평가기준에 의한 자율평가표
- 호텔업시설에 대한 개·보수 현황해당자에 한함
- 관광사업자 등록증
- 6개 항목 안전점검 필증

❖ 싱가폴 마리나베이샌즈호텔, 자료 : 해당 호텔

(2) 등급결정 결과 통보대상

- 대상호텔, 문체부 및 해당 지자체
- 업체부담 – 이의신청으로 인한 동일등급 신청시
- 결정기관 부담 – 현장평가요원 간 점수차 20% 또는 암행 30% 이상 발생시

(3) 암행 / 불시 평가단 2배 투입 경우

● 이의신청으로 인한 재평가^{3차}시

● 수시 모니터링 결과에 의해 재평가시 ^{수수료는 사업자가 실비 부담}

3) 등급 신청과 결정의 절차

호텔업의 등급결정의 절차는 문화체육관광부령으로 정하고, 세부적인 절차는 문화체육관광부장관이 정하여 고시한다.

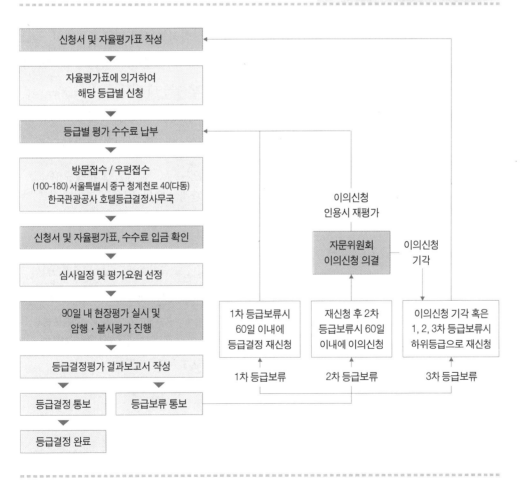

호텔업 등급결정 프로세스

제4절 국외 주요 국가 관광호텔의 등급평가체계

01 관광호텔 등급평가방식

전 세계적으로 국가 또는 민간단체의 주도하에 실시되고 있는 호텔등급제도는 소비자들의 호텔선택의 어려움을 해결하는 데 매우 유용한 단서를 제공해 주고 있다. 호텔등급제도란 많은 호텔들을 특정한 기준에 준하여 호텔들을 등급화하는 시스템을 의미한다. 등급제도는 기본적으로 다양한 호텔들의 시설과 서비스에 대한 차이를 공식적인 등급화를 통해서 호텔을 차별화시키고 호텔산업의 질적인 향상을 도모하는 데 있다.

해외 주요 국가의 평가방식은 국가에 따라 다소 차이가 있으며, 등급 수준별로 별도의 기준을 적용하는 방식과 등급수준별 평가기준과 연계하여 점수를 부여하는 방식으로 구분할 수 있다.

미국, 영국, 스웨덴, 캐나다, 스위스 등의 국가에서는 관광호텔의 등급을 부여받기 위해서 요구되는 평가항목을 적용한다.

주요 국가별 관광호텔 등급평가방식

구 분	등급별 평가기준 적용방식	등급별 평가기준과 배점부여 방식 병행
평가방식	▪ 관광호텔 등급별로 요구되는 평가항목을 적용	▪ 관광호텔 등급별로 요구되는 평가항목을 적용 ▪ 등급평가 항목별 배점을 부여하여 적용함
해당 국가	▪ 미국, 영국, 스웨덴, 캐나다, 스위스	▪ 독일, 호주, 덴마크, 프랑스

∷ 문화관광연구원(김현주, 2010) 관광호텔 등급평가 체계 개선 및 관련법 개정 방안

02 관광호텔 등급평가 영역

해외 주요 국가의 등급평가 영역은 우리나라의 경우 시설부문이 차지하는 비중이 비교적 높은 반면, 호텔에서 제공하는 서비스에 집중되어 있다. 또한 정량적인 평가기준보다는 호텔을 이용할 시 느끼는 정성적인 평가기준이 비교적 높게 비중을 둔다.

전체적으로 우리나라의 평가영역보다는 세부적이고 구체화되어 있는데, 영국의 경우 서비스, 조식 등 식사관련, 객실, 욕실 및 개인공간과 공공장소 및 법적 의무사항 등이 적용된다. 미국의 경우는 호텔객실 중심으로 평가가 되는데 객실, 욕실을 중심으로 호텔외관, 공공장소를 평가한다.

캐나다의 경우는 객실, 주차시설, 식당공간, 공공장소, 부대시설 항목이 포함되고, 호주는 객실, 호텔서비스, 보안, 안전, 리셉션, 주차 및 차도, 다양한 부대시설을 평가영역에 포함시켰으며, 독일의 경우는 객실, 가구 및 설비장비, 서비스, 레저, 제안에 대한 처리방식, 회의시설 등으로 구성되었다.

■ 주요 국가별 관광호텔 등급평가 영역

국가	등급평가 범위	
	숙박시설 및 서비스 영역	기타 영역
영국	서비스, 식사관련, 조식, 기타 식사, 객실, 욕실 및 개인공간	공통적용기준, 공공장소
미국	객실, 욕실	호텔의 외관, 공공장소
캐나다	객실, 식당시설, 부대시설	주차시설, 공용장소
호주	객실, 호텔서비스 및 리셉션	보안안전, 주차 및 차도, 부대시설
독일	객실, 가구 및 설비장비, 서비스	레저, 제안에 대한 처리방식, 회의시설

✴ 문화관광연구원(김현주, 2010) 관광호텔 등급평가 체계 개선 및 관련법 개정 방안

03 주요 국가별 관광호텔 등급평가 사례

1) 미 국

미국에서는 호텔등급을 결정하는 데 있어서 다른 유럽의 경우와 달리 독특한 방식으로 결정하는데, 우선은 국가적 차원에서 등급을 결정하는 것에 전혀 관여하지 않는다. 오직 민간차원에서만 등급을 결정하도록 한다. 미국은 미국자동차협회[AAA:American Automobile Association]에서 시행하고 있으며, 다이아몬드 등급 가이드라인에 의해서 등급별 기준에 따라 평가된다. 즉, 개인에 의해 결정되는데 미국자동차협회 같은 민간단체가 등급을 결정하는 데 있어서 아주 중요한 역할을 한다. 미국의 경우 별로 등급을 5개로 구분하여 적용한다.

등급	세부사항
1스타	▪ 청결하고 안락해야 한다. ▪ 지역 내 다른 숙박시설과 비교할 때 지불가치가 있어야 한다. ▪ 지불가격이 평균가격 이하일 때 1스타로 좋은 평가를 받을 수 있다. ▪ 최소한의 서비스가 제공된다. ▪ 24시간 프론트 서비스와 전화가 제공되지 않을 수 있다. ▪ 식당이 없을 수 있다.
2스타	▪ 1스타의 기준보다 좋아야 하며 어떤 부분은 동일할 수 있지만 전반적으로 그렇지 않아도 무방하다. ▪ 보다 양질의 가구 ▪ 보다 큰 침실 ▪ 사전예약시 식당 이용 가능 ▪ 직통전화 가능 ▪ 모든 객실에 컬러TV
3스타	▪ 시설과 서비스는 1스타/2스타 이상이어야 한다. ▪ 어떤 부분이 부족함에도 3스타를 받을 수 있으나, 이때는 고객에게 무상으로 제공되는 기타시설들이나 용품들이 현저하게 우수해야 한다. ▪ 대부분의 고객이 투숙 후 좋은 인상을 가질 수 있어야 한다.
4스타	▪ 모든 부분에서 3스타 이상이어야 한다. ▪ 등록된 전체 호텔의 2% 이하가 4스타 또는 5스타 호텔이나 모텔이다. ▪ 모든 부분에서 현저하게 보여져야 한다. ▪ 객실은 평균크기보다 커야 하며 가구 등은 고품질이어야 한다. ▪ 우수한 여분의 서비스가 가능해야 한다. ▪ 접객 직원들은 잘 훈련되어야 하고 예절바르며, 항상 밝아야 한다. ▪ 서비스 표준 품질이 매우 높아야 한다.

5스타	▪ 5스타 호텔이 되기 위해서는 모든 부분에서 그 나라 또는 그 지역에서 최고가 되어야 가능하다. ▪ 고급 식당이 운영되고 있어야 한다. ▪ 일일 2회 이상 방 청소를 해야 한다. ▪ 호텔로비는 고급스러워야 한다. ▪ 고급 가구를 배치해야 한다. ▪ 호텔건물의 외양과 조망 그리고 조경 등이 매우 꼼꼼하며 세심하고 아름다워야 한다.

✖ 자료 : 한국관광호텔협회(2012), 조선배 외 2인 (2004). 「서비스경영론」

2) 프랑스

프랑스의 경우도 기존의 별 1~4개와 럭셔리 등급으로 구분하여 실시하던 등급제도를 럭셔리 등급을 삭제하고 별 5개 등급을 추가하여 총 5개 등급체제로 2009년 전환하여 실시하고 있다.

주관은 2009년 설립된 관광개발회사 ATOUT France에서 관광호텔 등급제도에 대한 계획 및 갱신, 산업 및 공공부문을 대상으로 한 홍보, 인증 후 공지에 대한 업무를 주관하고 있으며, 실제 호텔등급에 대한 평가는 COFRAC French Accreditation Committee에서 인정하는 평가기관에서 호텔이 신청한 등급의 적합성에 대해 판단 및 평가하고 있다.

평가등급은 이코노미 1star, 중급호텔 2, 3star, 상급호텔 4star, 럭셔리호텔 5star 등 총 다섯 단계로 구분되며, 시설 부문, 고객서비스 부문, 접근 지속적 개발 장애인접근시설, 환경 및 지속적 개발이 평가 영역이다.

럭셔리의 경우 국제적 환경에 맞는 특별환영 및 배려, 더 넓은 응접실, 더 넓은 객실, 객실 내 모든 필수품 구비, 국제적 수준에 맞는 서비스 제공, 배치 및 장식의 독창성, 개성의 표현, 객실 30개 이상의 경우 24시간 리셉션직원 상주, 고객지원 및 개별 서비스 24시간 룸서비스, 발레파킹, 세탁서비스, 안전한 객실욕조 및 리셉션, 저녁식사 가능 여부, 추가 서비스 수영장, 마사지, 테니스,미용실, 스파, 피트니스전문가 등에 대한 항목을 세부기준에 따라 상세히 명시하고 각 지표 4점 만점에 평균 3.5점이상을 획득해야 한다.

3) 유럽의 주요 국가

유럽의 오스트리아, 체코, 네덜란드, 독일, 헝가리, 스웨덴, 스위스 등은 호텔등급에 대한 보편적 기준 확립을 위해 각 국가의 호텔등급체계 및 등급평가에 대한 동일한 기준을 적용하고 있으며, 이를 통해 호텔등급의 국제 표준화를 도모하고자 2009년 12월 호텔레스토랑 & 카페연합회인 HOTREC 산하기관인 "Hotelstars Union"을 설립하여 관리하고 있다.

평가기준은 Tourist[1star], Standard[2star], Comfort[3star], First class[4star], Luxury[5star] 등 총 5개 등급으로 구분하여 실시하고 있다. 5star의 경우 객실크기, 스위트룸, 24시간 리셉션영접, 컨시어지 상주, 24시간 식사 및 음료 룸서비스 가능, 객실 및 인터넷 – PC설비, 양질의 IT 서비스 제공, 리셉션 홀, 레스토랑, 바, 미스터리 고객의 체크, 객실 내 개별적인 고객환영 꽃다발 혹은 사탕, 12시간 이내 세탁 및 다림질 서비스, 야간 추가적 서비스, 수화물 서비스 등으로 구분하여 최소 570점을 넘을 경우 5star를 부여하고, 취득점수가 최소점수를 넘어 상위등급 수준에 가까울 경우 "Superior" 표식을 추가한다.

전체적으로 상기 유럽의 7개국의 등급평가 항목은 건물·객실 부문, 시설·장비 부문, 서비스 부문, 레저 부문, 제공에 대한 조정 부문_{불만처리, 고객의견접수 등}, 콘퍼런스시설 부문 등으로 총 6개 영역으로 구분하여 평가를 실시한다.

✷✷라스베이거스호텔 1.미라지호텔, 2.벨라지오호텔, 3.뉴욕&뉴욕호텔
4.호텔파리, 5.브다라호텔, 6.MGM그랜드호텔, 7.시저스팰리스호텔

4) 국가별 호텔등급제도 비교

국가명	수준	강제	기획	평가	비용	평가기준	심벌
한국	국가	O	교수/기관	평가단	협회	객관/현장실사	스타
미국	협회	지원	AAA	AAA	AAA	객관	스타
독일	국가	지원	교수	교수	등급호텔	객관	스타
호주	국가	O	AAA	AAA	AAA	객관(매우 엄격)	스타
오스트리아	국가	지원	교수	교수	교수(APHA)	객관	스타
벨기에	국가	O	국가공공기관/관광협회	국가공공기관	공공기관	객관/현장실사	스타
덴마크	국가/HORESTA한	O	HORESTA	HORESTA	HORESTA	객관	스타
에스토니아	국가	지원	국가공공기관	국가공공기관	공공기관		스타
프랑스	국가	지원	국가공공기관	국가/지방공공기관	없음	객관	스타
그리스	국가	O	국가공공기관	국가공공기관	공공기금종사원기부금	객관	스타
헝가리	국가	O	국가공공기관교수	국가기관	공공기금	객관	스타
이탈리아	지방/국가수준	O	지방공공기관	지역공공기관	공공기금	주로 객관	스타
아일랜드	국가	지원	관광자문위원회호텔협회 내	관광위원회등록관광품질서비스	관광위원회등록호텔	객관/주관 동시(주관 비중 큼)	스타
몰타	국가	O	관광기관(MTA)	MTA 제품기획 개발위원회	MTA 전 호텔과 외식업 등록비	객관	스타
네덜란드	국가	O	국가공공기관/교수/소비자	교수/소비자/조합	교수/조합/소비자	객관/매우 엄격	스타
포르투갈	국가	O	DGT 공공기관	DGT 공공기관	공공기관	정량적 기준/매우 객관적	스타
스페인	지방	O	지방공공기관	지방공공기관	공공기관	객관	스타
스위스	국가	O(SHA한정)	교수단	국가/지방SHA위원회	SHA	객관화/☆제도	스타
영국	국가	지원(강제규정)	국가공공기관	국가/지방공공기관관광기구	지원호텔기금	영 : 시설 객관스코틀랜드 : 품질 주관	스타다이아몬드
멕시코	국가	O	국가공공기관교수단	국가공공기관교수단	국가공공기관교수단	객관	스타
중국	국가	O	국가공공기관교수단	국가공공기관교수단	국가공공기관교수단	객관국가호텔평가위원회	스타
일본	국가	O	국가공공기관	국가공공기관	국가공공기관	객관	

✢ 자료 : 서비스품질경영평가원 및 관광호텔업협회(2012)

04 국내관광호텔 등급평가기준

5성급 현장평가기준 (700점)

호텔명 :　　　　　　　　　평가요원 :　　　　　　　　　평가일 : 20　　．　　．

평가내용	필수 항목	배점	결과 점수	현장평가지침
1. 공용 공간 서비스 부문				
가. 호텔 안내 및 주차시설				
1) 호텔의 안내 정보 ※ 호텔에 출입하는 고객의 이용 편의성을 고려한 호텔 주차시설 및 안내정보		6		주차시설 안내표시, 호텔시설 안내표시, 호텔 진·출입구 안내표시 등 • 매우 우수 (6) • 우수 (5) • 보통 (3) • 미흡 (2) • 매우 미흡 (1) • 주차시설 없음 (0)
2) 보안시설 설치 및 관리 ※ 고객 안전관리를 위하여 필요한 장소에 보안시설(폐쇄회로 등)의 설치 및 운영상태 ★ 필수 : 보안시설(폐쇄회로) 미설치시 등급 불가	필수	6		• 최신 보안시설로 관리상태가 매우 우수 (6) • 보안시설의 관리수준이 우수 (5) • 보안시설의 관리수준이 보통 (3) • 보안시설이 미흡 (2) • 보안시설이 노후되고 매우 미흡 (1) • 미설치 (등급불가) ※ 폐쇄회로를 포한 방범설비 설치, 관리(주차장법 시행규칙) 　- 주차장 바닥 면으로부터 170cm 높이 사물 식별 가능 　- 폐쇄회로TV와 녹화장치 모니터 수 일치 　- 선명한 화질 유지 관리 및 촬영된 자료 30일 보관 준수
3) 주차의 편리성 ※ 주차 및 출차 편리성		3		① 개별 주차공간(주차구획선)의 넓이 • 넓고 충분함 (3) • 보통 (2) • 다소 협소 (1) • 불편 또는 주차시설 없음 (0)

평가내용	필수항목	배점	결과점수	현장평가지침
			3	② 주차 후 비상구, 엘리베이터 등과 동선의 편리성, 출차의 편리성 • 매우 편리 (3) • 편리 (2) • 보통 (1) • 불편 또는 주차시설 없음 (0)
4) 옥외조경시설 ※ 외부 공간 확보, 외부 정원, 외부 인테리어, 아름답고 독특한 외부, 다양한 수목과 아름다운 경관, 아름답고 독특한 건축물		12		• 매우 우수 (12) • 우수 (10) • 보통 (7) • 미흡 (5) • 매우미흡 (2)

나. 현관 및 로비

평가내용	필수항목	배점	결과점수	현장평가지침
1) 로비의 안락감 ※ 전체적인 분위기와 인테리어 및 장식의 조화 ※ 로비의 바닥, 벽면, 천장, 현관 유리문, 현관 탁자 등의 관리상태 ★ 필수 : 로비가 없거나, 청결 및 관리상태가 매우 미흡하면 등급불가	필수	8		① 로비의 공간 • 매우우수 - 넓고 충분한 공간(8) • 우수 (6) • 보통 (5) • 다소 협소한 수준 (3) • 매우 협소한 수준 (2) • 미확보 (등급불가)
		8		② 전체적 분위기와 조화성 • 매우 훌륭한 인테리어와 장식 (8) • 우수한 인테리어와 분위기 (6) • 심플한 인테리어와 분위기 (5) • 미흡한 수준 (3) • 매우 미흡한 수준 (2)
		8		③ 로비의 관리(바닥, 벽, 천장)상태 • 매우 우수 (8) • 우수 (6) • 일반수준 (5) • 미흡 (3) • 불결하고 매우 미흡 (등급불가)
2) 현관 및 로비 종사원의 운영 ※ 현관 및 로비 종사원 : Duty manager, 도어맨, 벨맨, 컨시어지, GRO, Valet, 택시호출서비스, 수화물 확인 및 차에 싣는 서비스 ★ 필수 : 아래 기능별로 1인 이상 배치하지 않는 경우 등급불가 - Duty manager - 도어맨 (Valet서비스) - 벨맨 - 컨시어지(또는 GRO 기능 포함) 서비스	필수	4		① Duty manager 서비스 • Duty manager 서비스 있음 (4) • Duty manager 서비스 없음 (등급불가)
		4		② 도어맨(Valet서비스) 및 벨맨 서비스 • 매우 우수 (4) • 우수 (3) • 보통 (2) • 미흡 (1) • 서비스되지 않음 (등급불가)

평가내용	필수항목	배점	결과점수	현장평가지침
		4		③ 컨시어지(또는 GRO 기능 포함) 서비스 • 매우 우수 (4) • 우수 (3) • 보통 (2) • 미흡 (1) • 서비스하지 않음 (등급불가)
3) 고객 수화물 보관 서비스 ※ 고객의 수화물을 적절하게 처리하는 과정 ※ 체크룸, clerk 룸의 설치 여부 ※ Baggage Tag 유무		6		• 전용룸 설치되어 보관관리 매우 우수 (6) • 전용룸은 없으나, 장소 식별하여 적절히 관리 (4) • 관리상태 미흡 (2) • 미제공 (0)
4) 문화행사 및 교통시설 예약 서비스 ※ 현지 이벤트, 연예공연 등의 예약 가능 ※ 철도, 버스, 항공 등 교통수단 및 타 지역 숙박 예약 가능 ※ 셔틀버스 보유, 택시와 렌터카 서비스 가능		6		① 문화행사 예약 서비스 • 편리한 예약 서비스 (6) • 예약 서비스가 부분적으로 제공 (3) • 미제공 (0)
		6		② 철도, 항공 등 교통시설 예약, 셔틀버스 제공, 택시와 렌터카 서비스 • 모든 서비스 제공 (6) • 예약 서비스가 부분적으로 제공 (3) • 미제공 (0)
다. 프론트데스크				
1) 프론트데스크 기능을 위한 적정 인력 확보 ※ 최근 1년간 근무 스케줄 확인		6		• 3교대 근무 이상 (6) • 2교대 근무 (3)
2) 환전 서비스 여부 ★ 필수 : 환전 서비스 미제공시 등급불가	필수	6		• 환율을 게시하고 환전 서비스를 제공 (6) • 환전 서비스 제공 (3) • 환전 서비스 미제공 (등급불가)
3) 고객에 대한 서비스 기록관리 상태 ※ 고객의 성향별 선호도를 파악할 수 있는 정보관리 상태 ※ 고객 정보관리(고객의 불평불만 관리, 고객 성향별 선호도)		18		• 매우 우수한 수준 (18) • 우수한 수준 (14) • 보통 수준 (11) • 미흡한 수준 (7) • 기록하지 않음 (0)
4) 프론트 근무자의 능력 등 ※ 업무숙지 능력, 외국어 능력 ※ 말투, 어법, 용어선택 등 ★ 필수 : 프론트 근무자 외국어 능력 불가능 또는 담당업무를 숙지하지 못한 경우 등급불가	필수	4		① 근무자의 외국어 능력 • 매우 유창한 수준 (4) • 유창한 수준 (3) • 일상 회화 구현 수준 (2) • 더듬거리는 수준 (1) • 불가능한 경우 (등급불가)

평가내용	필수 항목	배점	결과 점수	현장평가지침
		4		② 업무숙지 능력 • 전문지식을 보유하여 정확하고 충실하게 설명을 하는 경우 (4) • 양호한 수준 (2) • 미흡한 수준 (1) • 담당업무를 설명하지 못함 (등급불가)
		4		③ 프론트 근무자 말투, 어법, 용어선택 등 • 매우 우수 (4) • 우수 (3) • 보통 (2) • 미흡 (1) • 매우 미흡 (0)
5) 프론트 근무자의 서비스 수준 ※ 체크인, 체크아웃, 미니바 확인 간소화, 표준화, 대기 장소 등		12		• 매우 우수 (12) • 우수 (10) • 보통 (7) • 미흡 (5) • 매우 미흡 (2)
6) 안전금고(safety deposit box) 설치 및 운영		6		• 프론트와 모든 객실 설치 (6) • 프론트와 일부 객실 설치 (4) • 프론트만 설치 (2) • 미설치 (0)
라. 복도 및 계단관리				
1) 복도 및 계단의 관리 및 청결상태 ※ 24시간 자연적 또는 인공조명을 통해 복도 및 계단의 일정한 밝기유지 ※ 복도 및 계단 유지관리, 청결 및 환기상태 ※ 복도 CCTV 여부, 비상벨 등		4		① 계단 및 복도 조명시설의 유지관리 상태 • 매우 우수 (4) • 우수 (3) • 보통 (2) • 미흡 (1) • 매우 미흡 (0)
		4		② 계단 및 복도의 청결 및 환기상태 • 매우 우수 (4) • 우수 (3) • 보통 (2) • 미흡 (1) • 매우 미흡 (0)
		4		③ 복도의 CCTV, 비상벨 설치 • 모두 설치됨(4) • 일부 설치됨(2) • 미설치됨(0)

평가내용	필수 항목	배점	결과 점수	현장평가지침
2) 복도 및 계단의 실내장식 및 분위기 ※ 복도 및 계단의 벽지, 그림 등 실내장식, 전체적인 분위기		6		복도 및 계단의 실내장식 및 분위기 • 고품격카펫 및 세련된 장식물로 디자인되어 매우 우수 (6) • 우수 (3) • 보통 (2) • 미흡 (1) • 매우 미흡 (0)

2. 객실 및 욕실 부문

가. 객실 수 및 면적

평가내용	필수 항목	배점	결과 점수	현장평가지침

1) 객실 수
• 200실 이상
• 200실 미만 : 10점+(10점× $\frac{객실 수}{200}$)
  = 취득점수
		20		• 200실 이상 (20)
				• 200실 미만 : 10점+(10점× $\frac{객실수}{200}$)
				  = 취득점수
				★ 반올림하여 소숫점 첫째자리까지 기재

2) 객실의 다양성 ※ 다양한 고객수요를 충족시킬수 있도록 크기 또는 구조가 다른 유형의 객실 : 싱글룸, 더블룸, 트윈룸, 트리플룸, 디럭스룸, 스위트룸, 한실 등		12		• 8종류 이상 (12) • 7종류 이상 (10) • 6종류 이상 (7) • 5종류 이하 (5)
3) 객실의 면적 ※ 표준객실로서 19m²를 기준으로 평가. 단, 욕실면적은 객실면적에 포함하지 않음.		12		• 기준면적의 130% 이상 (12) • 기준면적의 120% 이상 (10) • 기준면적의 110% 이상 (7) • 기준면적의 100% 이상 (5) • 기준면적 미만 (2)

나. 객실의 안락도 및 편의성

평가내용	필수 항목	배점	결과 점수	현장평가지침
1) 객실의 관리상태 ★ 필수 : 객실바닥, 벽, 천장이 매우 불량하거나 환기상태가 미흡한 경우 등급불가	필수	6		① 객실의 바닥과 벽, 천장의 벽지 관리상태 • 객실 바닥과 벽지재질이 고품격이며 매우 우수한 경우 (6) • 우수한 경우 (3) • 보통수준 (2) • 미흡한 경우 (1) • 흠집 등 매우 불량 (등급불가)
		6		② 객실의 환기상태 • 매우 우수 (6) • 우수 (5) • 보통 (3) • 미흡 (2) • 매우 미흡 (등급불가)

평가내용	필수항목	배점	결과점수	현장평가지침
2) 객실 내 가구의 구비 및 관리상태 ※ 객실 내 가구 : 옷장, 테이블, 화장대, 서랍, 업무가 가능한 책상과 의자 ★ 필수 : 객실가구를 갖추지 않거나 교체 필요성이 느껴질 정도로 훼손된 경우 등급불가	필수	12		① 객실 내 가구의 구비 상태 • 객실 내 가구를 모두 구비 (12) • 일부만 구비 (7) • 객실 내 가구를 갖추지 않음 (등급불가)
		12		② 가구의 품질 및 훼손 정도 • 매우 우수 - 최고급 가구 등(12) • 우수 (10) • 보통 (7) • 미흡 (5) • 매우 미흡 - 훼손, 교체 필요시 (등급불가)
3) 객실의 편의용품 제공 및 품질상태 ※ 편의용품 : 실내복(2벌), 안전금고, 커피포트, 슬리퍼(2개), 나무옷걸이(7개), 미니바, 메모지와 볼펜, 욕실용품, 얼음물통(ice bucket), 유리컵(2개), 거울 ★ 필수 : 객실 편의용품을 제공하지 않거나, 불량인 경우 등급불가	필수	6		① 편의용품 제공상태 • 편의용품이 모두 제공 (6) • 일부만 제공 (3) • 미제공 (등급불가)
		6		② 편의용품 품질상태 • 최고급 품질 (6) • 고급 품질 (5) • 보통 품질 (3) • 저급 품질 (2) • 품질 불량 (등급불가)
4) 침대 및 침구류 관리상태 ※ 침대의 크기 및 재질, 매트리스와 스프링 상태, 침구류 일체의 유지관리상태 ★ 필수 : 침대 및 침구류의 교체가 필요한 수준인 경우 등급불가	필수	20		침대의 품질 및 안락함 • 매우 우수 - 최고급 침대 및 침구 (20) • 우수 (16) • 보통 (12) • 미흡 (8) • 교체가 필요한 수준 (등급불가)
5) 객실의 청결상태 ※ 침대의 린넨류, 가구류, TV, 창문틀, 커튼, 조명시설 등의 청결상태 ★ 필수 : 객실이 매우 불결한 경우 등급불가	필수	12		• 매우 우수 (12) • 우수 (10) • 보통수준 (7) • 일부 청결 상태 미흡 (5) • 매우 불결 (등급불가)
6) 객실의 냉·난방상태 ※ 객실별 온도 조절 가용성 ★ 필수 : 냉난방설비 매우 미흡시 등급불가	필수	12		• 객실의 냉난방상태 - 매우 우수 (12) - 우수 (10) - 보통 (7) - 미흡 (5) - 미작동 등 매우 미흡 (등급불가)

평가내용	필수항목	배점	결과점수	현장평가지침
7) 객실의 방음상태 ※ 객실과 객실, 객실과 복도, 객실과 외부 간의 방음상태 ※ 벽의 차음상태, 객실유리, 문 등의 차음상태, 기기소음 또는 외부의 소음으로부터의 완벽한 방음 등		12		• 객실의 방음상태 - 매우 우수 - 완벽한 방음 (12) - 우수 (10) - 보통 (7) - 미흡 (5) - 매우 미흡 (2)
8) 객실의 차양 및 방충망(필요시) 유무 ※ 객실의 차양을 위한 커튼 및 암막, 방충망(필요시) 등 설치 유무 및 관리상태		12		• 매우 우수 - 차양 등 완벽한 시설(12) • 우수 (10) • 보통 (7) • 미흡 (5) • 미설치 (2)
9) 객실의 보안관리 상태 ※ Door Chain lock, Door view, Double lock의 설치 유무 및 관리상태 - Door Chain lock : 문을 약간 열고 방문자를 확인할 수 있도록 문 안쪽에 부착되는 체인이 달린 철물 - Door view : 객실 안에서 밖을 내다볼 수 있도록 문에 설치된 뷰어 - Double lock : 이중 자물쇠 장치 ★ 필수 : 객실보안시설 미설치시 등급불가	필수	12		• 3개 이상 설치 및 관리양호 (12) • 2개 설치 및 관리양호 (10) • 1개 설치 및 관리양호 (7) • 설치되었으나, 관리미흡 (5) • 미설치 (등급불가)
10) 객실 내 비상시 안내지침서 구비 여부 및 비상대피안내도 부착 여부 ★ 필수 : 객실 내 비상시에 대비한 안내자료가 없는 경우 등급불가	필수	6		• 객실 내 비상시 안내지침서(비상시 전화번호 포함)가 구비되어 있고, 비상대피안내도가 부착됨 (6) • 객실 문에 비상대피안내도만 부착됨 (3) • 구비되어 있지 않음 (등급불가)
11) 객실 내 호텔의 제반 서비스에 대하여 한국어와 외국어로 제작된 안내물 제공 (객실 TV동영상 또는 안내홍보물 등) ★ 필수 : 안내서비스 미제공시 등급불가	필수	12		• 매우 우수한 안내서비스 제공 (12) • 우수 (10) • 보통 (7) • 미흡 (5) • 미제공 (등급불가)
12) 고객 모니터링 시스템 ※ 객실 내 불편신고엽서 비치, 호텔이용만족 평가 여부 ★ 필수 : 불편신고엽서 미비치 및 이용만족평가 미실시시 등급불가	필수	6		• 모두 적합 (6) • 한 가지 적합 (3) • 모두 부적합 (등급불가)
다. 객실의 전기 · 통신시설				
1) 객실 내 인터넷 이용(연결)의 편리성		12		객실 내 인터넷 이용의 편리성 • 편리 (12) • 보통 (7) • 불편 (2) • 불가능 (0)

평가내용	필수항목	배점	결과점수	현장평가지침
2) 컴퓨터 제공 여부 ※ 대여 (유·무료) 포함		6		• 제공 (6) • 미제공 (0)
3) 객실 내 화재감지기의 작동 및 관리상태		6		• 양호 (6) • 보통 (3) • 미흡 (2) • 미설치 (0)
4) 객실 내 간이완강기, 인명구조기구, 휴대용 비상조명등의 관리 및 제공 여부 ※ 간이완강기 : 화재 등 위급상황시 탈출용 로프 등으로 구성 (객실 3층~10층에 설치) ※ 인명구조기구 : 지하층을 포함 7층 이상인 호텔에서 비상용으로 호텔 내 비치하는 방열복, 공기호흡기, 인공소생기 - 공기호흡기 : 화재 등 유독가스 방지용 공기호흡장비 - 인공소생기 : 호흡장애시 응급 산소 공급을 위한 장비		6		• 모든 비상장비 제공 및 관리양호 (6) • 일부 비상장비 제공 및 관리양호 (3) • 비상장비 제공이 가능하나, 관리미흡 (2) • 비상장비 미제공 (0)
라. 욕실 부문				
1) 욕실의 면적 ※ 기준면적은 3.3m²를 기준으로 평가		12		• 기준면적의 130% 이상 (12) • 기준면적의 120% 이상 (10) • 기준면적의 110% 이상 (7) • 기준면적의 100% 이상 (5) • 기준면적 미만 (2)
2) 욕실의 편의용품 비치 ※ 헤어드라이기, 티슈, 비누, 샴푸, 린스, 샤워캡, toilet paper ※ 타월(4종 이상) - 얼굴타월(Face Towel) : 얼굴을 닦는 긴 직사각형 타월 - 핸드타월(Hands Towel) : 손을 닦기 위한 정사각형의 소형 타월 - 목욕타월(Bath Towel) : 목욕 후 몸을 감는 큰 타월 - 발타월(Foot Towel) : 발을 닦는 데 사용하며 얼굴타월보다는 더 넓고 두툼한 타월 ★ 필수 : 욕실의 편의용품이 비치되지 않았거나, 품질이 불량한 경우 등급불가	필수	4		① 욕실 편의용품 비치상태 • 모두 갖추고 있음 (4) • 일부 갖추고 있음 (2) • 비치되지 않음 (등급불가)
		4		② 욕실 편의용품 품질 • 매우 고급 (4) • 고급 (3) • 보통 (2) • 저급 (1) • 품질 불량 (등급불가)
		4		③ 타월(4종 이상)의 품질상태 • 매우 고급 (4) • 고급 (3) • 보통 (2) • 저급 (1) • 품질 불량 (등급불가)

평가내용	필수항목	배점	결과점수	현장평가지침
3) 욕실가구 (욕조 또는 샤워부스, 세면대 등)의 품질 및 훼손 정도 ※ 욕조의 크기, 안전 및 편의를 고려한 디자인 ★ 필수 : 욕실가구의 교체가 필요한 경우 등급불가	필수	12		• 매우 우수 - 최고급 욕조 등 (12) • 우수 (10) • 보통 (7) • 미흡 (5) • 매우 미흡 - 훼손, 교체 필요시 (등급불가)
4) 욕실의 청결 및 관리상태 ※ 욕실바닥, 벽면, 천장의 청결상태 ※ 욕조, 변기, 세면대, 고무매트, 비누받침대, 샤워기, 조명, 욕조손잡이의 청결상태 ★ 필수 : 욕실청결 매우 불결시 등급불가	필수	12		• 매우 청결 (12) • 청결 (10) • 보통 (7) • 미흡 (5) • 매우 불결 (등급불가)
5) 욕실의 환기 및 배수상태 ★ 필수 : 욕실의 환기 또는 배수상태 매우 미흡시 등급불가	필수	9		① 욕실 환기 • 매우 우수 - 매우 쾌적 (9) • 우수 (7) • 보통 (5) • 미흡 (4) • 매우 미흡 (등급불가)
		9		② 욕실 배수상태 • 매우 우수 (9) • 우수 (7) • 보통 (5) • 미흡 (4) • 매우 미흡 (등급불가)

3. 식음료 및 부대시설 부문

가. 식음료업장 시설 및 관리

평가내용	필수항목	배점	결과점수	현장평가지침
1) 식음료업장 유무 ※ 전문 서양식, 동양식, 한식 레스토랑 및 커피숍 등 식음료 업장 설치 유무 ※ 겸용인 경우, 1개로 인정 ★ 필수 : 3개 미만이면 등급불가	필수	36		• 5개 이상 (36) • 4개 (29) • 3개 (22) • 3개 미만 (등급불가)
2) 식음료업장의 분위기, 동선과 공간의 활용상태 ※ 분위기 : 품격 있는 집기류, 인테리어, 장식 (꽃, 그림 등) ※ 동선과 공간 : 편리한 동선, 짜임새 있는 공간 활용		6		① 식음료업장의 분위기 • 매우 우수 - 고품격이고 우아함 (6) • 우수 (3) • 보통 (2) • 미흡 (1) • 매우 미흡 - 불편하고 부적절한 분위기 (0)
		6		② 서비스 동선과 공간의 활용상태 • 매우 우수 - 매우 편리하고 짜임새 있음 (6) • 우수 (3) • 보통 (2) • 미흡 (1) • 매우 미흡 - 불편하고 부적절함 (0)

평가내용	필수항목	배점	결과점수	현장평가지침
3) 테이블과 의자의 품질상태		12		• 매우 우수 - 최고급의 제품류 (12) • 우수 (10) • 보통 (7) • 미흡 (5) • 매우 미흡 - 훼손, 교체 필요 (2)

4) 종사원의 서비스 상태
  가) 종사원의 복장
  ※ 종사원의 명찰 및 지정된 유니폼 착용 상태
		6		명찰패용, 유니폼착용 등 복장상태
				• 매우 단정 - 최고급 유니폼 등 (6)
				• 단정 (5)
				• 보통 (3)
				• 미흡 (2)
				• 매우 미흡 (1)

나) 외국어의 구사능력 ※ 외국어 구사능력을 관찰평가한다.		6		• 종사자가 외국인과 효율적으로 의사소통이 가능한 경우 (6) • 종사자가 외국인과 제한된 의사소통이 가능한 경우 (3) • 종사자가 외국인과 의사소통이 불가능한 경우 (0)
5) 식음료업장 내부의 관리 및 청결상태		12		• 천장, 벽면, 바닥, 비품 등이 매우 청결 (12) • 청결 (10) • 보통 (7) • 미흡 (5) • 매우 미흡 (2)

나. 주방시설 및 관리

평가내용	필수항목	배점	결과점수	현장평가지침
1) 주방의 업장에 대한 면적점유율		6		※ 주방의 면적 점유율 = ($\frac{주방면적}{총식당면적} \times 100$) • 총업장면적의 30% 이상 점유 (6) • 총업장면적의 20% 이상 점유 (3) • 총업장면적의 10% 이상 점유 (2) • 총업장면적의 10% 미만 점유 (1)
2) 주방에서 조리한 음식이 고객에게 전달되는 체계 ※ 주방과 식당 간의 음식을 위생적으로 전달할 수 있는 동선, 미끄럼 방지시설, 이동 간에 장애요인 제거		3		① 주방과 식당 간의 동선 • 우수 (3) • 보통 (2) • 미흡 (1)
		3		② 식당 내 고객의 이동 동선 • 우수 (3) • 보통 (2) • 미흡 (1)

평가내용	필수항목	배점	결과점수	현장평가지침
3) 주방 청결 및 쓰레기 분리수거상태 ※ 주방 청결, 쓰레기 분리수거 등 ★ 필수 : 주방청결 및 쓰레기 분리수거상태 매우 미흡 시 등급불가	필수	12		• 매우 우수 - 매우 청결, 분리수거 철저 (12) • 우수 (10) • 양호 (7) • 일부 청결 미흡 (5) • 매우 미흡 - 불결하거나 쓰레기 분리수거 미실시 (등급불가)
4) 식재료 보관 및 저장 관리상태 등 ★ 필수 : 식재료 보관 및 저장상태 매우 미흡 시 등급불가	필수	12		• 매우 우수 (12) • 우수 (10) • 양호 (7) • 일부 미흡 (5) • 매우 미흡 - 보관기간 경과 (등급불가)
다. 부대시설의 수준 및 서비스				
1) 피트니스 센터의 제공 및 수준 등 ※ 부대시설 : 헬스클럽, 사우나, 수영장, 스파 등 ★ 필수 : 부대시설 없는 경우 등급불가	필수	24		• 4가지 이상의 부대시설 제공 (24) • 3가지 이상의 부대시설 제공 (19) • 2가지 이상의 부대시설 제공 (14) • 1가지 이상의 부대시설 제공 (10) • 부대시설 없음 (등급불가)
2) 편의시설의 분위기, 이용시설의 수준 등 ※ 편의시설 : 기념품점, 헤어숍, 쇼핑 아케이드, 제과점 등 4가지 이상의 고품격 편의시설을 제공함.		12		• 4가지 이상의 편의시설 제공 (12) • 3가지 이상의 편의시설 제공 (10) • 2가지 이상의 편의시설 제공 (7) • 1가지 이상의 편의시설 제공 (5) • 편의시설 없음 (0)
3) 종사원의 외국어 구사능력 ※ 외국어 구사능력을 관찰평가		6		• 매우 유창한 수준 (6) • 유창한 수준 (5) • 일상 회화 구현 수준 (3) • 더듬거리는 수준 (2) • 불가능한 경우 (0)
라. 회의 및 연회시설				
1) 회의(연회장) 가능 시설의 유무 ※ 1인당 1.2m²를 기준으로 산정 ★ 필수 : 회의가능인원(연회장)이 50명 미만인 경우 등급불가	필수	24		• 200명 이상 수용 (24) • 150명 이상 수용 (19) • 100명 이상 수용 (14) • 50명 이상 수용 (10) • 50명 미만 (등급불가)
2) 조명, 음향 및 시청각 시설		12		• 매우 우수 (12) • 우수 (10) • 보통 (7) • 미흡 (5) • 매우 미흡 (2)

평가내용	필수항목	배점	결과점수	현장평가지침
3) 회의 편의시설 및 서비스 ※ 회의와 관련된 편의시설(옷걸이 및 락커시설, 케이터링) 제공 여부		6		• 모두 제공 (6) • 일부 제공 (3) • 미제공 (0)
4) 회의실(Function room) 확보 여부 ★ 필수 : 회의실이 없는 경우 등급불가	필수	6		• 5개 이상 (6) • 3~4개 (3) • 2개 (2) • 1개 (1) • 없음 (등급불가)
마. 비즈니스센터 설치 · 운영상태				
1) 비즈니스센터 운영상태 ★ 필수 : 비즈니스센터 서비스 미제공 시 등급불가	필수	6		• 전용시설을 설치 운영 (6) • 비즈니스센터를 다른 기능과 복합적으로 운영 (3) • 로비 등 공용공간에서 기능만 제공 (2) • 서비스 미제공 (등급불가)
2) 비즈니스센터 내 지원시설의 비치 및 운영 · 관리상태 가) 지원시설 비치 및 이용 상태 ※ PC, FAX, 복사기, 인터넷 통신망 등		3		① PC의 지원가능 여부 • 항상 이용가능하고 편리 (3) • 보통수준 (2) • 불편한 경우 (1)
		3		② FAX, 복사기의 지원가능 여부 • 항상 가능하고 편리 (3) • 보통수준 (2) • 불편한 경우 (0)
나) 노트북 및 휴대용 단말기 등 전산 및 통신기기 지원(대여) 가능 여부		6		• 고급형(최신기종) 전산 및 통신기기의 이용(대여)이 언제든지 가능할 경우 (6) • 전산 및 통신기기의 이용(대여)이 언제든지 가능할 경우 (3) • 제한적으로 가능한 경우 (2) • 불가능한 경우 (0)
바. 이용시설				
1) 호텔 내 시설 이용가능 여부 ※ 경사로, 장애인 욕실, 장애인 화장실, 점자블록, 장애인 주차장, 장애인 승강기, 장애인 침실, 시각장애인용 점자, 장애인용 안내표시, 장애인용 휴게시설		12		• 5종류 이상 (12) • 4종류 (10) • 3종류 (7) • 2종류 (5) • 1종류 (2) • 없음 (0)

평가내용	필수 항목	배점	결과 점수	현장평가지침
2) 장애인이 로비에서 객실까지 이동의 가능 여부 ※ 장애인 지원인력 제공 포함		6		• 장애인 이동이 매우 편리 (6) • 장애인 이동이 편리 (5) • 보통수준 (3) • 미흡 (2) • 매우 미흡 (1)

4. 부가점수

4-1. 가점 항목

평가내용	필수 항목	배점	결과 점수	현장평가지침
가. 에너지 절감을 위한 경영 - 그린카드 제도운영 - 건물 에너지효율등급인증 - 탄소성적(환경성적)표지인증 - 녹색건축인증 - 에너지경영시스템인증		10		• 3개 이상 (10) • 2개 이상 (7) • 1개 이상 (4)
나. 전문 한식당 운영 여부 ※ 전문 한식당을 독립적으로 운영		10		• 운영 (10)
다. 종사원 교육 및 유자격자 고용상태				
1) 종사원 교육 ※ 자체교육기관 등록, 위탁교육, 강사초 빙, 자체강사 활용 ※ 직무교육, 계층교육, 교양교육, 서비스 교육, 외국어교육, 응급조치교육 ※ 종사원 서비스 역량분석 및 향상		10		• 매우 우수 (10) • 우수 (6) • 보통 (4)
2) 호텔경영사 및 호텔관리사, 호텔서비스 사의 고용		10		• 5명 이상 고용 (10) • 4명 이상 고용 (8) • 3명 이상 고용 (6) • 2명 이상 고용 (4) • 1명 이상 고용 (2)

4-2. 감점 항목

평가내용	필수 항목	배점	결과 점수	현장평가지침
가. 호텔 내 화재 발생 여부(최근 3년간)		-10		• 발생 (-10)
나. 호텔 내 범죄 발생 여부(최근 3년간) 1) 호텔 내 도난 등 범죄 발생 여부		-10		• 발생 (-10)
2) 호텔 경영주 및 종사원의 불법행위(최 근 3년간)		-10		• 발생 (-10)

평가내용	필수항목	배점	결과점수	현장평가지침
다. 영업상 행정조치 여부(최근 3년간)				
※ 위생점검, 소방점검, 노사분규 등 영업상의 행정조치(행정처분, 과태료, 과징금 등)		-10		• 발생 (-10)
라. 고객불편신고 처리상태(최근 3년간)				
1) 시설 및 위생관리 ※ 관광공사, 소비자원 등에 접수된 사항 중 시설, 위생관리, 불편신고		-10		• 발생 (-10)
2) 부당요금징수, 서비스불만, 예약조건 불이행, 기타		-10		• 발생 (-10)
마. 대테러 예방 및 대비 관련		-20		
1) 임직원 대테러·안전마인드 소지 및 안전관리 전담조직 운영		-5		충족하지 못하는 항목 점수는 감점 • 대테러 교육·훈련 반기 1회 이상 (1.0) • 교육·훈련 80% 이상 참석 (1.0) • 안전상황실 운영 (1.0) • 테러예방·대응 매뉴얼 구비 (2.0)
2) 출입통제시스템 운영, 시설물 외곽관리 및 감시시스템 구축		-15		충족하지 못하는 항목 점수는 감점 • 의심우편물 등 검색체계 구축 (1.0) • 로딩독 출입인원 및 차량통제 (1.0) • 외부진입차단 단방향 시건장치 (1.0) • 주 출입로 안전관리 (2.0) • 경보기능 지능형 CCTV 설치 (2.0) • 내외곽 감시 CCTV 설치 (1.0) • 전담 모니터링요원 운영 (2.0) • CCTV카메라 대비 모니터 수 - 모니터 8분할 이내로 운영 (2.0) • CCTV해상도 인물식별도 80% 이상 (1.0) • 녹화자료반출대장 작성·비치 (1.0) • 감시시스템 운영안내문 게재 (1.0)
총 점		700	0	자동계산식이 포함되어 있습니다.
총 평				

5성급 암행평가기준 (300점)

호 텔 명				
평가요원		평가일		
부문별 평점	항목	점수	항목	점수
	예약서비스		비즈니스센터	
	현관 및 주차서비스		식당	
	로비환경 및 프론트데스크(체크인)		체크아웃	
	객실서비스		배웅	
	룸서비스		총 합계	
총 평				

평가항목	필수항목	배점	점수결과	암행평가지침
1. 예약서비스				
가. 전화응대				평가개요 : 호텔직원은 고객을 환영하는 친절한 목소리로 전화를 받아야 한다.
1) 전화벨이 3번 울리기 전에 받는가?		2		평가요령 : 호텔에 전화를 걸고 벨이 3번 울리기 전에 호텔직원이 전화를 받는지 확인한다. • 전화벨 3회 이내 수신 (2) • 전화벨 4회 이후 수신 (1)
2) 목소리는 상냥하고 친절한가?		2		평가요령 : 호텔에 전화를 걸어서 상냥하고 친절하게 전화를 받는지 확인한다. • 손님의 마음을 흡족하게 하는 상냥하고 친절한 목소리 (2) • 사무적인 목소리 (1)
3) 호텔 안내멘트(인사말, 호텔명 등)는 적절한가?		2		평가요령 : 호텔에 전화를 걸어서 호텔측의 안내멘트를 확인한다. • 호텔 안내멘트(인사말, 호텔명 등)가 적절하다. (2) • 그렇지 않다. (1)
4) 전화를 받는 호텔직원은 외국어를 구사할 수 있어야 한다. ★ 필수 : 예약전화를 받는 직원들이 외국어 능력이 불가능한 경우 등급불가	필수	5		평가요령 : 암행평가자는 외국어 구사능력을 관찰평가한다. • 외국어 소통 원활 (5점) • 외국어 소통 가능 (3점) • 외국어 소통 불가 (불가시 등급불가)

평가항목	필수 항목	배점	점수 결과	암행평가지침
5) 고객과의 전화 통화 중 모든 질문에 잘 답변하는가?		3		평가요령 : 암행평가자는 통화 중에 질문을 던지며 신속하게 답변하는지 확인한다. • 고객의 질문에 신속하게 답변 (3) • 고객의 질문에 머뭇거리거나 답변을 잘 못한다. (2) • 호텔 서비스 내용을 잘 모름 (1)
6) 고객에게 친절한 인사와 감사로 전화 응대를 마무리하는가?		3		평가요령 : 호텔담당자가 전화를 친절하게 마무리하는지 확인한다. • 감사의 뜻을 전하고 공손한 인사로 전화를 마무리한다. (3) • 그렇지 않다. (1)
7) 고객이 먼저 전화를 끊기 전에 수화기를 내려 놓지 않는가?		2		평가요령 : 암행평가자는 통화 마무리 후 수화기를 바로 내려놓지 않고 관찰평가한다. • 고객이 전화를 끊기 전에는 전화를 끊지 않는다. (2) • 고객이 전화를 끊기 전에 전화를 끊는다. (1)
나. 예약상담				평가개요 : 예약상담이 편리하고, 쉽고 명확해야 한다.
1) 고객이 예약시에 선택해야 하는 사항들을 빠짐없이 안내하는가? ★ 객실유형(스탠다드, 스위트룸), 객실타입(싱글, 더블, 흡연/비흡연), 기타(전망, 층높이, 특정 요구사항 등)		3		평가요령 : 암행평가자는 예약상담을 하면서 호텔직원의 안내사항을 확인한다. • 예약시 고객이 선택해야 하는 사항을 빠짐없이 안내한다. (3) • 그렇지 않다. (1)
2) 고객의 선택에 따른 객실요금을 안내하는가?		2		평가요령 : 암행평가자는 예약상담을 하면서 해당 객실요금을 안내하는지 확인한다. • 객실요금을 안내한다. (2) • 그렇지 않다. (1)
3) 고객이 호텔을 쉽게 찾아오는 방법(교통수단 등)을 알려주는가?		2		평가요령 : 암행평가자는 호텔을 찾아오는 방법을 문의하고 호텔직원이 친절하게 설명하는지 확인한다. • 친절하게 알려준다. (2) • 그렇지 않다. (1)
4) (고객요청시) 고객에게 호텔의 전반적인 서비스들을 안내하는가?		2		평가요령 : 암행평가자는 호텔서비스에 대하여 호텔직원에게 설명을 요청한다. 호텔직원의 설명내용을 확인한다. • 호텔의 전반적인 서비스를 안내한다. (2) • 그렇지 않다. (1)
5) 예약 내용에 대한 주요 사항(고객의 이름, 예약기간과 숙박인원수)을 재확인하는가?		2		평가요령 : 예약내용에 대하여 주요 사항을 다시 한 번 체크하는지 확인한다. • 예약 내용을 재확인하는 안내 실시 (2) • 예약 내용을 재확인하는 안내 미실시 (1)

평가항목	필수항목	배점	점수결과	암행평가지침
6) 호텔 인터넷 예약서비스를 편리하게 할 수 있는가?		3		평가요령 : 암행평가자는 호텔 사이트에 접속하여 예약의 편리성을 확인한다. • 호텔 인터넷 예약서비스가 매우 편리하다. (3) • 호텔 인터넷 예약서비스 가능 (2) • 인터넷 예약이 불가능 (0)

평가자 의견

2. 현관 및 주차서비스				
가. 호텔 도착				평가개요 : 호텔의 외관(건물의 전면, 간판, 조경)은 고객들에게 매력적인 이미지를 제공해야 한다.
1) 호텔건물의 외관과 전면은 깨끗하고 고객에게 편안한 느낌을 주는가?		2		평가요령 : 호텔에 도착 후 주변을 둘러보며 호텔외관이 깨끗하게 관리되는지 관찰평가한다. • 깨끗하게 관리되고 있다. (2) • 그렇지 않다. (1)
2) 옥외조경은 잘 관리되고 있는가? ★ 화단, 나무와 꽃들은 잘 다듬고, 시든 것을 제거하고, 잡초가 없도록 관리되어야 한다.		2		평가요령 : 암행평가자는 옥외조경을 둘러보며 관찰평가한다. • 옥외조경이 잘 관리되고 있다. (2) • 없거나, 잘 관리되지 않는다. (1)
3) 호텔 도어맨의 서비스가 적절한가?		2		평가요령 : 암행평가자는 호텔 도어맨의 서비스 상태를 관찰평가한다. • 잘하고 있다. (2) • 그렇지 않다. (1)
4) 호텔의 출입구 주변이 항상 깨끗하고 좋은 상태로 유지하는가?		2		평가요령 : 암행평가자는 호텔 출입구를 살피고 청결상태를 관찰평가한다. • 출입구 주변이 깨끗하게 관리되고 있다. (2) • 그렇지 않다. (1)
나. 현관 및 주차서비스				평가개요 : 고객이 호텔에 도착하면 호텔직원은 신속하고 정중히 고객을 환영해야 한다.
1) 호텔종사원(도어맨 및 주차요원)은 고객이 도착할 때, 고객이 탑승한 차를 향해 신속하게 다가오는가?		2		평가요령 : 암행평가자는 호텔의 주차서비스를 관찰평가한다. • 신속하게 다가온다. (2) • 그렇지 않다. (1)

평가항목	필수 항목	배점	점수 결과	암행평가지침
2) 호텔종사원(도어맨 및 주차요원)은 고객이 차에서 내리는 것을 돕고, 친절하게 인사하며 환영하는가?		2		평가요령 : 차에서 내리는 고객을 호텔직원이 친절하게 돕는지 관찰평가한다. • 고객이 차에서 내리는 것을 돕고 환영한다. (2) • 그렇지 않다. (1)
3) 호텔종사원(도어맨 및 주차요원)이 규정된 유니폼을 착용하는가?		2		평가요령 : 암행평가자는 호텔종사원(도어맨 및 주차요원)의 유니폼을 관찰평가한다. • 모두 유니폼을 착용하고 있다. (2) • 일부 유니폼을 착용하고 있다. (1) • 그렇지 않다. (0)
4) 호텔종사원(도어맨 및 주차요원)은 용모단정하고 깔끔한 인상을 주는가?		3		평가요령 : 암행평가자는 호텔종사원(도어맨 및 주차요원)의 용모를 관찰평가한다. • 모두 용모단정하고 깔끔하다. (3) • 일부 용모단정하고 깔끔하다. (2) • 그렇지 않다. (1)
5) 호텔종사원(주차요원)은 고객에게 전문적이며 신뢰감을 주는가?		2		평가요령 : 암행평가자는 호텔의 호텔종사원(주차요원)을 관찰평가한다. • 신뢰감을 준다. (2) • 그렇지 않다. (1)
6) 호텔 주차장(전용 또는 공용) 이용방법이 잘 표시되어 있는가? ★ 예를 들어, 가격과 위치의 표시		2		평가요령 : 암행평가자는 호텔 주차장 이용방법을 관찰평가한다. • 호텔 주차장의 이용방법이 잘 표시되어 있다. (2) • 그렇지 않다. (1)
7) 호텔종사원은 고객의 짐을 차에서 내리는 과정을 도와주는가?		2		평가요령 : 암행평가자는 고객의 짐을 내리는 과정을 관찰평가한다. • 호텔종사원이 고객의 짐을 차에서 내리는 과정을 도와준다. (2) • 그렇지 않다. (1)

평가자 의견

---

3. 로비환경 및 프론트데스크 서비스(체크인)

가. 로비환경 및 서비스	평가개요 : 호텔은 로비에서부터 고객이 안락감을 느낄 수 있도록 친근하고 환영하는 분위기를 조성해야 한다.

평가항목		배점		암행평가지침
1) 전체적인 로비의 분위기와 인테리어 및 장식의 조화는 호텔의 품격에 맞게 우수한가?		2		평가요령 : 암행평가자는 호텔로비의 장식이 품격에 맞게 우수한지 관찰평가한다. • 로비의 장식은 우수하다. (2) • 그렇지 않다. (1)

평가항목	필수항목	배점	점수결과	암행평가지침
2) 로비는 충분한 공간을 확보하고 청결하게 관리하고 있는가? ★ 로비는 여유롭고 청결해야 하며, 진로를 방해하는 어떠한 방해물도 없어야 한다. ★ 필수 : 로비의 충분한 공간이 없거나, 청결 및 관리상태가 매우 미흡하면 등급불가	필수	5		평가요령 : 암행평가자는 호텔로비의 청결상태와 관리상태를 관찰평가한다. • 로비는 청결하고 고객 휴식공간이 있으며 잘 관리되고 있다. (5) • 로비관리는 양호한 수준 (3) • 로비에 휴식공간 및 개인을 위한 공간이 없거나, 불결하고 관리상태가 매우 미흡하다. (등급불가)
3) 고객이 메모할 수 있는 장소는 잘 정돈되어 마련되어 있는가?		2		평가요령 : 호텔로비에 메모장소가 마련되었는지 관찰평가한다. • 고객이 메모할 장소가 잘 정돈되고 메모용품이 준비되어 있다. (2) • 그렇지 않다. (1)
4) 편안한 안락의자를 비치하여 고객이 쉴 수 있도록 쾌적한 분위기를 조성하는가?		2		평가요령 : 암행평가자는 호텔 로비에서 편안한 휴식이 가능한지 관찰평가한다. • 편안한 안락의자와 쾌적한 분위기를 유지한다. (2) • 그렇지 않다. (1)
5) 꽃 장식은 신선한 꽃으로 훼손없이 진열되어 있는가? ★ 시들지 않은 꽃을 사용한다.		2		평가요령 : 암행평가자는 호텔로비에 진열된 꽃 상태를 관찰평가한다. • 신선한 꽃으로 장식되어 있다. (2) • 그렇지 않다. (1)
6) 화장실을 결함 없이 깨끗하게 유지하는가? ★ 바닥, 변기, 세면대를 깨끗하게 유지한다. 화장실용품(화장지, 비누, 수건, 티슈 등)이 잘 준비되어 있어야 한다.		2		평가요령 : 암행평가자는 화장실을 방문하여 청결상태를 관찰평가한다. • 화장실은 결함 없이 깨끗하게 유지되고 있다. (2) • 그렇지 않다. (1)
7) 엘리베이터를 깨끗하게 유지하는가? ★ 바닥, 유리, 금속표면과 거울을 깨끗하게 유지한다.		2		평가요령 : 암행평가자는 엘리베이터를 탑승한 후 청결상태를 관찰평가한다. • 엘리베이터를 깨끗하게 유지하고 있다. (2) • 그렇지 않다. (1)
8) 호텔서비스 정보게시판은 설치되어 있는가?		2		평가요령 : 암행평가자는 호텔서비스 정보게시판의 설치 여부를 관찰평가한다. • 호텔서비스 정보게시판이 설치되어 있다. (2) • 그렇지 않다. (1)
나. 프론트데스크 서비스 (체크인)				평가개요 : 프론트 직원들은 고객을 반갑게 맞이하고 체크인하며, 고객의 예약사항을 확인해야 한다.
1) 프론트 직원들은 깨끗하고 단정한 유니폼을 착용하여 깔끔한 인상을 주는가?		2		평가요령 : 암행평가자는 프론트 직원들의 유니폼을 확인한다. • 프론트 직원들은 단정한 유니폼을 착용하고 깔끔한 인상을 준다. (2) • 그렇지 않다. (1)

평가항목	필수항목	배점	점수결과	암행평가지침
2) 호텔 직원들은 명찰을 패용하는가?		2		평가요령 : 암행평가자는 호텔 직원들이 명찰을 패용했는지 확인한다. • 호텔 직원들은 명찰을 패용한다. (2) • 그렇지 않다. (1)
3) 프론트 직원의 행동은 자신감 있고 품위 있으며, 고객에게 안정감을 주는가?		2		평가요령 : 암행평가자는 프론트 직원들에게 질문을 던지며 전문성과 자신감으로 고객에게 안정감을 주는지 관찰평가한다. • 프론트 직원들은 고객에게 안정감을 준다. (2) • 그렇지 않다. (1)
4) 프론트의 직원들은 외국어를 구사할 수 있어야 한다. ★ 필수 : 프론트 근무자의 외국어 능력이 불가능한 경우 등급불가	필수	5		평가요령 : 암행평가자는 외국어 구사능력을 관찰평가한다. • 외국어 소통이 원활 (5점) • 외국어 소통이 가능 (3점) • 외국어 소통 불가 (불가시 등급불가)
5) 프론트 직원은 고객의 예약사항을 다시 한번 체크하는가? ★ 숙박기간, 객실유형, 객실요금		2		평가요령 : 체크인을 하면서 프론트 직원이 예약사항을 체크하는지 관찰평가한다. • 예약사항을 체크하고 확정한다. (2) • 그렇지 않다. (1)
6) 고객이 문의할 경우 프론트 직원은 호텔이 제공하는 각종 서비스를 친절하게 설명하는가? ★ 필요시 고객에게 호텔서비스 안내지를 제공해야 한다.		3		평가요령 : 프론트 직원이 고객의 다양한 질문에 대한 응대를 관찰한다. • 우수 (3) • 보통 (2) • 미흡 (1)

평가자 의견

4. 객실서비스				
가. 입실서비스				평가개요 :
1) 호텔측은 고객이 쉽게 객실을 찾을 수 있도록 안내하고 있는가?		3		• 우수 (3) • 보통 (2) • 미흡 (1)
2) 엘리베이터는 고객이 편리하게 이용할 수 있는가?		3		• 우수 (3) • 보통 (2) • 미흡 (1)
3) 벨맨은 고객에게 친절한 서비스를 제공하는가?		3		• 우수 (3) • 보통 (2) • 미흡 (1)

평가항목	필수항목	배점	점수결과	암행평가지침
나. 객실서비스				평가개요 : 숙박기간 동안 고객에게 안락함을 보장할 수 있도록 객실과 욕실의 모든 기능은 적절해야 한다.
1) 객실 내 가구의 구비 및 관리상태 ★ 옷장, 테이블, 화장대, 서랍, 업무가 가능한 책상과 의자 ★ 필수 : 객실가구를 갖추지 않았거나 교체 필요성이 느껴질 정도로 훼손된 경우 등급불가	필수	5		평가요령 : 객실 내 가구의 구비상태를 관찰평가한다. • 객실 내 가구를 모두 구비함 (5) • 일부만 구비함 (3) • 객실 내 가구를 갖추지 않았거나 훼손되어 교체가 필요하다. (등급불가)
2) 침대는 정돈되고 안락하며 침대시트는 잘 다려서 주름이 없는가? ★ 필수 : 침대 및 침구류의 교체가 필요한 수준인 경우 등급불가	필수	5		평가요령 : 객실 침대를 이용해 보고 안락성과 청결성을 평가한다. • 침대는 정돈되고 안락하며 시트는 깨끗하고 주름 없이 잘 다려져 있다. (5) • 보통수준 (3) • 미흡하다. (1) • 교체가 필요한 수준 (등급불가)
3) 객실 바닥 또는 카펫, 천장, 창문, 벽지, 커튼과 가구들은 청결한가? ★ 훼손(균열, 이가 빠지거나 조각난 곳, 긁힌 자국, 오염, 변색)이 없어야 한다. ★ 필수 : 객실이 매우 불결한 경우 등급불가	필수	5		평가요령 : 객실시설(객실바닥 또는 카펫, 천장, 창문, 벽지, 커튼, 가구) 청결상태를 관찰평가한다. • 매우 우수 (5) • 보통수준 (3) • 미흡하다. (1) • 객실이 매우 불결하다. (등급불가)
4) 객실 내 모든 조명은 고장난 것 없이 올바르게 작동하는가?		2		평가요령 : 객실 내 조명을 조작하면서 고장난 조명이 있는지 확인한다. • 조명은 고장난 것이 없다. (2) • 그렇지 않다. (1)
5) 객실은 고객이 쾌적하게 이용할 수 있도록 유지관리되고 정리정돈되는가? ★ 욕실 및 화장실 청소, 수건교환, 침대 정리, 침대포 · 베개포 교환 및 정리, 커튼 닫기, 조명조정, 쓰레기버림 등		2		평가요령 : 암행평가자는 쾌적한 객실관리 및 정리정돈상태를 확인한다. • 객실을 쾌적하고 청결하게 유지 · 관리해준다. (2) • 그렇지 않다. (1)
6) 객실 편의용품을 정연하게 지정장소에 비치하는가? ★ 슬리퍼(2개), 메모지와 볼펜, 티슈 등 ★ 필수 : 객실 편의용품을 제공하지 않거나, 불량인 경우 등급불가	필수	5		평가요령 : 객실용품이 정연하게 지정장소에 비치되었는지 확인한다. • 객실 편의용품은 지정장소에 비치되어 있다. (5) • 일부 제공 (3) • 미제공 또는 불량품 (등급불가)

평가항목	필수항목	배점	점수결과	암행평가지침
7) 에어컨과 히터는 정확하게 조절되고 올바로 작동하는가? ★ 객실은 적절한 온도를 유지해야 하며, 고객이 원하는 객실온도로 조절할 수 있어야 한다. ★ 필수 : 냉난방설비 매우 미흡시 등급불가	필수	5		평가요령 : 냉난방시설을 작동시켜보며 관찰평가한다. • 냉난방시설은 매우 우수하며, 고객이 원하는 객실 온도로 조절할 수 있다. (5) • 보통수준 (3) • 냉난방설비가 매우 미흡하다. (등급불가)
8) 객실 내 필기도구를 책상 위에 비치하고 아래 용품을 비치하는가? ★ 불편신고엽서, 편지지, 편지봉투, 명함, 호텔엽서 ★ 필수 : 불편신고엽서 미비치시 등급불가	필수	5		평가요령 : 객실 내 책상 위에 필기도구가 있는지 확인한다. • 모두 비치 (5) • 일부 비치 (3) • 불편신고엽서 미비치시 (등급불가)
9) 객실의 차양 및 방충망(필요시)은 설치되어 있는가? ※ 객실의 차양을 위한 커튼 및 암막, 방충망 등 설치 유무 및 관리상태		2		평가요령 : 암행평가자는 숙박 중인 객실의 차양 및 방충망(필요시)을 확인한다. • 우수(2) • 보통(1) • 미설치(0)
10) 객실은 방음이 잘되고 있는가? ★ 객실과 객실, 객실과 복도, 객실과 외부 간의 방음상태 ★ 벽의 차음상태, 객실유리, 문 등의 차음상태, 기기소음 또는 외부의 소음으로부터의 완벽한 방음 등		2		평가요령 : 암행평가자는 숙박 중인 객실의 방음상태를 평가한다. • 우수(2) • 보통(1) • 미흡(0)
11) TV와 리모컨은 모든 기능에 문제가 없어야 하며 TV 영상과 소리 모두 잘 나오는가?		2		평가요령 : TV와 리모컨을 작동시켜보며 기능을 확인한다. • TV와 리모컨은 잘 작동되며, 영상과 소리가 양호하다. (2) • 그렇지 않다. (1)
12) 객실 내 호텔의 제반 서비스에 대하여 한국어와 외국어로 제작된 안내물 제공(객실 TV동영상 또는 안내홍보물 등) ★ 필수 : 안내물 미제공시 등급불가	필수	5		평가요령 : 객실 내 호텔의 제반 서비스에 대하여 한국어와 외국어로 제작된 안내물(객실 TV동영상 또는 안내홍보물 등)이 있는지 확인한다. • 우수한 품질의 안내물 제공(5) • 일반 수준 안내물 제공(3) • 미제공 (등급불가)

평가항목	필수항목	배점	점수결과	암행평가지침
13) 고객의 귀중품을 보관할 수 있는 안전금고를 비치했는가?		3		평가요령 : 객실 내 안전금고를 이용해 보며 평가한다. • 안전금고가 설치되어 있다. (3) • 미설치 (0)
14) 안전금고는 사용이 편리하며 쉽게 이해할 수 있는 사용설명서를 비치하는가?		2		평가요령 : 객실 내 안전금고 사용설명서를 읽어보며 평가한다. • 안전금고는 사용이 편리하다. (2) • 그렇지 않다. (1)
15) 호텔지배인 또는 프론트 직원이 객실 장비의 결함에 대해 연락받는 즉시 신속하게 장비를 수리, 교환하거나 필요한 조치를 하는가? ★ 필요한 경우에, 고객에게 불편함에 대한 보상과 함께 다른 객실을 제공한다.		2		평가요령 : 객실 내 장비에 대한 수리를 요청하고 대응조치를 관찰평가한다. • 신속하게 수리, 교환하거나 필요조치(다른 객실 제공 등)를 한다. (2) • 그렇지 않다. (1)
16) 나무 옷걸이 7개 이상(2개의 옷걸이는 집게가 달린 것으로) 준비하는가?		2		평가요령 : 객실 옷장에 옷걸이 비치 상태를 확인한다. • 나무 옷걸이 7개(그중 2개는 집게 달린 옷걸이)를 모두 준비하고 있다. (2) • 나무 옷걸이는 준비되어 있으나 위의 개수를 충족하지 않음 (1) • 없다. (0)
17) 구두를 닦을 수 있는 천 또는 솔을 비치하는가?		2		평가요령 : 구두를 닦을 수 있는 천 또는 솔이 있는지 확인한다. • 구두를 닦을 수 있는 천 또는 솔이 있다. (2) • 그렇지 않다. (1)
18) 욕실의 환기 및 배수상태는 양호한가? ★ 필수 : 욕실의 환기 또는 배수상태 매우 미흡시 등급불가	필수	5		평가요령 : 욕실을 이용해 보면서 환기 및 배수상태를 평가한다. • 욕실의 환기 및 배수상태는 매우 우수하다. (5) • 양호한 수준 (3) • 욕실의 환기 또는 배수상태가 매우 미흡하다. (등급불가)
19) 욕실의 청결 및 관리상태 ★ 욕실바닥, 벽면, 천장의 청결상태 ★ 욕조, 변기, 세면대, 고무매트, 비누받침대, 샤워기, 조명, 욕조손잡이의 청결상태 ★ 필수 : 욕실청결 매우 불결시 등급불가	필수	5		평가요령 : 욕실을 이용해 본 후 청결 및 관리상태를 평가한다. • 매우 청결 (5) • 양호 (3) • 매우 불결 (등급불가)

평가항목	필수항목	배점	점수결과	암행평가지침
20) 욕실가구(욕조 또는 샤워부스, 세면대 등)의 품질 및 훼손 정도 ★ 욕조의 크기, 안전 및 편의를 고려한 디자인 ★ 필수 : 욕실가구의 교체가 필요한 경우 등급불가	필수	5		평가요령 : 욕실을 이용해 본 후 욕실가구의 품질과 훼손 여부를 평가한다. • 매우 우수 - 최고급 욕조 등 (5) • 양호 (3) • 매우 미흡 - 훼손, 교체 필요시 (등급불가)
21) 호텔 욕실의 편의용품들을 잘 비치하는가? ★ 헤어드라이기, 타월(4종 이상), 티슈, 비누, 샴푸, 린스, 샤워캡, toilet paper ★ 필수 : 욕실의 편의용품이 비치되지 않았거나, 품질이 불량한 경우 등급불가	필수	5		평가요령 : 욕실 편의용품 비치상태를 평가한다. • 모두 갖추고 있음 (5) • 일부 갖추고 있음 (3) • 비치되지 않음 (등급불가)
22) 객실정원 인원수에 해당하는 수량의 가운을 비치하는가?		2		평가요령 : 가운의 수량을 확인한다. 필요시 하우스키핑에 전화하여 문의한다. • 객실정원 인원수에 해당하는 수량의 가운이 비치되어 있다. (2) • 객실정원수보다 적은 수량의 가운이 비치되어 있다. (1) • 미비치 (0)
다. 야간근무서비스				평가개요 : 호텔직원은 고객의 숙박기간 동안 밤낮의 제약 없이 고객이 요구에 항상 주의를 기울이고 응대해야 한다.
1) 야간근무 직원은 프론트데스크를 비우지 않고, 로비에서 보이는 곳에 위치하는가?		2		평가요령 : 야간에 로비에 내려가서 프론트데스크를 비우지 않는지 관찰평가한다. • 야간에도 프론트데스크를 비우지 않고, 로비에 보이는 곳에 위치한다. (2) • 그렇지 않다. (1)
2) 야간근무 직원의 용모는 단정한가?		2		평가요령 : 야간근무 직원이 단정한 용모를 갖췄는지 관찰평가한다. • 야간근무 직원이 단정한 용모를 유지한다. (2) • 그렇지 않다. (1)
3) 야간에 고객이 프론트데스크에 전화했을 때, 직원은 벨이 3번 이상 울리기 전에 전화를 받는가?		2		평가요령 : 야간에 프론트데스크에 전화해서 벨이 3번 이상 울리기 전에 받는지 관찰평가한다. • 전화벨 3회 이내 수신 (2) • 전화벨 4회 이후 수신 (1)

평가항목	필수항목	배점	점수결과	암행평가지침
4) Wake Up Call l서비스는 제공되는가?		2		평가요령 : Wake Up Call 서비스 제공 여부를 확인한다. • Wake Up Call 서비스가 제공된다. (2) • 그렇지 않다. (1)
라. 미니바 ※ 미니바가 없는 경우 세부 평가항목은 0점으로 평가				평가개요 : 고객은 객실 미니바를 편리하게 이용할 수 있어야 한다.
1) 미니바 품목별 가격이 표시되어 있는가?		2		평가요령 : 미니바 품목별 가격이 표시되어 있는지 확인한다. • 미니바 품목별 가격이 표시되어 있다. (2) • 그렇지 않다. (1)
2) 미니바 메뉴는 외국어로 표기되어 있는가?		2		평가요령 : 미니바 메뉴는 외국어로 표시되었는지 확인한다. • 미니바 메뉴는 외국어로 표시되어 있다. (2) • 그렇지 않다. (1)
3) 미니바의 제품이 유통기한이나 사용기간을 넘기지 않는가?		3		평가요령 : 미니바 제품의 유통기간과 사용기간을 확인한다. • 미니바의 제품이 유통기한 또는 사용기간을 넘기지 않았다. (3) • 그렇지 않다. (0)
4) 얼음 용기(ice bucket)와 병과 캔, 유리잔과 잔 받침은 청결하고 결함이 없는가?		3		평가요령 : 얼음 용기(ice bucket)와 병과 캔, 유리잔과 잔 받침은 청결하고 결함이 없는지 확인한다. • 우수 (3) • 양호 (2) • 미흡 (1)
5) 고객들에게 청결하고 잘 구비된 무료음료(차와 커피용품들)를 제공하는가?		2		평가요령 : 객실 내에 무료음료가 있는지 확인한다. • 우수 (2) • 양호 (1) • 미제공 (0)
마. 세탁서비스 ※ 세탁서비스가 없는 경우 세부 평가항목은 0점으로 평가				평가개요 : 호텔의 세탁서비스는 믿을 만하고 편리하게 제공해야 한다.
1) 제공되는 세탁서비스의 수준은 어떠한가?		3		평가요령 : 세탁서비스 제공 여부를 문의하고 확인한다. • 익스프레스 (3) • 당일서비스 (2) • 미흡 (1)
2) 객실내 안내책자에 세탁서비스를 안내 (전화번호 포함)하고 있는가?		2		평가요령 : 객실 안내책자에 세탁서비스 전화번호가 있는지 확인한다. • 객실 내 안내책자에 세탁서비스 전화번호가 안내되어 있다. (2) • 그렇지 않다. (1)

평가항목	필수항목	배점	점수결과	암행평가지침
3) 세탁비용에 대하여 정확하게 안내하는가?		2		평가요령 : 세탁비용이 안내되어 있는지 확인한다. • 세탁비용을 정확하게 안내하고 있다. (2) • 그렇지 않다. (1)
바. 하우스키핑				평가개요 : 호텔 서비스는 고객요청시 신속하게 조치되어 고객을 안심시켜 주어야 한다.
1) 하우스키핑은 24시간 제공하는가?		2		평가요령 : 밤늦은 시간에 하우스키핑을 요청하거나, 제공이 되는지 문의한다. • 하우스키핑은 24시간 제공한다. (2) • 그렇지 않다. (1)
2) 친절하고 적극적인 서비스 자세로 대응하는가?		2		평가요령 : 늦은 시간에 전화를 해본다. 호텔직원의 친절성을 관찰평가한다. • 친절한 자세로 대응한다. (2) • 그렇지 않다. (1)
사. 객실 부가서비스				평가개요 : 호텔은 고객들이 편히 쉴 수 있도록 객실 부가서비스를 제공해야 한다.
1) 객실에 다양한 채널(10개 이상)이 방송되는 TV와 라디오를 비치하는가?		2		평가요령 : 객실 내 TV에 방송되는 채널을 확인한다. 라디오를 확인한다. • 다양한 채널(10개 이상)이 방송되는 TV와 라디오를 비치하고 있다. (2) • 그렇지 않다. (1)
2) 객실에 인터넷 서비스를 제공하는가?		3		평가요령 : 객실에서 인터넷이 접속되는지 확인한다. • 제공 (3) • 미제공 (0)
3) 객실 부가서비스를 편리하게 이용할 수 있도록 정보를 제공하고 있는가?		2		평가요령 : 객실 부가서비스 정보제공 여부를 확인한다. • 우수 (2) • 미흡 (1)
아. 객실 보안 및 안전				평가개요 : 객실은 고객이 안전하고 편리하게 이용할 수 있어야 한다.
1) 객실 내 비상시 안내지침서 구비 여부 및 비상대피안내도 부착 여부 ★ 필수 : 객실 내 비상시에 대비한 안내자료가 없는 경우 등급불가	필수	5		평가요령 : 객실 내 비상안내지침서 및 비상대피도가 부착되었는지 확인한다. • 객실 내 비상시 안내지침서(비상시 전화번호 포함)가 구비되어 있고, 비상대피안내도가 부착됨 (5) • 객실 문에 비상대피안내도만 부착됨 (3) • 구비되어 있지 않음 (등급불가)

평가항목	필수 항목	배점	점수 결과	암행평가지침
2) 모든 객실에 이용이 편리하고 안전한 잠금장치(마그네틱 카드 등)를 설치하였는가?		3		평가요령 : 암행평가자는 객실을 이용하면서 잠금장치의 편리성과 안전성을 평가한다. • 이용이 편리하고 안전한 잠금장치(마그네틱 카드 등)가 설치 (3) • 그렇지 않다. (0)
3) 객실 문에 문이 세게 닫히는 것을 방지하는 장치(도어체커 등)를 설치하였는가?		2		평가요령 : 객실문을 닫으면서 문이 부드럽게 닫히는지 확인한다. • 문이 세게 닫히는 것을 방지하는 장치가 설치 (2) • 그렇지 않다. (1)

평가자 의견

5. 룸서비스 ※ 룸서비스가 없는 경우 세부 평가항목은 0점으로 평가				평가개요 : 고객은 언제든지 객실에서 룸서비스를 제공받을 수 있어야 한다.
1) 식음료 서비스는 24시간 제공되는가?		3		평가요령 : 식음료의 룸서비스 시간을 확인한다. • 24시간 제공 (3) • 24시간 제공이 아니다. (1)
2) 룸서비스 메뉴는 모든 객실에 비치하는가?		2		평가요령 : 룸서비스 메뉴가 객실에 비치되어 있는지 확인한다. • 룸서비스 메뉴가 객실에 비치됨 (2) • 그렇지 않다. (1)
3) 룸서비스 제공시 기물은 우수하며 청결하게 제공되고 있는가?		3		평가요령 : 룸서비스 기물은 우수하며 청결한지 확인한다. • 우수 (3) • 양호 (2) • 미흡 (1)
4) 룸서비스 전화를 받는 직원은 외국어로 주문을 받을 수 있는가?		2		평가요령 : 암행평가자는 룸서비스에 전화를 걸어서 영어로 주문을 넣어본 후 호텔직원의 외국어 가능 여부를 관찰평가한다. • 외국어를 구사한다. (2) • 그렇지 않다. (1)
5) 룸서비스 주문은 친절하고 전문적인 태도로 응대하는가?		3		평가요령 : 암행평가자는 룸서비스에 전화를 걸어서 친절하고 전문적인 태도로 응대하는지 관찰평가한다. • 친절하게 전문적인 태도를 응대한다. (3) • 그렇지 않다. (1)

평가항목	필수항목	배점	점수결과	암행평가지침
6) 룸서비스 직원은 유니폼과 명찰을 착용하는가?		2		평가요령 : 암행평가자는 룸서비스를 주문한 후 배달오는 직원이 유니폼과 명찰을 착용했는지 확인한다. • 룸서비스 직원은 유니폼과 명찰을 착용하고 있다. (2) • 그렇지 않다. (1)
7) 음식과 식기는 배달하는 동안에 위생적으로 커버를 씌워 운반하는가?		3		평가요령 : 음식과 식기는 위생적으로 커버를 씌워서 운반하는지 확인한다. • 위생커버를 씌워서 운반함 (3) • 그렇지 않다. (1)
8) 고객이 객실 문을 열 때, 직원은 정중한 태도로 미소와 함께 인사하는가?		2		평가요령 : 암행평가자는 문을 열 때 정중한 태도로 인사하는지 확인한다. • 고객이 객실을 열 때 정중한 태도와 미소로 인사한다. (2) • 그렇지 않다. (1)
9) 주문이 잘못되지 않도록 직원은 고객이 주문한 메뉴를 재확인하는가?		2		평가요령 : 암행평가자는 룸서비스 주문 후 호텔측에서 주문사항을 재확인하는지 관찰평가한다. • 주문이 잘못되지 않도록 고객의 주문사항을 확인한다. (2) • 그렇지 않다. (1)
10) 직원은 용모 단정하고 개인의 위생을 청결히 하는가? ★ 용모 및 개인위생 : 깔끔한 두발, 청결한 손톱, 지나친 액세서리 금지 등		3		평가요령 : 암행평가자는 룸서비스 직원이 용모단정하고 청결한지 확인한다. • 단정하고 개인위생을 청결히 한다. (3) • 그렇지 않다. (1)

평가자 의견

6. 비즈니스센터				평가개요 : 호텔은 고객이 효율적으로 업무를 진행할 수 있도록 장비를 갖추어 적절한 업무환경을 제공해야 한다.
1) 비즈니스센터는 전용공간으로 마련되어 이용이 편리한가? ★ 필수 : 비즈니스센터 서비스를 제공하지 않을 경우 등급불가	필수	5		평가요령 : 암행평가자는 비즈니스센터를 방문하여 이용편리성을 관찰평가한다. • 전용시설을 설치 운영(5) • 비즈니스센터를 다른 기능과 복합적으로 운영(3) • 서비스 미제공 (등급불가)

평가항목	필수항목	배점	점수결과	암행평가지침
2) 비즈니스센터에는 PC, 통신장비,복사기, 팩스기가 설치되었으며 잘 작동하는가?		2		평가요령 : 비즈니스센터의 설치된 장비의 작동상태를 관찰평가한다. • 비즈니스센터에 필요한 PC, 통신장비, 복사기, 팩스가 설치되고 잘 작동 (2) • 일부 설치 (1) • 미설치 (등급불가)
3) 비즈니스센터가 야간에도 역할을 제대로 수행하는가?		2		평가요령 : 책상과 의자의 정돈상태를 확인한다. • 비즈니스센터의 책상과 의자는 잘 정돈 (2) • 그렇지 않다. (1)

평가자 의견

7. 식당 ※ 식당이 없는 경우 세부 평가항목은 0점으로 평가				
가. 식당환경 및 고객환대				평가개요 : 호텔 식당의 환경과 고객환대를 평가한다.
1) 로비, 엘리베이터, 객실에는 식당을 안내하는 정보가 게시되는가?		2		평가요령 : 암행평가자는 로비,엘리베이터,객실을 다니면서 식당정보가 게시되었는지 확인한다. • 로비, 엘리베이터, 객실에 식당 안내정보가 게시됨 (2) • 그렇지 않다. (1)
2) 식당의 인테리어와 가구의 배치는 식당 콘셉트(한식, 양식, 중식, 일식)에 어울리는가?		3		평가요령 : 암행평가자는 식당분위기를 평가한다. • 우수 (3) • 양호 (2) • 미흡 (1)
3) 고객이 식당에 들어서면 바로 매니저나 안내직원은 고객을 친절하게 맞이하는가?		3		평가요령 : 암행평가자는 식당에 들어설 때 안내직원이 친절하게 맞이하는지 관찰평가한다. • 고객을 친절하게 맞이함 (3) • 그렇지 않다. (1)
4) 신속하게 고객을 테이블로 안내(동행)하는가?		2		평가요령 : 암행평가자는 식당에 들어선다. 식당 직원이 신속하게 테이블까지 안내(동행)하는지 관찰한다. • 신속하게 테이블로 안내함 (2) • 그렇지 않다. (1)

평가항목	필수 항목	배점	점수 결과	암행평가지침
5) 식당 종업원의 용모는 단정하고 유니폼이 청결한가? ★ 잘 다려진 유니폼, 깔끔한 두발, 청결한 손톱, 지나친 액세서리 금지 등		3		평가요령 : 암행평가자는 식당 종업원의 용모를 관찰 평가한다. • 우수 (3) • 양호 (2) • 미흡 (1)
6) 고객과 마주치면 식당 종업원은 밝은 표정으로 인사하는가?		2		평가요령 : 암행평가자는 호텔 직원이 밝게 인사하는지 확인한다. • 고객과 마주치면 밝은 표정으로 인사함 (2) • 그렇지 않다. (1)
나. 식당메뉴				평가개요 : 호텔 식당메뉴는 다양하게 준비하고, 음식은 정갈하게 준비되어야 한다.
1) 식탁은 기본 기물이 갖추어져 있는가? ★ 냅킨, 컵 등		2		평가요령 : 암행평가자는 식당에 방문 후 테이블 세팅 상태를 확인한다. • 식당은 기본 세팅 (냅킨, 컵 등)되어 있다. (2) • 일부 세팅되어 있다. (1) • 세팅되어 있지 않다. (0)
2) 식당 종업원은 고객이 자리에 앉은 후 신속하게 메뉴판 및 메뉴정보를 제공하는가?		2		평가요령 : 암행평가자는 테이블에 앉은 후 신속하게 메뉴판을 제공하는지 확인한다. • 고객이 자리에 앉은 후 신속하게 메뉴를 펼쳐준다. (2) • 그렇지 않다. (1)
3) 식당종류별 주 메뉴는 다양하며 외국어로 표시되어 있는가?		2		평가요령 : 암행평가자는 메뉴종류와 외국어 메뉴판을 확인한다. • 식당별 주 메뉴를 10개 이상 제공하고 외국어로 표시한 경우 (2) • 식당별 주 메뉴를 6개 이상 제공하고 외국어로 표시한 경우 (1) • 외국어로 표기된 메뉴판 없음 (0)
다. 음식 및 음료 제공서비스				평가개요 : 호텔 식당서비스는 정중하며 고객의 선호도에 맞추어서 제공되어야 한다.
1) 조리된 음식은 알맞은 온도로 제공하는가?		2		평가요령 : 암행평가자는 음식을 먹어보면서 알맞은 온도로 음식이 제공되었는지 평가한다. • 음식은 알맞은 온도로 제공된다. (2) • 그렇지 않다. (1)
2) 고객이 식사를 하는 동안, 직원은 고객의 대화를 방해하지 않고 고객의 부름에 대비하여 항상 주의를 기울이는가?		3		평가요령 : 식사하면서 식당 종업원이 고객들에게 주의를 기울이는지 관찰한다. • 고객에게 항상 주의를 기울인다. (3) • 그렇지 않다. (1)

평가항목	필수 항목	배점	점수 결과	암행평가지침
3) 식당 종업원은 고객들이 식당을 떠날 때 감사인사를 건네는가?		2		평가요령 : 암행평가자는 식당을 떠날 때 식당 종업원이 인사를 하는지 확인한다. • 식당을 떠날 때 감사인사를 건넨다. (2) • 그렇지 않다. (1)

평가자 의견

8. 체크아웃				평가개요 : 호텔 직원은 고객에게 친절하고 따뜻한 인사를 건네야 한다. 체크아웃은 신속하고 편리하게 이루어져야 한다.
1) 호텔 직원은 매 순간 정중하게 고객을 맞이하는가?		3		평가요령 : 암행평가자는 체크아웃을 하기 위하여 프론트로 내려간다. 프론트 직원이 고객을 정중하게 맞이하는지 확인한다. • 친절하고 정중하게 고객을 맞이한다. (3) • 그렇지 않다. (1)
2) 체크아웃은 신속하게 진행하는가?		2		평가요령 : 암행평가자는 체크아웃 소요시간을 체크한다. • 체크아웃은 신속하게 진행된다. (2) • 그렇지 않다. (1)
3) 직원은 계산서를 처리하기 전에 모든 항목이 정확한지 고객에게 확인하는가?		5		평가요령 : 암행평가자는 체크아웃하면서 계산서 처리과정을 관찰평가한다. • 계산서를 처리하기 전에 모든 항목이 정확한지 고객에게 확인한다. (5) • 그렇지 않다. (0)

평가자 의견

9. 배웅				평가개요 : 호텔 직원은 고객이 편안하게 가실 수 있도록 필요한 지원서비스를 친절하게 제공해야 한다.
직원은 미소 짓고 친절하며 호텔 이용에 불편이 없었는지 물어보는가?		2		평가요령 : 암행평가자는 다른 고객이 호텔을 떠날 때 배웅하는 직원들의 태도를 관찰하며 이 항목을 평가한다. • 미소 짓고 친절하며 호텔 이용에 불편이 없는지 물어본다. (2) • 그렇지 않다. (1)

평가항목	필수항목	배점	점수결과	암행평가지침
평가자 의견				
	합계	300	0	자동계산식이 포함됨 (편집금지)

학습목표

- ☑ 호텔객실업무에 대해 이해한다.
- ☑ 호텔객실조직에 대해 이해한다.
- ☑ 객실예약업무를 이해한다.
- ☑ 하우스키핑 업무를 이해한다.
- ☑ 하우스키핑의 조직을 이해한다.

CHAPTER **05**

호텔객실경영

호텔객실경영

제1절 호텔객실에 대한 이해

01 호텔객실의 개념과 기능

1) 호텔객실의 개념

객실의 사전적 의미는 「손님을 숙박하게 하고 접대하는 방이나, 항공기·여객선·기차 등에서 손님이 사용하는 방」을 뜻하고 있다. 호텔에서의 객실은 문자 그대로 고객이 숙박을 하는 방을 의미하며, 오늘날에는 고급의 시설을 갖추고 스포츠·레저·비즈니스·연회·문화 등의 각종 기능을 갖춘 기업이 고객에게 안락하고 편안한 숙박장소를 제공하는 공간으로 정의할 수 있다. 호텔은 여러 가지의 다양한 기능을 고객에게 제공하고 있지만,

호텔경영의 지표가 되는 것은 객실이다. 객실은 대다수의 호텔매출에서 가장 높은 수익을 올리는 부문으로서 기타 식·음료업장과 부대시설보다 더욱 중요한 사업분야이다. 객실은 상품의 보관성이 없으며, 판매의 신

축성을 찾아 볼 수 없는 호텔기업만의 독특한 상품이다. 따라서 객실의 점유율은 호텔경영에서 중요시하다. 인간의 관광활동이 증대됨에 따라 호텔은 고객의 문화적 욕구와 동기를 자극하여 관광객의 체재형 관광형태를 창출해 내는 역할을 수행해야 한다. 이를 위해서는 관광객들에게 만족을 줄 수 있는 각종 시설과 서비스를 제공해야 한다.

객실의 상품으로서의 가치는 물적 자원과 시설상품 그리고 인적 서비스상품의 종합적인 조화를 이룰 때 완전한 객실상품으로서의 생명력을 가질 수 있는 것이다. 따라서 객실상품을 구성하는 요소는 시설·이미지·가격·서비스로 나눌 수 있다. 객실의 시설은 고객의 취향에 맞는 청결성·안전성·편의성 등을 고려하여 고객의 프라이버시^{privacy}를 보호해야 하며, 서비스는 무형의 상품으로서 상품의 표준화가 어렵기 때문에 객실의 이미지와 종사원의 친절성·친근감이 객실상품의 질을 결정한다.

객실의 판매의 수익은 그 자체로만 한정되는 것이 아니라 호텔의 전반적인 수입증대에 지대한 영향을 미친다. 이는 객실을 이용하는 고객들이 기타 호텔의 부대시설을 이용하기 때문이다. 객실의 수익을 증대하는 방법으로는 실제 평균객실요금, 점유율, 객실 수를 각각 최고로 하여 객실수익을 증대할 수 있다. 객실수익은 원가적인 측면에서 호텔건물의 건축비용과 운영에 대한 고정비가 없으므로 고정성을 지닌 고정비가 크므로 객실의 판매가 낮을 경우 객실의 수익률은 이중으로 낮게 된다.

2) 호텔객실의 기능

호텔의 객실은 관광객의 체재지의 주거공간으로서 쾌적성, 안정성, 편의성, 사생활의 보호 등을 기본 요건을 갖추어야 하며, 객실의 기능은 고객이 객실에서 일어나는 활동으로 고려할 때, 자유공간, 수면공간, 위생공간으로 구분하여 설명할 수 있다.

(1) 수면공간

객실의 가장 기본적인 침실의 기능으로서, 호텔은 고객에게 안락한 휴식과 수면을 제공하며, 편안한 취침을 결정짓는 침대는 객실설비 중에서 가장 중요한 품목이다.

(2) 자유공간

가정의 거실^{living room}의 기능으로서, 다목적 용도의 공간으로서의 기능을 말한다. TV시청, 음악감상, 사무업무, 독서 등의 공간으로서 손님접대와 같은 외부와의 관계를 영위하는 공간이다.

(3) 위생공간

배수 · 세면 · 세척 · 목욕 등 생리적인 행위를 하는 배수설비를 중심으로 하는 공간이다. 객실 내 욕실에는 세면장과 화장실이 구비되어 있으며, 최근의 최고급 호텔의 경우 호텔 건축시 현장에서 직접 작업이 이루어지는 것이 아니라 외부 공장에서 이미 설계 · 조립하여 객실에 설치하는 유닛베스^{unit bath} 형식을 이용하고 있는데, 시공기간의 단축과 건축비의 절감의 효과와 각종 객실유형에 따라 객실의 평면계획을 효율적으로 할 수 있다.

위의 3가지 객실의 기능은 하나의 공간으로서의 여러 가지 다양한 기능을 가지고 있으며, 효율적인 공간을 이용하기 위한 객실의 평면계획은 객실의 기능을 극대화하는 데 매우 중요한 기본 요건이 된다.

02 호텔객실의 특성 및 중요성

1) 호텔객실의 특성

호텔의 주요 상품인 객실은 타 산업의 상품과는 다른 특성을 보이고 있다. 객실은 수요패턴이 심하게 변동하므로 객실 수요는 월별 · 계절별로 변동이 심하여, 비수기에는 요금을 내리고, 성수기에는 요금을 상향조정함으로써 수익관리를 할 수 있다. 또한 성수기의

초과수요를 비수기로 전환하기도 한다. 또한 예약을 통한 판매가 주를 이루고 있어 호텔은 당일의 예약을 통하거나 예약을 하지 않고 호텔을 찾아오는 고객의 수요만으로는 상품의 판매를 위한 예측이 불가능하다. 그리고 객실은 고정화되어 있는 상품이므로 당일 판매가 이루어지지 않으면 상품의 가치를 잃게 되며, 초과하여 판매를 할 수 없다. 즉, 객실의 상품가치는 저장할 수 없는 무형의 성질을 내포하고 있어 시간적·장소적·양적 제한을 많이 받는 상품이다.

객실을 이용하는 고객들은 그들의 여행형태와 목적에 따라 예약의 패턴이 다르게 나타난다. 순수관광객은 자신의 의사에 따라 자유롭게 여행을 하므로 여행계획을 사전에 세우고 그에 따라 호텔의 할인혜택을 받기 위해 미리 객실예약을 하며, 리드 타임$^{lead\ time}$도 길다. 그러나 상용여행객은 자신의 여행계획이 정확하게 일정대로 진행되지 않으며, 호텔에서 얼마 정도 투숙하는지, 또한 여행일정도 그 이용시점에 근접하여 탐색하기 때문에 호텔의 예약도 시점에 다가와서야 이루어지게 되며, 리드 타임도 짧다. 또한 상용여행객은 여행 중 자신이 지출해야 되는 경비도 제한적이기 때문에 순수관광객보다 가격에 대하여 민감한 반응을 보인다. 그러나 순수관광객은 가격의 제한에서 상용여행객보다 민감한 반응을 보이지 않고 최상의 서비스를 받기를 원하는 경우가 많다. 이를 요약하자면, 상용여행객의 경우 가격에 대하여 비탄력적이고, 순수관광객의 경우 가격에 대하여 탄력적인 면을 보여준다. 객실상품은 일반제조업의 상품과는 다르게 상품

을 구입할 때 누구나 동일한 가격으로 구입하는 것이 아니라 같은 등급의 객실을 사용하더라도 각각 다른 요금의 적용을 받게 된다. 호텔의 객실은 단 1명의 고객이 사용한다고 할지라도 각종 시설을 가동시켜야 하며, 서비스 직원과 안전관리 직원을 모두 투입해야 하므로 높은 고정비용을 갖는다. 객실상품은 상품이 모두 판매가 된 후에는 다른 고객이 즉시 상품을 요구하더라도 바로 판매가 불가능하고, 객실을 다시 추가하고자 하면 고정비용이 많이 소요된다. 객실부문의 인건비는 변동비의 대부분을 차지하며, 객실판매와 관련된 종사원들은 교대근무를 통해 업무를 수행하기 때문에 시간 외 수당이 발생하지 않으며, 매출원가가 없어 객실을 추가로 판매할 때에는 변동비가 낮게 소요된다.

2) 호텔객실의 중요성

호텔기업의 경영성과를 결정짓는 가장 중요한 부문은 객실상품이며, 신규 호텔의 건립에 있어서 전체적인 설계와 구조의 기본이 되는 것 또한 객실이다. 객실상품의 판매로 인한 수익은 호텔경영의 기본이며, 이로 인한 기타 부수적인 수익이 발생되는 것으로 간주되고 있다. 이는 객실에 투숙하는 고객은 자연스럽게 호텔의 식당이나 연회장, 스포츠 시설 등을 이용하면서 호텔의 전반적인 수입의 증대에 큰 영향을 미친다. 따라서 객실수입은 매우 중요한 부문이며, 이를 위해서는 기본적으로 고객이 항상 만족한 상태로 객실을 이용할 수 있도록 최상의 상태로 유지하도록 수시로 점검하여 정비해야 한다. 또한 이를 보조할 수 있는 인적 서비스의 적절한 운용 역시 중요하다. 객실수입은 고객에게 판매되는 객실, 사용시간 그리고 장기체류고객들의 객실을 기준으로 수입을 처리하며, 객실요금은 원칙적으로 객실신고요금으로 계산하나 분할요금이나 할인요금을 고려하여 적용한다.

03 호텔객실의 종류 및 객실 수의 계산방법

1) 객실규모에 의한 분류

(1) 싱글 베드 룸Single Bed Room

주로 일본 및 유럽 등지에서 흔히 볼 수 있는 객실이며, single room with bath로 표현되며 SWB, S/B 등의 약자로 나타내기도 한다. 일반적으로 한 객실에 1인용 침대 1개가 준

비되어 있어 한 사람의 고객이 투숙할 수 있는 객실을 말한다. 과거의 호텔은 욕실시설의 유무에 따라서 욕실이 딸리지 않은 객실single without bath, 욕실 딸린 객실single room with bath 등으로 분류하였으나, 요즘의 호텔은 싱글 객실에도 욕실이 필수적으로 포함되고 있다. 우리나라의 싱글

베드 룸의 크기는 13m² 이상으로 제도화하고 있고, 침대의 크기를 90×195cm로 규정하고 있으나, 90×200cm이 적당하다. 하지만 일반적으로 여러 호텔에서는 침대의 크기가 100×200cm, 120×200cm, 130×200cm, 140×200cm인 것들도 비치하고 있다. 우리나라 대부분의 특급호텔은 싱글과 더블을 구분하지 않고 더블침대만을 설치하는 경향이 있다.

(2) 더블 베드 룸Double Bed Room

더블 베드 룸double bed room은 싱글 베드의 1.5~2배 크기인 2인용 침대가 1개 놓인 객실로서 두 사람이 투숙할 수 있는 객실 또는 킹 사이즈king size 침대를 갖춘 객실을 말하고, double room with bath로 표현하며 DWB, D/B 등의 약자로도 표기하는 흔히 부부 침대라고 불리는 방의 일반적인 형태이며 비즈니스 고객이나 부부관광객이 주로 쓰게 된다. 우리나라 관광진흥법 시행규칙에는 더블 베드 룸의 크기를 19m² 이상, 침대의 크기를 138×195cm 이상으로 하도록 규정하고 있지만 대부분의 특급호텔들은 객실의 크기를 30m² 이상, 침대의 크기를 150×200cm, 170×200cm, 180×200cm 이상으로 시설하고 있다. 일반적인 호텔의 객실형태로서 유럽인들은 더블침대를 2인용일지라도 부부가 아니면 더블침대에 2인이 이용하지 않는다. 따라서 외국인의 구성비가 높은 호텔에는 다소 적합하지 않고 내국인 신혼여행객이 많은 지역과 가족여행객의 이용이 빈번한 호텔은 더블 베드 객실을 많이 준비해야 한다.

(3) 트윈 베드 룸Twin Bed Room

TWB 또는 T/B 등의 약자로 표기하며, twin room with bath라고 한다. 트윈 베드 룸twin bed room은 단체여행객이나 국제회의를 할 때와 같이 많은 참석자들이 오는 경우 또는 친구나 형제자매, 여행하는 단체의 일행 등이 사용하기 편리하도록 객실에 1인용 침대를 2개 넣어서 주로 신혼여행객일지라도 일본인들은 더블 베드보다는 트윈 객실을 선호하기 때문에 일본 국적의 고객비율이 많은 호텔일수록 트윈베드의 객실이 많아야 한다. 일반적으로 객실의 크기는 19m² 이상으로 규정하고 있다.

(4) 트리플 베드 룸^{Triple Bed Room}

   TPWB 또는 TPL/B 등의 약자로 표기하며, Triple bed with bath로 부르기도 하며, 트리플 베드 룸^{triple bed room}은 주로 가족용과 단체용으로 사용하는 경우가 많다. 3인이 사용하기에 편리하도록 3개의 single bed를 비치하거나 1개의 double bed와 1개의 single bed 또는 2개의 single bed와 보조침대^{extra bed}를 비치하는 객실을 말한다. 본래는 1인용 침대가 3개 있는 객실을 의미한다.

(5) 어드조이닝 룸^{Adjoining Room}

   Side - by - Side room이라고도 하며, 객실이 같은 방향으로 복도에 나란히 연결되어 있지만, 객실과 객실 사이에 내부 통용문이 없으며, 복도를 통해서만 출입이 가능한 객실을 말한다. 객실의 방음이 되지 않는 관계로 신경이 예민한 고객들은 흔히 연쇄로 연접한 객실을 찾으며, 단체관광객이나 친분이 가까운 고객들이 어드조이닝 객실을 주로 이용하고 있다.

(6) 커넥팅 룸^{Connecting Room}

   두 개의 객실이 서로 나란히 연결되어 있어 복도를 통하지 않고 객실과 객실 사이에 내부 통로 문이 있어, 서로 열쇠가 필요 없이 드나들 수 있는 객실을 말하고, 일반적으로 연쇄 통용 객실을 말하며, 주로 가족 단위의 이용고객이 주로 이용한다. 커넥팅 룸은 주로 한쪽은 더블 베드 룸^{double bed room}과 다른 한쪽은 트윈 베드 룸^{twin bed room}으로 구성되어 있다. 그러나 고객의 사정에 따라 커넥팅 룸은 한 개의 유닛^{unit}으로서 판매할 수 있지만 호텔의 객실사정이 여의치 못할 경우 커넥팅 룸일지라도 따로 분리해서 판매할 수도 있다.

(7) 이그제큐티브 룸Executive Room

소규모 모임이나 취침을 할 수 있도록 설계된 다목적용 호텔의 객실로서, 일반적으로 귀빈층 객실이라고 한다. 귀빈층 객실은 특실과 일반실의 중간 형태로서, 비즈니스 여행객을 위해 운영되는 경우가 많다. 객실의 크기는 일반객실보다 크며, 침대는 킹사이즈 베드king size bed; 200×200㎝, 객실 내 사무를 볼 수 있는 각종 장비가 비치되어 있다. 또한 클럽 라운지를 무료로 개방하여 아침식사, 온종일 커피, 주스, 홍차, 과일 등을 제공하며 저녁에는 해피아워happy hour라고 하여 하루의 피로를 풀 수 있는 대화의 장을 만들어 클럽에 투숙하는 고객에게 칵테일, 청량음료, 주스와 다양한 전채요리hors d'oeuvres, 과일 등을 제공한다. 대부분의 특급호텔에서는 독특한 프로그램과 함께 상용객을 위한 전용객실을 마련하고 운용 중에 있다. 그 외에도 호텔에 따라 여성전용 객실^층, 금연객실^층, 장기투숙객 전용객실^층 등이 운영되기도 한다. 또한 필요에 따라 업무를 전문적으로 보조해 줄 수 있는 인력을 제공하는 경우도 있다.

(8) 온돌 룸Ondol Room

우리나라의 전통 객실의 형태로 우리나라에서만 볼 수 있는 객실의 형태이다. 이러한 객실형태를 보유하고 있는 호텔의 경우 난방시스템 시설에 대한 점검이 정확하게 이루어져야 하며, 이용고객의 대다수가 한국인이라 할 수 있다. 온돌 룸의 장식은 보료·요·이불 및 한국의 전통가구 등으로 꾸며져 있어 한국적인 정취를 풍기게 한다. 이러한 온돌방은 휴양지에서 고정된 서양 객실보다 단체관광객 등 많은 인원을 유치할 수 있는 장점이 있다. 그러나 요즘 세대의 고객은 온돌 객실을 선호하지 않기 때문에 도심지의 호텔에서는 극소수의 온돌 룸을 보유하고 있다. 이들 중 상당수는 전형적인 우리나라의 온돌이라기보다는 변형된 형태로서 한실과 양실의 절충형으로 운용되고 있다. 우리나라의 지방호텔이나 휴양지 호텔에서의 온돌 객실의 구성비가 높은 편인데, 그 이유는 온돌을 선호하는 노인층의 관광객과 세미나, 컨벤션 등과 같은 특별한 모임으로 대규모 숙박을 위해 제공되고 있다. 하지만, 외국인을 주로 유치하는 호텔에서는 객실판매량의 다소 불리한 조건을 가질 수 있다.

(9) 인사이드 룸^{Inside Room}

내향객실이라고 하며, 호텔 외부의 전망을 볼 수 없는 객실로서, 정원이나 호텔의 안쪽을 향하는 객실이며 전망이 없어 좌우 돌출부와 마주보고 있는 객실을 말한다. 일반적으로 호텔들이 아웃사이드 룸을 많이 확보하는 방향으로 건물을 설계하지만 건물 구조상 인사이드 룸의 확보가 불가피한 경우도 있다. 이러한 경우 호텔 경영자는 인사이드 룸을 단체를 인솔하는 가이드에게 배정하거나 또는 하우스 유스 룸^{house use room} 등으로 활용하거나 아웃사이드 룸보다 약간 저렴한 가격으로 판매하여 고객을 유치한다.

(10) 아웃사이드 룸^{Out side Room}

View Room이라고 하며, 외향객실, 경치가 보이는 객실을 말한다. 거리의 정원, 호수 등 전면에 장애물이 없는 전망이 탁 트인 객실이다. 호텔에 투숙하는 대부분의 고객들은 체재 동안 안락하고 편안한 휴식을 원하며, 내부시설이 같더라도 외부 전망이 좋은 객실을 선호한다. 일반적으로 아웃사이드 룸은 객실 내부에서 외부의 경관을 감상할 수 있는 객실로서 흔히 전망 좋은 객실을 말하며, 호텔이 어디에 위치하고 있느냐에 따라서 오션뷰^{ocean view}, 하버 뷰^{harbor view}, 마운틴 사이드^{mountain side}, 비치 사이드^{beach side} 등으로 다양하게 불리고 전망에 따라 가격도 약간 높게 책정한다. 최근의 유명 휴양지 호텔에서는 고객의 선호도를 고려하여 전 객실이 전망이 좋은 외향객실만을 운영하는 경우도 있다.

2) 객실 수의 계산

객실의 수를 산출하는 방법에는 크게 총 객실 수, 판매 가능한 객실 수 그리고 유닛 객실 수 등으로 구분하여, 객실의 수를 산출한다.

① 총 객실 수

스위트 룸^suite room 등과 같은 객실은 단위객실로 계산하지 않고, 만약 2개의 룸으로 구성된 객실의 경우에도 1개의 객실로 계산하여 총 객실 수^number of total rooms로 간주하여 산출한다. 이를 통하여 싱글 · 더블 · 트윈 · 온돌 · 스위트룸 등을 정확하고 쉽게 각각 구분하여 정확한 총 객실 수를 파악할 수 있다. 또한 하우스 룸 유스^house room use도 총 객실 수에 포함하여 계산한다.

② 판매 가능한 객실 수

고객에게 바로 객실을 배정할 수 있는 판매 가능한 객실 수^available room의 합계를 알 수 있는 객실 수이다. 이 경우에는 호텔의 사무실과 기타 용도로 사용되는 객실의 수는 제외하여 합산한다. 하지만 객실의 문제로 인해 사용이 불가능한 객실과 정비 중인 객실은 즉시 판매가 불가능할지라도 정비가 완료되면 판매가 가능하므로 이에 포함하여 계산한다. 그리고 성수기나 예약이 많은 경우 호텔의 경영진이 사용하고 있는 룸을 변경하여 판매를 할 수 있으나 하우스 유스 룸과 린넨 룸의 경우는 어떠한 상황에서도 판매할 수 없다.

③ 유닛 객실 수

호텔의 공식 객실 수로서의 유닛 객실 수는 호텔이 대외적으로 공표하거나 관할 정부기관에 호텔을 등록할 경우 공식적으로 객실의 수를 등록할 때 사용되는데 이는 호텔의 규모를 결정하는 중요한 객실 수 산정방법이다. 이는 호텔의 객실 수를 하나의 칸수를 단위로 객실의 수를 합산하는 것으로서, 예를 들어 커넥팅 룸의 경우 한 개의 객실로서 계산하지 않고 2개의 객실로 여기는 것이다. 일반적으로 객실이 부족할 경우 커넥팅 룸과 같은 경우에는 출입구를 막아 2개의 객실을 판매하기도 한다. 이와 같이 객실의 단위를 기준으로 모든 객실 수를 산출하는 것을 유닛 객실 수라고 한다.

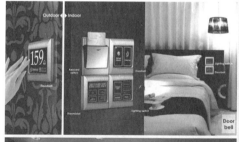

04 객실요금의 결정과 추가요금

1) 객실요금 결정방법

일반적으로 호텔객실은 다음과 같은 5가지의 방법에 의해 객실요금이 결정되어 판매가
이루어진다.

(1) 건축비 1/1,000의 접근법

이 방법은 1930년대 하워즈 앤 하워즈^{Horwath and Horwath} 호텔 회계법인에 의해 최초로 사
용된 것으로, 객실의 건축비의 1/1,000에 해당되는 금액을 객실의 판매가격으로 책정한 것
으로서 호텔을 신규로 건축할 당시 건축비를 강조하여 시설의 화폐가치를 초기에 투자한
비용으로 산출하여 객실의 가격을 결정하는 방식이나 1960년대까지 적용되다가 오늘날의
호텔 객실가격 결정방법으로는 사용되지 않고 있다. 그 이유는 현대의 호텔에서의 객실요
금은 그 시설만이 아닌 각종 서비스가 제공되고 있기 때문에 이에 대한 객실요금의 책정
이 배제되었기 때문이다.

❖ 워싱턴 D.C. 쉐라톤 호텔

(2) 직감적 가격결정방법

직감적 가격결정법은 객실당 건축비용과 유지·관리에 필요한 비
용과 객실의 수요에 대한 정확한 예측이 어려운 경우, 그 동안의 노
하우를 통해 객실가격을 산출하는 방법이다.

(3) 심리적 가격결정방법

고객의 입장에서 객실을 이용하고 이에 대한 가격을 지불하고 만
족도에 대한 고객의 심리를 파악하여 가격을 결정하는 방법이다. 이
방법은 호텔의 실내장식·가구·설비·입지·서비스·분위기 등의
유·무형의 상품을 고려하여 반영하는 것으로서, 구매자의 심리적
욕구를 파악하는 것이 특징이다.

(4) 경쟁적 가격결정방법

동일 유형의 타 호텔을 표준으로 가격을 결정하는 방법으로서, 표준으로 삼는 타 호텔의 비용구성과 수요시장을 정확하게 파악하여 가격을 결정하는 방법으로서, 타 호텔에 대한 정확한 분석이 없이는 가격우위를

점할 수 없다는 것이 단점이다. 유사한 방법으로 리더추종형 방법이 있는데, 이는 경쟁호텔의 객실판매수와 시장점유율 등에서 타 호텔이 일반적으로 기준으로 삼을 수 있다고 판단되는 경우 그 호텔을 기준으로 객실가격을 결정하는 방식이다.

(5) 휴버트 방식

휴버트 방식Hubbart formula은 비용접근을 통해 가격을 역으로 접근하는 방식으로서 비용의 결정, 객실당 평균판매가격, 목표이익 그리고 예상판매 객실 수를 고려하여 객실가격을 결정하는 방법으로 다음의 8가지 단계에 의해 객실가격이 결정된다.

① 1단계 : 자기자본투자에 따라 요구되는 회수율을 목표이익으로 설정한다.
② 2단계 : 법인세의 납부 이전의 이익을 산출한다.
③ 3단계 : USAH상의 고정비용을 산출하는데, 지급이자·재산세·보험료·감가상각비·임대료 등을 고려하여 책정한다.
④ 4단계 : 미배분 영업비용을 산출하는데, 외적인 일반관리비, 영업부문의 직접비용, 마케팅 부문비, 시설부문비 그리고 에너지비용이 이에 속한다.
⑤ 5단계 : 객실부문의 손실과 이익을 제외한 각 영업부문의 이익과 손실을 계산한다.
⑥ 6단계 : 미배분 영업비용, 고정비용 그리고 기타 영업부문의 손익으로 기대되는 객실부문의 이익을 고려한다.
⑦ 7단계 : 객실부문의 총매출액을 결정한다.
⑧ 8단계 : 예상되는 판매객실수를 목표매출액으로 나누어 평균판매 객실가격으로 결정한다.

2) 추가요금의 종류

(1) 초과요금late check-out charge

호텔에서 규정하고 있는 퇴숙시간Check Out 이후에 객실을 사용하는 데에 추가로 부과하는 요금을 말하며, 레이트 디파처 차지late departure charge라고도 하며, 2시간 이내는 무료로 처리되지만, 2시간 이후는 초과요금의 50%half-day charge를 적용시키며, 일반적으로 12시를 기준으로 한다. 이런 경우 체크인 업무시 고객에게 미리 충분한 설명을 하도록 해야 한다. 그러나 재구매고객repeat guest이나 귀빈VIP 고객에게는 예우차원에서 객실부문의 책임자 재량으로 초과요금을 부과하지 않으며, 사전 승인하의 경우에는 추가요금을 부과하지 않는다.

(2) 취소요금cancellation charge

예약취소료, 위약금, 해약금이라고 하며, 고객이 숙박에 대한 예약을 숙박 당일에 임박하여 취소할 때 적용한다. 일반적으로 개인의 경우 숙박 1일 전에는 객실기본요금의 20%, 숙박 당일에는 80%, 숙박하지 않는 경우에는 100%를 부과한다. 단체의 경우, 숙박 15~2일 전에는 10%, 숙박 전일에는 30%, 숙박 당일에는 80%, 숙박하지 않는 경우에는 100%의 위약금을 청구한다.

(3) 홀드 룸 차지hold room charge

객실을 이용하였거나, 예약한 뒤, 외출 또는 교통편의 사정으로 사용되지 않은 객실에 대하여 부과하는 요금이다. 숙박한 고객이 단기간의 여행을 떠날 경우, 수화물을 객실에 남겨둔 경우에도 홀드 룸 차지의 적용을 받는다. 이 추가요금은 호텔의 예약 직원과 고객 간의 약속이 되어 GTDGuaranteed로 표시된 경우에 한하여 이루어진다.

(4) 파트데이 차지part day use

주간 객실이용 요금으로서, 주간에 객실을 이용하는 고객에게 부과되는 요금으로서 일반적으로 오후 5시까지 고객이 사용한 경우 적용된다. 이 경우 일반적으로 공표요금tariff의 50% 정도, 즉 1박 요금의 1/2 정도의 추가요금을 부가한다.

제2절 프론트오피스 업무Front Office

01 고객등록업무Check In

고객이 필요로 하는 방향의 객실을 배정하면서 높은 값으로 매출을 증대하거나, 정확한 등록으로 지불업무를 원활히 할 수 있게 하고, 차후의 고객이력관리나 판촉기초보고서Sales lead 수집에 도움이 되게 하는 업무이다. 고객등록업무에는 Guest History Card 작성과 Room Allocation, Up Selling, Room Key 발급, 익스프레스 체크인express Check in, Group Check In 등으로 구분하여 설명하기로 한다.

1) 등록카드 작성 및 객실배정

사전에 예약이 되어 있는 고객은 도착시 객실배정을 완료한 경우가 많다. 그러나 고객에 따라서는 예약할 때 필요했던 객실의 내용과 도착해서 필요로 하는 객실은 차이가 있을 수 있으므로 예약내용을 다시 한번 알려서 필요시 변경하는 것이 합당하다고 할 것이다. 호텔마다 예약시기나 예약상태에 따라 객실상황이 달라질 수 있으므로 고객의 편의를 먼저 생각하는 서비스를 제공해야 한다. 등록업무는 예약할 때 기록된 것을 보완하거나 선급금Advance Payment 등을 확인하여 서명한 후 객실로 안내하면 되지만, 예약 없이 도착한 고객Walk In Guest에 대해서는 보다 상세하게 기록하도록 요청하게 된다. 고객등록은 고객등록카드에 성명, 주소, 직업, 직장명, 국적, 여권번호, 전화번호, 출발일, 여행목적, 서명 등을 기입하게 하고, 직원은 객실번호, 객실요금, 예치금상태 등을 기록하여 서명한다. 신용카드로 예치를 하게 될 경우에는 가승인을 받아 두도록 하고, 신용카드전표를 작성Imprint하여 고객등록카드에 첨부해 둔다. 체크인은 짧은 시간 안에 이루어져야 한다. 최근에 각 특급호텔들은 고객서비스의 향상으로 객실 내 체크인In Roon Check In을 강화하는 추세이다.

고객 체크인시 단골고객을 위해 객실배정을 사전에 해두고 체크인 봉투key pack를 준비해 두었다면 곧바로 객실로 안내하면 되지만, 처음 오시는 분을 Fidelio Opera System의 화면에서 체크인시킬 때에는 초기화면에서 Arrival을 입력하고 고객성명을 입력하면 예약 내용이 나타난다. 일부호텔에서는 고객이 기록한 등록카드를 기록담당^{recording Clerk}이 프론트오피스에서 컴퓨터에 일괄 입력하므로 고객접점 종업원의 객실판매 업무를 도와주기도 한다.

2) 객실판매기법 Up-Selling Skill

프론트데스크 직원은 당일의 객실상황과 판매가능 객실을 잘 파악하고, 객실수익률관리^{Yield Management}에 바탕을 둔 판매전략을 구사하여 높은 단가의 객실을 먼저 판매하므로 호텔 매출을 증대시킬 수 있다. 객실판매시 우선 고객에게 친근감 있는 접근을 시도하고, 고객이 기꺼이 지급할 수 있을 것이라는 신념을 갖고, Top - Down Suggestion Method 혹은 Bottom - Up Suggestion Method 기법으로 권하는 방법이 있다. 또한 프론트에 게시된 가격표의 중간 가격을 제시함으로써 약간의 심리적인 자극과 실 이익을 제시하는 Win - Win Transaction Method를 활용할 수도 있다. 프론트데스크 근무자는 호텔마다 객실 층, 객실 위치, 전망에 따라 객실가격이 다를 수 있기 때문에 수시로 객실 배치도를 보고 객실상품에 대한 지식을 쌓아야 한다.

3) 객실 키 발급 Issuing Room Key

투숙객이 등록을 완료하게 되면 객실 키를 발급한다. 일반적으로 열쇠발급은 프론트데스크에 비치된 키발급기^{Cardkey encorder}에 Guest rooms - Add Card to Room - Encording Card Insert로 화면에 들어가서 Bin Card를 넣고 종료 버튼을 누르면 키 발급이 이루어진다. 키 발급이 이뤄져서 고객에게 전달될 때는 고객의 안전을 위해 등록카드의 상단 부분에 있는 객실안내표^{Rooming Slip}에 객실번호, 일일 숙박요금, 입숙, 출숙일을 기입하여 절취하여 고객에게 전달하고 고객 키는 객실번호를 인쇄하지 않는 것이 추세이다.

카드키 발급은 투숙객 수만큼 발행이 가능하고, 객실에서 도난사고 등으로 객실 출입자를 추적할 필요가 있을 때에는 연결기록확인기^{Lock Linker}를 이용하면 쉽게 객실 출입자의 추적이 가능하게 되고 호텔 안전에 직·간접으로 기여하게 된다. 최근에는 Room Door Lock System이 다양하게 변모하고 있으며, 지문인식, 얼굴인식 등으로 객실 출입이 가능한 시스템이 개발되어 활용단계에 있다.

4) VIP 입숙절차 Express Check In

호텔들이 활용하고 있는 VIp 고객안내는 체크인에 필요한 Welcome Letter, Room Key, Coupon, Information이 들어 있는 봉투^{Check In Pack}를 들고 현관에서 해당 고객을 영접하여 프론트데스크를 경유하지 않고 바로 객실로 안내하고, 등록카드에 간단히 서명만 하게 한다. 최근에는 객실 키 발급을 자동화한 자동발매기^{Self_Registration Terminal}에 의해 객실을 판매하는 중·저가 호텔도 등장하고 있다.

5) 단체객 체크인 절차 Group Check In

대규모 호텔에서는 단체고객담당 프론트데스크가 별도로 설치되어 체크인과 체크아웃을 전담하고 있다. 그러나 일반적으로 프론트데스크의 혼잡을 피하기 위해 Group Coordinator나 Duty Manager Desk에서 여행사나 주최측으로부터 받은 고객리스트를 토대로 사전에 객실배정을 하고, 단체고객이 도착할 때에는 향후 일정과 식음료업장, 부대시설 이용 등에 대한 간단한 안내와 열쇠봉투를 전달한 다음 객실로 안내한다.

6) 룸 체인지 Room Change

호텔에 투숙한 고객은 투숙기간 동안 여러 가지 상황변화로 때에 따라 객실을 옮기게 된다. 이때에는 옮기고자 하는 객실을 미리 점검하고 하우스키핑부서와 긴밀한 협조하에 객실을 옮기게 된다. 이때에는 Opera PMS 화면에서 옮겨가는 객실번호를 입력하고 Enter Key를 치고, 객실가격 코드도 함께 바꿔야 함을 유념해야 한다.

02 퇴숙업무^{Check Out}

고객은 Reservation, Arrival, Registration, Stay, Departure의 과정을 거치면서 호텔을 이용하게 된다. 퇴숙 절차는 익스프레스 체크아웃^{Express Check Out}, 비디오 체크아웃^{Video Check Out}, 일반체크아웃^{Individual Guest Check Out}, 단체체크아웃^{Group Check Out}, 레이트 체크아웃^{Late Check Out}으로 분류된다.

1) 익스프레스 체크아웃^{Express Check Out}

비즈니스 고객들이 주로 이용하며 시간절약을 할 수 있어 도심지 호텔들을 중심으로 확산되고 있다. 그 절차는 다음과 같다.

① Expected Departure List를 작성한다.
② 오전 2시까지 정리된 Folio and Bill을 express envelop에 넣어 객실 문 밑으로 넣는다.
③ 고객은 아침에 계산서를 확인하고 이상이 없으면 봉투에 객실번호, 이름, 체크아웃시간, 서명 등을 한 후 체크인시 제시한 신용카드로 결제하겠다는 의사를 표시한다.
④ 고객은 체크아웃을 하면서 프론트에 있는 Express Box에 객실 키와 봉투를 넣어두고 호텔을 떠난다.
⑤ 영수증이 필요한 경우 봉투 하단에 이름, 주소, 회사명, 우편번호를 적어 송부를 요청하게 되는데, 호텔은 24시간 이내에 기록된 주소로 영수증을 보내야 한다.
⑥ 오전 2시 마감 후 추가로 발생된 계산은 이미 제출된 신용카드 전표에 계산된다.

2) 비디오 체크아웃 Video Check Out

최근 특급호텔을 중심으로 객실 TV와 프론트 전산시스템이 interface되어 객실의 TV 리모컨을 간단히 조작하므로 체재기간 중 본인이 사용한 객실, 식음료, 런드리, 전화료, 헬스사용료 등의 요금을 확인할 수 있다. 이 경우에도 확인review된 금액의 버튼Button를 눌러 결제 의사표시를 하게 되면 프론트에 설치된 프린터에서 마감된 folio가 print out된다. 프론트 클러크는 출력된 영수증을 근거로 체크인때 제출된 신용카드전표를 마감하여, 이를 체크아웃봉투에 영업장 계산서와 함께 넣어 열쇠를 회수할 때 고객에게 전달한다.

3) 일반체크아웃 Individual Guest Check Out

프론트 클러크는 체크아웃 기본화면에서 Billing – Password – Room Number 순으로 입력하여 Cashier Billing 화면이 나오면 고객의 이름을 확인하고 Folio Print Out을 하여 고객에게 확인시켜 드린 다음 이상이 없으면 체크아웃 버튼을 누른다. Fidelio Opera에서는 고객에게 아직 전달되지 않은 메시지가 있으면 이때 나타나게 되어 있다. 일반적인 체크아웃 절차는 다음과 같다.

① 객실 키를 받고 고객의 이름을 확인한다.

② 미니바 사용 여부를 확인한다.

③ 동행인과의 계산관계를 확인한다.

④ 등록카드에 면세 스탬프가 찍혀 있거나 면세카드를 제시할 경우 면세카드번호를 기재하고 면세처리를 한다.

⑤ Folio를 출력하여 고객에게 확인시킨 후 영수증과 증빙서류를 모두 챙긴다.

⑥ 금액을 correction하거나 rebate처리해야 할 경우, 객실번호가 잘못 되었으면 맞는 객실로 transfer하고, 금액이 틀렸을 경우 adjustment하게 된다. 일일 마감 후의 정정된 금액은 rebate처리해야 하며 현금으로 환급해야 할 경우 paid out

voucher에 고객의 서명을 받아 처리한다. 모든 전표는 고객의 서명과 부서장의
확인 결재 후 accounting에 보내지며 경리부에서는 이를 근거로 매출액을 수정
한다.

4) 단체체크아웃 Group Check Out

큰 단체가 체크아웃할 때에는 적절한 근무스케줄 조정이 필요하다. 단체체크아웃은 주
로 주최측에서 객실료와 조식 등을 일괄적으로 계산한다. 호텔에 청구하는 단체행사 청구
서와 고객원장에 여행사나 주최측 안내자의 서명을 받아서 경리부에 후불청구를 한다. 개
인이 사용한 미니바, 전화료, 기타 부대시설 이용료들은 개인별로 청구하게 된다.

5) 레이트 체크아웃 Late Check Out

고객의 사정에 의해 정해진 체크아웃시간이 지나서 체크아
웃할 때에는 추가요금을 징수하게 된다. 오후 6시까지는 보통
객실요금의 50%, 그 이후는 일일 풀 차지를 하게 된다. 그러나
사전에 양해를 받은 경우라면 한두 시간 정도는 고객관리 측
면에서 유연성을 갖는 것이 일반적이다.

6) 나이트오디터 Night Auditor

나이트오디터는 당일 영업을 정확하고 체계적으로 마감하여 관련부서에서 필요로 하는
자료를 제공한다. 이 모든 자료는 호텔에서 필요로 하는 각종 보고서 작성에 도움을 줄 뿐
만 아니라 객실부서의 원활한 다음 날 영업 준비를 하는 데 도움을 준다. 근래에는 이와 관
련된 컴퓨터 프로그램 개발로 그 업무가 신속하고 단순해져 가고 있다.

03 기타 프론트 주요 업무

1) 안내

호텔안내의 주무부서로서 컨시어지^{Concierge}나 로비 안내 데스크가 있지만 프론트를 통해 안내를 받고자 하는 고객도 있다. 호텔방문객 모두에게 신속, 정확한 안내를 하기 위해 호텔의 부대시설, 시내관광, 엔터테인먼트, 쇼핑 및 토산품, 다른 호텔의 특별 이벤트, 각종 전시회, 세계 각국의 시차표, 항공사, 여행사, 관공서, 대사관, 학교 등의 전화번호와 위치, 교통편 등 많은 부분에 대해 조사하여 이용하기 편리하도록 책자로 준비해 두면 업무에 도움이 될 것이다.

2) 메시지 전달

투숙객의 개개인에게 오는 팩스나 전보, 전화메시지가 고객에게 정확히 전달되어야 고객이 호텔을 신뢰할 수 있게 되는데, 고객이 투숙 전에 도착된 메시지는 고객도착 즉시 전달되어야 하며, 고객이 외출하였을 때도 돌아오는 즉시 전달하도록 한다. 메시지는 화면에서 즉시 확인이 가능하다. 최근 컴퓨터 인터페이스를 통한 음성녹음 Voice Mail이 잘 활용되고 있지만, 객실 내 전화기의 메시지점 등^{Message Light}을 통해 고객과 커뮤니케이션을 잘 유지하여 신속한 메시지 서비스가 이뤄지도록 한다.

프론트데스크에 프린트^{Print Out}되는 메시지는 메시지봉투에 넣어 프론트의 메시지박스에 보관하고, 고객에게는 도착메시지가 있음을 메시지램프를 통해 알리게 된다.

3) 고객원장^{Guest Folio} 관리

고객원장은 예약 또는 등록시점에서 시작되어 거래가 끝나는 시점까지 발생한 금액을 Posting, Transfer, Close할 때마다 일시, 업장명, 이유, 담당자 등이 입력되며, 금액이 차

변debit과 대변Credit에 표기되어 체크아웃시에는 balance가 Zero가 되므로 거래를 마감하게 된다. 각 업장에서 발생된 금액은 판매시점관리POS: point of sale 시스템과 Fidelio System에 의해 호환Interface 되어 프론트데스크의 고객원장에 posting되게 된다.

4) 환전업무

환전업무는 프론트 직원의 주요 업무의 하나로, 비즈니스호텔이나 리조트호텔에서는 투숙객의 국적과 인원수에 따라 예상환전자금, 환전업무 수행인원 및 시간, 적용될 환율산출 등은 물론 은행에 매각함으로써 발생되는 환차익과 환차손에 대한 계획도 철저히 세워 부대수익을 올리도록 해야 한다. 환율은 매일 오전 거래은행으로부터 당일 고시통화 환율조회표를 통보받아 매입금액을 산출하고, 이를 게시하여 고객으로부터 외화를 매입하게 된다. 환전은 호텔마다 국적별 투숙객에 따라 주요 외환 매입 환율을 게시하게 되며, 그 산출방법은 거래은행의 현찰 매입률에서 한국은행의 전신환매입률과 특정 호텔이 정한 수수료Commission를 곱한 금액을 고객에게 지급하게 되는 금액에서 뺀 액수로 정한다.

04 프론트데스크Front Desk 종사원 구성과 업무

프론트데스크는 고객의 입숙절차, 메시지확인, 각종 안내, 환전, 귀중품보관, 불평불만처리, 퇴숙절차 등을 위해 내·외부고객들이 빈번히 출입하는 곳으로 흔히들 호텔영업의 심장부라고 말한다. 프론트업무의 주요 특징은 첫째, 첫인상이 매우 중요하며, 둘째, 프론트

는 객실상품뿐만 아니라 투숙객의 규모에 따라 식음료, 부대시설이용 등 전반적인 호텔상품의 판매에 큰 영향을 미치게 된다. 셋째, 프론트는 고객에게 호텔의 서비스 수준을 알리고 고객의 불평불만을 청취하여 상부에 보고함으로써 고객과 호텔을 연결하는 고품위 서비스의 중추기능을 수행한다. 넷째, 프론

트는 고객이 좋은 평판을 갖고 떠나게 함으로써 그 고객이 다시 찾아오도록 하는 재방문 고객 창출 부서뿐만 아니라 다른 고객에게도 좋은 서비스 경험을 전하여 더 많은 고객을 유치하도록 하므로 호텔의 새로운 고객을 창출하는 부서이다. 프론트데스크의 기본업무로 객실판매, 객실배정, 각종 안내업무, 메시지전달, 환전 및 귀중품보관, 퇴숙업무이행, 야간 회계감사, 객실관련 보고서 작성, 고객이력관리 등 다양한 업무를 24시간 3교대 근무에 의해 연속성을 가지고 임하게 되는데, 규모가 크거나 국제적인 체인호텔들은 프론트데스크에 종전의 룸 클러크Room Clerk, 인포메이션 클러크Information Clerk, 메일 클러크Mail Clerk, 키 클러크Key Clerk, 레코딩 클러크Recording Clerk, 나이트 클러크Night Clerk, 그룹코디네이터Group Coordinator, 캐셔Cashier, 나이트오디터Night Auditor 업무 등을 통합하여 고객편의 위주의 원스톱 서비스one-stop service를 제공하여 인력과 업무효율을 기하고 있다.

1) 프론트데스크 지배인Front Desk Manager

프론트데스크 지배인은 고객서비스 업무관리와 프론트데스크 Staff의 원활한 인력운영을 책임지고 객실판매와 회계업무처리를 관리·감독하는 역할을 담당한다.

① 업무를 계획한다.
② 객실의 위치, 객실의 유형, 패키지 상품계획, 객실가격, 할인 등에 대한 지식을 가지고 고객의 응대에 답하여야 한다.
③ 컨벤션 행사나 특별행사에 관한 세부사항을 숙지하고 있어야 한다.
④ 프론트데스크에서 일어나는 모든 회계의 변화를 자료화하고 관리한다.
⑤ 객실매출 분석과 시장에 따른 시장변화를 예측한다.
⑥ 다른 부서와의 업무관계 유지 및 지속적인 의사소통을 한다.
⑦ 정확한 객실상황을 숙지한다.
⑧ 재해나 비상사태에 대한 대처요령을 숙지한다.
⑨ 근무자들 간의 원활한 의사소통을 위해 매일 Log Book을 기록하고 확인한다.

2) 룸 클러크 Room Clerk

룸 클러크은 호텔의 얼굴인 현관에서 호텔의 생동하는 모습을 대표하고 있다. 대규모 호텔에서는 룸 클러크의 주된 임무가 고객의 투숙업무 정리와 객실의 판매업무에 국한된다. 이러한 의미에서 룸 클러크은 호텔 전체의 운영에 막대한 영향을 미친다.

① 객실예약의 접수
② 업무인수 · 인계
③ 고객의 사전등록
④ 고객의 영접
⑤ 객실의 배정 및 판매
⑥ 사전등록업무
⑦ 객실변경
⑧ 각종 안내와 정보제공업무에 관련된 고객서비스
⑨ 체크아웃 후의 객실상태의 정보변경

3) 인포메이션 클러크 Information Clerk

인포메이션 클러크는 호텔 내부와 지역에 관한 정보를 제공해 준다. 고객들은 환경에 대한 변화를 추구한다. 고객을 위한 각종의 정보자료를 준비하여 놓고 고객의 요구에 항상 대답할 수 있는 고객서비스에 만전을 기하여야 한다.

① 방문객이 고객의 이름을 모르고 객실번호만 알거나, 또는 고객의 이름만 알고 있고 객실번호를 모르면서 문의할 경우에는 원칙적으로 거절한다.
② 로비 지역에 Paging Service를 제공한다.
③ 항상 청결한 복장과 언어에 각별히 주의하고, 자신이 없는 질문을 받았을 때는 모른다고 거절하지 말고 자료를 내놓고 고객과 함께 의논하는 자세를 보여야 한다.

④ 아직 호텔에 도착하지 못한 고객의 메시지를 받아서 보관하고, 고객이 도착하면 즉시 제공한다.

⑤ 체크아웃한 고객의 메시지나 연락처 등의 요청은 정중하게 거절한다.

⑥ 특별행사나 컨벤션 행사를 숙지하여 안내하고, 타 부서와 협력관계를 유지한다.

⑦ 단체숙박객으로 인하여 룸 클러크의 일손이 부족할 때에는 협조한다.

4) 메일 클러크 Mail Clerk

각종 우편물을 취급하며, 우편물의 발송과 송달이 확실하게 이루어지게 하고, 각종 메시지를 전달하는 업무를 담당한다.

① 숙박객에게 오는 우편물의 취급 및 송달을 한다.

② 룸 클러크의 업무에 협조한다.

③ 타 부서와 유기적인 협조관계를 유지한다.

④ 일반우편물의 발송은 로비에 비치된 우편함에 넣어 집배원이 수거해 가도록 한다.

⑤ 우편물 수발대장은 철저히 기록해야 한다.

5) 나이트 클러크 Night Clerk

밤늦게 도착하는 고객을 위하여 체크인의 업무를 담당하고, 예약, 등록, 인포메이션, 우편물의 처리, 룸 랙 관리, 객실판매현황의 파악과 객실영업일보를 작성한다.

① 야간 프론트데스크의 업무를 총괄

② 객실열쇠 점검과 객실판매현황 작성

③ 야간 도착고객의 영송업무를 담당

④ No - Show 파악 처리

⑤ 캔슬 처리

⑥ 객실상황표의 작성

⑦ 객실영업일보의 작성

⑧ 메일과 메시지 점검

⑨ 모닝콜의 접수와 처리

⑩ 로그 북 작성

⑪ 명일 출발예정자의 현황파악 작성

⑫ 명일 룸 체인지 요구사항 점검

⑬ 야간의 불편사항을 정리 처리

⑭ 재떨이, 휴지통의 점검과 화재예방업무 담당

05 유니폼 서비스

유니폼 서비스란 프론트데스크와 접속되어 숙박객과 일반 호텔이용객들에게 신속하게 각종 서비스를 제공하는 곳이다. 숙박객이나 호텔시설이용객들의 안내, 화물운반 및 보관, 부대시설, 이용안내, 프론트오피스 지역의 청결 및 질서를 유지하며, 고객의 요구를 도와 불편이 없도록 하는 업무이다. 현관서비스는 현관종사원도어맨 서비스, 벨맨 서비스, 엘리베이터 서비스, 클러크 룸서비스, 포터 서비스들의 예절바르고 조직적인 서비스를 제공하여 고객과 호텔의 관계를 밀접하게 연결하여 줌과 동시에, 식음료매상의 촉진과 기타 부대시설의 이용을 촉진하는 데에도 많은 기여를 하기도 한다.

1) 도어맨 서비스Door Man

호텔에서 최초로 고객을 맞이하는 접객원으로 현관에서 고객을 영접, 영송, 차량정리, 주

차장안내, 차량호출, 택시수배, 간단한 안내 등의 업무를 절도 있고 예
의바른 태도로 고객에게 편의를 제공하며, 현관 바깥 전면에 위치한다.

① VIP Handling

② 호텔 현관에서 고객의 차문을 열어 주고, 호텔을 이용하는 고객
   을 도와준다.

③ 고객이 차에서 짐을 싣고 내리는 것을 도와준다.

④ 프론트데스크까지 고객을 안내한다.

⑤ 호텔현관에서 차량수배, 교통정리업무

⑥ 고객의 영접, 영송업무

2) 벨맨 서비스^{Bell Man}

호텔의 영접부에서 근무하는 직원으로 고객의 체크인과 체크아
웃시 짐을 운반하고 고객을 안내하는 업무와 고객의 각종 메시지
를 전달하는 업무를 담당하는 자를 말한다.

① 투숙객의 체크인, 체크아웃시 짐을 운반하고 교통안내 등
   필요한 서비스를 제공한다.

② 객실 내부의 객실이용에 대한 안내를 한다.

③ 현관, 로비 등의 청소상태를 점검한다.

④ 투숙객에게 메시지 전달과 요청에 따른 시내안내 등 기타 내외적인 심부름 서
   비스를 제공한다.

3) 클러크 룸서비스^{Cloak Room}

호텔의 클러크 룸은 연회, 회의, 식사 등으로 호텔을 방문하는 고객을 위하여 개인의 휴
대품이나 수하물을 잠시 보관하는 장소를 말하는 것으로서, 도심지의 호텔에서는 방문객

이 클러크 룸을 이용하는 경우가 종종 있다. 연회장이나 레스토랑 등의 시설이 많은 호텔에서는 현관의 부근이나 레스토랑의 입구 부근 및 연회장 입구부근에 체크 룸이 설비되어 있다.

① 클러크 룸의 직무는 고객의 대소하물을 맡아 내용별로 분류하여 보관한다.
② 고객의 하물은 장·단기로 구분하여 받아서 보관한다.
③ 현관서비스 종업원과 원활한 협조관계를 유지한다.
④ 짐 꼬리표의 확인 후 물건을 불출하여야 하고, 부정인출 방지에 노력하여야 한다.
⑤ 단체고객의 수하물 보관에 대한 편의를 제공한다.
⑥ 복잡한 물건은 고객의 입회하에 확인·보관한다.
⑦ 분실물의 보고 및 처리를 한다.
⑧ 불출내용의 정확한 기록유지를 한다.
⑨ 맡겨진 물건의 정리정돈을 하고, 클러크 룸을 청소한다.

4) 컨시어지 Concierge

광범위한 네트워크를 구축하여 정보를 제공한다. 타 호텔·관광지·항공사 등 고객이 빈번히 요구하는 곳의 정보를 사전에 입수하여 고객의 욕구를 해결하여 주며, 특히 고객의 불만사항에 대해 신속하게 대처하여 고객만족을 창출해야 하는 업무를 담당하고 있다.

5) 포터 서비스 Porter

호텔 고객이 체크인하여 출발할 때까지 사업이나 약속 등의 일로 반드시 사람을 통해 심부름을 해야 할 일과 짐을 보관·운반해 주어야 할 서비스를 필요로 하는 일이 있다. 포터는 고객의 짐을 받아들이고 보관하고 내보내는 일이다.

① 고객의 화물운반업무

② 고객의 요청에 의한 주소지에의 송달업무

③ 역, 공항, 항구까지 출영하여 예약한 고객을 호텔까지 안내하는 업무

④ 현관서비스 업무의 원활을 기하기 위하여 도어맨과 벨맨의 업무에 협조

6) 귀중품 보관

호텔에 투숙한 고객들 중에는 소지한 물품 중에 귀중품이 있기 마련이며, 이 귀중품을 보관할 때는 반드시 확인하고 보관증을 발행하여야 한다. 호텔에 체재하는 고객들의 귀중품 보관은 가능하면 객실 내에 비치된 안전금고를 먼저 권해 보는 것도 업무를 줄일 수 있는 한 방법이지만 고객이 원할 때에는 프론트에 설치된 안전금고$^{Safety\ Box}$를 이용하도록 한다.

06 비즈니스센터 및 귀빈층

1) 비즈니스센터 Business Center

비즈니스센터는 사업목적을 이유로 호텔을 방문한 고객에게 사업의 편의를 위하여 각종 서비스를 제공하는 공간을 말한다. 비즈니스 상용고객을 위해 호텔에서도 사무실의 업무를 할 수 있도록 일정한 장소에 각종 사무기기를 갖추고 고객서비스를 제공하고 있다. 비즈니스센터에서 제공하는 사무기기는 컴퓨터^{PC}, 복사기$^{Copy\ Merchine}$, 팩시밀리^{Facsimile}, 프로젝터^{Projector}, OHP$^{over\ head\ projector}$와 Screen, Meeting Room 등이다.

2) 귀빈층 Executive Floor

호텔을 찾는 귀빈을 위해 만들어진 Executive Floor는 최고급으로 꾸며진 객실을 제공하며, 부수적인 고객서비스를 한다. Executive Floor를 이용하는 손님 중 95% 이상이 비즈니스 고객이며, 호텔이 비즈니스 여행객 유치에 더 깊은 관심을 보이는 이유는 이들이 식음료 및 각종 부대시설, 비즈니스센터 등을 이용함으로써 발생되는 이익이 일반 여행객보다 상업적으로 높은 비중을 차지하기 때문이다. 많은 경우 타워나 Executive Floor는 등록한 고객들만이 이용할 수 있는 개별 라운지 지역 Private Lounge Area 을 가지고 있다. Executive Floor는 매우 매력적이지만 손님들은 더 높은 요금을 지불해야 한다. 그것을 운영하는 것은 매우 많은 비용이 소요되지만 호텔들이 이런 옵션을 제공하지 않는다면 그들 지역 안에서 적은 수지만 선택권을 제공하는 고급 호텔들과 효과적으로 경쟁할 수 없다.

① 서비스 업무 : 포장과 소포의 우편배달 및 비행기 예약과 확인, 통역서비스, 관광안내 등 서비스 업무를 담당한다.

② 식음료부문 서비스 : American Buffet Style의 Breakfast가 제공되며 음료, 커피, 주스류는 무료로 제공된다. 또 Happy Hour에는 칵테일, 맥주 등의 음료와 쿠키, 샌드위치, 카나페 등의 간단한 음식이 제공된다.

3) 서비스 익스프레스센터 Service Express Center

보다 효율적인 고객서비스와 조직통합에 의한 비용절감을 목적으로 룸서비스, 하우스키핑, 비즈니스센터, 교환실 등 투숙객에 대한 모든 서비스를 통합운영하므로 고객의 편의, 업무의 효율을 동시에 달성할 수 있는 새로운 형태의 고객서비스 부서이다. 투숙 중인 객실손님의 요청사항을 익스프레스센터에서 접수하여 가장 신속하게 해당 부서인 시설부, 하우스키핑, 룸서비스 등에 컴퓨터 문자 메시지를 통해 전달한다.

제3절 객실예약업무

01 객실예약의 개념 및 중요성

1) 객실예약의 개념

객실상품은 타 상품과는 달리 예약을 거치지 않고는 판매가 거의 불가능하다. 일반상품의 경우 대부분이 직접 그 상품을 보고 구매하지만, 호텔 객실상품은 과거의 구매경험이나 준거집단으로부터의 구전을 통해 구매가 이루어진다. 특히, 호텔의 긍정적 평판과 신뢰, 시설이용의 편리성 및 차별화된 서비스 등은 예약 구매의도에 대한 의사결정에 있어 매우 중요한 요인이라 할 수 있다. 호텔의 객실예약은 주로 전화, 전자우편 등을 통하여 접수되기 때문에 이에 따른 제반 사항들을 정확하게 기록, 정리 보관하여 고객이 투숙하는 동안 불편함이 없도록 세심한 주의를 기울여야 하고 특히 객실상품에 대한 일반적인 지식은 물론 차별화된 인적 서비스가 겸비되어야 하며 호텔주변의 인기 있는 관광지, 쇼핑가, 음식점, 공연장 등에 대한 충분한 정보도 가지고 있어야 한다.

2) 객실예약의 중요성

호텔은 마케팅활동으로 객실판매가 이루어지게 되는데, 그 첫 번째 단계가 예약이라는 형태로 고객과 접촉을 하게 된다. 호텔 경영은 객실판매에서 오는 매출이 가장 큰 비중을 차지하게 되므로 호텔마다 그들이 보유하고 있는 객실을 매일 공표요금Tariff으로 모두 판매했을 때 호텔 경영진이 바라는 이상적인 운영이 될 수가 있는 것이다. 그러나 오늘날 경쟁이 치열한 외부시장 환경하에서는 현실적으로 불가능한 일이므로 글로벌 체인호텔들은 객실점유율과 매출을 동시에 극대화할 수 있는 객실수익률 관리프로그램Yield Management Program을 개발하여 객실예약시스템에 활용하고 있다. 호텔 예약은 대부분 전화로 이루어지기 때문에 고객에게 객실상품을 설명하고 바로 객실판매로 연결시킬 수 있는 것은 예약직원 각자의 능력과 연관이 있게 된다. 예약 담당직원들의 각자 능력에 따라 호텔의 서비스 품질과 긍정적 이미지를 고객에게 전달할 수 있는 기회를 갖게 됨은 물론 객실뿐만 아니라 식음료, 기타 부대시설의 매출이 크게 좌우되게 된다.

02 객실예약 접수 경로 및 절차

1) 객실예약 접수 경로

휴양지호텔과는 달리 대부분의 상용호텔들은 기업체 경영진의 비서실이나 실무부서, 예약대행사, 여행사, 체인본부의 예약센터를 통해 접수되는 경우가 많다. 예약접수 수단도 전화, 인터넷, 팩시밀리 등이 있으며 개인 컴퓨터를 이용한 전자우편 접수나 호텔체인본부의 중앙예약사무실CRO과 전문예약망GDS으로 SABRE, ABACUS, APOLLO, TRAVEL WEB, LHW, UTELL 등을 이용하는 경우도 크게 증가하고 있다. 특히 체인호텔의 예약네트워크는 전 세계 체인호텔들의 객실예약상황을 한눈에 볼 수 있도록 전산화되어 있고 다양한 고객관리 프로그램을 운영하므로 재방문고객 창출과 기존고객 이탈을 방지하는 수단으로 활용되고 있다.

2) 예약접수 절차

(1) 예약접수 준비단계

여러 가지 예약경로를 통해 접수되는 예약은 먼저 고객이 요청하는 객실종류별 판매가능한 객실이 있는지 여부를 파악하고 가능한 객실을 고객에게 추천하여 판매로 연결한다. 예약담당자는 최근의 객실현황을 숙지하고 또한 객실현황판을 예약사무실에 비치하여 근무자가 컴퓨터를 보지 않고도 일별 주요 객실상황을 숙지하고 있어야 한다. 객실초과예약이나 객실타입 또는 가격 등의 문제로 고객과의 거래가 이루어지지 않는 경우라도 고객관리 차원에서 다른 호텔을 추천해 주는 등의 좋은 이미지를 남겨 줌으로써 다음 예약과 연계시킬 수 있는 노력을 기울여야 한다.

예약을 접수할 때 정확한 객실료 지불과 투숙불이행 방지를 위해 일반고객의 객실료는 선금이나 신용카드결재 등 보장형 예약^{Guarantee Reservation}으로 유도하며, 만약 비보장형 예약으로 예약이 완료되면 도착시간을 명확히 확인하여 노쇼우^{No show}를 최소화하도록 한다. 그동안 이용되었던 예약시스템들은 예약표찰^{Reservation Rack}, HIS^{Hotel Information System}, AS400, Fidelio6 시리즈, Fidelio Opera System 등이 있다. 이러한 프로그램들은 체인호텔의 예약망과 연계된 객실매출관리^{Revenue Management}와 고객이력관리^{Guest History File Management}를 활용할 수 있는 예약시스템으로 구축되어 호텔 객실예약의 효율성을 높여주고 있다.

(2) 예약접수단계

일반적으로 예약업무는 새로운 고객예약, 재방문고객예약, 단체고객 및 여행사 예약, 선불예약, 예약변경, 예약취소 등으로 구분하여 설명할 수 있으며, 이들 각각의 예약들은 호텔과 고객과의 약속을 이행해 나가는 절차이므로 필요한 고객정보는 가능한 모두 파악하여 사후에 대비하는 것이 중요하다. 예약은 정확성을 기하기 위해 예약요청서^{Reservation Request Slip}에 기록하고, 예약슬립은 도착일별, 알파벳 순으로 정리하여 보관한다.

03 예약별 접수방법

1) 신규예약

신규예약을 접수하게 되면 초기예약화면에 고객과 상의된 다음 사항들을 입력시킨다.

① 모니터 회계번호

② 도착 · 출발일자 및 예정시각

③ 객실형태 및 객실 수

④ 고객이름이나 단체명, 투숙인원

⑤ 회사명, 주소, 도시명, 우편번호, 전화번호

⑥ 예약자 이름 및 투숙자가 다른 경우 관련자료 기록

⑦ 결정된 객실요금과 객실료 지급방법 및 신용카드 종류와 번호

⑧ VIP 여부 및 제공할 부가서비스

⑨ 특별요청사항 어린이 동반 여부, 장애인, 금연실 등

⑩ 기타 사항

2) 재방문고객

최근의 호텔 프론트오피스 시스템Hotel Front Office System은 재방문고객의 고객이력에 대한 정보들을 기록 유지하고 있어 다음 예약시 고객과의 대화를 매우 편리하게 진행할 수 있다. 지난번 호텔투숙시 객실요금, 객실번호, 체재기간 등이 기록되어 있으므로 재방문고객 예약화면에서 과거 투숙기록란을 추적하여 누적된 실적을 알아볼 수 있다. 또한 계속적으로 실적 누적관리가 용이하며, 투숙횟수와 매출실적에 따라 각종 혜택도 부여하고 있다.

3) 단체고객과 여행사 예약

여행사를 통한 개별고객은 국내외 여행객이 간혹 저렴한 요금의 패키지를 여행사를 통해 구입하여 호텔에 투숙하게 되는데, 이때에는 투숙객 입장에서는 개별고객이지만 호텔 입장에서는 여행사 단체고객으로 간주하고 예약절차를 거치게 된다. 고객 성명란에는 실제 투숙객이 아닌 여행사 고유번호와 예약번호가 적혀 있으며 식사에 관한 사항이 명시되

고 지급방법도 기록되어 있다. 단체예약은 협회, 공기업, 공익단체, 학교, 학회, 회사, 여행사 등을 통해 국제교류, 국제회의, 학술세미나, 관광여행 등을 이유로 15인 이상이 동시에 투숙하므로 취급되는 예약형태도 주로 단체나 여행사의 이름으로 별도의 합의된 요금과 조건으로 예약이 이루어진다. 이 때 업무의 편의를 위해 여러 개의 계정으로 입력을 하게 되는데, 주로 객실 요금과 조식은 Group Master 계정에 입력하여 단체나 여행사에서 지급하고 나머지 식음료업장, 미니바, 부대시설, 전화요금, 비즈니스센터 등의 이용료는 본인이 지불하도록 한다.

4) 선불예약

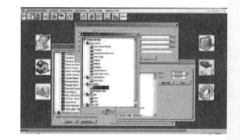

선불예약화면에서 4Guarantee와 Deposit Guest Balance - 217,800이라고 표기되어 있는데 이는 객실요금 180,000++, 즉 217,000원을 선불했으며, 예약은 보장되었다는 내부언어로 표기가 되어 있다. 고객에게서 받은 예약금은 선수금 입금전표를 프린트하여 야간 회계감사에게 넘기고, 현금은 당일로 입금고를 통해 재정부서에 전달된다.

5) 인터넷 예약

고객이 인터넷 예약을 하는 경우 지급방법은 지급인터넷 예약화면을 통해 주로 신용카드로 결재를 하게 된다. 이때 예약처리방법은 보통 예약과 같이 진행하지만 신용카드로 결재수단이 정해져 있으므로, 예약사항의 변경이 있을 때 결재방법과 결재할 신용카드 종류에 대한 부분도 확인을 하는 것이 입숙과 퇴숙절차에 도움이 된다.

6) 예약변경

고객의 입장에서 간혹 업무상 일정변경, 항공기 예약상의 문제, 교통체증, 천재지변 등의 일로 인해 예약을 변경할 수밖에 없는 상황일 때 고객의 요청

을 수용해야 한다. 예약변경이 접수되면 먼저 변경하고자 하는 날짜의 객실상황을 확인하고 날짜, 객실요금, 요금코드를 변경한 후 고객에게 명확한 답변을 할 수 있다. 예약변경은 고객의 요청에 의해 투숙객의 이름이나 객실 종류를 변경할 수 있으며, 이때에는 회원. 비회원을 확인하여 제반 혜택도 함께 변경하여야 한다.

7) 예약취소

예약된 고객의 일정이나 사정에 의해 예약이 취소되는 경우 누가, 언제, 어떤 이유로 취소했으며 담당자는 누구였는지 정확하게 입력해 두어 사후 시비에 대비해야 한다. 예약취소가 접수될 때 시스템을 통해 자동으로 처리되므로 판매가능 객실 산출이나 고객과의 사후문제 또는 책임소재의 시비를 사전에 예방하게 되므로 예약취소절차에 의해 잘 정리해야 한다. 간혹 단체예약 취소나 투숙 당일의 예약취소로 취소수수료 징수문제가 발생하게 되기도 한다.

04 자료관리

예약부에서 작성한 고객관리 자료는 호텔의 마케팅활동이나 타 영업부서 또는 지원부서에서 일정기간 부서 계획운영을 하는 데 중요한 기초자료를 제공하게 된다. 예약부서에서 타 부서에 지원하는 업무자료는 영업예측보고서^{Room Forecast Report}, 고객정보를 판촉활동에 연계시키는 판촉기초정보보고서, 고객이력관리^{Guest History}보고서 등이다.

1) 예측보고서

호텔은 매출을 극대화하기 위해 일별, 주별, 월별, 연별, 중기, 장기계획을 세우게 되는데, 모든 계획의 기본은 매출과 객실점유율의 예측에서부터 시작된다고 할 수 있다. 이때 실제 예약뿐만 아니라 경쟁사, 연휴, 비즈니스의 흐름 등 주요 환경적 요인을 최대한 고려하여 업데이트된 예측보고서를 작성하여 제시함으로써 정확성을 기해야 한다. 예약책임자나 객실영업매니저는 향후 영업상황을 정확히 예측함으로써 호텔 서비스 품질관리와 효율적인 운영관리에 도움을 주게 된다. 이러한 자료들은 타 부서의 영업 준비 및 인력수급과 지원부서의 구매활동, 자금조달, 전사적 행사일정관리의 기초자료를 제공하게 된다. 이때 예측보고서를 작성하는 기본정보는 Fidelio Opera의 Reservation Forecasting Report에서 출력하며 내·외부환경, 경쟁호텔상황, 계절, 요일, 날씨, 주요 행사, 이벤트, 과거추세 등 다양한 요인을 감안하여 작성하게 된다. 또한 예측보고서를 작성할 때 In house Room, Today Reservation, Walk In 등의 객실 수는 예측보고서에 추가해야 하고, Today Departure Room, Early Check Out, Cancellation Room for Today, No Show Room 등은 제외시켜야한다.

2) 판촉활동 기초정보자료

예약담당직원은 예약접수와 동시에 Room Forecast Report를 근거로 한 판촉정보Sales lead를 작성하여 판촉부서에 관련정보를 제공함으로써 객실, 식음료, 연회, 부대시설부분의 판촉을 돕는 역할을 하게 된다. 대형 호텔들에서는 간혹 객실예약부서가 마케팅부문에 소속되어 있는 경우도 있지만, 객실예약직원은 객실판매가 주 업무이기 때문에 객실영업부문에 속해 있으면서 호텔의 전반적인 업무연계와 대고객 서비스 및 효율적인 매출증진 업무를 위해서 판촉부서와 마케팅부서에 정확한 정보를 제공하고 프론트와 함께 업무를 추진하는 것이 바람직하다.

3) 고객이력Guest History 관리

호텔 간의 경쟁이 심화되면서 대부분의 호텔들이 고정고객 확보에 심혈을 기울이게 되고, 상용고객 우대프로그램 운영으로 VIP Card 발급, 멤버십 제도 도입 등으로 관계마케팅을 적극적으로 활용하여 재방문고객 창출에 많은 자원과 시간. 인력 등을 투입하고 있다.

고객이력관리는 고객의 이전 투숙에 대한 정보, 기호 및 취향, 특별요청사항, 과거매출 실적에 대한 정보 등을 상세히 기록하여 두는 Guest History Management Program에 의해 관리한다. 고객이력관리 시스템을 잘 활용하기 위해서는 재방문시 이를 관련부서에 전달하여 고객접점에 있는 직원들이 그 고객을 사전에 인지하게 하는 것이 중요하다. 투숙기간 중 지출한 금액과 투숙일수에 따른 실적을 관리하여 고객이나 예약자에게 혜택을 부여하여 그 호텔에 대한 고객 충성도를 높인다. 규모가 큰 호텔은 고객이력관리를 전담하는 직원이 있지만, 대부분 호텔들은 예약부서에서 이 업무를 관장하고 있다.

제4절 하우스키핑Housekeeping 업무

01 하우스키핑 부서의 중요성

객실판매는 호텔의 수익창출에 있어 중요한 역할을 담당하고 있는 객실을 유지·관리하는 부서로서 여타의 부서보다 업무의 중요성이 강조되는 부서이다. 객실판매에 있어 객실의 유무만을 고려하여 판매가 이루어지는 것이 아니라 고객의 욕구를 충족시켜 줄 수 있는 객실판매의 가부를 결정짓는 중요한 요소이다.

1) 호텔의 자산관리

다른 산업과는 달리 객실 내의 각종 시설물은 그 수명이 짧으며, 호텔의 고정자산비율은 약 70% 이상이기 때문에 철저한 관리가 요구된다. 따라서 호텔이 고가의 자산을 유지·관리하는 것은 비용절감과 자산의 관리라는 이중의 효과를 거둘 수 있다. 더불어 이를 성공적으로 수행하는 것은 고객에게 호텔의 긍정적인 이미지를 주어 영업매출 증진을 기대할 수도 있다.

2) 호텔상품의 생산과 관리

호텔의 객실이 초기에 최상의 고급스러운 자재를 사용해 객실을 만들었어도 이에 대한 시설의 유지가 실행되지 못하면 상품으로서의 가치가 감소되거나 최악의 경우 상실될 수도 있다. 따라서 객실의 완벽한 재정비는 새로운 객실상품을 창출하는 역할을 하기 때문에 객실정비책임자는 물론 총지배인 역시 객실의 세심한 부분까지 점검해야 한다.

3) 호텔수익의 영향

객실의 정비와 위생청결 상태는 고객의 구매의지와 호텔에 대한 이미지 그리고 호텔 경영수익에 지대한 영향을 미친다.

객실정비는 객실원가와 객실요금을 고려하여 이루어지며, 또한 각종 소모품과 린넨류, 그리고 인건비의 요소에 따라 객실요금이 책정되므로 효율적인 관리가 호텔의 수익에 중요한 역할을 한다.

02 하우스키핑의 직책별 주요 직무

직무를 조직적으로 구성, 수행하고 종업원의 능력을 최대화하기 위해 조직을 체계화하지 않으면 안 된다. 즉, 하우스키핑 부서는 특히 관계 부서와의 협력을 조화롭고 원활하게 할 수 있어야 하며, 종업원의 직무 배정 및 한계를 명확하게 하여야 한다.

1) Executive Housekeeper

Executive Housekeeper는 모든 객실, 사무실, 공공지역, 세탁실, 정원, 계단, 소독관리, 청소계약, 유리창 청소 등에 관한 일일 운영에 대해 책임을 진다.

기본 업무는 다음과 같다.

① 성수기 및 비수기의 팀원 근무 스케줄을 적절히 조정한다.
② 고객 린넨 재고를 책임 관리하고 식음료 린넨 재고관리를 보조한다.
③ Director of Operations를 보조하여 호텔 청소용역계약에 관하여 협상을 하고 관리하며 개발한다.
④ 지원자를 면접하고 선발하며, 채용을 위해 Director of Operations와 인사부에 적합한 인재를 추천한다.
⑤ 새로운 팀원들에게 오리엔테이션을 하고 교육 프로그램을 실시한다.

⑥ 일일 근무 팀원들을 감독하고 관리하며 부서 내 모든 팀원들의 스케줄을 관리하고 업무를 지정하여 준다.

⑦ 안전, 청결, 유지 보수를 위해서 호텔 구역들을 정기적으로 점검하고, 습득물은 Director of Operations에게 보고한다.

⑧ 모든 객실이 항상 완벽한 상태를 유지할 수 있도록 한다.

⑨ 객실에 관한 특별 지시사항들에 대해서는 프론트데스크나 관리자와 상의하도록 한다.

⑩ 관리자나 타 부서 팀원들과 원만한 의사소통을 유지하도록 한다.

⑪ 운영예산뿐 아니라 세탁실과 객실관리부의 연간 FF&E를 작성한다.

⑫ 급여 및 스케줄이 정확히 관리되도록 한다.

⑬ 특별 프로젝트 수행에 있어 Director of Operations를 보조한다.

⑭ 장기체류고객과 우수고객에게 우선적으로 서비스를 제공한다.

⑮ 근무지에서 팀원들을 코치 및 상담을 하고 칭찬하는 데 동참한다.

⑯ 객실용품과 청소용품 및 기물의 주문과 구매업무를 관리한다.

⑰ 객실관리부와 세탁실 팀원들의 업무수행평가를 한다.

2) Order Taker

Order Taker는 객실청소 배정을 조정하고, 객실관리부 사무실과 객실 층, 객실관리부와 타 부서 간의 업무활동을 책임지고 관리한다.

기본 업무는 다음과 같다.

① 일일보고서를 준비하고, 객실관리부와 관련된 특별 사항들을 점검하고 입실 예정 객실의 Room Attendant 업무가 정확히 지정되도록 한다.

② 객실 점유 상황에 따라 Room Attendant의 인원을 조정한다.

③ 정중하고 도움을 주려는 자세로 모든 전화에 즉각 응대한다.

④ 프론트오피스와 객실관리부 간에 객실 현황과 특별 요구사항에 관한 효율적인
의사소통을 한다.

⑤ 객실관리부 사무실 그리고 객실 층 객실관리부 팀원들과 타 부서 간에도 원만한
의사소통을 하도록 한다.

⑥ 분실물을 관리하고 그에 따른 조치를 취하도록 한다.

⑦ 긴급 트러블 리포트^{Trouble report}를 작성하고 후속 조치를 취한다.

⑧ 객실관리부의 기록과 행정 업무 사항들을 유지 관리한다.

⑨ 키 관리 절차를 확인하고 준수한다.

⑩ 베이비시팅^{Baby sitting} 절차에 따라 요청시 적절한 조치를 취한다.

⑪ 신속한 처리를 위해 분실물을 정리해 놓는다.

⑫ 교육 프로그램과 회의에 참석한다.

3) 룸 인스펙터^{room inspector}

객실정비의 책임자로서 판매가능한 객실로 정비되었는지 점검할
책임을 가지고 있으며, 룸 메이드의 객실 청소상태나 소모품 비치상
태, 근무상태, 객실기능의 이상 유무를 점검하고, 이상을 발견한 경우
이를 조치하여 완벽한 객실상품으로 판매할 수 있도록 조치를 취하는 감독자이다.

룸 인스펙터는 원가를 고려하여 각종 업무지시와 업무를 수행해야 하며, 고객서비스 개
선을 위해 지속적인 노력이 필요하다.

룸 인스펙터의 업무내용은 하우스키핑의 업무지시 및 메시지를 전달하며, 객실정비의
업무를 지시하고, 감독하는 것이다.

Floor Supervisor는 지정된 층의 Room Attendant와 House Attendant에게 업무를
지시하고, 교육 및 재교육을 책임지고 실시하되, 모든 호텔과 부서의 정책과 절차를 준수
한다.

기본 업무는 다음과 같다.

① 수준 있고 지속적인 서비스를 위해 8시간 내에 최다 객실을 점검하며 객실 청결 도가 명시된 기준에 부합되는지 확인한다.

② Executive Housekeeper 또는 Assistant에게 매일 결과를 보고한다.

③ 호텔 내부 시설에 대해 완벽하게 숙지하여 고객의 질문에 성심껏 답변한다.

④ 항상 근무지를 청결하고 깔끔하게 관리한다.

⑤ 모든 비품을 항상 청결하게 유지 관리한다.

⑥ 효과적이고 효율적인 운영을 위해서 필요한 모든 업무를 타 부서와 협조하여 수 행한다.

⑦ 의심 가는 사람을 발견한 경우에는 즉시 안전실에 통보한다.

⑧ 이 밖에 룸 인스펙터는 공공장소와 복도의 청결상태를 점검하며, 린넨실의 관리 및 고장객실의 수리를 의뢰하는 업무를 담당하고 있다.

⑨ 위의 점검사항과 하우스키핑의 종사원들의 근무상태를 점검하여 객실을 판매가 능한 객실로 언제나 유지해야 한다.

4) 룸 어텐던트 Room Attendant

룸 메이드라고도 하며, 실제적으로 객실을 청소하고 객실 내의 모든 소모품과 린넨류를 점검하는 종사원으로서, 숙달된 업무능력과 꼼꼼한 성격의 소유자에 적합하다. 객실 내의 각종 설비는 기술의 발달로 지속적으로 새로워지므로 꾸준한 교육으로 새로운 정비기술의 습득도 요구되어진다. 객실정비원은 고객이 위치한 현장에서 업무를 수행하기 때문에 언제나 대고객 서비스에 유념해야 하고, 고객의 사생활을 완벽하게 지켜줘야 하며, 객실을 언제나 판매가능한 객실로 유지해야 하고, 또한 매력적인 객실로 관리해야 한다.

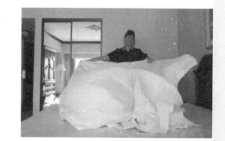

우리나라의 경우 남성보다 여성종사원의 근무비율이 높으

며, 특히 40~50대의 종사원이 주류를 이루고 있으나 최근에는 남성종사원과 20~30대 여성종사원도 많이 룸 메이드로서 근무하고 있다. Room Attendant는 퇴실 및 투숙 객실의 청소 업무를 수행한다. 모든 복도, 조명 기구, 객실 층 계단 등을 항상 청결하게 관리한다.

5) 하우스맨^{Houseman}

룸 메이드가 수행하기 힘든 일을 전담하거나 보조하는 종사원으로서 하우스맨은 업무에 따라 다음과 같이 분류할 수 있다.

또한 하우스 맨은 고객의 세탁물을 처리하기도 하며, 룸 메이드를 지원하여 Bed-Making을 지원하기도 한다.

Houseman은 고객 요구사항을 즉시 수행하고 Room Attendant를 도와 객실비품과 사무용품을 제공하며, 요청시에는 세탁실 업무를 보조한다.

기본 업무는 다음과 같다.

① 정해진 구역을 순회하고 빠진 품목이 있는지 기록한다.
② 린넨 & 객실용품을 각 층 팬츄리에 비축하고 기준량에 맞게 저장되도록 유지한다.
③ Room Attendant Cart에서 더러워진 린넨을 수거한 후 세탁물 슈트^{Shute}에 넣는다.
④ Room Attendant로부터 수거한 쓰레기를 분리 처리한다.
⑤ 복도의 카펫^{Corridor Carpet}을 진공청소^{vacuum Cleaning}한다.
⑥ 담뱃재를 제거한 후, 모래를 채우고 로고 스탬프를 찍는다.
⑦ 주변 승강기를 점검하고 얼룩과 지문을 제거한다.
⑧ 객실 내의 벽과 발코니 청소, 매트리스 교환 등과 같은 일반 청소 업무를 도와준다.
⑨ 무료 구두 광택 서비스^{Shoes shine}로 구두를 닦고 광택을 낸다.
⑩ 계단 벽과 층계 층을 쓸고 청소한다.
⑪ 고객 대여물을 요청된 객실로 전달한다.
⑫ 사용기물, 진공청소기, 카펫 청소기계의 청결을 유지한다.
⑬ 가구나 기물의 손상 정도를 보고한다.

⑭ 임무를 완수하면 업무대장, 호출기 그리고 열쇠를 객실 관리 사무실에 반납한다.

⑮ 교육 프로그램에 참여하고 부서별 모임에 참석한다.

6) Linen Attendant

호텔의 린넨과 유니폼의 분류, 분출과 보관을 책임지고 관리한다.

기본 업무는 다음과 같다.

① 더러워진 유니폼과 린넨을 분류하고 처리에 적합한 장소로 건네준다.

② 깨끗한 유니폼을 교환하고, 항상 유니폼을 사용가능한 상태로 유지한다.

③ 식음료업장에서 보내온 요청서에 따라 테이블 린넨을 지급한다.

④ 세탁실과 협의하여 식음료업장의 특별 요청에 따른 업무를 수행한다.

⑤ 색깔과 종류에 따라 세탁한 린넨을 선반에 놓고 가지런히 보관 유지되도록 한다.

⑥ 유니폼/린넨의 손상 혹은 분실 내용을 Linen Supervisor에게 보고하고 수선이 필요한 품목은 Seamstress에게 건네준다.

⑦ 유니폼 & 린넨의 재고관리 업무를 보조한다.

⑧ 수선이 필요한 것들을 처리하고 특별 지시가 있을 시에는 Seamstress를 도와준다.

⑨ Linen Supervisor로부터 지시받은 이외의 업무를 수행한다.

⑩ 교육 프로그램에 참여하고 계획된 부서별 모임에 참석한다.

7) Seamstress

린넨, 유니폼, 커튼heavy curtain, 드레이프Sheer curtain, 침대보와 고객이 요청한 의복 등을 수선한다.

기본 업무는 다음과 같다.

① 린넨, 유니폼, 커튼, 드레이프 그리고 침대보를 개조하고 수선한다.

② 새로운 팀원에게 유니폼을 지급하고 사이즈를 측정하며 그 기록을 유지해 둔다.

③ 지정된 객실의 커튼과 드레이프를 준비해 놓는다. 유니폼, 침대 및 테이블 린넨을 Executive Housekeeper와 상의하여 폐기처분한다.

④ 폐기처분한 품목들을 Laundry/Valet Coordinator와 상의하여 기록한다.

⑤ 단추, 옷단을 책임지고 수선한다.

⑥ 고객의 옷을 수선한다.

⑦ 근무지를 항상 깨끗하고 청결하게 관리한다.

⑧ 프로다운 용모 복장을 보여주도록 한다.

⑨ 유니폼/린넨의 발급을 위해 Uniform Attendant의 업무를 보조한다.

⑩ 유니폼/린넨의 재고관리 업무를 보조한다.

03 하우스키핑의 실무

하우스키핑의 직원들은 공공구역public area, 후방지역back of the house areas, 회의실meeting room, 연회장banquet room 등을 청소하는 데 배정된다. 그리고 그 밖의 직원들은 호텔의 린넨룸Linen Room, 런드리Laundry 등에서 일하게 된다. 그 밖에도 객실의 베드를 꾸미는bed making 데 필요한 린넨linens을 공급하고 bath soap, tissue, 그리고 shampoo와 lotion 같은 amenities 등을 객실에 공급하여 주는 일을 한다. 또한 객실의 카펫carpet, 바닥floor, 벽wall, 그리고 천장ceiling 등을 청결히 유지한다. 그리고 여러 가지 종류의 가구furniture 먼지를 닦아주고 광택을 유지시켜야 한다.

하우스키핑에서 수행되는 직무들은 호텔의 일상관리를 원활하게 하는 데 있어 중요하다.

하우스키핑의 주요한 업무는 다음과 같다.

1) 객실 청소^{Guest room cleaning}

(1) 메이드 업무 준비

하우스키핑 사무실로 가서 객실 층 키^{floor key}를 수령하고, 보드판^{notice board}에 특별한 지시사항이 있는지 확인하고 메이드 리포트^{work sheet}를 수령한다. 청소 후에는 투숙 고객의 안전을 위해 객실 문을 잠그는 것을 절대 잊어서는 안 된다. 신분이 불확실한 사람이 객실 문을 열어 달라고 부탁하는 경우 바로 하우스키핑 사무실로 전화하여 고객의 신분을 확인한다.

(2) 작업일지 수령^{Taking room report}하기

만약 객실 문에 "Do not disturb" 사인이 있으면 객실 안쪽에서 문이 잠겨 있다는 것을 의미한다. 반대로 "Make up" 사인이 있는 객실은 조용히 노크한 후 대답이 없으면 객실 안으로 들어가 빈방^{vacant}, 재실^{occupancy}, 퇴실룸^{check out}, 수리를 요하는 방^{out of order}인지를 메이드 리포트에 기록한다. 재실인 경우 객실에 몇 명이 투숙하고 있는지를 메이드 리포트에 명시한다. 이러한 리포트는 하우스키핑 사무실로 전해진다.

팬트리에서 필요한 린넨과 비품, 장비를 가져온다. 그리고 원활한 객실판매를 위해 우선적으로 첵크아웃룸^{check out room}을 먼저 청소한다. 다음으로 "make up room"을 청소한다. 만약 직접 메이드에게 청소를 부탁하는 손님이 있으면 퇴실 방보다 우선하여 청소해 준다. 객실 안에 손님이 있으면 청소를 하지 않는다. 그러나 손님이 원하는 경우에서는 객실 문을 열어 놓은 상태에서 청소를 한다. 재실 방을 다 청소할 수만 있는 경우라면, 빈방^{vacant dirty}을 먼저 청소한다. 전체적으로 먼지를 제거한 다음 객실을 환기시키고 비품을 확인해야 한다. 마지막으로 변기와 세면대의 물기를 완전히 닦아낸다.

(3) 객실 청소 전 확인사항^{Guest Bedroom Initial}

① 객실 문은 자동으로 닫히고 잠기는가?
② 비상대피도는 잘 보이며 이해하기 쉬운가?

③ 객실 문은 낡고 훼손되지 않았는가, 청결하고 손자국이 없는가?

④ 객실 온도는 적당한가?

⑤ 온도조절장치는 작동되는가?

⑥ Non smoking room일 경우 객실 문과 복도에 sign이 있는가?

⑦ 가구^(wood/metal)의 표면에 손상은 없는가?

⑧ 가구의 천은 훼손되지 않았나, 천은 깨끗한가?

⑨ 휴지통은 깨끗하고 망가지지 않았는가?

⑩ 서랍 안은 깨끗한가?

⑪ 바닥과 카펫은 훼손되거나 파손되지 않았는가?

⑫ 바닥이나 카펫은 부스러기가 없고 얼룩 자국이 없는가?

⑬ 벽과 천장은 훼손되거나 파손되지 않았나, 깨끗한가?

⑭ 벽의 고정설비는 망가지거나 먼지 없이 깨끗한가?

⑮ 창문틀과 sill은 깨끗하며 훼손되지 않았나, 깨끗하고 손자국이 없는가?

⑯ 창문 여닫이는 정상적이고 잠금장치는 이상이 없는가?

⑰ 커튼 여닫이는 정상적이고 깨끗한가?

⑱ 옷장 문은 깨끗하고 손자국이 없는가?

⑲ 옷장 선반은 깨끗하고 먼지나 손자국 기타 부스러기는 없는가?

⑳ 런드리 주문서와 런드리 백은 잘 정리되어 있는가?

㉑ 옷장 안에 옷걸이는 최소 10개가 잘 정리되어 걸려 있는가, 옷걸이 상태는 좋은가?

㉒ Bathrobe는 색깔이 변하지 않고, 낡거나 얼룩이 없는가?

㉓ 전화번호부, 안내서는 깨끗하게 잘 놓여 있는가?

㉔ Voice mail system 사용설명서는 명확하고 편리한가?

㉕ 전화기 옆에 Memo Pad와 Pen이 놓여 있는가?

㉖ 전화기 세트는 깨끗한가?

㉗ TV set 작동은 잘 되고 훼손은 안 되었는가?

(4) 재실 방 일상 청소 ^{Guest Occupied Room Daily Service}

① 바닥과 카펫 위에 부스러기를 치운다.

② 가구를 원위치로 옮긴다.

③ 창문에 손자국을 지운다.

④ Sheer Curtain을 닫는다.

⑤ Blackout drapes를 열어 둔다.

⑥ 전구가 나간 것이 없는지 확인한다.

⑦ 휴지통을 비우고 청소한다.

⑧ 깨끗한 재떨이와 성냥을 정해진 위치에 놓는다.

⑨ 돈이나 보석류와 같은 값진 개인물품은 있는 그대로 놓아둔다.

⑩ Stationary와 Pads를 제자리에 정리한다.

⑪ Memo Pad와 Pen은 깨끗이 채워 놓는다.

⑫ Laundry, Pressing, Dry Cleaning bag 그리고 주문서는 깨끗하게 채워 놓는다.

⑬ Ice Bucket을 청소한다.

⑭ 구두는 잘 정리해 놓는다.

⑮ 옷가지는 잘 정돈해 놓는다.

⑯ 신문과 잡지는 잘 정리해 놓는다.

⑰ Collateral, brochures, Publications, 그리고 그 밖에 유사한 물건들을 잘 정돈해 놓는다.

⑱ Sheet와 Pillowcase와 같은 린넨은 깨끗한 것을 사용하여 Bed Making한다.

⑲ 베드는 단정하고 팽팽하게 싼다.

⑳ 세면대를 청소한다.

㉑ 거울을 깨끗하게 청소하고 물기를 없앤다.

㉒ 욕조와 샤워기를 전체적으로 청소한다.

㉓ Shower Curtain과 Door를 청소한다.

㉔ Soap Dish를 청소한다.

㉕ 변기^{Toilet} 또는 비데^{Bidet}를 전체적으로 청소한다.

㉖ 세면대 위에 글라스 2개를 깨끗이 닦아서 덮개를 덮어 놓는다.

㉗ 개인 세면도구를 반듯하게 정리해 놓는다.

㉘ 비누와 어메니티는 2/3 정도 쓰면 갈아준다.

㉙ 새 병의 amenities는 쓰던 것 옆에 놓는다.

㉚ 모든 비품들은 깨끗하고 단정하게 정돈하여 놓는다.

㉛ 깨끗한 린넨을 잘 정돈하여 교체해 놓는다.

㉜ Bathrobe는 단정하게 걸어 놓는다.

㉝ 발코니를 청소한다.

㉞ 재실 방에는 매일 신문을 넣어 준다.

(5) 침대 꾸미기 Making bed

매트리스 mattress 는 좋은 형태를 유지하기 위해 분기별로 뒤집어 놓는다. 침대 꾸미기 bed making 는 여러 가지 방법들이 있는데, 항상 하우스키핑 관리자의 지시를 따라야 한다.

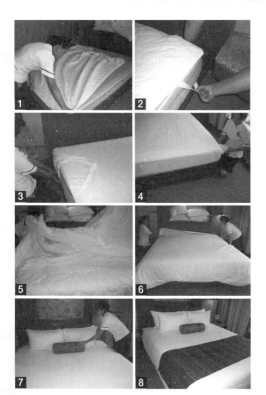

침대 꾸미 bed making 는 시간을 줄이기 위해 침대 상단 왼쪽에서 시작하여 시계 반대 방향으로 돌면서 진행한다. 오른쪽에서 시계방향으로 하고 싶으면 그렇게 시작해도 무방하다.

그 순서는 다음과 같다.

① Mattress pad를 베드 위에 놓고 싼다.

② 시트의 상단의 왼쪽 구석을 맞춘다.

③ 시트 하단의 왼쪽 구석을 맞춘다.

④ 베드 위에 duvet cover를 놓는다.

⑤ 듀베 Duvet cover 위쪽에서 duvet를 집어넣는다.

⑥ duvet를 넣은 cover로 베개를 싼다.

⑦ 베개를 넣는다.

⑧ Duvet cover로 싼다.

(6) 턴다운 서비스 Turn down service

어떤 호텔에서는 턴다운 서비스를 원하는지 여부를 손님에게 직접 공손하게 물어본다. 서비스를 원하는 손님은 침대 위에 놓인 소지품들을 미리 치워야 한다. 어느 호텔에서는 자동적으로 모든 개별 고객들에게 턴다운 서비스를 제공하고 있다. 그러나 관리자들이 고려해야 할 것은 대다수의 고객들이 이른 저녁 시간에 잠자리가 준비되는 것을 원치 않는다는 사실이다.

턴다운 서비스의 순서는 다음과 같다.

① 헤비커튼 Heavy Curtain 과 시어커튼 sheer Curtain 을 모든 닫는다.
② 모든 전등을 약간 흐리게 켜 놓는다.
③ BGM background music 을 낮은 볼륨으로 틀어 놓는다.
④ 손님 옷가지를 가지런하게 정리해 놓는다.
⑤ 작동이 안 되는 전구가 있는지 확인한다.
⑥ 돈이나 보석류와 같이 값진 물건들은 있는 그대로 놔둔다.
⑦ 신문과 잡지는 잘 정리해 놓는다.
⑧ 구두는 가지런히 정리한다.
⑨ 깨끗한 재떨이와 성냥을 정해진 위치에 놓아둔다.
⑩ 커피세트를 깨끗이 닦아 정리해 놓는다.
⑪ 휴지통을 비우고 깨끗이 해둔다.
⑫ 얼음통 Ice bucket 을 닦아 둔다. / 얼음 서비스
⑬ sheet와 pillow를 꺼내 놓는다.
⑭ Bed cover를 맵시 있게 접는다.
⑮ Bed cover를 나이트 테이블 밑에 보관한다.
⑯ 세면대 앞에 있는 글라스 2개를 깨끗이 하여 놓는다.
⑰ 세면대를 청소한다.

※ 그림 순서 무관하여 참조 자료

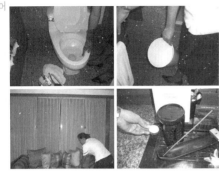

⑱ 욕조와 샤워기를 청소한다.

⑲ 변기 물을 내린다.

⑳ 개인 세면도구를 잘 정리해 놓는다.

㉑ 비누나 Amenities는 2/3 정도 썼으면 교체해 놓는다.

㉒ 재실인 경우 쓰다 남은 비품을 옆에 놓아준다.

㉓ 모든 Amenities는 깨끗한 상태로 정리한다.

2) 공공지역 청소 Public Area Cleaning

객실과 욕실의 청소는 하우스키핑의 일상 업무이지만 공공지역, 호텔 입구, 로비, 복도, 엘리베이터, 화장실, 운동시설물 그리고 연회장, 회의실, 사무실, 판촉부 사무실, 비즈니스센터 등과 같이 손님들이 직접 볼 수 있는 장소들을 청소한다.

(1) 공공 청소 구역

- 공공지역public area : 로비lobby, 바bars, 라운지lounge, 다이닝룸dinning rooms, 연회장 룸 banquet room

- 후방지역back of the House : 복도halls, 주방kitchen, 창고store-rooms

- 정원grounds, 수영장pool, 오락시설recreation areas, 실내식물interior plants, 숍shop, 사무실offices

(2) 식음료업장 청소

식음료업장 서비스 구역에 대한 하우스키핑의 청소 임무는 호텔에 따라 다양하다. 하우스키핑은 주방, 레스토랑, 창고지역 등의 청소와 관련하여 매우 제한적인 책임을 가지고 있다. 이러한 구역을 유지 관리하는 데 요구되는 특별 청소나 위생에 대한 책임은 보통 chief steward 감독하에 있는 기물관리과에 의해 수행된다. 식음료업장의 청소는 그 업장 직원들이 아침이나 점심 영업이 끝난 후에 직접 하는 경우도 있다. 하우스키핑의 야간 청소원은 업장 영업이 시작하기 전 이른 아침이나 저녁 영업이 끝난 야간에 특별 청소depth cleaning를 시행한다. 객실관리 관리자와 식음료업장의 지배인은 서비스 구역service area이나 서비스 스테이션service station 주변의 청결이 완벽하게 유지되도록 서로 밀접하게 업무를 수행해야 한다. 연회장이나 컨벤션 서비스와도 같은 업무 협조 관계가 필요하다. 연회장이나 컨벤션은 행사 준비 세팅이 끝나거나 행사가 끝나고 나면 바로 청소를 시작한다. 최종 특별 청소depth cleaning는 야간 청소원에게 넘겨진다. 결국 이 구역의 청결이나 전체적인 미관 유지에 대한 책임은 하우스키핑 부서에 있다.

(3) 쓰레기 분리수거Trash Removal and Disposal

하우스키핑의 업무 중에서 특별한 잡일은 쓰레기 치우기, 분리작업 그리고 폐기처분 등과 같은 허드렛일이다. 불쾌한 냄새와 불결한 위생문제들을 줄이도록 한다. 거기에 만약, 자동 쓰레기 압축기가 설치되어 있지 않다면 보관기간과는 상관없이 모든 쓰레기를 모아 두는 냉각창고가 필요하다. 쓰레기 처리장은 충분한 위생관리를 위해 매일매일 청소하는 것이 중요하다. 쓰레기 처리장은 항상 닫혀져 있어야 하지만 통풍장치가 되어 있어야 한다. 그리고 외부 전문업체로부터 방제작업pest control을 의뢰하여 쥐들과 같은 설치동물들을 통제하고 살균 소독을 철저하게 해야 한다. 객실에서 나온 쓰레기는 즉각적으로 쓰레기 압축기trash Compactor로 넣어져야 한다. 직원들의 부주의로 인해서 린넨이나 손님의 귀중품들이 무의식적으로 휴지통으로 들어가 쓰레기장에서 나타나는 경우가 있다. 서류, 항공 티켓, 그리고 선물들이 쓰레기 속에서 나오는 경우가 일반적이다.

3) 재고조사Inventories

기준량Par levels, Par란 하우스키핑의 일상 업무를 위해 지원되어야 하는 재고품목의 기준 수량을 말한다. 예를 들어, 런드리에서의 세탁 순환과정과 식음료업장의 규모를 기초로 하여 필요량을 계산한 린넨의 적정 기준량을 말한다.

보통 적정 기준량Par은 Bed linen(3), Terry linen(4~5), table linen(3), Napkins(5)이다. 창고 재고Stock, 분출Issue, 사용consumption과 교체replacement 등과 같은 재고관리 절차는 필

요한 예산을 계획하고 관리에 있어서 중요하다.

적정 보유량을 증가시키면 린넨의 수명은 길어지게 되는데 그 이유는 회전량이 많을수록 린넨의 휴면시간breathing time은 더 길어지기 때문이다.

창고에 있는 새 린넨New Linens은 건조하게 보관되어야 하며 곰팡이 등과 같이 습기로 인한 린넨의 훼손을 피해야 한다. 린넨의 폐기기록장부discard log는 앞으로 린넨을 보충하는 데 필요한 양을 산출하기 위하여 중요한 자료가 되기 때문에 계속하여 유지 관리가 되어야 한다.

세탁 과정에 직접 참여하는 런드리 직원들은 린넨의 순환과정마다 품질관리에 대한 교육이 잘 되어 있어야 한다. 그 밖에 하우스키핑에서 수행하는 재고관리 품목들은 유니폼, 객실비품guest supplies, 청소용품cleaning supplies, 대여품목guest loan items 등이다.

유니폼은 항상 최상의 상태로 수선 유지되고 관리되어야 한다.

재고관리Inventory를 하는 또 하나의 중요한 이유는 운영 지출 비용을 통제하기 위한 것이다. 그 첫 단계는 기준 재고량Par Level을 설정하는 것이고, 두 번째 단계는 적정 기준량에 대한 비용설정, 세 번째 단계는 실제 소모량을 기초로 비용을 설정하는 것인데 이는 객실비품Guest Supply과 청소용품 Cleaning Supply의 재고관리Inventory에 있어서 매우 중요하다. 장비와 도구Equipment and Furniture의 재고관리 또한 중요하다. 이 재고관리장부에는 장비의 종류, 구매일자, 구매단가, 제품보증서, 매뉴얼 등이 기록된다.

4) 키 관리Key control

안전security과 관련하여 키 관리는 아주 중요한 문제이다. 손님의 안전과 사생활 보호를 위해 적절한 절차를 취하는 것은 매우 중요하다. 키 관리key control를 적절하게 수행함으로써 고객의 물품이나 호텔 자산의 도난가능성으로부터 보호받을 수가 있다.

하우스키퍼, 슈퍼바이저, 메이드, 하우스맨 그리고 다른 많은 용도로 사용하는 키key들은 최소한 한 층의 구역section에 있는 모든 객실을 열 수 있는 마스터키master key들이다. 키는 보통 하우스키핑 사무실에 있는 전용 캐비닛에 보관된다. 그리고 슈퍼바이저나 모든 메이드들은 키를 수령하고 반납할 때마다 장부에 키의 내역을 기록하고 사인한다. 만약 직원이 키를 반납하지 않은 상태에서 퇴근하였을 경우에는 안전실 직원의 입회하에 로커 문을 열어 찾아낸다. 만약에 그곳에서도 잃어버린 키가 발견되지 않으면 전화를 하여 해당 직원을 불러내어 그가 담당했던 층^{보통 15-30실}의 객실들을 확인하게 된다. 이것은 직원들이 pass key를 직접 소지하고 사용함으로써 누리는 혜택에 대한 반대급부 현상으로서 좋지 않은 사고라 할 수 있다.

하우스키핑에서는 4가지 종류의 열쇠를 중요하게 다루고 있다.

① Emergency Keys : 호텔 내 모든 시설의 문을 열 수가 있다. 그러므로 이 키는 매우 안전한 장소에 보관해야 한다. 단지 소수의 부서장들에게만 이 키를 불출하게 된다.

② Master Keys : 1개 이상의 객실 문을 열 수 있는데 보통 3개 층 정도로 그 기능을 제한하고 있다.

③ Grandmaster Key : 열쇠로는 모든 객실 문과 창고 문을 열 수 있다.

④ Floor master Key : 일반적으로 룸 어텐던트들이 사용하는 열쇠로서 일정한 구역이나 층의 출입만 가능한 열쇠이다.

⑤ Guest room Keys : 객실 손님에게 제공되는 열쇠이다.

■ 열쇠 관리 절차^{Key control procedures}

① 열쇠의 불출을 통제하는 로그 북^{A log or sign in / out form}은 일상관리가 꾸준하게 유지되어야 하며 열쇠를 수령하는 사람이 직접 로그 북에 수령날짜, 시간, 열쇠내역 그리고 수령자의 이름을 정확하게 기록해야 한다.

② 최초 열쇠를 수령하는 자가 직접 로그 북에 기록해야 한다.

③ 열쇠 분실을 방지하기 위해 열쇠고리를 만들어 놓는다.

④ 직원들은 절대로 열쇠를 손님이나 다른 동료 직원에게 빌려주어서도 안 되며, 열쇠가 호텔 밖으로 불출되는 일이 없어야 한다.

⑤ 객실 안에서 손님이 두고 간 열쇠가 발견되면 곧바로 프론트데스크로 보내져야 한다.

⑥ 열쇠를 분실하는 경우 곧바로 보고되어야 한다. 열쇠가 분실되었을 때의 유일한 해결방법은 객실 키를 재발행하는 것이다. 열쇠를 재발행함으로써 발생하는 비용과 시간 소비를 결코 간과해서는 안 된다.

⑦ 최근 대부분의 호텔에서는 신용카드와 같이 마그네틱이 부착된 Card System$^{Bin\ card}$을 사용하고 있다. 이 시스템은 최초 설치비용은 어느 정도 들게 되지만 컴퓨터에 각 객실의 로크 코드$^{lock\ code}$를 입력하여 키를 발행하기 때문에 재발행에 드는 비용은 아주 저렴하다.

⑧ 모든 열쇠의 불출이 잘 관리되고 있는지를 확인하기 위해서 키 재고조사$^{Key\ inventory}$가 불시에 이루어지고 있는 것이 일반적인 사례이다.

⑨ 어떤 호텔에서는 마스터키를 분실한 자에게 해고까지 하는 엄중한 조치를 취하고 있다.

5) 분실물 처리 Lost and Found procedures

모든 분실물들은 하우스키핑 사무실로 가져오게 된다. 발견날짜, 발견장소^{객실번호}, 내용물 설명, 그리고 포장 일련번호를 Lost and Found Log book에 기록한다. 공식 요청서$^{written\ request}$가 아닌 경우에는 어떤 손님에게도 분실물을 그냥 보내주면 안 된다. 모든 포장된 물품은, 발견날짜, 발견장소, 분실품목, 발견자 이름이 표시되어야 한다. 포장한 물품은 순서대로 번호가 매겨져야 한다.

하우스키핑은 호텔의 규정^{policy}에 따라 일반품과 귀중품$^{valuable\ items}$을 구별하여 관리한다. 룸 어텐던트$^{room\ attendant}$가 체크아웃 룸$^{checked\ out\ room}$에 들어가게 되면 객실 안에 손님이 두고 간 물건이 있는지를 먼저 확인해야 한다. 만약 어떤 물품이든 발견되면 가능한 빨리 분실물 처리$^{Lost\ and\ found}$로 보내져야 한다. 룸 어텐던트는 발견한 분실물을 층의 슈퍼바이저^{supervisor}에게 전해준다. 만약 30분 이상이 되도록 슈퍼바이저를 보지 못하게 되는 경우에는 하우스키핑 사무실에 전화하여 슈퍼바이저에게 호출기^{pager}로 연락하여 분실물을 픽업

pick up할 수 있도록 조치를 취한다. 슈퍼바이저는 그 분실물을 하우스키핑 사무실로 가져와 분실물접수장log book에 절차에 따라 기록하게 된다.

쓰레기통 안에 있는 것이 아니라면 의자 위에 놓인 종이일지라도 함부로 버려서는 안 된다. 이러한 하찮은 물건들일지라도 항상 분실물Lost and found로 처리되어야 하는 것이다. 어떠한 분실물도 각 층에 위치한 린넨팬트리linen pantry나 메이드 카트maid cart 안에 방치되어서는 안 된다.

식음료업장, 공공장소, 연회장 등에서 습득된 모든 분실물들은 하우스키핑 사무실로 보내져야 한다. 100$ 이상의 귀중품이나, ID Card, 신용카드credit card, 패스포트passport, 항공권airline ticket, 현금cash 등은 당직 지배인duty manager에게 보고하고 신용카드의 경우에는 경리 부장controller에게 알린다.

병마개가 열린 알코올은 모두 룸서비스를 통해 식음료부서로 보내져야 하며 오픈하지 않은 알코올 병은 분실물 처리한다. 음식물은 분실물로 처리하지 않고 모두 폐기처리한다.

100$ 이하의 가치가 있는 일반 분실물general items은 보통 90일간 보관하며 귀중품은 호텔 내의 안전한 캐비닛safety deposit cabinet 안에 6개월 이상 보관하게 된다.

6) 재봉실 The Sewing Room

큰 규모의 호텔에서는 보통 두 명의 재봉사가 house linen과 유니폼, 맞춤 제작된 커튼 등을 자체적으로 가지고 있는 옷감을 잘라 수선하는 일을 담당한다.

런드리에서 분리되어 나온 damaged sheet를 한쪽 구석에 모아 놓고 때에 따라 수선 한다. 쓸모없는 린넨일지라도 결코 버리지 않는다. 헝겊조각이나 흰색 천들은 걸레로 사용되고 색깔 있는 천들은 주방용 걸레로 사용된다. 소규모 호텔에서는 100% 면cotton 보다는 수명이 더 긴 합성수지polyester로 짠 시트를 구입하고 있으며 가능한 수선하여 오래 사용하려고 노력한다. 부분적으로 훼손된 시트는 중앙을 잘라내어 두 개를 이어서 재사용할 수 있다. 호텔에서 시트 중앙을 꿰매 쓰는 것이 과연 허용되겠느냐? 아마도 대답은 Yes일 것이다. 객실 가격이 싼 이류 호텔에서는 허용되지 않겠느냐는 대답이 그 의문에 대한 이견을 좁힐 수 있을 것이다.

재봉실에서 이루어지는 직무는 다음과 같다.

① 유니폼을 고친다.

② 테이블 린넨을 수선한다.

③ 커튼, 베드 스프레드, 소파 커버 등과 같이 비교적 구입가격이 높고 최소한의 수선만으로 정상상태로 만들 수 있는 품목들을 수선한다.

④ 매트리스 패드를 가지고 은기류 광택을 내는 데 필요한 패드를 만든다.

⑤ 다른 목적으로 재사용할 냅킨은 X자로 재봉선을 만들어 새 냅킨과 구별되게 한다.

⑥ Crib - size sheet, blankets 그리고 pillow case를 만든다.

⑦ 천이나 시간이 허용된다면 커튼이나 bedspread를 만든다.

⑧ 시트 감침질한다.

⑨ 천 조각을 가지고 매트나 걸레를 만든다.

⑩ 손님 옷을 수선한다.

7) 창고 관리 The storage Areas

전문 하우스키퍼 professional housekeepers 들은 말하기를 "어느 것이든, 어느 곳이든, 어느 때이든지 충분한 창고 공간 storage space 은 결코 있을 수 없다."고 들한다.

더 엄밀히 말하면, 이것은 계획 부재 또는 경영이나 설계 부분에 대한 이해 부족에서 나오는 것일지도 모른다. 새로 오픈하는 호텔의 경우에 경영진은 종종 Executive housekeeper, 즉 건물 구조를 설계할 당시에 필요한 창고 공간에 대해 말해 줄 만한 사람을 너무 늦게서야 채용하는 경우가 있다. 이런 경우, 계획된 건물 구조에 대한 견적을 줄이는 데 있어 비효율적인 결과를 초래하게 된다. 그러나 여기에 더한 것은 이러한 문제들이 하우스키핑의 업무 절차를 더 어렵게 한다는 것이다.

하우스키퍼는 창고 공간의 부족에 직면하여 다음과 같이 대처해야 한다.

① 계속하여 직원들에게 재고정리를 권장하고 더 이상 필요하지 않은 것은 폐기시킨다.

② 효율적으로 짐을 빽빽하게 정리할 수 있는 방법을 고안한다.

③ 하우스키핑에서 자주 사용하지 않는 창고가 있는지 확인한다.

④ 창고를 리모델링하여 효용도를 높인다예로, 선반을 추가하거나 줄인다, 선반 간의 간격을 줄이거나 늘린다.

⑤ 가구 등을 보관할 때에는 접거나 겹치거나 하여 사이의 공간을 잘 이용한다.

⑥ 대량구매하는 물품은 공급업자의 창고에 보관하여 일주일이나 한 달 간격으로 필요에 따라 자동적으로 배달하는 방법을 공급업자와 협의한다.

⑦ 운반차, 카트, 짐수레 등에 물품을 실어서 창고에 보관한 뒤에 필요할 때 운반하게 되면 이중으로 작업해야 할 시간을 단축시킬 수 있다. 반면에 대체적으로 저장공간이 늘어나게 된다.

⑧ 카펫 바닥에 보관하기 힘든 물건은 가능한 천장 공간을 이용한다. 천장에 금속 고리를 설치하여 매달아 보관할 수도 있다.

⑨ 빈 공간의 벽은 선반을 설치하여 튼튼한 고리에 빗자루, 걸레, 브러시 등을 걸어 보관할 수 있다.

⑩ 앞에 나온 사항들이 효과적일 것이라고 판단되거나 아직도 부적절하게 방치되어 있는 창고 공간이 남아 있다면 관리자와 해결책을 상의한다.

8) 직원 유니폼 관리 The Uniform room

(1) 유니폼의 의미

호텔산업에서 유니폼은 그들의 신분을 식별하고, 제도가 효율적이고 순조롭게 운영되어지기 위한 것이다. 오늘날 유니폼의 스타일, 디자인, 패턴 그리고 컬러의 분류는 무한하다. 외형과 스타일이 중요한 반면 그것이 전부는 아니다. 만약 디자인이 나쁘다면 유니폼이 호텔의 이미지를 망가뜨릴 수도 있다. 서툴게 만들어진 유니폼은 직원들의 직무수행 의욕을 감소시키며 사기에 영향을 미치게 되어 궁극적으로는 호텔 서비스 품질에 해를 끼치게 한다. 편안함과 실용성은^{견고성과 유지 관리 수월에 대해서는 언급하지 않음} 유니폼을 선정하는 데 있어 우선적으로 고려되어야 할 사항이다. 왜냐하면, 호텔의 평판은 서비스에 의존하기 때문이다. 만약 유니폼이 적절하게 잘 디자인되었다면, 유니폼으로 하여금 고객들을 매혹시킬 수 있다.

이론적으로 유니폼은 직원들을 더 통일화 · 전문화^{"uniform" and professional}시킨다.

유니폼을 입어야 하는 직원들은 최소 8시간 근무복을 입고 있기 때문에 그들의 유니폼이 편안하고 그들에게 가능한 매력을 느끼게끔 해야 한다. 멋있게 보이고^{good looking}, 잘 지어진 의복은 자신감과 책임감을 불러일으키게 되고, 직원들은 그들에게 지급된 유니폼을 개인 옷장에 정성들여 잘 보관하게 된다. 게다가 유니폼을 입으면 개인 사복을 더 아껴 입을 수 있다.

또 한 가지 고려해야 할 사항은 유니폼은 어디까지나 유니폼이다. 아무리 좋은 디자인일지라도 직원들이 자기 집에서는 입을 수도 없고 입을 생각도 들지 않게 디자인되어야 한다는 것이다. 그렇게 함으로써 지급된 유니폼이 더 빨리 훼손되는 것을 방지할 수가 있는 것이다. 마지막으로 유니폼은 호텔 업무 용도에 맞게 효율적으로 사용되어야 한다.

호텔은 업무에 따라 서로 다른 타입의 유니폼을 착용한다. Doorman과 같은 부서는 계절에 따라서 유니폼을 바꿔야 하는 Seasonal uniform을 요한다.

유니폼을 결정할 때에는 공정기간, 품질, 외모 그리고 업무수행 역할 등을 고려해야 한다. 다행히도 시장에서는 천^{fabrics}, 형태^{styles}, 색깔^{colors}에서 폭넓은 선택의 기회를 제공하고 있다. 최근 대부분의 유니폼들은 질기고 다루기 쉬운 합성별^{Polly cotton}로 만들어지고 있다. 합성면은 색감이 잘 받고 순면^{cotton}보다 훨씬 감질이 부드럽다. 일반적으로 폴리에스테르^{polyester}나 합성섬유^{synthetic}의 천^{fabric}은 재킷^{jacket}, 코트^{coat}, 조끼^{vest}, 넥타이^{necktie} 등에 사용된다. 기본적으로 주방 조리사들의 유니폼은 순면^{cotton}을 사용하게 된다.

(2) 유니폼 스타일Uniform Styles

만약 지나치게 개념^{concept}이나 이미지^{image}를 강조한다면 디자이너는 유니폼의 기능성보다는 외양을 더 우선한 독창성에만 너무 치우치게 될 것이다. 문제는 이런 독창성 있는 유니폼을 입고 있는 직원들도 여전히 입기에 편안하기를 원한다는 것이다. 그들은 그래도 업무는 효율적으로 수행해야 하고 유니폼을 입고 있을 때 몸이 자유로워야 하며 꽉 조이지 않아야 한다. 웨이터^{waiter}, 웨이트리스^{waitress}, 벨보이^{bellboy}, 메이드^{maid} 그리고 정비원 ^{repairman}들과 같이 무거운 가방을 운반하거나, 음식물^{food tray}을 나르거나, 물건을 집어 올리 거나 손을 뻗어야 하는 일을 하는 직원들의 유니폼은 허리와 가슴 주위, 팔 밑 부분에 충분 한 여유가 있어야 한다. 의복이 직원들의 활동을 저해하거나 효율적인 직무수행에 방해가 되게 만들어져서는 안 된다.

포켓^{pockets}, 칼라^{collar}, 벨트^{belt}나 허리띠^{sash} 등을 디자인할 때에도 이러한 면들을 충분히 고려하여야 한다. 일반 레스토랑이나 호텔 직원들이 입는 유니폼은 포켓이 꼭 필요하다. 웨이트리스는 주문서^{order slip}를 쉽게 넣을 수 있고 메모지와 볼펜을 보관할 충분한 공간을 필요로 한다. 웨이트리스가 서브를 하거나 테이블을 치우기 위해 허리를 구부릴 때 check slip이 구겨질 염려가 있기 때문에 이런 경우에는 옆쪽에 직선으로 포켓을 만드는 방법이 좋다.

(3) 유니폼 관리

유니폼 관리는 호텔의 유니폼 실에서 이루어진다. 직원 유니폼 관리업무는 복잡하기 때 문에 한 명의 직원이 그곳에 고정적으로 배치되어 유니폼을 불출하고, 재고 파악도 해야 하며 수없이 많은 종류와 크기의 유니폼들을 필요에 따라 주문해야 한다. 유니폼 실은 그 날그날의 스케줄을 기초로 관리되어야 한다. 직원들은 정해진 시간 내에 새 유니폼으로 교 환하여 갈아입어야 한다. 어려움은 여기에 있다. ─ 직원들의 업무 교대 시간이 서로 다르기 도 하고 런드리나 유니폼 실의 이용시간 또한 제한됨으로 해서 어떤 사람들에게는 이용하 기가 불평할 것이다.

하나의 대안 절차로는 런드리 룸에서 유니폼 불출을 담당하고 있는 직원이 직접 각 직 원들의 로커 안에 세탁된 유니폼을 넣어 주게 하는 방법이다. 만약 직원들이 이러한 방식 에 대해 사생활 침해라고 항의하게 되면, 또 다른 해결방법으로 직원 자신들이 본인이 사 용하고 있는 로커 바깥쪽 걸이에 세탁할 유니폼을 걸어 놓게 하고 런드리 직원들이 이를 수거해 가게 하여, 그 후 그들 스케줄에 맞추어 세탁된 유니폼을 가져다 같은 곳에 걸어 주 는 방식이다. 직원들은 각자에게 지급된 유니폼에 대한 책임을 지게 된다. 신입사원의 경 우 근무를 시작하는 첫날 유니폼을 지급받으면서 장부에 사인을 해야 하고 퇴직할 경우에는 유니폼이 반납될 때까지 급여 지급이 보류되게 된다. 가능하면 신입사원에게 새 유니폼을 지급해야 한다. 그러나 이것이 항상 실용적이지는 않다. 왜냐하면 항상 이어지는 이직률 문제 때문이다. 새 유니폼을 구매하기 전에 기존의 유니폼의 상태를 확인하여 재봉사에 의해 어느 정도 몸에 맞게 변형을 시켜 입힌다. 모든 호텔들이 직원들의 유니폼 세탁 비용을 부담하는 것은 아니다. 어떤 대규모 휴양지 호텔에서는 직원들 스스로가 각자에게 지급된 유니폼 세탁을 맡기고 있다.

(4) 유니폼 보관Storage and Stocking

유니폼 실의 공간 확보 여부에 따라 어떤 유니폼은 옷걸이rack에 걸어서 보관하기도 하고 접어서 선반 위에 보관하기도 한다. 유니폼 교환 업무를 원활하게 하기 위해서 선반이나 유니폼에 각 직원들의 이름 또는 고유번호ID를 적어서 표기한다. 유니폼 교환을 담당하는 직원은 직원들의 근무 분위기에 영향을 미칠 수 있기 때문에 명랑하고 참을성이 있는 성격을 소유한 사람이어야 한다. 얼마의 유니폼을 비축하느냐 하는 것은 아인슈타인의 이론을 해석하는 것과 같다. 통제할 수 없는 이직률, 적당한 크기size 예측, 수선이 불가능한 옷 등과 같은 모든 요인들을 기초로 하여 계산하는 일이 그리 쉽지 않다. 말할 것도 없지만 이러한 사항들을 충분히 고려해야 할 것이다.

공공지역public area에서 근무하는 직원들은 항상 단정하고 깔끔해야 한다. 그런데 그곳에서 일하는 직원들은 가끔은 예기치 못한 사고들로 인해 유니폼을 갈아입어야 할 경우가 있다. 그들은 결국 후면에서 일하는 사람들보다 더 자주 유니폼을 갈아입어야 하는 것이다. 후면에서 고객들과 접할 기회가 그리 많지 않은 직원들은 하루 이상 유니폼을 갈아입지 않을 경우도 있을 것이다. 그러므로 공공지역에서 일하는 직원들의 유니폼은 이런 불시의 사고들이 얼마나 자주 일어나느냐를 기초로 하여 구매되어야 한다.

주방장chefs 또는 부주방장souse chefs 그리고 고기 베는 사람carvers들의 경우에는 하루에 두 벌의 유니폼이 필요할 것이다. 음식을 직접 다루는 직원들은 항상 청결을 유지해야 하기 때문에 유니폼 또한 어떠한 얼룩이나 때가 없이 깨끗해야 한다.

혼방cotton/polyester blends 천의 경우 보통 수명이 75회전 세탁까지 간다. 유니폼의 수명은 일반 개인 옷보다 수명이 더 짧다. 왜냐하면 더 쉽게 더러워지고 때가 묻기 때문이다. 반대로, 그들은 다른 사람들과 같이 매일 도중에 유니폼을 갈아입을 필요가 없다. 그러나 일반적으로, 이러한 천의 전체 수명은 1년에서 18개월 정도로 보면 된다.

(5) 유니폼 불출Uniform Issue

유니폼의 교체 빈도수는 특별한 경우를 제외하고는 세탁 빈도수에 의해 좌우된다. 이것은 또한 직원 한 사람당 필요한 유니폼 수에 영향을 미친다. 예를 들면, 만약에 의복이 일주일 단위를 기준으로 세탁되어지지 않는다면 직원들은 일주일에 다섯 번씩 갈아입어야 할 것이다. 이것은 직원 한 사람당 최소한 11벌의 유니폼이 필요하게 될 것이라는 의미이다. 이론적으로는 한 사람당 6벌을 소유하고 나머지 5벌은 런드리에 있게 된다는 것이다. 직원은 한번에 5벌을 제출하고 5벌을 돌려받게 된다.

말할 필요도 없이, 많은 양의 재고와 보관장소가 필요하겠고 기록을 담당하는 관리자는 계속해서 머리가 아플 것이다. 주당weekly으로 하는 세탁방법은 일상daily 세탁보다 비용이 더 들고 비실용적이다. 혼방천polyester은 문제가 더 커진다. 사실상, 혼방천은 기름 물질에 대해 유연성이 있다. 색깔 있는 속옷이나 겨드랑이 밑에 있는 얼룩 등은 지우기가 더 힘들거나 지우는 데 시간이 더 오래 걸린다. 세탁 과정에서 이러한 얼룩을 제거하기 위해 세제를 이용하게 되는데 이러한 이유들이 천의 수명에 영향을 미치게 된다.

9) 객실용품과 비품Guest room supplies and amenities관리

객실용품들은 cleaning supplies, electrical supplies, mechanical supplies and extra furnishing supplies로 분류된다. 객실용품Guest room supplies은 객실에 있거나 객실 내에서 사용되는 것을 말한다. 그러나 종종 손님들이 기념품souvenirs으로 가져가기도 한다. 그때마다 메이드는 메이드 카트에 있는 것으로 보충해 놓아야 한다. 그리고 각 메이드 카트에 적재해야 할 비품목록을 만든다.

(1) 객실용품의 종류

객실용품의 종류들은 다음과 같다.

- 욕실용품^{Bathroom Supplies} : Towels^{Bath Sheet and Bath Towels}, Hand Towels, Wash Cloths, Bath Mat, Bathrobe, Scales, Hair Dryer, Glasses and Ice Bucket On Tray, Magnifying/Swivel Mirror.
- 욕실비품^{Bathroom} : Soaps^{2 and 3 ounce}, 2 or 3 Bars^{Hand Soap, Bath Soap, Deodorant Soap}, Bath Power, Bath Gel, Bubble Bath, Shampoo, Hair Conditioner, Skin Moisturizer, Cologne, After Shave Lotion, Toothpaste, Toothbrush, Clothes Brush or Lint Remover, Shower Cap, Mouthwash, Suntan Lotion, Shoe Polish Applicator, Shoe Shine Cloth, Razor, Blades.
- 객실용품^{Bedroom supplies} : Theft – Proof Hangers, Bible, Clock, Table Tents, Telephone Book, Room Service Menu, Hotel Service Directory, "Do Not Disturb" Sign, Plastic Tray With Ice Bucket And Glasses, Coffee Maker And Cups.
- 객실비품^{Bedroom Giveaways} : Note Pad And Pencil Or Pen, Stationery, Matches, Plastic Bag, Laundry Bag, Laundry List And Dry Cleaning List.

(2) 용품 및 비품 관리^{Handling Amenities}

메이드 카트^{maid cart}를 보관하는 팬트리^{pantry}에는 1주일 사용 분량의 amenities supplies 가 준비되어 있다. 물론 객실점유율^{room occupancy}이 supplies 사용량에 영향을 미친다. 각 메이드는 플라스틱 박스에 어메니트를 담아^{12개씩} 카트에 싣는다. 때때로 이 고리 바구니^{wicker baskets}를 사고 싶어 하는 손님이 있다. 그래서 하우스키핑에서는 가능한  가격을 미리 정해 놓는다. 여자 손님들이 특히 body lotion을 사고 싶어 하지만 어느 것도 상표가 붙어 있는 것은 없다. 상표를 붙일 것인지 호텔 로그를 사용할 것인지는 호텔 경영진이 결정하게 된다. 어떤 경영진들은 이렇게 말한다. "화장품 회사들은 자기 회사 상품광고에 많은 돈을 투자하는데 손님들에게도 이런 화장품을 주면서 상품을 알릴 수 있지 않겠는가?"

마찬가지로 손님들은 알려지지 않은 화장품은 혹시나 알레르기 성분이 들어 있지 않나 하는 두려움에 선뜻 사용하기를 꺼린다.

(3) 용품 구매 기준 Guidelines

만약 지금 호텔에서 어메니티 Amenities 를 사용하고 있거나 사용하려고 한다면 주문을 하는 데 있어 적절한 결정을 하는 데 필요한 몇 가지 알아야 할 사항이 있다.

직원들에게 손님이 가장 많이 찾는 품목이 무엇인지를 물어 본다. 기억할 것은 거기에는 특별한 공식이 없다는 것이다. 다만, 그 호텔에 맞는 품목이 무엇인지를 주의 깊게 분석하여 결정하는 것뿐이다.

10) 대여 품목 Loan items

작은 규모의 호텔에는 교환 switchboard operator 이 밤새 근무하지 않는다. 그렇기 때문에 가장 많이 요구하는 것이 Alarm clocks이다.

대규모 호텔에서는 많은 여성 고객들이 Hair Dryers, Iron And Boards 옷장 안에 설치해 놓은 곳도 있다, Heating Pads, Hot Water Bottles, Razors, Electric Shaves, Radios, Ice Packs, First Kits, Foam Pillows 등과 같은 다양한 물품들을 빌리기를 원한다.

일반적으로 하우스키핑에서 이 물품들을 보관하고, 배달하고, 회수하는 일의 책임을 가지고 있다. 손님들이 이 물건들을 무단으로 가져가는 경우도 많다. 그렇기 때문에 경영진은 이러한 문제를 어떻게 처리할 것인가를 결정해야만 한다. 여기에 대한 두 가지 접근법을 알아본다.

객실 손님에게 배달되는 물품들은 loan slip에 고객 사인을 받는다. 그리고 슬립 한 장을 프론트에 보내어 손님 계산서에 청구하고 회수되었을 경우 다시 해제한다.

또는 컴퓨터 프로그램에서 guest profile에 이 내용을 입력한다.

손님이 부탁한 물건을 전달할 때 만약 손님이 객실에 없는 경우 문을 열고 안에 놓아준다. 만약 물품이 부족한 경우 또 다른 손님이 같은 물품을 찾는 경우일지라도 이미 객실 안에 있는 대여 물품을 마음대로 회수하지 않고 퇴실할 때까지 기다린다. 대여된 물품 내역은 로그 북에 기록하여 만약 손님이 퇴실할 때 가지고 갈 경우 계산서에 청구한다. 그러나 이러한 경우는 사전에 손님과의 적절한 관계가 부족했다는 것을 증명한다.

어떤 호텔에서는 특정한 손님이 호텔 물품을 가져갔을 경우 하우스키핑에서 credit manager에게 이 사실을 알려주고 판촉부서^{sales department}에서 손님에게 계산서를 청구할 것인지를 결정한다.

다음과 같은 대여 품목들이 항상 준비되어야 한다.

① Adapters^{자주 회수되지 않는 품목이다}

② After – shave lotion

③ Baby carriages or strollers^{유모차}

④ Baby cribs

⑤ Bed boards

⑥ Card tables, cards, covers

⑦ Children's toys and games

⑧ Clothes brushes

⑨ Cologne^{화장수}

⑩ Corkscrews

⑪ Extension cords

⑫ First – aid products

⑬ Hair dryers

⑭ Rollaway beds

이러한 물품들은 가방에 쉽게 넣거나 눈에 띄지 않고 손님 차에 실을 수 있다. 그러나 표면에 호텔 이름을 써 놓음으로써 도난을 어느 정도 막을 수가 있다. 이 품목들을 보관하는 곳은 항상 청결히 하고 각 분류별로 표기를 해 놓아야 한다. 그리고 로그 북에 회수된 날짜를 기록해 두어야 한다.

11) 베이비시터 서비스 Baby Sitter Service

어린아이를 동반한 가족 여행 투숙객이 파티에 참석한다든지 그 밖의 다른 일로 어린이를 객실에 남겨 두고 외출해야 하는 경우가 있다. 이때 손님이 베이비시터를 요청해 오게 되면 하우스키핑에서 이 서비스를 제공해 주고 있다.

하우스키핑 오더테이커는 손님으로부터 요청을 받게 되면 메이드 파일을 보고 제일 먼저 연락이 가능한 사람에게 가능 여부를 확인한다. 파일상에 등록된 사람 중에서 여의치 않은 경우에는 사내에서 지원자를 받는다. 베이비시터는 신원이 확실하고 파일에 고용등록이 되어 있는 사람이어야 한다. 오더테이커는 베이비시터 로그 북 Baby sitter log book 에 기록된 과거 사실들을 세심하게 검토한 후 최종적으로 배정이 확정된 메이드의 이름을 베이비시터를 요청한 손님에게 전화로 확인시켜 준다.

베이비시터는 단정한 복장을 하고 약속 시간보다 15분 일찍 호텔에 도착하여 하우스키핑 사무실에 알린다. 하우스키핑 오더테이커는 배정된 메이드에게 베이비시터 규정에 대해 자세한 설명을 해준다. 예를 들어, 애기를 돌보는 과정에서 일어날 수 있는 긴급사항들에 대해 교환이나 당직 지배인에게 전화로 연락한 후 그 지시에 따라야 한다. 자정을 넘겨야 할 상황이라면 미리 밤 11시 30분경쯤 되어 야간 당직 지배인에게 전화로 이 사실을 알려야 한다. 베이비시터의 자격기준은 첫째 책임감이 있는 사람이어야 하며, 일주일 중 어느 날이든 상관없이 손님이 원하는 다양한 시간대에 근무가 가능해야 한다. 일반적으로 영어 가능한 사람에게는 더 혜택이 주어진다. 또한 비이비시터 시행규칙과 규정 rules and regulations 을 잘 아는 사람으로 응급처치와 같은 베이비시터 교육을 받은 사람이어야 한다.

베이비시터가 지켜야 할 준수사항은 다음과 같다.

① 서비스를 제공하는 동안 복장을 단정히 해야 하며, 청바지와 같은 복장은 피한다.
② 어떤 문제가 발생하게 되면 당직 지배인이나 하우스키핑 사무실로 즉시 전화한다..
③ 부모가 동행하지 않고 어린아이를 호텔 밖으로 데리고 나가서도 안 되며 아기 부모가 외출하기 전에 부탁한 음식 이외는 아무 음식이나 아기에게 먹여서는 안

된다. 또한 손님의 물건에 절대 손을 대서는 안 되며 아기 돌보는 일 이외 다른 일을 하지 말아야 한다.

④ 베이비시터 요청 용지^{baby sitter request sheet}를 꼭 휴대하고 귀가시에 손님에게 보여 주고 대금을 직접 받는다.

⑤ 부서장의 확인 서명 없이는 베이비시터를 할 수 없으며, 서비스가 제공되는 시간 에 식사시간이 겹치게 되면 식사를 제공받아야 하며, 당일에 자정을 넘기는 경 우 손님이 택시비를 지급하게 된다.

12) 린넨 관리 Guest room linen control

린넨의 구매량이 너무 많거나 반대로 너무 적은 경우 또는 린넨을 잘못 선택하게 되는 경우에는 불필요한 추가비용이 발생하게 된다. 또 한 가지 예로, 테이블 린넨 구입시 손님 이 필요로 하는 행사 날짜에 맞추어 린넨을 제대로 준비해 주지 못하는 사례와 같이, 부적 격한 린넨 공급업자를 선정하게 되면 전체적인 호텔 운영에 지장을 초래하게 된다.

린넨 공급에 앞서 적정 기준량^{Par}을 먼저 의논해야 한다. One Par라는 것은 모든 객실이 나 식음료 전체 업장을 완전하게 세팅^{setting}했을 경우 필요한 양을 말한다. 모든 린넨은 세 탁 후 24시간 휴식을 취하게 함으로써 수명을 더 연장시킬 수가 있다. 보기에도 좋고 포 근함을 느낄 수 있는 린넨을 제공함으로써 고객만족을 가져올 수가 있는 것이다. 어떤 호 텔에서는 Linen committees를 구성하여 최상품 질의 린넨을 선정하는 데에 참여하게 한 다. 이 위원회 구성은 보통 Executive housekeeper, Laundry manager, Linen Room supervisor, Food & Beverage manager 그리고 General manager로 이루어진다.

린넨은 어디에 사용하느냐에 따라 분류할 수도 있다. 만약에 손님이 취침 전에 베드 스프레드를 벗겼을 때 그 속에 주름과 얼룩이 묻은 린넨 이 눈에 보였다면 그것이 미치게 될 영향을 상상해 보자. 매트리스 패드 ^{Mattress Pad}는 얼룩으로부터 매트리스를 보호해주는 역할을 하기 때문에 매 번 체크아웃시마다 교체해 주어야 한다. 새로 오픈하는 호텔에서 배드스 프레드와 베개^{bedspread and Pillow}의 구매는 보통 인테리어 디자이너에 의해 이루어진다. 베개^{Pillow}는 깃털^{feathers}, 아크릴섬유 또는 저자극성 스펀지^{foam pillow} 등의 종류가 있다. 깃털^{feather}은 고급스러우며 가격이 비싸다. Foam pillow는 보통 알레르기가 있는 손님들에게 제공된다.

욕실 린넨 중 비로드^{Terry cloth}는 가장 일반적으로 사용되는 천^{fabric}이다.

샤워 커튼^{shower curtain}은 물세탁이 가능한 것이어야 하며, 체크아웃시마다 교체해 주어야 한다.

Bath Mat는 보통 terry cloth이지만 일반 타월보다 더 두껍게 만들어진다.

Table Cloth는 실용성과 미적 감각 둘 다를 지니고 있기 때문에 때로는 데코레이션을 하는 데 사용되기도 한다.

Silence Cloth는 면^{cotton}으로 만들어지며 테이블 위에 까는 천을 말한다.

(1) 욕실 린넨^{Bath Linens}

일반적인 경험으로 볼 때, 호텔의 객실요금이 오르면 타월의 두께 또한 더 두터워진다고 한다. 천이 두꺼울수록 직물 가격이 더 올라가기 때문이다.

테이블 린넨은 100% 섬유질^{cotton}이어야 한다. 합성수지 섬유는 테이블 under cloth용으로만 쓰이는데 이것을 사용함으로써 테이블보의 수명을 연장할 수 있고 테이블의 소음을 방지할 수 있다.

보통 single room이나 double room에는 hand towels(2), bath towels(2), wash towels(2) 그리고 bath mat(1)가 욕실에 세팅된다. 최근 일반 시장에서 판매되고 있는 bath towels은 기존에 호텔에서 실제로 사용하고 있는 것보다 어느 정도 크기가 더 작다. 왜냐하면 혼방 방사^{blend yarn}는 세탁 후 실제 디자인된 것보다 줄어들기 때문이다. 혼방 방사^{blend yarns}는 타월 무게가 가볍기 때문에 세탁비용이 절감된다.

대부분 일류 호텔에서 사용하고 있는 bath towel의 크기는 대략 70×133cm이고 extra large size는 이보다 더 크다. 특급 호텔에서는 일반적으로 객실에 bath robe를 제공한다. 이러한 린넨들을 납품하는 공급업자들은 많이 있다.

White terry는 세탁 후 원상태로 회복되는 기능을 가지고 있다. 흰

색의 타월은 세탁하기가 쉽고 복잡한 표백 과정을 거칠 필요가 없다. 아주 고급의 값비싼 호텔에서는 색깔 있는 타월이나 시트를 사용하기도 한다. 그러나 전통과 품위 있는^{elegant} 오래된 호텔에서는 흰색의 타월이나 시트를 사용하고 있다.

최초 호텔을 디자인할 때 인테리어 디자이너는 각각의 객실 형태에 따라 린넨의 색깔을 달리 하는 경우가 있는데, 실제로 업무를 수행하는 메이드로서는 린넨을 사용하는 데 있어 혼동이 올 수가 있을 것이다. 더구나 보통 4~5년 간격으로 린넨을 교체해야 하는데, 이때마다 린넨 공급업자는 항상 전과 똑같은 색과 디자인을 가진 린넨을 공급할 수 없는 경우가 있다. 이와 같이 항상 같은 품질과 색깔을 맞출 수가 없기 때문에 객실마다 또는 층마다 색깔별로 린넨을 분류하여 세팅해야 하는 메이드들에게는 이중 수고의 결과를 가져오게 되는 것이다. 그러므로 이런 유행성의 색깔이 있는 린넨은 더 이상 인기가 없어지고 지금은 품위 있는 호텔들에서 흰색의 두텁고 큰 사이즈의 타월을 이용함으로써 린넨을 불출하는 데 있어서의 혼동을 막을 수가 있고 메이드 또한 린넨을 세팅하는 데 있어 어려움을 해소할 수가 있다.

같은 상황이 bed spread에서도 발생한다. 각 층은 각기 다른 패턴^{patterns}의 색깔과 다른 데코레이션^{decor}의 spread를 사용할 경우에 메이드들의 업무 수행에 혼선을 가져온다. 같은 객실에는 같은 디자인의 스프레드를 준비해야 하는 수고를 더해야 하기 때문이다. 요즈음은 각 호텔들마다 전 객실 모두 같은 디자인의 화려하고 다루기 쉬운 스프레드들을 사용하고 있다.

(2) 베드 린넨^{Bed Linens}

실제적으로 오늘날 시트^{sheets}나 베개 피^{pillow case}는 면직물이든 고급 면포든 간에 면과 폴리에스테르를 혼합하여 만들어진다. Blend sheet는 세탁되고 나면 신장력이 더 강해질 수 있다. 새것보다는 75회 이상 세탁을 한 이후에 더 강하게 된다.

제조회사나 공급업체는 블렌드 시트^{blend sheet}가 세탁하는 과정에 어떻게 처리되어야 하는지에 대한 사용설명서를 제공해주고 있다. 적절한 세제^{detergents} 사용에 대한 문제 해결 방법들이 여기에 포함된다.

대부분의 호텔에서는 다림질하는데 roller-folder나 압착 롤러^{mangle}를 주로 사용한다. 이 과정은 보통 시트의 수명을 연장시키기 위해서 선반에서 1단계 휴면을 시키는 과정이

나 접는folding 과정 전에 이루어지는 마무리 단계이다.

폴리에스테르 시트의 수명은 500회 이상 세탁을 할 수 있다고 한다. 사내 세탁을 할 경우 린넨을 쌓아 두는 일이 없기 때문에 재고량은 줄어들게 된다. 보통 1~3회 전량을 보유하게 되는데 이는 저장량이 줄어들게 됨으로써 최초 투자를 적게 하고 시트의 수명 또한 길어지게 한다.

(3) 시트의 크기 Sheet Sizes

보통 두 종류 크기의 시트를 사용하는데 single bed size는 185×305cm이고, double bed size는 280×305cm이다.

Blend sheet는 휴면을 취한 후에 더욱 깨끗하게 보일 수가 있다. 메이드들은 가끔 베드의 시트를 교체하지 않고 재사용하려고 하는 경향이 있다. 이런 일을 방지하기 위해 어떤 슈퍼바이저들은 객실에 들어가 메이드가 청소를 시작하기 전에 모든 베드의 시트를 벗겨 놓는다.

Blend sheet는 줄어들지 않기 때문에 크기를 재고 감칠하기 전에 천을 미리 자른다.

Blend sheet는 잘 줄어들지 않기 때문에 cotton sheet보다 몇 센티 작게 재단한다.

만약 pillow case가 sheet와 같은 천으로 만들어진다면 천의 단을 2~3인치 더 크게 한다. 그리고 pillow 크기보다 2~4인치 더 길게 만들어야 한다. 천의 단 끝은 더 강하게 하기 위해 뒤로 한번 감친다.

(4) 매트리스 커버 Mattress Covers

매트리스에 음료수를 엎질렀거나, 환자가 사용한 경우, 시트 위에다 실례하는 손님, 피 얼룩자국 등, 이러한 것들로부터 매트리스mattress를 보호하기 위하여 모든 베드beds는 방수 커버를 사용해야 한다.

비닐 플라스틱특별히 병원 등에서 많이 활용된다은 기계에 세탁할 수 있고 어떠한 온도에서도 드라이가 가능하다. 병원에서는 고압 살균 솥에서도 견디어낸다. 새로운 매트리스 커버mattress covers는 얼룩에 강하고, 알레르기를 방지하며, 방음, 방염처리가 되어 있다.

누빈 합성섬유 패드mattress pads는 크기를 늘렸다 줄였다 조정할 수 있는

재질로 되어 있기 때문에 낮은 온도에서 건조해야 한다. 패드^{pads}는 매트리스^{mattress}와 시트^{sheets} 사이에 놓이며 매트리스 사각 모퉁이에 고무밴드를 걸어 팽팽하게 된다. 매트리스 패드^{mattress pad}는 손님이 체크아웃할 때마다 교체해야 하는데 최소한 일주일에 한번은 꼭 바꿔줘야 한다.

(5) 베개^{Pillows}

베개^{pillows} 선택에 있어서 손님들의 기호를 다 만족시킨다는 것은 거의 불가능한 일이다. 왜냐하면 베개 속 내용물의 단단^{soft or hard}함 정도에 대해 어느 것이 좋다^{right}라고 의견의 일치를 보기는 힘들기 때문이다.

베개 속에 넣는 깃털은 고사하고 디자인에 대해서까지도 생각이 다양할 것이다.

Pure goose down은 거위 털^{goose down}과 새털이 혼합된 것으로 값이 아주 비싸다. 이 베개들은 비록 세탁 후 탄력이 회복^{tumbling}된다고 하더라도 계속해서 좋은 상태로 지속 유지되어지지는 않는다. 아마도 합성섬유를 폐기처분하거나 새로 사는 것보다도 goose down을 유지하는 데 드는 비용이 더 클 것이다.

미국에서는 합성섬유로 속을 채운 베개가 가장 인기가 있다. 새털과 깃털 베개는 값이 비싸기 때문에 고급 호텔^{luxurious hotel}에서만 사용되고 있다.

Goose down market에 대한 평가를 하기 위해서는 기본적으로 유럽의 소비자 시장, 특별히 독일 시장을 이해하는 것이 무엇보다도 중요하다. 독일 사회에서 침대 꾸미^{bedding}는 데에는 베개와 마찬가지로 오리털과 새털을 함께 사용한다. 유럽에서 합성섬유의 인기는 전체 시장의 판매량 중 10~20%밖에 안 된다. 독일에서 일반적으로 사용하고 있는 featherbeds와 pillows는 거위 털^{goose down}을 반 정도 넣어 만든 것이다. 이것은 보통 새털과 거위 털과의 비율을 나타낸다. 일반적으로 25%는 거위 털, 75%는 새털을 의미한다. 최근 몇 년 동안 미국 시장에서도 외투나 sleeping bags 등을 만드는 데 거위 털을 점점 더 많이 사용하고 있다.

(6) 베드 커버^{Bed Spreads}

침실^{bedroom} 안에는 베드만큼 눈에 탁 띄는 가구가 없다. 그러므로 침대의 겉포장^{cover}은 시각적인 관점에서 룸 안에 있는 어느 것보다도 가장 중요하게 고려되어야 할 요소이다.

그리고 객실에 투숙한 손님에게 강한 첫인상^{better or worse}을 전달할 수 있게 된다.

다행히도 요즈음은 크기가 줄지 않거나 얼룩이 잘 지지 않는 합성섬유가 베드 스프레드^{bed spread}를 만드는 데 사용되고 있다. 가장 인기 있는 스프레드는 물세탁이 가능한 누빈 섬유이다. 스프레드는 끝이 바닥에 닿지 않고 밑 부분이 보이지 않을 정도의 길이여야 한다.

(7) 식음료 린넨Food and Beverage Linens

식음료부서에서 사용되는 린넨은 객실 린넨과는 분리하여 린넨룸 선반에 보관되는 것이 보통이다. 일반적으로 소규모 호텔에서는 린넨을 관리하는 사람이 식음료업장 린넨도 같이 관리하고 있다. 연회장^{banquet}에서 사용하는 린넨은 일반 레스토랑에서 쓰는 린넨과 색깔이나 크기, 모양 등이 다르기 때문에 따로 보관된다. 다이닝룸^{dinning room}의 린넨은 크기가 각기 다른 테이블들과 그 업장의 실내 장식에 잘 어울리는 테이블 린넨을 선택하여 사용하게 된다.

오늘날 연회장^{banquet}이나 회의실^{meeting room}을 판매하는 데 있어 가장 중요하게 고려하는 점은 테이블 세팅의 컬러가 미팅을 주관하는 호스트의 기호에 따라 결정된다는 것이다. 이 의미는 그만큼 많은 양의 린넨 재고가 필요하다는 것이다. 그 각각의 린넨들은 그것이 Round table용인지, Oblong table용인지, 그리고 연회장 또는 각 레스토랑에서 사용하는 것인지 구분이 될 수 있도록 잘 표시하여 보관하여야 한다는 것이다. 냅킨^{napkin}은 Table cloth와는 분리해서 50개씩 뭉치를 묶어 색깔별로 쌓아 둔다. 냅킨^{napkin}은 베개 피^{pillow case}나 wash cloth 등과 같이 직원들이 청소하는 걸레로 잘못 오용하여 세탁 후에도 테이블 세팅을 하는 데 사용이 불가능한 정도의 상태로 만드는 경우가 종종 있다.

사용한 테이블 린넨을 모아 담아 둘 린넨 통^{bin for soiled table linen}을 주방이나 레스토랑 가까이에 준비되어야 한다. 이것은 주방 사람들이나 서비스 직원들이 접근하기 쉬운 장소에 위치해야 한다.

대규모 호텔에서는 식음료 린넨을 불출하는 장소가 별도로 있어 한 사람이 따로 그 일만 처리한다. 연회장 스케줄^{banquet event sheet}은 행사 장소, 손님 수, 필요한 린넨 컬러 등이 표기되어 일주일 간격으로 발행된다. 린넨 관리자는 그 스케줄에 따라 그날그날의 행사 일정에 맞추어 린넨을 준비한다.

가장 좋은 품질의 table cloth와 napkins은 한 야드^{yard}당 10온스 이상의 무게가 나가고 이중겹 섬유직물로 짜인 것을 말한다. 이것은 평방 인치^{square inch}당 약 200무명실^{threads}로 되어 있으며 수축^{shrink} 정도는 10% 이내이다. 빗살무늬 면^{combed cotton}, 수지^{polyester}, 명주^{broad cloth} 그리고 momie cotton 등이 일반적으로 사용된다. 최근 몇 년 동안에는 합성수지 섬유가 수축에 강하고 다루기 쉽기 때문에 많이 사용되고 있는 추세이다. 이러한 합성수지 섬유는 엎지른 액체에 대한 흡수력^{spill}이 약하기 때문에 레스토랑을 운영하는 주인들에게는 인기가 있으나 손님들은 그다지 좋아하지 않는다. 합성수지 섬유는 액체를 흡수하고 오점^{spots}들이 쉽게 제거될 수 있도록 그동안 계속적으로 변형되어 왔다. Table cloths와 napkins은 pre-shrunk되어야 한다. 만약 pre-shrunk 처리를 하지 않은 천을 자른 상태에서 주문하게 되면 실제로 table cloth 크기가 약 4인치 정도, napkin의 크기는 2인치 정도 작아지게 된다는 것을 명심해야 한다.

(8) 린넨의 오용 방지 Preventing the Misuse of Linens

린넨을 관리하는 데 있어 가장 어려운 점 중 하나는 직원들이 일상 업무 수행 중에 린넨의 본래 용도를 벗어나 사용하는 것을 제지하는 것이다. 하우스키퍼의 양심으로 말하자면, 메이드가 pillowcase를 가지고 욕실 컵의 물기를 닦아내거나 타월을 가지고 거울이나 유리, 젖은 바닥, 타일, 벽 등을 닦지 않는다고 말할 수가 없다. 손님 역시 wash towel로 구두 광택을 내는 데 사용하기도 하고 기념으로 가져가기도 한다. 큰 호텔에서는 보통 한 달에 1,000장에서 1,500개의 wash towel이 손실된다. 이러한 오용들로 인해 발생되는 손실과 훼손은 결국 린넨 비용을 증대시키게 된다. 훼손된 린넨^{discard linen}은 청소걸레 등으로 유용하게 재사용된다. 요리사들은 그것을 cooking cloths로 사용하게 되고 그 밖의 다른 많은 용도에 유용하게 쓰인다. 예를 들어, 시트는 아기 침대 시트^{baby crib sheets}나 베개 커버^{pillow case}, 누빈 베드 패드^{bed pad}, 조리사의 뜨거운 냄비 드는 헝겊이나 은기류 광택을 내

는 패드로 재사용될 수 있다. 혼방 천은 면으로 된 천이나 스펀지만큼 흡수력이 없기 때문에 청소걸레로 사용하기에는 적합하지 않다. 폐기처분된 린넨은 재봉사가 대각선으로 재봉선을 넣어 직원들이 새 린넨과 구별하기 쉽게 한다. 염색하여 색깔이 있는 린넨들은 젖은 걸레와 함께 섞이게 되면 변색되어 훼손되기 쉽다.

(9) 린넨 폐기절차Linen Disposal

얼룩이 심하거나 낡은 린넨을 폐기시키려 할 때에는 다음과 같은 절차를 거쳐 처리되어야 한다. Executive housekeeper가 서비스 기준에 미달된다고 생각되는 린넨은 세탁소에 다시 보내어 재세탁함으로써 얼룩 제거를 재시도해 본다.

룸 어텐던트room attendants는 객실에 사용될 모든 린넨들을 세팅 전에 미리 그 상태를 점검해 보아야 한다. 사용하기에 부적합한 것들이 발견될 때마다 룸 어텐던트들은 린넨에 매듭을 지어 런드리로 다시 보낸다. 제한된 린넨의 재고상태라든가 린넨을 교체할 수 있는 재정능력 등을 고려하여 분별력 있게 폐기처분을 실행할 필요가 있다.

린넨 룸linen room에서는 매달 린넨 폐기상황 리포트Linen discard를 작성하여 부서장에게 보고해야 한다. 지나치게 훼손되었거나 얼룩이 심한 린넨은 다른 용도에 이용될 수 있을 것이다. 수명이 다하여 더 이상 손님용으로 사용이 불가능한 대부분의 타월들은 걸레로 재사용되게 된다. 베드 시트bed sheets류 등은 베개 피pillow cases나 주방복 앞치마chef's aprons, 주방 복 스카프 그리고 아기용 침대 시트baby crib sheets 등으로 재사용된다. 린넨 폐기기록 장부discard files는 계속 관리 유지되어야 한다.

(10) 린넨의 재사용Left Over

보통 버려진 린넨의 75%는 걸레나 기타 용도로 재사용하게 된다. 나머지 타월 종류나 스프레드 등은 직원들에게 특별 할인 판매를 하거나 고아원 등에 기증하는 방법 등으로 소비하게 된다.

Terry towel의 수명을 더 연장하기 위해서 제일 먼저 훼손되기 쉬운 가장자리 부분을 재봉으로 감친다. 만약 단selvages이 측면 또는 가장자리에 있다면 그 타월은 수명이 긴 것이다. 단의 가장자리 끝 부분은 언저리를 실로 감춰야 한다. 타월terry은 이중 올 실 고리로 조밀하게 짜였기 때문에 무게도 더 나가며 그로 인해 세탁비용도 더 들게 된다.

Bath mats욕조에서 걸어 나올 때 밟는 타월는 일반 타월보다 비싸고도 무겁다좋은 것은 무게가 2/3파운드 이상. 일반적으로 호텔에서는 아주 눈에 띄게 더럽혀지지 않은 욕실 매트는 매일 갈아 주지 않아도 된다고 메이드들에게 말하는 경우도 있다. 그

러나 퇴실^{check out}인 경우에는 반드시 갈아 주어야 한다.

타월은 선반 위에 놓기보다는 접은^{folded} 상태에서 금속으로 도금된 고리에 보기 좋게 걸어 놓는 것이 일반적이다. wash cloths는 작은 바구니 등에 잘 접어 넣으며 젖은 수건들은 사용한 것들과 따로 분리해서 놓아야 한다.

(11) 린넨 구매^{Linen Purchasing}

전문지식을 가진 하우스키퍼는 beds, bath, table Linens 등을 어떻게 구매해야 하는가 보다는 관리하고 보관하는 것이 더 중요하다는 것을 알고 있다. 린넨 구입에 대한 막대한 투자를 줄이기 위해서 렌탈^{rental}하는 것이 또한 최선의 방법인가 하는 것도 심도 있게 생각해봐야 한다. 만약 린넨 공급이 적절하게 이루어지지 않는다면 객실을 청소하는 메이드에게는 손님에게 판매될 객실을 시간에 맞추어 준비하는 데 지장이 있게 된다는 것은 당연하다. beds, mattresses, pillows 등은 가장 기본적인 호텔상품이기 때문에 이를 지원하는 데 최선의 노력을 기울여야 한다.

일반적으로 호텔은 일 년에 수천만원을 린넨을 구매하는 데에 투자하게 되는데 보통 하우스키퍼가 이를 구매관리하고 보관 불출하는 등 전반적인 관리를 하게 된다. 그리고 수많은 품목들을 매달 재고 파악^{inventory}하고 이를 관리한다.

600실의 호텔 객실점유율^{occupancy}이 100%인 경우 한 객실에 평균 1.6명이 투숙한다고 볼 때, 메이드 한 명당 보통 하루에 약 250장의 린넨을 처리하게 된다.

이와 같이 호텔에서는 엄청난 양의 린넨이 사용되고 있다.

최근에 사용되는 샤워 커튼의 천^{shower curtain fabrics}은 곰팡이 발생을 방지하고 기계 물세탁이 가능한 나일론^{nylon}인데 흡수성이 없고, 세균 저항력과 내구성이 강한 비닐^{vinyl}로서 샤워할 때 나부끼지 않고, 옷단이나 꿰맨 줄이 없는 것이어야 한다.

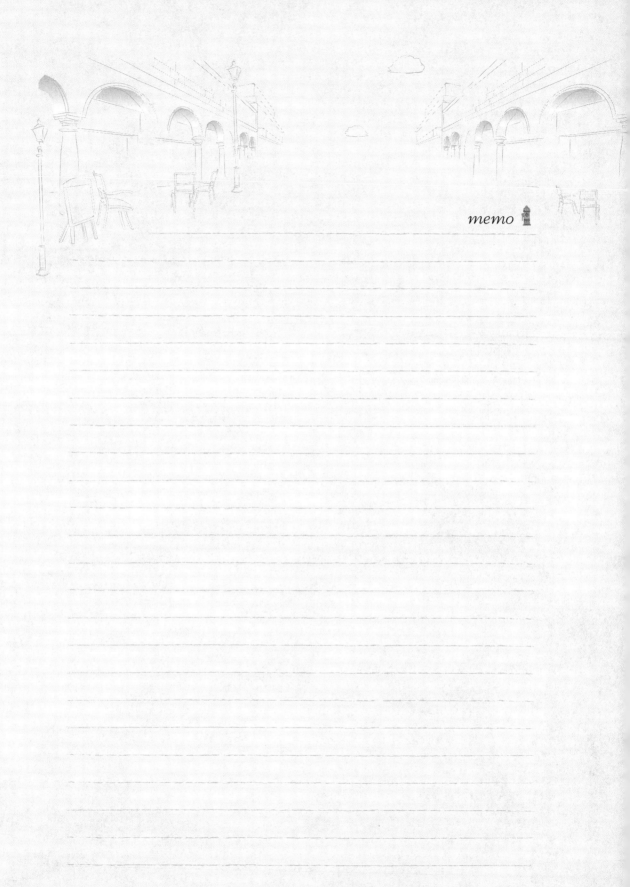

memo

🍳 학습목표

☑ 호텔 식음료에 대한 개념을 이해한다.
☑ 호텔 식음료 서비스 형태에 대한 개념을 이해한다.
☑ 음료서비스에 대한 개념을 이해한다.

CHAPTER **06**

호텔 식음료 및
연회컨벤션 경영

호텔 식음료 및 연회컨벤션 경영

제1절 호텔 식음료에 대한 이해

01 식당의 발생과 정의

1) 식당의 발생

(1) 외국의 발생

사람들이 집을 떠나서 여행을 하고 또는 전쟁을 위해 이동할 때 먹고 쉬는 장소가 필요함에 따라서 발생하였다. 식당의 역사는 B.C. 512년의 이집트Egypt에서도 찾아볼 수 있다. 시리얼cereal, 들새고기wild fowl, 그리고 양파onion요리 등 단조로운 요리가 제공되었으며 이때 숙녀들은 식당출입이 금지되어 있었고, 소년들은 부모와 함께 동반하여야만 출입이 가능하였다. 또한 로마Rome시대에는 나폴리의 "Vesuvius"산의 휴양지에 유명한 카라카라kala kala라는 대중목욕탕이 지금도 그 유적을 남기고 있어 그 시대의 식당을 짐작할 수가 있다. 그리고 같은 시대에 여행자를 위하여 수도원, 사원 등에서도 식사와 숙소를 제공하였다. 그 후 영국에서는 선술집Public house이란 작은 요리점이 12세기에 성업 중이었고

1650년에 옥스퍼드에 영국 최초의 커피하우스^{Coffee house}가 문을 열었으며 각지에 많은 점포가 생기게 되었다.

(2) 우리나라의 발생

「삼국사기」를 보면 신라 성덕여왕 19년에 조성된 법주사의 쇠솥은 3,000 여명의 승려들을 위해 밥을 지었던 흔적으로 남아있고, 신라 490년 경주에는 15만 명의 인구가 있어 시장이 형성되었고 509년 동시, 695년 서시, 남시 등의 상설시장이 개설되고 당나라 등과도 문물이 교류되어 숙식을 겸하는 장소의 필요성이 제기되었을 것이다. 또한 「고려사」에서 고려시대 938년 개성에 "成禮^{성례}, 濼賓^{락빈}, 延齡^{연령}, 喜賓^{희빈}"이라는 가진 식당의 이름이 있어서 이때를 기원으로 잡더라도 우리의 역사는 천년이 넘는 것이다. 한편 1103년에는 지방의 각 고을에 술과 음식을 팔며 숙박을 겸하게 하는 상설식당을 열었다. 이것이 후일의 물상객주, 보행객주 등의 시초가 된 것이다. 1397년경 성균관이란 교육기관에 "양재"란 유생들이 기숙사가 있어서 식당이 출현하였고 '식당지기' 라는 말도 이때 선비들에게 음식을 날라주는 사람을 일컬어서 생겨났다.

근대의 식당으로는 1888년 인천의 중화루가 있었고, 레스토랑이라는 말은 1900년 프랑스인이 건립한 손탁호텔^{sontag Hotel}이 등장함으로써 사용되었다.

2) 식당^{Restaurant}의 정의

프랑스 백과사전 "Carouse Durex Siecle"에 의하면 "Establishment Public on lónpeut Marger; Restaurant a prix fixe; Restaurant a la carte"라고 적혀 있다. 즉, 사람들에게 음식을 제공하는 공중의 시설, 정가판매점, 일품요리점이라고 표현하듯이 식당이란 음식물과 휴식장소를 제공하고 원기를 회복시키는 장소로서 그 의미를 갖고 있다. 또한 미국의 "Webster"사전에서도 "An establishment where refreshments or meals may be the public : a public eating house"라고 하며 "대중에게 공개하여서 음식이나 음료를 제공하는 시설물, 즉 대중들이 식사하는 집"으로 설명되었고 영국의 고전적 사전에서도 "An establishment where

refreshments or meals may be obtained"라고 기록되었다. 현대 호텔의 식당을 정의하자면 "일정한 시설과 장소가 갖추어진 상태에서 고객을 맞이하고, 인적 서비스와 물적 서비스가 잘 조화되어 식당을 찾는 고객에게 식사와 음료를 제공하는 곳"이라 할 수 있다.

02 호텔 식음료의 중요성과 특성

1) 호텔 식음료경영의 중요성

호텔의 식음료를 담당하는 부서는 크게 식음료 상품을 생산부문의 조리부와 서비스 상품을 판매하는 식음료부 'F/B^Food & Beverage'로 구성되어 있다. 호텔조직상으로는 각각 독립되어 있지만 식음료 상품을 생산한다는 측면에서 상호 협력을 통하여 호텔의 경영되어지고 있다. 상품을 생산하고 판매한다는 일련의 과정에서 식음료부서는 생산과 판매의 인적 서비스가 매우 중요하다는 측면에서는 호텔서비스의 대표성을 띠며, 복합적이고 시스템적인 호텔 서비스상품이라 할 수 있다.

호텔을 이용하는 고객들은 1차적으로 객실서비스상품을 이용하던 형태에서는 최근 외식문화의 성장으로 식음료서비스상품을 1차적으로 구매 이용하기 위해 방문하는 고객이 증가하고 있다는 측면에서 그 중요성을 우선 찾을 수 있다. 또한 객실이나 호텔내 타 서비스 상품을 이용하는 고객들에게 연계되어 부가서비스를 제공한다는 측면에서 2차적 중요성을 찾을 수 있다. 호텔 식음료^Food & Beverage 란 음식^Food과 음료^Beverage의 합성어로 호텔에서 판매하는 음식과 음료에 해당하는 모든상품과 다양한 서비스상품을 의미하며, 고객에게 식욕을 충족시켜 주는 호텔의 중요하고 핵심적인 상품이라 할 수 있다.

2) 호텔 식음료 경영의 특징

호텔기업 식음료 서비스상품을 경영측면에서 접근하면 호텔 내 객실 및 부대서비스 상품과는 달리 다양한 측면에서 접근해 그 특징을 찾을 수 있는데 크게 생산적 측면과 판매관리 측면으로 구분해 볼 수 있다.

(1) 생산관리 측면에서의 특징

먼저 고객의 직접 방문과 주문에 의해 생산되고, 이에 서비스가 부가되어 비로소 상품의 가치를 가지게 되므로 생산과 판매가 동일한 장소에서 거의 동일하게 이루어진다. 둘째, 테이블 서비스의 형태를 띠는 레스토랑에서는 고객의 직접 주문에 의해서만 생산이 이루어지는 관계로 주문생산을 원칙으로 한다. 셋째, 수요예측이 곤란하다. 이는 고객의 수요예측은 영업 분석과 경험에 의해 어느 정도까지는 가능하다고 하지만 근본적으로는 상당히 어렵고 해결하기 힘든 문제라고 할 수 있다. 레스토랑에서 매니저는 항상 고객의 동향을 파악하고 고객의 욕구와 사회 전반에 걸친 변화에 능동적으로 대처할 수 있는 능력을 배양하는 데에 노력을 해야 한다.

넷째, 상품원가에 대한 이익의 폭이 크다. 이는 상품원가에 대한 이익의 폭이 객실보다는 작으나, 타 산업에 비해서는 높은 편이다. 그러나 재료비의 상승이나 인건비나 제반 경비의 상승, 높은 질을 유지하기 위한 조건 등으로 인해 이익의 폭을 높이기가 쉽지만은 않은 것이 사실이다.

(2) 판매관리 측면에서의 특징

먼저 장소적인 제약을 받는다는 특징이 있다. 이는 호텔 내의 일정한 장소에 위치하는 관계로 소비자 행동양식의 영향을 받는다. 꼭대기 층에 위치할 것인가, 지하에 위치할 것인가에 따라 고객의 접근성이 영향을 받으며, 관리에도 영향을 준다. 둘째, 시간적인 제약을 받는다. 이는 제한된 시간에 효과적으로 고객에게 최상의 서비스로 최대의 이익과 성과를 창출해야 한다. 셋째, 상품의 보관이 어렵다. 이는 음식은 단시간에 판매가 되어야 하며, 시간이 지남에 따라 되돌릴 수 없는 것이므로 가능한 정확한 수요를 예측해야 한다. 넷

째, 인적 서비스에의 의존도가 상당히 높다. 이는 핵심서비스인 식사의 제공도 중요하지만 식당에서는 부가서비스를 더욱 높은 가치로 생각을 한다. 서비스 직원은 항상 MOT의 자세로 고객을 응대해야 하며, 최고경영자나 지배인은 직원의 서비스 마인드를 항상 주시하여야 한다. 다섯째, 메뉴에 의한 판매이다. 이는 시장가격의 변동과 고객의 경향에 따라 메뉴의 내용과 가격을 수시로 수정할 수 있고, 고객의 입장에서 구매결정을 쉽게 하는 기능과 역할을 한다. 여섯째, 식당의 구조와 시설, 분위기 등의 영향이 크다. 이는 제반 시설의 고급화와 청결화, 그리고 개성화 경향이 뚜렷하기 때문이다. 마지막으로 현금판매를 원칙으로 한다. 식당 내에서의 지불은 현금과 신용카드를 원칙으로 하고 있으며, 이로 인해 기업은 자금운영을 원활히 할 수 있다.

(3) 호텔 식음료 경향

최근 호텔 식음료의 경향은 먼저 신속한 서비스의 제공이다. 신속한 서비스는 호텔 식음료 경영에 있어서 첫째로 해결을 해야 할 과제이다. 패스트푸드와 같이 빠른 서비스를 요구하지는 않지만 식당의 종류와 음식에 따라 개개의 제품별 제공시간을 정해 놓고 정해진 시간에 정해진 상품이 제공되도록 하는 것이 중요하다. 둘째, 질적 서비스의 제공이다. 그 식당의 콘셉트에 맞는 최고의 음식과 함께 최대한 화려하고도 우아한 양질의 서비스를 제공한다. 셋째, 다양한 상품의 제공이다. 국적별로 다양한 음식을 제공함은 물론, 건강식, 어린이 식단 등 다양한 상품을 제공함으로써 고객의 욕구에 부응하고 있다. 넷째, 적극적인 관계마케팅 전략이다. 지금까지의 식음료 경영의 원가관리의 한계성을 벗어나 관계마케팅에 근거한 적극적인 차별화 전략 및 판매촉진 전략으로 경쟁시대에 대처하고 있다. 다섯째, 국제회의를 비롯한 대규모 연회행사의 유치와 연계된 판매이다. 국제화시대를 맞아 호텔의 식음료 경영은 종래의 식당에서의 이익창출은 물론 대규모 국제회의를 비롯한 연회행사를 유치하여 부가가치를 높이고 있다. 여섯째, 표준화 및 규격화를 정형화하려 한다. 종래의 경험과 숙련의 경영에서 벗어나 표준화 전략을 구사함으로써 일관된 상품의 질을 유지하고자 한다.

제2절 호텔 레스토랑의 분류

01 일반적인 분류

1) 레스토랑Restaurant

테이블과 의자를 갖추고서 고객의 주문에 따라서 종업원이 음식을 제공하는 고급의 시설을 갖춘 식당을 말한다.

2) 다이닝 룸Dining Room

식당을 이용하는 시간이 제한되어 있고, 주로 점심과 저녁 식사시간만 제공되어 정찬Table d'hote을 서브한다.

3) 그릴Grill

일품요리A là carte나 특별요리Daily special menu를 제공하는 식당으로 아침, 점심, 저녁 식사가 제공된다.

4) 카페테리아Cafeteria

계산대 테이블Counter table에서 고객이 직접 요금을 지불하고 스스로 가져다 먹는 셀프서비스Self service 형식의 간이식당을 말한다.

5) 런치 카운터 Lunch Counter

조리 과정을 지켜 볼 수 있도록 카운터 테이블을 마련하여 놓고 고객이 직접 이곳에 앉아 음식을 제공받는 셀프서비스 식당을 말한다.

6) 리프레시먼트 스탠드 Refreshment stand

시간이 바쁜 고객들을 위하여 간이음식을 만들어 진열장에 미리 진열해 놓고 고객의 요구에 의하여 판매하는 식당이다.

7) 커피숍 coffee shop

고객 출입이 많은 장소에 위치하여 주로 커피나 음료를 판매하면서 간단한 식사도 판매하는 식당으로서 호텔 부대시설로 운영되고 있다.

8) 드라이브 인 Drive in

자동차 여행자를 위한 시설로서 교통이 편리한 도로변에 위치하여 있으며 숙박을 겸한 영업을 한다. 계절 영업을 하는 곳에서 운영되며 넓은 주차장을 필요로 하고 있다. 미국의 존슨 Howard Johnson 사의 식당이 대표적이다.

9) 다이닝 카 Dining Car

철도사업의 부대사업으로 기차 이용객을 대상으로 식사를 제공하는 곳이다.

다양하지 못한 메뉴이지만 가격이 저렴한 것이 특징이다. 미국에서는

1850년 이후에 영업이 성행하였다. 현재 우리나라는 무궁화 열차 이상의 프라자 호텔이
운영하는 열차식당을 예로 들 수 있다.

10) 스낵 바 Snack Bar

서서 먹는 간이식당으로 가벼운 식사가 제공된다.

11) 인더스트리얼 레스토랑 Industrial Restaurant

회사나 공장의 구내식당으로 비영리 목적의 급식식당을 말한다.
Feeding Facilities라고도 하며 학교, 병원, 기업체의 구내식당으로서 셀
프서비스를 택하고 있다.

12) 백화점 식당 Department store

백화점 이용 고객을 대상으로 쇼핑 도중 간이식사를 할 수 있는 식당을 말한다.
대부분 셀프서비스를 택하고 회전이 빠른 식사 Fast food 가 제공된다.

13) 드러그 스토어 Drug store

고속도로 주변에 위치하여 간단한 식사를 서비스하는 식당을 말한다.

14) 자동판매기 Automatic Vending Machine

기계 속에 동전을 넣고 필요한 품목을 누르면 음식이 나오는 것을 말
하며 시간제 영업의 의해 경영될 경우 식당의 휴점시간에 고객의 편의를
도모하고자 설치 운영된다.

15) 스모가스보드와 뷔페식당 Smorgas-board & Buffet Restaurant

음식물이 진열된 테이블에서 균일한 요금을 지불하고 자기 양껏 선택해서 먹을 수 있는 셀프서비스를 말한다.

16) 테이블 서비스 식당 Table Service Restaurant

일정한 장소에 테이블과 의자를 갖추고 고객의 주문에 따라 음식을 제공하는 식당으로 그릴 Grill, 커피숍 Coffee shop 등이 있다.

17) 카운터 서비스 식당 Counter Service Restaurant

식당의 주방을 개방 Open Kitchen Restaurant 하여 고객이 조리 과정을 직접 볼 수 있으며, 카운터를 테이블로 하여 음식을 제공하는 것이다. 이 서비스의 장점으로는 신속한 식사, 종업원 인건비 절감, 가격 저렴, 위생적, 빠른 회전으로 매상이 증진, 팁의 불필요 등을 들 수가 있다. 뷔페 Buffet 오픈 카페 Open cafe, 유스 호스텔 youth hostel, 바이킹 Viking 등이 있다.

18) 급식식당 Feeding

비영리적이며 셀프서비스 형식의 식당이다. 회사의 구내식당, 학교의 기숙사, 병원의 구내식당 등을 들 수가 있다.

19) 자동차 식당 Auto Restaurant

자동차나 트레일러 Trailer 에 간단한 음식물을 싣고 다니면서 판매하는 이동식 식당으로 출장파티 등에 많이 이용이 된다.

02 제공음식에 의한 분류

1) 양식당 Western style Restaurant

① 이탈리아 식당 Italian Restaurant

기원 14세기 초 "마르코 폴로"가 중국 원나라에서 배워 온 면류가 고유한 스파게티^{Spaghetti}와 마카로니^{Macaroni}로 정착하여 이탈리아 요리의 원조가 된 것이다. 이탈리아에서는 이 면류 요리를 총칭하여 파스타^{Pasta}라 하여 스프^{Soup} 대신으로 식사 전에 먹는 것이다.

코스^{course}로는 aperitivio^{아뻬리띠보-식전주}, Antipasto^{안티파스또}—전채, 육류 요리, Insalata^{인살라따} 야채, 과일, 커피^{coffee}의 순서로 점심 식사를 즐긴다.

② 스페인 식당 Spanish Restaurant

스페인 요리의 특색은 올리브기름^{Olive oil}과 포도주를 재료로 많이 쓴다. 생선 요리가 유명하며 새우, 가재^{Cigala}, 돼지 새끼 요리 등을 들 수 있으며, 일반적으로 Tortilila^{또르띨라}, Segoviana^{세고비아나}, Andalusion^{안다루용}, Gaspacho^{가스빠초}, Cocido Madirleno^{꼬시도 마드릴레노} 등이 애용되고 있다.

③ 프랑스 식당 French Restaurant

이탈리아에서 유래되어 16세기 "알리 4세" 때부터 요리가 시작되었다. Chateaubriand^{샤또 브리앙}, 바닷 가재 요리, 생굴 요리, 오르되브르^{Hord's d'oeuvre} 그리고 각종 소스^{Sauce}만도 500여 가지가 넘는다.

④ 미국 식당 American Restaurant

재료를 빵과 곡물, 고기와 계란, 낙농 식품, 과일 및 야채 등으로 이용하고 식사는 간소한 메뉴와 경제적인 재료 및 영양 본위의 실질적인 식생활이 특징이다. 비프스테이크^{Beef steak}, 햄버거^{Hamburg}, 바비큐^{Barbecue} 등을 들 수가 있다.

2) 중국 식당 Chinese style Restaurant

북경요리, 산동요리, 사천요리 등이 있으며 가금류, 야생 조류, 생선, 야채, 콩류, 계란 등 모든 재료가 동원되어 음식의 맛과 질의 다양함에 있어서 세계 제일이다.

3) 일본 식당 Japanese style Restaurant

색깔, 향기, 맛을 생명으로 조미료를 가미하는 것을 특색으로 한다. 다도茶道의 전통과 생선 요리, 초밥, 튀김 요리, 스끼야끼 등의 생선 요리가 200여 가지를 넘고 있다.

4) 한국 식당 Korean style Restaurant

궁중요리, 불고기, 신선로, 김치 및 전골요리 등을 들 수가 있으나 아직까지 표준식단의 미개발로 인하여 앞으로는 더욱 우리 고유의 음식 개발에 힘써야 할 것이다.

5) 정식 Table d'hote Restaurant

정해진 메뉴 Appetizer, Soup, Fish, Entrée, Roast, Salad, Dessert, Beverage 등의 Full course로서 제공되는 식당을 말한다. 일품요리보다 판매에서 용이한 점은 판매가격의 저렴, 조리과정이 일정하므로 노력이 적게 든다. 원가 절약, 높은 매상고, 회계가 쉽고, 가격이 고정, 서브가 단조로우며, 메뉴 작성이 쉽고 선택이 간단하다는 등 이와 같은 특징을 가지고 있다.

6) 일품요리 A la càrte Restaurant

고객의 주문에 의하여 조리하여 내는 특별 요리 식당으로서 조리 기술과 계절 식품에 의해서 그 내용이 달라질 수 있다. 일품요리는 고객의 기호에 따라서 선택할 수 있는 장점이 있으나 가격이 비싼 단점을 가지고 있다.

7) 뷔페식당 Buffet Restaurant

일정한 장소에서 일정한 요금으로 기호에 맞는 음식을 선택하여 마음껏 먹을 수 있는 식당이다.

8) 특별요리 Spacial Restaurant

육류를 중심으로 선택되는 요리로서 그 식당의 독특함을 보여 줄 수 있는 요리이다. 매일 준비된 요리로 빠른 서비스를 제공할 수 있다는 점과 재고품의 판매가 용이하다는 점이 장점이다. 그러나 가격이 비싸다는 점이 흠이다.

03 식사시간에 의한 분류

1) 조식 Breakfast

아침 식사는 American breakfast, Vienna Breakfast, English breakfast, Continental breakfast로 구별된다.

2) 브런치 Brunch

이는 Breakfast와 Lunch의 합성어이며 아침과 점심의 중간쯤에 먹는 식사로, 특히 근대 생활인들 중 저녁 늦은 근무자 및 관광객들이 밤늦게 호텔에 도착하는 경우 아침 늦게 일어나 아침식사가 끝난 후 아침 겸 점심으로 먹는 식사이다.

3) 점심 Lunch; Luncheon

보통 3~4가지 코스 course 로 짜이며 "light lunch, heavy dinner"라는 말과 같이 가볍게 먹는다. 미국에서는 시간에 관계없이 먹는 식사를 런치 Launch 라고 말한다.

4) 애프터눈-티 Afternoon Tea

영국의 전통적인 식사 관습으로 밀크 – 티 Milk Tea 와 엷은 토스트 melba toast 를 함께 하여 점심과 저녁 식사에 먹는 간식을 말한다.

5) 저녁 ^{Dinner; dinner}

메뉴가 풀코스^{full course}로 짜이고 음료 및 주류의 판매로 인하여 높은 매상고를 올릴 수가 있다.

6) 만찬 ^{Supper}

본래는 격식 높은 정식을 의미하였으나, 지금은 늦은 저녁의 밤참을 말하고 있다. 보통 2~3가지의 메뉴로 구성된다.

04 서비스 형태 ^{Service Styles} 와 방법에 의한 분류

1) French Service

① 큰 접시에 담긴 음식을 손님이 직접 덜어 드실 수 있도록 도와주는 서비스 방식이다.

② 이 서비스 형식은 큰 접시^{platter}가 테이블에 놓이거나^{hot platter on a warmer} 서비스요원이 손님 왼쪽에서 서브하게 되는데, 서브하기에 앞서, 접시에 담긴 음식을 손님에게 보여^{present}준다. 이때 서비스 접시^{platter}의 손잡이는 손님 쪽을 향하게 한다.

③ 서비스는 손님의 왼쪽에서 시계 반대 방향으로 이동한다.

2) English Service^{platter service, silver service}

① 이 서비스에서는 hot plates가 첫 번째 손님 앞에 놓여진다.
② platter는 서비스 제공자의 왼쪽 팔뚝 위에 놓인 상태에서 오른
   손으로 서빙 스푼과 포크^{serving fork & knife}를 집게 형태로 잡아 손
   님의 왼편에서 음식을 서브한다.
③ 왼쪽에서 시계 반대 방향으로 서브한다.
④ 이런 스타일의 서비스는 연회서비스^{banquet service}나 추가 서비스
   ^{second round}를 할 때에 사용된다.

3) Gueridon Service^{The Side Table Service}

① 먼저 큰 접시에 담긴 음식^{Platter}을 손님에게 보여주고^{Present}나서 Side Table에 있는
   Hot Plate 위에 놓는다.
② Hot Plate는 이미 Side Table 위에 준비되어 있어야 한다.
③ Plate에 음식을 옮길 때는 집게 형태로 서빙 기물을 사용하지 않고 항상 양손을 사용
   한다. 준비된 Plate는 손님의 왼편에서 서브된다.
④ 서브 후 남은 음식을 추가로 제공하는 경우에는 새 접시에 담아 제공^{Second Helping}한다.

4) American Service^{Plate Service}

① 이 서비스 형식은 주방에서 직접 음식을 접시에 담아서 준비한다. 서비스직원은 음식을 운반^{pick up}해서 바로 손님테이블로 가져간다.

② 음식접시를 제공할 때는 손님의 오른쪽에서 시계 방향으로 서브한다.

5) Self Service^{Buffet Service}

① 셀프서비스 형식에서는 음식테이블이 직원들에 의해 미리 준비되어 있다.

② 모든 음식은 손님들이 직접 떠먹을 수 있도록 음식테이블^{food table}에 세팅되어 있다.

③ self service buffet에서는 연회장^{banquet}에서와 같이 더운 음식^{hot food}과 찬 음식^{cold food}이 같은 시간에 제공되기도 하며 샐러드 바^{salad bar}나 디저트 바^{dessert bar}와 같이 일부의 음식만이 준비되기도 한다. 대개 호텔에서는 점심 뷔페를 저녁보다 저렴한 가격으로 제공 한다.

④ self service는 간단한 스타일부터 시작하여 매우 폭 넓은 형태의 buffet style이 있다.

- 찬 음식 뷔페^{cold buffet}
- 찬 음식과 더운 음식 뷔페^{cold and hot buffet}
- 샐러드 뷔페^{salad buffet}
- 디저트 뷔페^{dessert buffet}
- 아침 뷔페^{breakfast buffet}

셀프서비스^{Self Service}는 큰 연회행사 또는 Salad나 Dessert와 같이 부분적인 음식을 제공할 때 서브하기에 적절^{Suitable}하다.

제3절 호텔 레스토랑 메뉴관리의 이해

01 메뉴의 개념 및 기능

1) 메뉴의 개념

「Webster's Dictionary」에 의하면 메뉴란 "A detailed list of the foods served at a meal"이라 설명되어 있고, 「The Oxford Dictionary」에서는 "A detailed list of the dishes to be served at a banquet or meal"로 설명되어 있다. 즉, "식사로 제공되는 요리를 상세히 기록한 목록표"라 할 수 있다. 메뉴의 어원은 라틴어의 'Minutus'인데 이것은 영어의 'Minute'에 해당되는 말로 작은 목록표Small list란 뜻이며, 불어로는 'Minute'에 해당되어 '상세히 기록하다'라는 의미가 된다. 우리말로는 "차림표" 또는 "식단"이라고 부르는데, 이는 "판매상품의 이름과 가격 그리고 상품을 구입하는 데 필요한 조건과 정보를 기록한 표"로써, 단순히 상품의 안내에만 그치는 것이 아니라 고객과 식당을 연결하는 판매촉진의 매체로써 기업이윤과 직결되며 식당의 얼굴과 같은 중요한 역할을 하고 있다. Menu는 세

계 공용어로 통용되고 있다. 결국 메뉴란 레스토랑에서 유·무형의 서비스를 고객에게 효과적으로 제공하기 위하여 제품의 품목과 가격을 체계적으로 작성한 목록표로 정의할 수 있다.

2) 메뉴의 기능

종래적 의미의 식당관리에 있어서는 메뉴가 단순히 식료의 종류를 기록, 나열하는 기능을 수행한 것에 불과했던 때도 있었으나 현대의 식당경영에 있어서는 판매와 관련하여 가장 중요한 상품화의 수단으로 그 역할이 증진되어 왔다. 이는 메뉴내용에 따라서 호텔 식

음료 및 외식업체의 식재료 구매, 저장, 재고관리, 음식의 조리, 서비스나 작업 계획 등 여러 가지 형태로 메뉴관리내용이 결정되고, 결과적으로 식음료 원가에 커다란 영향을 미치게 된다. 또한 메뉴의 종류와 내용 및 범위에 따라서 주방에 필요한 시설설비와 배치가 결정된다. 즉, 메뉴는 식재료의 구매, 저장, 식음료관리, 주방 및 홀의 시설과 설비, 그리고 장비의 배치 등 공간배분뿐 아니라 모든 분야에 영향을 미치게 된다. 따라서 메뉴는 종합적인 식음료 운영의 다른 요소들이 검토된 후에 관리되는 문제라기보다는 모든 문제를 야기시키기 전 단계의 시발점이 되는 것처럼 중요성을 갖고 있다. 다음은 메뉴의 기능이다.

(1) 판매도구기능

레스토랑에 있어 식음료의 판매는 메뉴로부터 시작된다. 따라서 메뉴는 무언無言의 판매자이고, 가장 중요한 판매수단이며 고객으로 하여금 식욕을 자극하여 판매를 촉진시켜 준다.

(2) 레스토랑의 얼굴과 상징기능

메뉴는 레스토랑의 수준을 나타내 주고, 레스토랑의 운영상태를 보여 준다. 바꾸어 말하면 메뉴는 레스토랑의 상징이며 얼굴인 셈이다. 또한 메뉴는 레스토랑의 모든 경영활동 내용, 즉 상품, 서비스, 분위기, 가격, 기술 및 인적 서비스, 계절감각 등을 압축한 것이어야 하고, 또 그러한 요소들의 조합이 고객들의 욕구를 반영하거나 충족시킬 수 있을 때 레스토랑 경영목표를 달성할 수 있는 것이다.

(3) 커뮤니케이션 기능

메뉴는 레스토랑과 고객을 연결해 주는 커뮤니케이션 수단이다. 메뉴에는 음식의 품목과 가격, 서비스 제공방법이 상세히 기록되어 있기 때문에 고객은 서비스요원의 상세한 설명보다 메뉴를 대함으로써 그 레스토랑의 분위기와 영업본질을 파악할 수 있다. 따라서 메뉴는 고객의 욕구를 충족시켜 줄 수 있는 방향으로 구성되어야 하며, 내용이나 가격 설정에 있어서도 고객의 입장에서 세심한 관찰이 이루어져야 한다. 고객은 메뉴를 통해서 레스토랑에 대한 모든 정보를 취득하고 상품구매를 결정하기 때문이다.

(4) 시장의 도달가능한 범위 결정 기능

메뉴는 광범위한 의미에서 시장의 도달가능한 범위를 결정한다. 즉, 메뉴는 식자재량, 구입처, 구입시기와 방법을 결정하며 아이템의 양과 종류, 생산담당자의 역할, 음식의 제공방법까지의 전 과정을 관리하게 된다. 그리고 이에 따라 요구되는 물적 시설물^{레스토랑의 규모, 인테리어, 위치설정, 시설과 장비, 디자인}에 관한 전반적인 사항을 나타낸다. 따라서 메뉴를 준비하기 전에 대상시장을 조사하고 고객들의 기호, 수입, 습관 등을 파악하여 타사의 경쟁분석을 통하여 필요한 정보를 획득하여야 한다.

3) 메뉴의 구성

(1) 메뉴계획의 기본적 고려사항

메뉴계획^{menu planning}은 근본적으로 호텔 레스토랑이나 고급 및 전문레스토랑의 영업 전반에 영향을 미치기 때문에 각 업장의 입지조건과 판매표적시장 및 고객의 동향을 철저히 분석한 후 고객의 욕구충족과 경영전략 차원에서 이루어져야 한다. 메뉴의 구성은 그 주방

의 책임자 또는 요리장의 책임하에 경영주와 총지배인의 의사를 존중해서 시장조사 후에 이루어져야 하며, 조리사들은 이 메뉴에 의하여 그때그때의 요리를 조리하도록 하는데 특히 잊어서는 안 될 것은 재료재고의 유무와 조달가능성을 잘 검토해서 메뉴를 구성해야 한다.

(2) 메뉴 작성시 주의사항

① 한 메뉴에 동일한 재료의 음식이 중복되어서는 안 된다.

전채에서 후식에 이르기까지 동일한 재료로 다른 코스에서 중복되어 제공되면 고객은 메뉴에 대하여 매력을 갖지 못하므로 동일한 재료사용을 피해야 한다. 이것은 생선, 육류, 가금류, 엽조류, 각종 야채류나 과일을 막론하여 마찬가지다. 같은 식재료로 2가지 이상의 메뉴를 만들지 말 것. 예로 Chicken Soup의 다음 코스로 Fried Chicken이 중복되어서는 안 된다.

② 요리의 장식에 주의해야 한다.

주요리만 솜씨 있게 만들 것이 아니라 전체요리가 고객에게 한층 품위 있게 돋보이기 위해서는 색의 조화와 요리의 재료에 알맞게 장식해야 한다. 이러한 장식을 위해서는 요리에 대한 애착과 부단한 연구가 필요하다. 품위 있는 요리를 제공하기 위해 색의 조화와 Garnish의 배합에 신경을 써야 한다.

③ 동일한 색상의 육류가 한 메뉴에 동시에 제공되어서는 안 된다.

요리에 시각적, 영양적 요소를 감안하여 흰색 육류White Meat나 검은색Dark Meat이 두 가지 이상 중복되어 같은 메뉴에 제공되어선 안 된다.

④ 비슷한 계통의 소스Sauce를 두 가지 이상 제공해서는 안 된다.

다른 재료로 음식을 만들었어도 유사하거나 동일한 소스를 사용하면 맛의 차별화가 힘들기 때문에 동일계통의 소스 제공은 피해야 한다.

예를 들어, 생선 요리에 제공되는 Hollandaise Sauce와 만드는 재료와 방법이 비슷한 육류요리에 제공되는 Barnaise Sauce가 중복되어서는 안 된다.

이들은 파, 후추, 식초, 백포도주, 달걀, 버터 등을 배합해서 만드는 소스이다.

⑤ 두 종류 이상의 같은 조리방법을 사용해서는 안 된다.

예로 Fried Fish 다음 코스에 Fried Chicken이나 Beef Cutlet이 나온다든가 Fried Fish의 가니쉬로 Fried Potato 혹은 디저트로 Apple Fritter 등을 넣어서는 안 된다.

⑥ 요리코스의 균형이 맞아야 한다.

Appetizer, Soup, Fish, Meat, Dessert 등의 일련의 코스가 Soft Dish로부터 Hard Dish로 하여 균형 있게 배열되어야 한다.

⑦ 계절감각에 맞는 메뉴를 만들어야 한다.

예로 여름에는 Cold Dish 위주로, 겨울에는 Hot Dish 등으로 하고 계절에 맞는 과일과 야채요리 또는 그 지방의 특산물이 제공되어야 한다.

⑧ 양과 질의 배합을 고려해야 한다.

연령, 성별, Vegetarian food, Diet food 등이 있다.

⑨ 식품위생을 충분히 고려해야 한다.

신선한 재료 사용, 부패 등 식품 저장온도에 주의한다.

식자재 유효기간

02 메뉴의 분류

메뉴는 기능, 계절, 시간, 가격, 구성형태, 레스토랑의 종류 등 여러 가지로 분류할 수 있으나 크게 다음과 같이 분류할 수 있다.

1) Table d'hote Menu ^{정식메뉴}

Table d'hote Menu란 Table of Host를 뜻하는 것으로 이 메뉴는 아침, 점심, 저녁, 연회 등을 막론하고 어느 때든지 사용할 수 있으며 미각, 영양, 분량의 균형을 참작한 한끼분의 식사로 정해진 순서에 따라서 제공되는 메뉴로서 고객의 선택이 용이한 메뉴이다. 이 차림표는 한 코스로 구성되며 요금도 세트로 표시되어 있다.

- Luncheon : 3~4 Course
- Dinner : 4~5 Course
- Supper : 2~3 Course
- Banquet : 5~6 Course

2) A la Carte Menu ^{일품요리메뉴}

A la Carte의 의미는 제공되는 각 품목마다 개별적으로 가격이 설정되어진다는 의미로 주문한 음식에 따라 가격을 지불하게 만들어진 메뉴이며 표준메뉴 또는 고정메뉴라고도 일컫는다. 일품요리는 제공되는 메뉴품목이 다양하여 고객의 기호에 따라 다양하게 메뉴를 선택할 수 있고 가격이 정식보다 비교적 비싼 편이다. 이러한 메뉴는 한번 작성되면 장기간 사용하게 되므로 요리준비나 재료구입 업무에 있어서는 단순화되어 능률적이라 할 수 있으나 원가상승에 의해 이익의 폭이 줄어들 수 있어 이용고객의 호응도를 감안하여 새로운 메뉴계획을 꾸준히 시도하여야 한다. 메뉴의 구성은 정식의 순서에 따라 각 코스마다 몇 종류씩 요리의 품목을 명시하는 것을 원칙으로 하고 있다.

3) Daily Special Menu

그날그날 시장의 새로운 재료에 따라 다른 메뉴를 선보이는 것이다.

① 매일 준비된 상품^{ready dish}으로 빠른 서비스를 할 수 있다^{Today's lunch special menu}.

② 재료 사용상 left over^{재고재료}를 처리할 수 있다.

③ 고객의 선택을 쉽게 도와줄 수 있다.

④ 판매 증진 효과를 볼 수 있다.

4) All year round menu

A la carte 메뉴와 비슷한 것으로서 한번 준비하면 연중 내내 사용되는 메뉴를 말하며 현재는 Table d'hote^{따블도트} 메뉴 대용으로 표기하기도 한다^{보통 5-6 코스}.

5) Seasonal Menu

한 계절에 맞게 작성된 메뉴로서 그 계절 특선 재료를 중심 요리로 메뉴를 구성한다.
장점 – 고객에게 신선미와 메뉴의 특수성을 살릴 수 있다.

6) Menu of the day

그날의 특별 코스 메뉴를 말한다.

① Left over 식자재를 처리할 수 있다.

② 원가절감으로 수익을 증대할 수 있다.

③ 고객에게 호기심을 일으키고, 선택을 쉽게 할 수 있다.

④ Appetizer, soup, fish, entree, dessert 등 보통 6코스로 되어 있다.

7) Supper Menu

Supper는 원래 축제행사가 있거나 음악과 춤이 있는 격식 높은 정식만찬이었으나 이것이 점차 변하여 최근 미국에서는 가벼운 야식의 의미로 사용되고 있다. 일반적으로 늦은 저녁에 모임이나 행사 발표회, 음악회, 오페라 등 후의 간단한 식사로서 2~3코스로 구성된다.

① Juice

② Beverage

③ Sandwich보통 샌드위치보다 얇고 굽지 않는다. : 차게 처리

8) The Ball Menu

Dancing Party에 사용되는 메뉴로서 파티시작 전에 A la carte나 table d'hote 메뉴로 식사를 제공하며 무도회 종료시에 각종 수프류나 핑거샌드위치, 다양한 디저트, Seasonal Fresh fruit을 standing buffet에 제공하며 cocktail bar도 설치한다.

9) Banquet Menu

① 연회모임 메뉴로서 많은 인원의 요리를 함으로써 원가절감을 기할 수 있어
   원가의 Balance를 최대한 맞출 수 있다.

② Menu Plan에 의해서 이루어지며 대중적인 기호에 맞춰서 Host^{주최자}가 모든
   사람의 식성을 고려하여 결정한다.

③ Sleeping Items식 자재의 처리 및 대량구매로 인하여 원가를 절감할 수 있다.

④ 대단위 인원의 정확성을 파악하여 재료의 손실을 최소화할 수 있다.

⑤ Host의 사전 메뉴 선택으로 메뉴의 인기도를 집중시킬 수 있다.

⑥ 대규모 연회행사의 증가는 호텔 식음료 판매 경쟁시대로 전환시켰다.

10) Buffet Menu

스칸디나비아 음식인 Smorgas Board^{바이킹 레스토랑}에서 유래하였다.

Menu Plan은 다양성을 가져야 하며 차림은 색상^{Colour}, 형태^{Shape}, 영양^{Nutritive} 등을 고려
한다.

① Open Style Buffet : 일반 뷔페 식당의 운영 형태이며 Fit 고객을 대상으로 한 1인 1
   식의 요금으로 음식은 계속 Refill되어야 한다.

② Closed Style Buffet : 단체행사를 위한 Banquet 행사에 적용되는 형태로서, Host
   가 예상한 인원, 가격에 의해서 메뉴와 음식의 양이 사전에 결정되어진다.

■ Buffet Menu의 장점

① 많은 인원을 동시에 수용할 수 있다.

② 고객의 식성에 따라 포만감을 느끼며 즐길 수 있다.

③ Sleeping Items식 자재의 활용으로 원가를 최소화할 수 있다.

④ 인건비를 절감할 수 있다.

11) Breakfast Menu

아침요리는 계란요리를 중심으로 가볍게 먹는 것이 특징이며 빵, 커피, 주스 등과 함께 먹으며 육류로는 햄과 베이컨, 소시지 등이 제공되며 특별한 경우 작은 스테이크Minuts Steak가 제공되기도 한다. 종류로는 American, Continental, Vienna, English, Korean, Japanese Breakfast 등과 같이 국가별 조식메뉴가 있고 이외 복합적인 조식뷔페가 있다.

전 세계적으로 4가지 형태로 분류된다.

- American Breakfast
- Continental Breakfast
- English Breakfast
- Breakfast BuffetSimilar To American
- BrunchBreakfast & Lunch

(1) The Continental Breakfast

유럽에서는 가장 일반적인 Breakfast Style이다.
다음과 같이 제공된다.

① Hot beverage	Coffee, tea, cocoa, milk
② Breads	지역에 따라 bread 종류가 다르다. : 여러 종류의 breads, rolls, toast
③ Butter	최근에는 개별 포장 제품이 제공된다(portion butter).
④ Jams and jellies	버터와 같이 개별 포장된 portion으로 여러 가지 다른 맛의 jam이 제공되고 때로는 honey도 포함된다.
⑤ Extra	Fruit juices, eggs, cheeses, sausages, 그리고 추가요금을 지불하는 것들

(2) The American or English breakfast

주로 영국, 미국, 캐나다인들이 실속 있는 아침식사를 즐기기 위해 이 Type을 선호한다.
다음과 같이 제공된다.

① Hot beverages	Coffee, tea, cocoa, as in the continental breakfast
② Breads	Breads, toast, rolls, and specially breads
③ Butters, jams, honeys	Individual packaged, as for the continental breakfast
④ Fresh fruits	Grapefruit, apples, pears, bananas, oranges, and others
⑤ Juices	Orange, grapefruit, and tomato are most popular
⑥ Stewed fruit	Prunes, apricots, pears, peaches
⑦ Cereal	Hot & cold oatmeal, such as corn flakes
⑧ Eggs	Fried, scrambled, poached, boiled, omelets, accompanied by bacon, ham sausage
⑨ Meats	Mostly served cold, such as roast beef and cold cuts
⑩ Fish	Such as kippers(훈제청어) and haddock(대구) / fresh, smoked salmon
⑪ Daily products	Such as cottage cheese(탈지유로 만든 희고 연한 치즈) and yogurt

(3) The Breakfast Buffet

① Breakfast buffet에서는 american breakfast와 비슷한 음식들이 제공된다.
여기에서 주요 차이점은 서비스 형태이다.
Breakfast buffet에서는 self service이고 단지 hot beverage만이 서비스 요원에
의해 제공된다.
② 모든 음식과 음료들이 buffet table에 먹음직스럽게 진열된다.

Hot food는 chafing dishes에 보관되고, 버터나 과일 주스와 같은 찬 음식은 차게 보관한다.

③ 뷔페 형태의 경우, 서비스 요원의 주요 업무는 뷔페 음식을 깔끔히 정리하고 음식을 보충해 주는 것이다. 예로 10시에 오는 손님에게도 06:30분에 온 손님과 똑같은 먹음직한 상태의 음식이 제공되어야 한다.

12) Brunch Menu

① 브런치는 Breakfast와 lunch의 혼합이며 양쪽의 음식 종류들이 제공된다.
원칙적으로 브런치는 Breakfast buffet나 american breakfast의 연장이다.

② 추가적으로 Salads, clear soups, smoked fish, and cakes, pies, and custard 등이 제공된다.

③ 브런치는 늦은 아침식사, 또는 이른 점심식사라고 불리기도 하는데 최근에 그 인기가 더해간다.

13) Room Service Menu

① 주문을 확인한 후 butter, jams, bread, 주문한 음료, pre-warmed cups, 그리고 요구된 것들을 추가

한다. Control sheet에 주문된 서비스 시간을 기록한다.

② 오른손으로 문을 닫거나 열고 노크를 하기 위해 왼손으로 트레이를 운반한다.

③ 손님이 도어노크를 인지한 후에서야 안으로 들어간다. 들어가서 손님에게 인사를 한다.

03 Full Course Menu

1) Appetizer

① 분량이 작아야 한다.

② 맛이 좋고 주 요리와 균형이 잡히도록 한다.

③ 짠맛, 신맛이 가미되어 타액의 분비를 촉진시킨다.

④ 계절감, 지방색이 풍부한 것이면 더욱 좋다.

- Cold appetizer : main dish가 heavy한 경우
- Hot appetizer : main dish가 light main인 경우 escargot

2) Soup

① Cream soup과 consomme soup으로 크게 나뉜다.

② 크림수프와 맑은 수프를 뜻한다.

3) Fish course

① Mouse나 porch, pan – fried 등의 요리방법이 있다.

② Fillet of halibut

4) Sherbet

① 아이스크림과 다른 점은 계란과 유지방을 사용하지 않는다.

② 과즙, 설탕, 물, 술을 재료로 해서 만든 저칼로리의 깨끗하고 상쾌한 맛을 내는 빙과
이다.

③ 생선요리를 먹은 후 입안의 비린내를 제거시켜 다음 코스인 주 요리의 참맛을 느끼
게 하기 위하여 중간 코스에 넣은 얼음과자이다. Lemon sherbet. Peach sherbet 등
이 있다.

5) Entree

① 주 요리로서 스테이크의 크기는 코스에 따라 180G, 160G, 120G정도로 양을 조정할
수 있다.

② 19세기 프랑스 귀족이며 작가인 샤토브.리앙 남작의 요리장인 몽 미레이유가 만든 안
심스테이크를 즐겨 먹음으로 해서 그의 이름을 붙여 유명해졌다. 안심스테이크의 가
장 가운데 부분이며 소 1마리당 4인분 정도밖에 안 나오는 고급 스테이크이다.

❖❖ Chateaubriand steak : 고기부위

6) Salad

① Mixed Salad, Green Salad

② American Style Service : Entree와 같이 서브

③ French Style Service : Salad Serve 後에 Entree 제공

■ Dressing의 분류

‥‥‥‥‥‥‥‥‥‥‥‥‥‥‥‥‥‥‥‥‥‥‥‥‥‥‥‥‥‥‥‥‥‥‥‥‥‥‥

● French dressing　　　　　● Italian dressing

‥‥‥‥‥‥‥‥‥‥‥‥‥‥‥‥‥‥‥‥‥‥‥‥‥‥‥‥‥‥‥‥‥‥‥‥‥‥‥

7) Dessert Course

① 당분이 함유되어야 한다.

② Pudding유, ice cream, fruits, cakes류

8) Coffee or tea

① Black coffee : coffee with only sugar, no cream

② With cream : 구수한 맛

③ With milk : 가볍고 상큼한 맛

④ Regular coffee, espresso coffee^{demitasse cup}, cappuccino coffee

⑤ 보졸레 누보 : 프랑스 리용 시 근처의 유서 깊은 도시 보졸레에서 11월에 수확한 포
도만을 저장 1차 발효만 시켜 판매하는 것으로 오래 저장을 할 수 없으며 맛이 신선
하다.

제4절 호텔 연회^{컨벤션}의 이해

건너뛰기

01 연회의 정의 및 특수성

1) 연회의 정의

호텔 연회는 식음료 영업과 관련하여 단위 규모의 영업장으로서는 규모와 매출액에서 가장 큰 부분에 해당한다. 또한 연회는 식당에서의 식음료 서비스 영업과 같이 식탁과 의자가 준비되어 있는 고정된 공간에서의 서비스가 아니라 특정 장소에서 고객의 요구, 행사의 성격, 규모 등에 따라 각양각색의 행사를 수행하는 창조적 성격의 식음료 서비스 영업이다. 이와 같은 특성이 있는 연회 정의에 대한 해석들을 보면 다음과 같다.

연회^{Banquet}의 어원은 라틴어에서 파생된 이탈리아어의 'banchetto'에서 유래되었는데, 'banchetto'는 당시 '판사의 자리'라는 뜻과 오늘날 의미의 '연회'라는 뜻으로 사용되었다. 이 단어가 오늘날의 영어 및 프랑스어의 'banquet'으로 되었다. 사전적 의미로는 '축제 혹은 향연'이란 뜻의 'a feast'와 같은 의미이며, 현대적 의미로서 '많은 사람들 혹은 어떤 한 사람에게 경의를 표하거나 연례적인 행사 혹은 축제를 기념하기 위해 정성을 들이고 격식을 갖춘 식사가 제공되면서 행해지는 행사'라 하고 있다. 또한 웹스터 사전에 의하면 「Webster defines a Banquet as an elaborate and often ceremonious meal attended by numerous people and often honoring person or making some incidents as an anniversary or reunion.」라고 정의하고 있다.

연회^{宴會}에 대한 한글의 사전적 의미는 '잔치를 일컬으며, 축하, 위로, 석별 등의 일이 있을 때에 술과 음식을 차리고 손님을 청하여 즐기는 일'이라고 설명하고 있으며, 한국관광공사의 관광용어사전에서는 연회는 '별도의 공간에서, 필요한 서비스 인원과 예정된 양의 다양한 식음료 서비스를 대금을 지불하는 그룹에게 제공하는 호텔 서비스의 한 부분'이라고 정의하고 있다.

2) 연회의 중요성 및 특수성

연회부문의 영업은 일반적인 식음료 영업장레스토랑 및 바, 라운지 등에서와 같이 메뉴 및 음료를 주문받는 즉시 서비스하는 형태의 영업과는 많은 차이가 있다. 호텔에 따라서 다소 차이는 있으나 연회 매출액은 식음료부서 전체 매출액의 적게는 10%에서 많게는 60%까지 달하며, 혹은 호텔 전체 매출액의 10%에서 최고 30%까지 차지할 정도로 영업적인 비중이 높은 편이며 그 중요성은 날이 갈수록 더해가고 있다. 오늘날 대부분의 호텔들이 연회매출액의 극대화를 위하여 연회판촉활동이 활발하게 전개되고 있는 실정이며, 특히 대형 호텔들에서는 연회판촉 전문요원들을 양성하는 적극적인 방법을 시도하고 있다.

그러므로 연회영업은 일반적인 수요에 대한 서비스라기보다는 수요를 적극적으로 창출하는 영업수단이다. 이로 인해 고객수의 증대는 물론이거니와 매출액의 증대를 가져와 비수기를 타개할 수 있는 중요한 수단이 된다. 또한 행사를 유치하고 유치한 행사의 성공을 위하여 호텔 내 모든 부서의 종업원들이 철저한 준비작업에 참여하여야 하는데 이러한 과정들을 통하여 참여의식 및 동기부여의 기회가 주어질 것이며, 당 호텔의 시설물 규모에 맞는 행사를 적절하게 기획하여 시설의 활용을 극대화하고, 호텔의 홍보에 더 없는 훌륭한 효과를 가져다준다. 호텔 연회의 중요성과 특성을 보면 다음과 같다.

■ 호텔 연회의 중요성

① 호텔 매출액 증대의 효과
② 호텔의 고객수covers 증대의 효과
③ 비수기 타개방안의 효과
④ 호텔의 이미지 제고 및 홍보수단의 효과
⑤ 전 종업원 참여기회의 효과
⑥ 호텔 시설활용의 효율화
⑦ 국제수지 개선 및 지역경제 활성화의 효과
⑧ 고용증대의 효과

■ 호텔 연회의 특성

① 대부분의 연회가 예약을 통해서 개최되고, 그에 따라서 연회 준비가 이루어진다.

② 일시에 대량으로 식음료의 서비스를 한다. 일반적으로 최소 2인 이상 1,000여 명에 이르는 행사가 호텔의 연회시설에서 개최되고 있으며, 그 이상의 경우 특수 시설물 _{체육관 및 전시·전람회관 등}들을 이용하기도 한다.

③ 일반적으로 같은 연회에는 한 가지의 같은 메뉴가 똑같이 제공된다.

④ 같은 연회에는 동일한 방식의 서비스가 제공된다.

⑤ 모임의 성격이나 특징에 따라 분위기 연출을 통한 이미지 전달이 뚜렷하다.

⑥ 행사 혹은 모임의 특징들을 최대한 강조하거나 부각시킬 수가 있다.

⑦ 주관·주최 기업의 이미지를 제고시켜 준다.

⑧ 유치호텔의 이미지를 제고시켜 준다.

⑨ 광고 효과가 높다.

⑩ 호텔 투숙고객들에게 편의를 제공한다.

⑪ 연회 건당 매출액 혹은 순이익의 폭이 크다.

02 연회의 종류와 유형

우리나라에서도 연회라고 하는 것은 가정에서 개최하여 왔던 것이었으나, 최근 들어 호텔이나 레스토랑을 이용하여 환송연, 개업축하연, 각종 생일기념일, 결혼피로연 및 결혼기념일 등에 연회를 베풀고 있다. 얼마 전까지만 해도 연회라 하면 식사 중심의 찬연 혹은 식사와 간단한 안건의 처리를 위한 간담회 등이 대부분이었으나, 날로 연회의 성격과 기능이 복잡해지면서 오늘날 호텔 연회장의 활용은 회의, 강연회, 전시회, 세미나, 패션쇼 및 상품설명회 등으로 다양화되어 가고 있다.

1) 연회의 종류

연회의 종류는 크게 식음료 서비스가 주가 되는 순수연회pure banquet와 다른 특수 목적을 달성하기 위하여 식음료 서비스가 부가적으로 준비되어 개최되는 이벤트성의 주제연회 theme banquet로 나눌 수 있으며, 연회의 개성이나 기능에 따라 다양하게 분류할 수 있다.

① 개최시간에 따른 연회 종류 : 조찬 모임breakfast gatherings, 브런치 모임brunch gatherings, 점심 모임lunch gatherings, 저녁 모임dinner gatherings, 야간 모임supper gatherings 등

② 개최장소에 따른 연회 종류 : 호텔연회, 식당연회, 해상연회, 기내연회, 야외연회, 가족연회, 출장연회, 가든파티 등

③ 주관기관에 따른 연회 종류 : 정부행사, 기업행사, 학술 및 학회행사, 협회행사 등

④ 식음료 메뉴의 특성에 따른 연회 종류 : 양식 요리Western food 행사, 중국 요리Chinese food 행사, 한식 요리Korean food 행사, 일식 요리Japanese food 행사, 다과회tea party, 뷔페Buffet 행사, 칵테일 리셉션cocktail reception, 바비큐 파티barbecue party 등

⑤ 주제에 따른 연회 종류 : 가족모임family parties, 약혼식, 결혼식, 결혼피로연, 결혼기념 행사, 생일기념 행사, 이·취임식, 개점기념 행사, 입학·졸업 행사, 사은회, 동창·동문회, 전시회exhibition, 패션쇼fashion show, 각종 회의convention, conference, seminar, workshop, symposium, board meeting, general meetings, etc, 상품 설명회product presentations, 기자회견press conferences, 강연회lectures, 간담회casual meetings, 연주회concerts 등

2) 연회의 유형

연회의 유형에는 순수연회와 주제연회의 기능, 목적, 성격 등에 따라 매우 다양하게 분류할 수 있다. 일반적인 연회의 유형들을 알파벳 순으로 열거하여 보면 다음과 같다.

- Alumni Gathering동문회 모임
- Annual Banquets연례 행사

- Banquets일반 순수연회
- Birthday Parties각종 생일 기념 파티
- Breakfast Meetings조찬 모임
- Christmas Parties크리스마스 파티
- Cocktail Receptions칵테일 리셉션
- Concerts콘서트
- Conferences국제회의
- Conventions큰 규모의 국제회의
- Corporate Anniversaries일반 기업체 행사
- Dance Party무도회
- Dinner Concerts식사와 콘서트
- Dinner Shows식사와 공연
- Dinners순수 저녁파티
- Engagement Family Parties약혼식
- Exhibitions전시회
- Family Parties각종 가족모임
- Farewell & Welcome Parties환송 및 환영 파티
- Fashion Shows패션쇼
- Gala Dinner만찬
- Garden Party정원 파티
- Government Conferences정부 주관 회의
- Incentive Meetings인센티브 회의
- Incentive Tours인센티브 관광
- International Conferences국제회의
- Luncheons순수 점심 파티
- Meetings각종 회의

- National Days Receptions^{국경일 파티}
- New Year's Celebrations^{신년 하례회}
- Outside Catering^{출장 연회}
- Product Presentations^{제품 발표회}
- Receptions^{순수 칵테일 파티}
- Retirement Ceremonies^{정년 퇴임식}
- Seminars^{세미나}
- Special Events^{특수 이벤트}
- State Banquets^{정부 주관 연회}
- Tea Parties^{다과회}
- Theme Party^{테마 파티}
- Trade Shows^{무역 박람회}
- Wedding Receptions^{결혼피로연}
- Year-end Parties^{송년회} 등

03 연회의 조직과 업무

1) 연회 조직

호텔에 있어서 일반적으로 연회부서^{Catering Department 혹은 Banquet Department}는 식음료부^{Food &} ^{Beverage Division}에 소속되어 있으며, 연회부장의 지휘하에 연회 서비스과^{혹은 팀}, 연회 예약과^{혹은} ^팀, 연회 판촉과^{혹은 팀}, 아트 및 디자인실^{혹은 팀}과 얼음조각 장식실^{혹은 팀} 등으로 구성되며, 기타 지원부서로서 연회 주방, 기물관리, 음향, 조명, 영상 및 방송부서 등이 있다.

총지배인
General Manager

식음료부장
Director of Food & Beverage

연회부장
Director of Catering

조리부장
Executive Chef

연회 서비스팀

지배인
↓
부지배인
↓
캡틴

- 웨이터
- 웨이트리스
- 리셉셔니스트
- 실습생/서비스 보조

연회 예약팀

예약 지배인

- 연회 코디네이터
- 예약담당 클러크
- 전화접수/상담 직원

연회 조리팀

조리장
↓
부조리장

- 서양식 조리사
- 동양식 조리사
- 한식 조리사
- 소스 담당 조리사
- 샐러드 담당 조리사

음료 서비스팀

음료 지배인

- 연회 음료 담당
- 바텐더

연회 판촉팀

판촉 지배인

- 판촉 담당 직원

기물관리팀

기물관리팀장

- 기물 세척 담당
- 기물 재고관리 담당
- 청소 · 미화 담당

아트, 디자인팀

- 아티스트
- 디자이너
- 얼음 조각사

음향, 영상, 조명팀

- 음향 담당
- 영상 담당
- 조명 담당

★ ↕, ←→, ↗↙ : 상호 업무 협조관계   ★ ↓, ↙, ↘ : 업무 하향 지시관계

'〈그림〉연회부서의 조직도표'에서 보여주는 바와 같이 연회업무의 성공적인 수행을 위해서는 서로 다른 분야의 다양한 전문직으로 구성되어 있는 구성원들의 협조가 필요하게 되어 있다. 호텔의 조직에 따라서는 식음료부의 하부조직으로 운영되기도 하고, 연회부장의 지휘하에 독립조직으로 운영되기도 하며, 일부 호텔들에서는 매출창출의 과정이 마케팅전략에 의한 매출상승이 강하기 때문에 연회예약업무 및 연회판촉업무와 함께 마케팅부서에 소속되어 운영되기도 하는데 어느 경우이든 연회업무의 성공적인 수행을 위해서는 〈그림〉에서와 같이 업무관련 부서 혹은 팀 간에 긴밀한 협조체제와 그에 필요한 시스템이 중요하다고 하겠다. 특등급 호텔들의 일반적인 연회관련 부서 구성원들은 연회부장(1), 연회예약과장(1), 연회판촉과장(3), 연회예약사무원(1), 예약전화상담원(1), 연회 코디네이터(1), 연회판촉지배인(3), 연회서비스 지배인(1), 연회서비스 부지배인(2), 연회서비스 캡틴(3), 웨이터(15), 웨이트리스(3), 리셉셔니스트(1), 서비스 실습사원(5), 바텐더(3), 연회주방장(1), 부주방장(1), 동양식 조리사(2), 양식 조리사(7), 조리 실습사원(3), 기물관리과장(1), 식기세척담당(6), 기물창고관리(1), 주·야간 공공지역 청소요원(5), 아트·디자인실(3), 얼음 조각사(2), 음향·조명·영상·통역장비 담당요원(3) 등 73명의 인원으로 구성되어 있어 조직의 체계적인 운영이 연회영업뿐만이 아니라 호텔의 경영에 있어서도 매우 중요한 부분이 되고 있다. 물론 얼음 조각사, 아트·디자인실 및 기물관리과와 같은 일부의 조직은 호텔의 식음료 영업장들을 고루 담당하기도 하여 순수한 연회업무만을 수행하는 인원은 아니다.

2) 연회 주요 업무

하나의 연회행사가 성공적으로 완성되기 위해서는 예약담당자, 연회전문 판촉사원, 연회서비스 담당, 연회주방요원 및 기타 관련 종사원들의 밀접한 협력체계가 이루어져야 최대한의 능률과 기능을 발휘하여 최대의 효율성을 올릴 수가 있는 것이다. 연회업무에서 주도적 기능이라 할 수 있는 연회예약·판촉·서비스 업무를 다음과 같이 요약할 수 있다.

시장세분화 및 표적시장의 선정
• 대상 : 지역적, 인구통계학적, 소득 및 수준 등 • 주관 : 연회부(예약, 판촉, 서비스)

수요예측 및 상품개발
• 대상 : 순수 · 주제연회, 국제회의, 가족모임 등 • 주관 : 연회부(예약, 판촉, 서비스), 연회조리, 호텔 마케팅부,   식음료부, 바

연회상품 판매
• 대상 : 순수 · 주제연회, 국제회의, 가족모임 등 • 주관 : 연회예약팀, 연회판촉팀, 호텔판촉팀 등 • 방법 : 직접 기획 및 연출, 방문 · 전화 · 팩스 · e-mail ·   내방 · 상담 판매 등

연회 진행 및 서비스
• 대상 : 행사 참여 및 행사 주최 고객 • 제공 : 식음료 상품, 인적 서비스, 분위기 연출 • 주관 : 연회서비스, 연회조리, 아트 · 디자인실, 음향 · 조명   · 영상실, 시설 엔지니어

지불 및 계산

연회 후 고객관리

(1) 연회판촉 및 연회예약 업무 Banquet sales and reservations tasks

- 매출액 및 예산의 목표를 설정한다. Set the goals.
- 연회영업의 이익에 책임을 진다. Responsible for the profitability of Banquet operation.
- 판매 및 마케팅 전략을 세운다. Set the Sales & Marketing strategies.
- 상품을 개발하고 판매를 촉진한다. Promote events.
- 행사 주최 고객을 방문한다. Visit event organizers.

📖 연회행사 흐름도

행사예약 · 계약접수
방문판촉, 광고 · 홍보, 편지, 우편, 전화, 팩스, e-mail, 내방 등

▼

예약대장 확인 및 예약사항 기입

▼

견적서 작성

▼

계약서 작성 및 서명 교환

▼

행사지시서 작성 및 배부
서비스팀, 조리, 바, 경리, F/O, 음향, 조명, H/K, 꽃, 얼음조각 등

▼

외주업무 발주
현판, 현수막, 밴드, 특수조명, 차량, 무대제작, 메뉴인쇄, 상차림, 사회, 연예인 등

▼

연회 코디네이터 업무 확인
계약서 내용 최종 점검 등

▼

행사 브리핑
서비스, 조리, 바, 음향, 조명, 아트 · 디자인, 꽃, 사진, 시설팀 등

▼

행사 준비 및 진행
• 서비스팀 : 테이블 세팅 및 행사장 레이아웃 • 조리팀 : 메뉴 준비 • 바 : 음료 준비 • 장식팀 : 얼음조각, 꽃, 무대장치 등 • 음향팀 : 음향, 조명, 영상 준비

▼

계산서 작성 및 지불완료
현금지불, 카드지불, city ledger(투숙객 후불), credit(단골후불) 등

- 행사고객을 호텔에서 영접한다. Meet the guests in the hotel.

- 행사관련 고객을 접대한다. Entertain the guests.

- 행사전문가, 주최자 및 할당된 거래선과의 지속적인 관계를 유지한다. Maintain relationships with assigned markets, event planners & organizers.

- 요청받은 행사에 대하여 제안서, 견적서 및 계약서를 작성한다. Make proposals, quotations & contracts for required events.

- 연회행사 행사지시서를 작성 및 인쇄하고, 데이터 입력 및 보관 후 모든 관련부서에 배부한다. Distribute copies of event contracts to related departments.

- 주어진 목표를 달성한다. Meet the goals.

- 준비 중이거나 진행 중인 행사를 돕는다. Forward and assist the events.

- 행사 주최 고객에게 감사장을 보낸다. Mail thanks & complimentary letters to event organizers.

- 기타 주어진 업무를 수행한다. Performs any other duties assigned or/and required.

(2) 연회서비스 업무 Banquet service operations job description

- 모든 연회, 이벤트 및 행사가 성공적이 될 수 있도록 최선을 다한다. Make sure that every banquets, events & functions a success.

- 행사고객에게 최상의 서비스를 제공한다. Provide excellent service to guests.

- 다음 행사 준비를 한다. Prepare next events.

- 서비스 지배인은 행사의 규모가 크거나 중요한 행사일 경우 직접 지휘한다. Make sure that bigger or/and important banquet & events are conducted by Manager.

- 연회서비스팀의 최상의 컨디션을 유지한다. Maintain best condition of teamwork.

- 연회행사에 사용되는 장비들의 최상의 컨디션을 유지한다. Maintain best condition of service equipments.

- 주어진 목표를 달성한다. Meet the goals.

- 행사지시서 및 계약서를 점검 · 검토한다. Check & study event orders/contracts.

- 행사에 필요한 서비스 인원을 배정한다. Allocate manning.

- 테이블 레이아웃을 배치한다. Place the table layout.

- 행사에 필요한 모든 서비스 기물, 장비 및 장식 등을 준비한다. Perform the Mise-en-place of all necessary service wares & equipments & decorations.

연회행사 계약서

CATERING CONTRACT
(FUNCTION SHEET)

ORGANIZATION:	CONTRACT NUMBER:
POST AS:	ACCOUNT NUMBER:
CONTACT:	DATE PREPARED:
ADDRESS:	SALES/CATERING MANAGER(S):
PHONE: FAX:	EXPECTED ATTENDANCE:
PER PERSON SVC: TAX:	FUNCTION:
	DAY/DATE:
	TIME:
	ROOM:
	ROOM RENTAL:

MENU:	WINE:
	ADDITIONAL BEVERAGE
	AUDIO / VISUAL:
ROOM SET UP	DEPOSIT RECEIVED:
	PAYMENT
ADDITIONAL SPECIFICATIONS:	ON SITE CONTACT:
	SIGNBOARD:

SIGNATURE _____   DATE _____

Distribution: Accounting, A/V, Art Room, Gold Membership, Cost Control,
Credit, HK, Beverage, Steward, Catering, Parking, F/O, Duty.

- 행사주최자를 만나고, 필요한 사항에 대해 상호 점검하고 보완한다. ^{Meet the event organizers for mutual checks and extra requests, if necessary.}
- 행사 시작 전 리허설을 한다. ^{Rehearse the events.}
- 조리사, 음향·조명담당 및 시설부 요원에게 행사에 관한 사항을 브리핑한다. ^{Brief the events to Kitchen & Engineering & AV Dept.}
- 준비된 연회행사에 서브한다. ^{Serve the banquets, events & functions.}
- 계산서의 지불을 받는다. ^{Make sure the bill is balanced & paid.}
- 행사가 끝난 후 고객의 만족을 확인한다. ^{Check the guests satisfaction.}
- 마지막 순간까지도 추가 판매할 수 있는 음료 및 장비의 대여에 대하여 최선을 다하여 권한다. ^{Try to sell the last minute orders, i.e. cocktails, wines, audio & visual equipments, etc.}
- 분실·습득물을 잘 처리한다. ^{Handle Lost & Founds.}
- 준비 중이거나 진행 중인 행사를 돕는다. ^{Forward and assist the events.}
- 기타 주어진 업무를 수행한다. ^{Performs any other duties assigned or/and required.}

(3) 연회 코디네이터의 수시 점검사항

연회 코디네이터는 행사준비의 원활을 기하며, 실수로 누락된 사항 및 미비 사항들을 사전에 발견하고 보완할 수 있고 또한 업무의 효율화는 물론이고 고객의 만족도도 높일 수 있는 중요한 부분을 차지하는 업무이다.

■ 수시 점검사항

- 예약가능한 일시 및 공간을 수시로 점검하고 예약 및 판촉원들에게 공고한다.
- 행사 예약사항에서 계약서 작성으로 진행하거나 필요한 조치를 한다.
- 예약 혹은 계약서가 작성된 행사의 공간의 중복 여부에 대하여 점검한다.
- 야외 공간일 경우 우천시 대체 공간을 확보한다.
- 계약서의 내용에 이상이 없는지 점검한다.
- 행사지시서^{event order}의 작성 및 최종 점검을 마친다.
- 행사지시서를 관련 부서에 배달하거나 돕는다.

- 행사 현수막 혹은 현판의 제작 주문을 점검하고 조치한다.
- 메뉴 인쇄를 돕거나 제작 의뢰한다.
- 얼음 조각에 필요한 디자인을 돕거나 주문한다.
- 음악, 여흥, 연예인, 사회자 및 무대 준비에 대하여 주문하거나 조치한다.
- 각종 시청각 기자재, 음향, 조명, 영상, 방송, 통역 장비 등의 필요 여부를 파악하고 조치한다.
- 계약금 및 최종 지불방법에 대하여 점검한다.
- 출장행사시 행사준비 및 서비스 요원들의 복지^{교통 및 식사 등}사항 등을 점검한다.
- VIP 관련 사항을 점검한다.
- 좌석배치도 사항을 점검하고 조치한다.
- 꽃 장식 및 기타 실내장식을 점검하고, 그에 필요한 결정을 하거나 조치한다.
- 리셉션^{영접라인}에 관련하여 점검하고 조치한다.
- 행사에 사용될 주최측의 물품이나 장비들이 잘 도착되고 관리되고 있는지 점검한다.
- 주차장의 확보 및 필요한 조치를 한다.

■ 행사 후 수시 점검사항

- 고객의 만족도를 점검한다.
- 고객의 불평사항이나 행사 도중 매끄럽지 못했던 부분들을 점검하고 기록한다.
- 행사참가자들의 분실·습득물을 점검하고 조치한다.
- 최종 지불방법에 대하여 확인 및 조치하고 마감한다.
- 영업일보를 작성하거나 돕는다.
- 고객관리 사항을 점검하고 조치한다.
- 행사 주최 고객에게 감사문을 작성·발송하거나 돕는다.
- 직원들의 인센티브를 점검하고 조치한다.
- 행사에 동원되었던 모든 장비 및 도구들을 복귀하고 문제에 대하여 조치한다.
- 고객 사은품을 점검하도록 조치한다.

BANQUET CHECK LIST
(연회행사 확인사항)

- ☐ **Function** (행사 내용):
- ☐ **Number of Function** (참가 인원):
- ☐ **Date of Function** (행사 일자):
- ☐ **Billing Instruction** (지불 관계):   - Direct pay(직불) - Invoice(후불)
- ☐ **Number of Ladies/Gentlemen** (남녀 참석 인원수):
- ☐ **Function Room** (연회장):
  - Table Layout (테이블 배치)
  - Table Number Stand (테이블 번호 안내 스탠드)
  - Head Table (주빈석)
  - VIP (귀빈)
  - Seating Arrangement (좌석배열)
  - Telephone (전화)
  - Lectern (강연대)
  - Name Tag (명찰)
  - Signboard (안내판)
  - Reception Desk/Receptionist/Signbook (영접/인원/방명록)
  - Reception Line/Red carpet (영접선/융단)
  - Tape Cutting (테이프 컷팅)
  - Banner (현수막)
  - Flower/Corsage/Ice Carving/Cake(꽃장식/얼음조각/케이크)
  - Decoration (기타 장식 및 차림)
  - Cloakroom (물품 보관실)
  - Other (기타)
- ☐ **Technical Equipment & System** (필요한 장비 기구):
  - Microphone (마이크)
  - Lighting System (조명장치)
  - T.V , VTR Set
  - Photographer/VTR (사진 및 VTR 촬영기사)
  - Other (기타)
- ☐ **Entertainment** (여흥):
  - Orchestra (오케스트라)
  - Live Band (밴드)/Solo, Duet, Trio, Quarter
  - Performance (공연)
  - M.C (사회자)
  - Tombola (추천함)
  - Other (기타)
- ☐ **Meal Plan** (식사) :
  - Breakfast(조찬)   - Lunch(오찬)   - Dinner(만찬)   - Gala Dinner(만찬연)
  - Cocktail Reception (칵테일 리셉션)
  - Bar Setup (바-설정)
  - Food (식사 메뉴)
- ☐ **Other** (기타 사항):
  - Transportation/Parking (차량 및 주차)
  - Other (기타)

TECHNICAL EQUIPMENT LIST

SIMULTANEOUS INTERPRETATION SYSTEM(SIS)

- □ Control Console
- □ Interpreter Room
- □ Wireless Receiver
- □ Cassette Tape Recorder
- □ Delegate Microphone
- □ Interpreter Microphone
- □ Wireless Transmitter
- □ Chairman's Unit with Goose Neck Microphone

SOUND SYSTEM

- □ Microphone Mixer
- □ Graphic Equalizer
- □ Reel Tape Recorder
- □ Pin Microphone
- □ Compact Disc Player
- □ Power Amplifiers
- □ Speakers
- □ Turntable
- □ Wireless Microphone Receiver
- □ Condenser Type Microphone

LIGHTING SYSTEM

- □ Computer Lighting Control Console
- □ Pin Spotlights
- □ Floor Lighting Dimmer
- □ Par Light
- □ Moving Light
- □ Ceiling Spotlights
- □ Mirror Ball
- □ Stage Lighting Dimmer Circuit
- □ Strobe Light

VIDEO VISUAL SYSTEM

- □ VTR (beta, NTSC)
- □ VTR (VHS, PAL)
- □ Beam Projector
- □ Overhead Panel Projector
- □ Overhead Projector
- □ Electronic Pointer
- □ Screen (1.5m×1.5m) (1.5m×1.8m)
          (1.8m×2.4m) (3m×3m)
          (5m×6m)   (2.4m×9.2m)
- □ VTR (VHS, NTSC)
- □ TV SET
- □ 16mm Sound Projector
- □ Slide Projector
- □ Laser Pointer
- □ Electronic Board

ELECTRIC POWER SUPPLY

- □ 220 (V) Power Outlet
- □ 120 (V) Power Outlet with earth

100KW-Maximum Power
20KW-Maximum Power

CONFERENCE / EXHIBITION / EVENT CHECK LIST

- Function:
- Number of Function:
- Date of Function:
- Billing Instruction: -Room   -F&B   -Other
- Payment Procedure: -Direct on Check-out -Invoice to:
- Room Accommodation: -Single Room   -Twin/Double Room   -Suite
- Rooming List:
- Function Room:

          - Table Layout   - Head Table
          - Telephones   - Raised Platform
          - Place Card   - Name Tag
          - Light   - Lectern
          - Tape Cutting   - Flags
          - VIP   - Cloakroom
          - Banner(inside)
          - Stationery (Meeting Folder/Pad/Pen)
          - Seating Arrangement/Board
          - Reception Desk/Receptionist/Signbook
          - Reception Line/Red carpet

- Technical Equipment & System

          - Microphone (Deskmike/Standmike/Pin mike/Wireless mike)
          - Lighting System
          - Electricity
          - Projector (O.H.P/Slide Projector/Video Projector/16mm Projector)
          - Screen (3.8mm×3.8mm/ 3mm×3mm/ 2m×2m)
          - Simultaneous Interpretation System/Interpreter/Language
          - Recorder (Video, Tape, Cassette)
          - TV Set
          - Whiteboard/Blackboard (Chalk, Eraser)
          - Flipchart/Wooden pointer
          - Technical Manpower
          - Other

- Transportation
- Outside Banner
- Signboard
- Meal plan, Entertainment

          - Breakfast   - Lunch   - Dinner   - Gala Dinner
          - Coffee Beak   - Coctail Reception   - Bar Setup   - Entertainment

- Booth Installation
- Other   - Parking   - Security

TECHNICAL EQUIPMENT LIST

SIMULTANEOUS INTERPRETATION SYSTEM(SIS)
- Control Console
- Interpreter Room
- Wireless Receiver
- Cassette Tape Recorder
- Delegate Microphone
- Interpreter Microphone
- Wireless Transmitter
- Chairman's Unit with Goose Neck Microphone

SOUND SYSTEM
- Microphone Mixer
- Graphic Equalizer
- Reel Tape Recorder
- Pin Microphone
- Compact Disc Player
- Power Amplifiers
- Speakers
- Turntable
- Wireless Microphone Receiver
- Condenser Type Microphone

LIGHTING SYSTEM
- Computer Lighting Control Console
- Pin Spotlights
- Floor Lighting Dimmer
- Par Light
- Moving Light
- Ceiling Spotlights
- Mirror Ball
- Stage Lighting Dimmer Circuit
- Strobe Light

VIDEO VISUAL SYSTEM
- VTR (beta, NTSC)
- VTR (VHS, PAL)
- Beam Projector
- Overhead Panel Projector
- Overhead Projector
- Electronic Pointer
- Screen (1.5m×1.5m) (1.5m×1.8m) (1.8m×2.4m) (3m×3m) (5m×6m) (2.4m×9.2m)
- VTR (VHS, NTSC)
- TV SET
- 16mm Sound Projector
- Slide Projector
- Laser Pointer
- Electronic Board

ELECTRIC POWER SUPPLY
- 220 (V) Power Outlet   100KW-Maximum Power
- 120 (V) Power Outlet with earth   20KW-Maximum Power

학습목표

☑ 호텔산업의 마케팅의 개념을 이해한다.
☑ 호텔마케팅 믹스에 대해 이해한다.
☑ 호텔서비스의 개념과 특성을 숙지한다.
☑ 호텔서비스의 품질관리에 이해한다.

CHAPTER **07**

호텔마케팅과
고객만족경영

호텔마케팅과
고객만족경영

제1절 호텔마케팅의 요소

마케팅 목표를 달성하기 위하여 이용할 수 있는 수단들의 묶음을 마케팅 믹스라고 하는 것처럼 서비스 마케팅 목표^{매출액 증대, 이윤 증대, 고객만족도 제고 등}를 달성하기 위하여 이용할 수 있는 수단들의 묶음을 서비스 마케팅 믹스라고 한다. 마케팅 믹스는 통산 4p^{Product, Price, Place, Promotion}라고 칭하지만 서비스 마케팅 믹스는 서비스 재화의 특성상 여기에 3p^{process, physical evidence, people}를 더해 확장된 서비스 마케팅 믹스^{7p}로 구분하고 있다.

어떤 상품이나 서비스에 대해 다른 사람들의 관심을 끌고자 하는 관광사업자나 호텔기획자들은 마케팅 이론과 실제에 관하여 관심을 기울여야 한다. 마케팅 본래의 가치를 제쳐두고라도 상품이나 서비스를 소비자에게 연결시키기 위해서는 몇 가지 절차들이 있다.

관광사업자 또는 호텔기획자들은 운에만 의존할 수 없고, 좋은 계획이나 혹은 고객에게 서비스를 제공하기 위한 보편적 법칙에 의존할 수밖에 없다. 심지어 관광사업체나 호텔측에서 팔려고 하는 특별한 상품이 있다면 그것은 반드시 상품의 광고·홍보 등을 통해 촉진시켜야 한다. 그것이 바로 상품의 본질과 가격에 합당한 서비스의 본질인 것이다.

고객의 관심을 끌기 위한 경쟁 때문에 현명한 경영자일수록 마케팅의 모든 재용들에 친숙해져야만 한다. 몇 가지 조사들에 의하면 우리는 하루에도 500여 가지가 넘는 광고, 즉

라디오, TV, 신문, 게시판, 광고판, 잡지, 상점 유리 진열장 등을 접하고 있다고 한다. 그 500여 가지가 넘는 광고들 중에 우리는 보통 10%도 수용하지 못하며 그중의 반은 부정적으로 취급된다.

그것은 즉 500회의 기회 중에서 관심을 갖고 주의를 기울여서 보게 되는 5% 혹은 그 이하의 상황이 된다는 것이다. 마케팅의 모든 내용에 관해서 알게 되면 될수록 점점 사업을 성공적으로 이끌 수 있는 확률이 커진다. 그러므로 마케팅 전략이 상품이나 서비스의 이익 창출에 어떠한 영향을 끼치는지 알아보도록 하자.

앞에서도 설명한 바와 같이 마케팅 믹스 전략이란 제품, 가격, 유통, 촉진 등 마케팅 믹스의 기본 요소가 잘 조화되어 시너지 효과를 낼 수 있게끔 하는 마케팅전략이다. 그렇다면 환대상업에서의 마케팅 전략 및 요소들은 제품과 서비스 그 자체, 분배의 방법, 유통, 가격결정, 상품판매 촉진수단, 개인에 의한 직접 판매, 광고 등이다.

01 상품과 서비스^{production}

우선 환대산업 사업자는 고객의 요구에 부응되거나 그 요구를 창출시키는 데에 적합한 좋은 상품이나 서비스를 가져야만 한다. 만약 그 상품이나 서비스가 전혀 좋지 않았다거나 혹은 만족감을 주지 못한다면 어떠한 종류의 판매촉진이나 광고도 결국 오래가지 않는다. 적절한 시정조사에 실패한 많은 대규모회사들이 그들의 실수에 대한 대가를 치렀다. 억지로 우리가 어떤 상품이나 그 상품의 개념을 깨닫는 데에 시간이 걸리지만 솔직히 말하자면 마음이 내키지 않는 사람들은 경쟁적인 환경 속에서 억지로 강요될 수가 없는 것이다.

호텔 경영자들은 그들이 제공하는 패키지 상품이 고객에게 최대의 흥미를 이끌어 낼 수 있는가에 관해 결정해야만 한다. 각 호텔에서는 그곳의 분위기가 경영자들이 목표로 삼고 있는 고객들의 바람과 조화가 되는지 확인해야 한다.

이와 같이 호텔은 소비자에 대한 서비스를 연구하고 또한 그 자체를 상품으로서 판단해야 하고, 직원들의 면면을 살펴보고, 전반적인 효율성과 이점을 자체적으로 조사해야만 한다.

부실한 경영, 부정확한 회계정리. 좋지 않은 위치, 비효율적이라는 인상, 그리고 잘못 수립된 계획들이 결국 관광상품을 부적합하게 만들게 되고 따라서 그 다음의 단계로 넘어가기 전에 수정이 되어져야만 한다. 그러므로 그 무엇보다도 시설이나 서비스나 상품에 있어서의 문제점에 민감한 반응을 보여야 할 것이다.

02 가격 price

가격이란 서비스를 구매하거나 소비하면서 고객들이 지불하는 돈, 시간, 기타 노력 등을 말한다. 유형재화의 경우에는 가격이라는 비교적 통일된 명칭이 사용되지만 서비스의 경우에는 다양한 명칭요금, 입장료, 등록금, 이자, 진료비 등으로 불린다. 이러한 서비스의 경우에는 원가요소를 객관적으로 정확히 산정할 수 없는 경우가 많기 때문에 가격결정 메커니즘이 매우 주관적이고 어렵다.

시간이 흐를수록 이러한 마케팅의 각각의 요소는 점점 더 중요하게 인식되어지고 있다.

호텔기업은 또한 경쟁에 주의를 기울이고 그들의 객실요금을 비슷하게 책정하려고 노력한다. 독특한 주말 호텔상품으로 샴페인 무료제공에서부터 렌터카 무료제공에 이르기까지 일련의 조합상품으로서 대중화된다. 뉴욕, 런던, 파리 같이 도시의 호텔 요금은 상당히 비싸고 일부 호텔은 그들의 주 정책을 저렴한 객실요금으로 삼는다. 예상되는 높은 비율의 관광객이 쇼핑객들이다. 그들은 가격이 갖고 있는 어떤 점을 어느 정도 무시하면서 가장 경쟁적인 가격을 찾는다. 그 예로 호화 선박은 그들이 다른 취향과 다른 수입에 과다한 전망을 기대하면서 많은 수의 숙박지 선택기회를 갖게 해 준다.

03 유통 palce

유통경로이란 호텔을 이용하는 고객들에게 언제, 어디에서, 어떻게 서비스 상품을 전달할 것인지에 관한 문제이다. 호텔서비스는 보관이나 저장이 불가능하기 때문에 서비스를 전달하는 장소 또는 호텔의 입지location가 매우 중요하게 작용된다. 예를 들어, 병원과 백화점,

학교 같은 경우 서비스를 제공하고 받기 위해 접근이 용이한 편리한 곳에 위치하는 것이 대표적인 경우이다.

04 판매촉진promotion

촉진이란 호텔기업이 고객들에게 특정 서비스 상품을 알리고 선호도를 높이기 위한 모든 커뮤니케이션 활동을 말한다. 서비스의 촉진활동은 무형성을 전제로 이루어지기 때문에 서비스를 직접적으로 보여줄 수 없고 서비스를 소비함으로써 얻게 되는 혜택이나 결과를 강조하는 촉진활동을 하게 된다. 또한 물리적 차별화가 불가능하기 때문에 심리적 차별화를 통해 포지셔닝 활동을 전개하게 된다.

05 과정process

호텔서비스는 하나의 과정을 통해 생산되고 소비자에게 전달된다. 따라서 서비스의 효율성을 높이고 고객만족을 증대하기 위한 서비스 생산 및 전달시스템 설계가 대단히 중요하다. 아울러 고객이 생산과정에 참여하기 때문에 적정한 서비스 전달단계의 수와 고객들의 참여수준을 결정하는 것이 대단히 중요한 과제이다. 또한 고객들이 서비스 품질을 느끼게 되는 서비스 접점관리service encounter가 강조된다.

06 물리적 근거physical evidence

호텔서비스는 눈에 보이지 않기 때문에 물리적 근거를 통해 서비스 기업과 그 기업이 제공하는 서비스 품질을 고객들에게 전하려 한다. 물리적 근거란 실내온도, 조명, 소음, 색상 등과 같은 주변적 요소^{ambient elements}와 서비스 매장의 공간적 배치와 기능성, 그리고 표지판, 상징물과 조형물 등을 포함한다. 이러한 물리적 근거는 고객과 종업원들의 인지적 · 정서적 · 심리적 반응을 불러일으키며, 결과적으로 외적 행동에 영향을 미치게 된다.

07 사람^{people}

호텔서비스는 종업원의 행위를 통해 고객들에게 전달되기 때문에 종업원들은 서비스의 생산자이자 전달자이다. 대부분의 성공적인 서비스기업들이 인적 자원에 대한 중요성을 인식하고 이들에 대한 교육훈련을 끊임없이 강조하는 것이 이 때문이다. 최근에 많은 기업들이 서비스 품질을 일정하게 유지하고 생산성을 증대하기 위해 자동화된 설비를 통해 인적 역할을 대신하고 있지만 이러한 노력이 고객만족이라는 목표와 충돌을 일으키지 않는지 면밀히 검토해야 한다.

08 호텔산업 특수성에 의한 인적 판매

이 방법은 여러 형태를 나타내는데, 일반적인 판매방법은 판매방식을 벗어나서 가능성 있는 상용고객에게 전화하거나 전자우편을 통해 직접 연락하는 방법이다. 이러한 방법에는 전화를 이용해 고객의 주의를 끌고 요구에 의해 병행될 수 있는 서비스의 본질을 소개하는 등의 내용이 있다.

개인의 세일즈맨 정신은 중요하다. 광고와 판매촉진은 그 어느 하나만 가지고는 거의 판매를 가져오지 못한다. 그것들은 흥미를 북돋우게 하기 쉽고 또 의문점들을 불러일으키기 쉽다. 이러한 점에서 유능한 판매사원은 이런 점을 쉽게 수용하여 판매에 적용한다.

그것이 왜 지성, 경험, 인내, 인간심리포착 등이 관광상담자들에게 필수 불가결한 것인가 하는 이유이다. 능력 있는 판매사원은 부드러운 호기심을 확고한 구매로 바꾸게 할 수 있고, 단순한 구경꾼을 고객으로 만들 수 있으며 서비스를 실제 관광으로 연결시킬 수 있으며 잠재고객이 망설이는 상황을 놓치지 않는다.

　대규모 회사, 대학, 병원, 그 밖의 큰 회사 고용주 등을 접촉하는 판매사원은 그러한 회사의 흐름을 완전히 알아야 하고 어떤 형태의 사람과도 쉽게 거래관계를 가질 수 있어야 하며, 밤낮 가릴 것 없이 항상 서비스의 제반 모든 여타 중요한 내용을 취급할 수 있어야만 한다. 나약한 판매사원들은 어떤 회사에서건 싫증나는 존재이다. 광고를 보고 판매촉진으로 혹은 입으로 전해지는 구전 등의 이유로 오는 손님은 판매사원의 열의부족, 부주의, 무례함, 관광 필요조건의 무지, 비효율성 혹은 실제적인 서비스로의 연결의 실패 때문에 순식간에 고개를 돌릴 수 있는 것이다.

🏢 제2절 호텔 마케팅 믹스와 전략의 특성

호텔의 시장접근방법과 노력을 통합적으로 체계화시킨 것이 호텔 마케팅 계획이라고 말할 수 있다. 그러므로 호텔 마케팅 계획은 다분히 전략적인 접근방법이라고 할 수 있는 것이다. 그러나 호텔 마케팅 믹스는 호텔이 고객의 욕구와 필요를 충족시키기 위하여 사용할 수 있는 모든 수단의 총합이라고 정의할 수 있으며, 고객에게 직접 영향을 미치는 다분히 전술적 실천방법이라고 말할 수 있다. 말하자면 마케팅 관리의 단계이다.

마케팅 믹스란 말은 원래 하버드 대학의 Neil Borden 교수에 의하여 개발되어, 잇따른 변화를 걸쳐 오늘날에는 이른바 4Ps라고 알려지게 된 것이다. 마케팅 믹스라는 것은 시장의 힘에 기초한 어떤 마케팅 요인들로 구성되는 것인데, Borden 교수는 효과적이고 수익성 있는 마케팅이 되게 하는 모든 요인들의 결합이라고 선언하고 제품계획product planning, 가격pri-cing, 유통distribution, 촉진promotion, 서비스servicing, 시장조사marketing research 등 6가지를 제시하였으나, E.J. 맥카시에 의해서 제품product, 가격price, 유통place, 촉진promotion 등 4가지로 줄어들게 되었다. 물론 이러한 요소들은 호텔산업에 알맞게 재빨리 그 이름을 고쳐 부를 수도 있겠지만, 중요한 것은 그 개념을 이해하는 것이 중요하다. Buell의 개념정의에 따르면 마케팅 믹스의 개념은 제품, 가격, 유통, 촉진 등에 투입된 회사자원이 기업의 산업분류에 따라, 시장에서의 위치에 따라, 그리고 경쟁적 상황에 따라 여러 가지 비율로 혼합되어야 함을 제시한다는 것이다.

이것은 마케팅 믹스의 구성요소들이 제품을 만들고, 가격을 결정하며, 그것을 고객에게 도달하게 하는 그 제품에 대해 고객들에게 알려주는 데 있어서 기업의 자원의 정교한 균형을 나타내고 있다. 실제로 마케팅 믹스는 모든 마케팅 의사결정의 산물이며 마케팅 믹스의 목표는 고객이다. 정상적으로 마케팅 믹스의 종합적 균형이라는 것은 어떤 두 회사가 같을 수는 없는 것이다. 각 회사가 임무나 목표시장과 포지셔닝이 약간씩 다르듯이 마케팅 믹스의 각 요소의 비중 역시 다르기 때문이다. 호텔 마케팅에서 이 4Ps가 가지는 문제점은 그 개념의 문제가 아니라, 마케팅에 따른 믹스의 구성요소의 문제이다. 호텔서비스의 마케팅은 제조품의 마케팅과 다르기 때문에 마케팅 믹스에 대한 접근방법도 달라야 한다고 요구하고 있다. 이러한 목적으로 마케팅 믹스의 구성요소를 제정의 하는 데 있어서의 요점은 의미의 변경이 아니라 마케팅 믹스의 개념을 호텔 마케팅 결정을 돕기 위해서 좀 더 유용하게 하고 응용가능하게 하고자 하는 것이다.

호텔서비스 상품은 일반 유형재와는 구별되는 서비스 고유의 특성들^{무형성, 비분리성, 변동성, 소}멸성을 모두 갖추고 있다. 이러한 호텔상품의 특성들을 감안할 때, 마케팅의 전략 수립에는 다음과 같은 특수사항이 일반 마케팅 전략에 추가적으로 고려되어야 한다.

01 서비스의 유형화

호텔서비스는 무형이다. 호텔 객실을 샀다는, 실제로 객실이라는 물리적 공간을 소유하게 되었다는 의미는 실제로 객실이라는 물리적 공간을 소유하게 되었다는 의미가 아니라, 다만 한시적으로 객실을 이용할 권리를 얻었다는 것을 뜻한다. 호텔을 이용하는 동안 받는 서비스, 즉 안락함, 편안함, 안전성, 친절성 등은 모두 무형이다. 이러한 무형성은 고객들에게 불확실성을 안겨 준다. 눈으로 볼 수 없고 추상적이고 주관적인 판단에 따라 좌우되며, 구매의사가 결정되기 전에 품질을 눈으로 확인할 수 없기 때문이다. 고객은 이러한 불확실성을 감소시키기 위해서 무형서비스의 질을 말해주는 유형적 단서^{tangible clues}를 찾게 된다. 따라서 호텔서비스를 마케팅함에 있어서는 무형서비스를 구체화 · 유형화하여 객관적인 증거^{physical evidence}로 표현해 주어야 한다.

물리적 증거는 여러 가지 형태로 제공될 수 있다. 가령 화장실 변기에 위생 테이프를 붙여 놓는다든가 화장지 끝을 단정하게 접어놓고 양치질 컵을 비닐에 싸놓는 것은 화장실이 깨끗하게 청소되었음을 고객에게 보여주는 유형적 실마리 역할을 한다. 햄슬리 호텔^{Helmsley Hotel}은 여성여행자들을 위한 세심한 배려와 서비스를 한다는 뜻으로 대형 전신거울을 그 물적 증거로써 광고사진에 내기도 했다. 호텔건물의 외관 및 인테리어 등 물리적 환경을 아름답고 세련되게 가꿈으로써 호텔의 서비스를 대변하게 하고 고객의 마음에 새겨진 호텔의 위치를 강화시킬 수 있다. 홍콩의 리젠트호텔^{Regent Hotel}은 상급호텔의 이미지를 고객에게 전달하기 위하여 롤스로이스와 같은 고급 승용차는 사람들이 쉽게 볼 수 있는 호텔 전방에 의도적으로 주차시킨다.

02 인력자원관리

호텔산업에 있어 종사원은 그들 자체가 호텔상품을 형성하는 결정적인 마케팅 믹스이다. 호텔서비스는 서비스의 결과물보다는 어떻게 서비스가 전달되느냐는 과정이 중요하다. 일선종사원은 고객과 직접 접촉하며 고객서비스를 몸소 실행하는 당사자들이다. 따라서 호텔관리자는 실력과 서비스정신을 갖춘 종사원을 선발하여 그들의 숨은 장점을 발견하고 잠재능력을 개발시켜야 한다. 그리하여 그들이 적재적소에 배정되어 자신의 능력을 백분 활용하여 업무를 볼 수 있도록 배려해야 할 것이다. 종사원 만족 없이는 고객만족도 없다. 종사원의 이직률이 높으면 호텔 단골고객에 대한 질 높고 일관성 있는 서비스를 제공하기 어렵다. 따라서 호텔종사원이 자부심과 만족감을 가지고 일할 수 있는 근무환경과 직장분위기를 조성해 주어야 한다. 보다 효율적으로 종사원 만족을 이루기 위해서는 종사원을 1차 시장으로 보고 그들에게도 외부시장에게 하듯이 마케팅적 접근방식으로 나아가야 한다. 이것을 내부마케팅이라고 부른다.

03 지각위험도 감소

호텔상품은 경험재이기 때문에 옷, 가구 등의 탐구재의 경우와는 달리 구매의사결정을 하기 전에 품질을 잘 가늠할 수가 없다. 이 때문에 호텔서비스 상품을 구입하는 고객은 의사결정을 하기 전후에 다소 불안감을 경험하게 된다. 이와 같이 구매 전 제품·서비스의 품질에 대해 고객이 느끼는 불확실성과 불안감을 지각위험도perceived risk라고 부른다. Roehl & Fesenmaier는 여행객들이 지각하는 위험을 재정적 위험, 기능적 위험, 신체적 위험, 심리적 위험, 사회적 위험, 만족위험, 그리고 시간적 위험으로 분류하였다. 구매와 관련된 지각위험도가 클 때 소비자는 어떻게 해서든지 이를 줄이려는 노력을 하여, 최종의사결정시 지각위험도가 적게 느껴지는 상품대안 쪽으로 이끌리게 된다.

지각위험도는 상품의 금전적 가치와 고객의 관여도가 클 때 더욱 커진다. 호텔의 경우, 컨벤션이나 연회 등의 대형행사가 그 예정가격이 될 수 있다. 그러므로 호텔측은 고객의 지각위험도를 감소시켜 주기 위한 노력을 최대한 기울여야 한다. 예를 들어, 회의기획자나 여행사 등 대량구매자들은 Fam^Familiarization trips 프로그램을 통해 호텔서비스를 사전에 경험하게 됨으로써, 또는 서비스 보증제도를 적용함으로써 지각위험도를 감소시키는 효과를 거둘 수 있다. 호텔은 지각위험도를 낮춤으로써 현재 경쟁호텔의 고객을 자사 쪽으로 유인하여 브랜드 전환을 꾀할 수도 있을 것이다.

04 수요와 공급 조정

호텔서비스의 소멸성은 시장의 수요를 시간적으로 골고루 유지하고 수요에 따라 공급을 최대한으로 조정하는 것이 얼마나 중요한지를 보여준다. 손님이 몰려와 투숙률과 판매량이 높아지면 호텔측은 당연히 이를 반기겠지만, 주의할 점은 고객의 불평이 가장 많은 것은 많은 손님이 북적대는 바로 이 시기라는 것이다. 그리고 성수기의 고객 불만족은 비수기의 판매하락률을 더욱 가파르게 한다. 따라서 호텔은 성수기와 비수기의 균형을 맞추기 위해 노력해야 할 것이다. 비수기에 새로운 수요를 창출하기 위해서는 가격할인을 통한 고객유인책 외에도 특별 기획상품 및 행사를 마련하는 방법이 있을 수 있다. 또한 레스토랑 고객이 한꺼번에 모이는 연말연시나 졸업시즌에는 서비스요원의 증원이 덜 요구되는 뷔페 레스토랑이나 비교적 판매가 저조한 레스토랑을 중점적으로 홍보하여 갑작스러운 고객쇄도의 충격을 흡수하고 고객을 여러 업장에 분산 · 조정할 수 있다. 비수기와 성수기의 서비스품질 균형을 맞추기 위해서는 수요변동에 따른 탄력 있는 공급지원 시스템이 구축되어야 한다. 가령 정사원에만 의존하지 말고 필요시 활용할 수 있는 파견사원을 확보해 놓았다가 수요변동에 따른 인원을 조절하는 유연서비스 공급시스템은 수요변동의 충격을 완화하는 하나의 방법이다. 또한 부서 간 크로스 트레이닝을 실시하여 기간에 따라 일손이 부족한 부서에 서로 인력지원을 하도록 하는 것도 호텔에서 도입을 고려할 필요가 있는 서비스 인력관리 체제이다.

05 서비스 질의 일관성 유지

   서비스 수준의 일관성은 호텔의 고객을 장기간 유지하는 데 필요한 가장 핵심적 요인 중 하나이다. 호텔을 찾을 때마다 일정한 수준의 서비스를 기대할 수 있을 때 고객은 호텔에 신뢰성을 갖게 된다. 호텔을 선택할 때마다 어떤 서비스 수준을 기대해야 할지 모른다면 고객은 인지적 통제력cognitive control을 상실할 것이다. 인지적 통제력이란 자신이 환경에 대한 지식을 가짐으로써 느끼는 자신감 및 안정감을 뜻하는 것으로서, 환경과 사물을 다스리기 원하는 인간이 기본적으로 소유하려는 욕구이다. 호텔서비스에 대한 인지적 통제력이 부족할 때 고객은 심리적 불안감을 경험할 것이다. 따라서 호텔이 서비스의 품질 표준화를 통해 서비스를 일정 수준에 유지해야 고객이 자신감 있게 호텔 선택을 할 수 있을 것이다. 많은 사람이 관광지를 처음 방문할 때 체인호텔을 선호하는 것은 이러한 이유에서이다.

06 고객믹스 관리

   호텔마케팅에 있어 현재 총 고객수보다 중요한 것은 고객믹스customer mix이다. 고객의 양보다는 질이 호텔의 수익성에 영향을 미치기 때문이다. 고객믹스를 관리하는 것을 장기적인 안목에서 볼 때 동질적 시장을 선별적으로 추출하여 시장점유율을 높이는 결과를 낳는다. 호텔고객은 자신과 동질의 부류와 어울리기를 원하기 때문이다. 고객믹스를 관리하는 방법에는 여러 가지가 있는데, 그 중에는 가격전략으로 표적시장을 선별해내는 방법과 특정 구매계층에 홍보의 초점을 맞추는 방법, 그리고 회원제를 운영하는 방법이 있다.

제3절 서비스 수요·공급관리

서비스는 재고가 없기 때문에 서비스의 수요와 공급이 일치하지 않을 시 기업은 손해를 보게 된다. 서비스의 보관이 어려운 이유는 초과 수요, 수요가 최대가용능력, 수요가 최적 가용능력, 초과공급 때문이다.

01 호텔서비스의 수요예측

호텔과 같은 서비스기업에 의해 생산되는 상품과 서비스는 거의 저장할 수 없는 특성을 지니고 있다. 만일 한 호텔이 오늘 빈 객실에 손님을 맞이할 수 없으면 그 빈 객실은 다시 판매되어질 수 없는데, 레스토랑의 식탁, 항공기의 좌석을 판매하는 서비스기업들도 마찬가지이다. 바꾸어 말하면, 서비스산업에서 재고상품은 소멸하기 쉽고 또한 저장할 수 있는 수명이 거의 존재하지 않으며, 이러한 사실은 호텔기업에 의해 판매되는 유형적 상품에게도 해당된다. 신선한 상품은 제한된 수명주기를 가지고 있으며, 프렌치 프라이즈French Fries나 햄버거 같은 상품은 불과 몇 분의 수명을 갖고 있다. 그러므로 서비스기업은 얼마만큼의 상품과 서비스를 생산해야 하는지를 결정해야 하는 고유한 어려움에 직면해 있으며, 이러한 문제점은 소비자의 욕구가 수시로 변하는 소비자시장에서 쉽게 해결할 수 없다.

02 수요관리 전략

기업이 수요를 분산시켜 고객의 흐름을 일관성 있게 유지할 수만 있다면 이는 기업의 수익성에 크게 기여할 것이다. 그러나 기업은 서비스 수요에 대한 과도한 변동을 피할 수 없으므

로 수요관리 전략을 통해 주기적 변동상황을 줄일 수 있을 것이다.

수요관리 전략에는 크게 수요조절 전략과 수요의 재고화 전략이 있다. 수요수준이 예측 가능하고 고객이 기업의 전략에 따라 서비스수요시간과 구매장소를 바꿀 의향과 통제력이 있는 경우, 고객의 수요를 적극적으로 분산시키는 수요조절 전략이 효과적이다. 수요의 수준을 예측하기 어려울 때는 수요를 일정시간 동안 붙잡아놓는 수요의 재고화 전략이 사용된다. 서비스기업의 경우 수요조절 전략과 수요의 재고화 전략이 모두 도입되어 사용되고 있다.

1) 수요조절 전략

(1) 서비스상품 다양화전략

수요가 감소되었을 때 새로운 고객을 창출하는 방법 중 하나는 기존의 시설을 이용하여 새로운 상품·서비스를 소개하는 방법이다. 여름철에 비해 매상이 절반에도 못 미치는 겨울철에 골프장들은 겨울철 비수기 수요급감문제를 타개하기 위해서 겨울철에는 골프코스를 눈썰매장으로 개조하여 새로운 시장을 개발하였다. 호텔은 계절에 따라 상품·서비스를 계속적으로 변화시키면서 수요를 조절한다. 비수기의 호텔들은 패키지상품을 개발하여 새로운 고객을 창출하며, 비수기 기간 중 기업연수 유치나 학회 유치에 주력함으로써 수요 증가를 피하기도 한다.

(2) 서비스 제공시간대과 장소의 조절전략

수요를 조절하는 방법에는 서비스 전달시간과 장소를 적절히 조정하는 방법이 있다. 첫째, 서비스 전달시간 조절이란 수요가 집중될 때는 서비스를 제공하는 시간을 연장시키고 수요가 저조한 시기에는 단축하는 것을 뜻한다. 수요가 증가되었을 때 서비스 제공시간을 연장시키는 것은 고객을 더 많은 시간대로 분산시키는 효과가 있으며, 수요 감소시 서비스 제공시간을 감축 운영하는 것은 서비스인력과 에너지를 절약하는 효과가 있다. 또한 서비스 제공장소를 새로이 신설하여 고객이 있는 곳으로 접근함으로써 고객이 몰리는 혼잡 없이 서비스를 제공하고 수익을 올리는 방법이 있다. 예를 들어, 호텔식당에서 출장뷔페를

실시하거나 호텔 외의 장소에 분점을 냄으로써 고객이 호텔에 오지 않고서도 구매가 가능
하도록 하는 것이다.

(3) 가격차별화 전략

가격은 수요와 가장 직접적인 연관성이 있는 마케팅 믹스이다. 많은 경우, 시기
에 따라 가격차별화를 하여 효과 있게 수요를 조절할 수 있다. 즉, 비수기에는 수
요증대 전략의 일환으로 가격할인을 하고 성수기에는 수요를 위축시켜 비수기로
이동시키기 위해 고가격정책을 사용하는 것이다. 가격차별화는 계절에 따라 이루
어지는 것뿐 아니라 하루 중 시간대에 따라 이루어지기도 한다. 이러한 시간별 가격차별화
전략은 보통 식음료업장을 중심으로 이루어진다.

가격차별화 전략을 도입할 때는 고객의 특성을 파악하여 시장의 가격탄력성이 있는지
를 알아야 한다. 만약 수요가 가격에 따라 탄력적으로 변화하지 않는다면 가격차별화의 효
과가 떨어지기 때문이다. 따라서 가격변화에 따라 총수요가 어떻게 반응 · 변화하는지, 즉
가격변화에 따른 수요곡선의 형태를 파악할 필요가 있다. 그런데 가격탄력성은 보통 세분
시장에 따라 상이하게 나타난다. 그러나 동일한 상품의 가격을 고객에 따라 달리 매길 수
는 없으므로, 먼저 각 세분시장의 고객들이 집중되는 시간대와 그들이 구매하는 상품, 구
매단위 등을 파악한 후, 시간별로 또는 상품별로 가격차별화를 하여야 한다. 가령, 가격탄
력성이 작은 부유층이 선호하는 상품은 비수기에도 가격할인을 최소화하는 반면, 가격탄
력성이 높은 세분시장을 대상으로 하는 상품군은 가격하락을 단행하여 수요기준을 높이
는 것이다.

2) 수요의 재고화 전략

(1) 예약시스템

서비스기업은 예약시스템을 이용하여 수요를 다양한 시간대에
분산시킬 수 있다. 예약을 받음으로써 수요를 예측할 수 있고 서
비스 관리를 사전에 할 수 있는 것이다. 수요가 집중되는 시간에

고객이 예약을 신청하는 경우, 고객측에게 시간융통성이 있다면 예약직원의 권유로 예약 날짜를 수요가 저조한 시간대로 변경할 수 있을 것이다.

(2) 고객대기시스템

이미 수요가 발생하여 고객이 서비스를 기다리는 경우, 고객이 되도록 지루해하지 않도록 배려하는 대기시스템이 필요하다. 고객이 서비스를 기다리지 못하고 중도에 나간다면 이것은 서비스업체측에 그만큼의 손실을 의미한다. 따라서 고객이 서비스가 제공될 때까지 기다리도록 수요저장을 하는 효과적인 방법이 요구된다.

03 공급관리 전략

수요변화에 대응하는 방법에는 수요의 수준을 최대한 일관성 있게 유지하려는 수요관리 전략 외에도 서비스 가용능력을 수요수준에 적응하여 신축성 있게 변화시키는 공급관리 전략이 있다. 일반적으로 고객의 수요를 통제하는 데는 한계가 있으므로, 서비스 공급능력을 변화시켜 수요변화에 대응하려는 전략이다.

공급관리 전략의 유형에는 크게 수요적응 전략과 가용능력균형 전략이 있다. 수요적응 전략은 단순히 수요의 수준에 따라 그때그때마다의 공급수준을 결정하는 방법으로, 수요의 변동이 심하고 예측불가능하며 비숙련노동력에 의해 서비스가 제공되는 경우에 사용되는 전략이다. 이에 비해 가용능력균형 전략은 수요의 변동 폭이 비교적 작고 예측이 어느 정도 가능하며 서비스 제공을 위해 전문장비나 시설이 갖추어진 경우에 사용된다. 이 전략은 낮은 질의 서비스를 제공하면 기업이미지에 심각한 영향을 미치므로 숙련되고 전문성이 있는 고급노동력을 사용하는 경우 채택되는 것으로서, 호텔기업이 주로 도입하는 공급관리 전략이라고 할 수 있다.

호텔기업의 서비스 가용능력은 시설과 기계·장비, 그리고 인적 자원으로 구성되어 있다. 호텔

서비스는 연속적인 과정을 통해서 제공되는데, 전체 서비스 전달과정의 흐름에서 병목현상이 발생하는 지점이 있으면 그곳에 추가적인 서비스공급체계를 투입·조정하여 서비스의 흐름이 원활해지도록 해야 한다.

1) 기존 가용능력 일시확장

수요가 집중되는 시기에는 영업시간을 연장하여 수요 수용력을 증가시킬 수 있다. 이는 고객측에게 시간 선택폭을 늘려주고 혼잡성을 덜어주며 수요의 분산을 가져와 서비스의 질을 유지하는 데도 도움이 될 수 있다. 또한 고객이 몰리는 시간에는 한 고객당 제공되는 서비스시간을 축소시킴으로써 더 많은 고객을 수용할 수 있다.

2) 가용능력 유연성 설계

수요가 집중될 때는 서비스를 생산·전달하는 인력자원을 기계로 대체하여 서비스의 대량생산을 꾀해야 한다. 또한 호텔 커피숍에는 전광판을 설치하여 고객이 그것을 보고 면회객을 확인할 수 있도록 한다. 퇴숙절차 또한 객실에 설치된 컴퓨터나 TV 모니터를 이용하여 자신이 지불해야 할 금액을 확인하고 신용카드로 결제를 하는 시스템을 갖추어, 고객이 프론트데스크의 출납원 앞에 줄을 서서 청구서가 작성되기까지 기다리는 불편을 없애고 있다.

3) 가용능력의 효율성 극대화

피크타임에 100% 수요에 응하고 서비스의 질을 유지하기 위해서 장비와 인력을 서비스 공급과정의 중요한 업무에 집중시킨다. 이를 위해서는 장비와 인력의 유지, 보수, 개선활동은 비수기 때 실시하여 필요할 때 최상의 컨디션이 되도록 한다. 즉, 비수기를 대비한 준비기간 및 재충전기간으로 중요하게 활용될 수 있는 것이다.

4) 가용능력의 임대차

서비스 가용능력 구성요인 중 수요수준에 따른 가변능력이 비교적 떨어지는 것은 시설과 장비이다. 이들은 고정성이 높아, 일단 매입되면 수요에 따라 임의로 증감할 수 없다. 따라서 여기에 융통성을 부여하는 방법으로서 시설·장비의 임대차가 있다. 즉, 가용능력이 남으면 시설과 장비를 임대하여 임대수익을 올리며, 현재의 가용능력으로 수요를 충족시킬 수 없으면 시설과 장비를 임차하여 수요증가에 대응하는 것이다.

호텔기업은 근거리에 위치한 타 호텔과 연계성을 갖고 운영할 수도 있다. 즉, 동급의 타 호텔과 자매결연하여 자신이 수용할 수 없는 수요는 자매호텔에 보내어 흡수하도록 하는 상호 협조체제를 가지는 것이다.

5) 종업원의 다기능화

호텔에는 다양한 업장과 부서가 있으며 시기에 따라 수요가 집중되는 지점이 변화한다. 만약 종사원이 여러 가지 일을 수행할 수 있는 업무융통성을 갖춘다면 피크타임에 업무가 집중되는 부문에 재배치되어 수요에 대처할 수 있을 것이다. 따라서 호텔종사원에게 다기능화 교육을 실시하여 파트별 수요변화에 신축성 있게 대응하는 체계를 갖추어야 한다.

6) 임시고용직 이용

호텔수요는 다분히 계절성을 띤다. 따라서 성수기에 필요한 서비스 인원을 임시고용직으로 충당하면 피크타임의 수요증가에 신축성 있게 대응하고 고정인건비도 절감하는 효과도 거둘 수 있다. 대학생 아르바이트생 등 시간제 근무 고용직 이용시에는 그들의 근무태도나 성과를 평가해 두었다가, 후에 정식사원을 선발할 때 이를 인력관리자료로 활용할 수도 있다.

7) 고객참여 유도

수요가 일시에 몰려 서비스 공급인원이 부족할 경우에는 고객이 스스로 서비스 생산에 참여하도록 유도할 수 있다.

고객을 서비스 전달과정에 참여시키는 것은 서비스의 신속성뿐 아니라 인건비의 절감이라는 효과 또한 거둘 수 있다. 그러나 고객의 서비스 참여수준이 고객이 수용할 수 있는 선을 넘어선다면 고객은 서비스의 질을 부정적으로 평가하게 된다. 따라서 고객이 서비스에 어느 정도까지 참여할 의지와 능력이 있는지를 파악하여 셀프서비스의 정도를 결정해야 한다. 또한 고객의 서비스 참여시 서비스의 신속성뿐 아니라 가격면에서도 보상이 이루어져야 할 것이다.

8) 고객의 고정화

호텔이 고객을 단골로 만들어 반복구매를 유도한다면, 이러한 단골고객의 호텔 방문시에는 반복되는 입숙절차나 호텔시설 이용절차를 대폭 간소화할 수 있다. 예컨대 회원제나 우수고객카드제 등을 도입하여 대상고객들에게 복잡한 절차 없이 신속한 서비스를 제공하는 체계를 갖추면 결과적으로 다른 고객들에게도 시간적 혜택이 돌아가게 된다.

제4절 고객서비스와 고객만족경영

01 서비스상품의 이해

서비스는 일반제품과 매우 다른 특성을 가지고 있어서 생산성 향상이 쉽지 않다. 서비스 부문에서 생산성 효율을 높이는 것이 제조업보다 훨씬 어려운 이유는 서비스의 경우 생산과 소비가 동시에 이루어지기 때문이다. 즉, 고객이 반드시 그 생산과정에 참여하기 때문이다. 따라서 고객의 적극적인 협조와 관심이 필요하다.

1) 서비스 과잉의 시대

우리는 과연 고객이 원하거나 필요로 하는 서비스를 정확히 제공하고 있는가를 생각해 보아야 한다. 고객이 원하지 않는 서비스를 제공하는 것은 낭비다. 그 예로 엘리베이터 안내원은 오히려 무거운 침묵으로 부자연스런 분위기 만들기 때문에 비용을 보다 기본적인 개선에 투자해야 할 필요가 있다. 백화점에서 부가적으로 다양하게 제공되고 있는 등초본, 열차 항공권예매, 해외 등기우편물취급 등의 서비스에 대해서 소비자는 잘 알지 못한다.

2) 서비스 패러독스 Service Paradox

레스토랑, 백화점에 대한 소비자들의 불만 건수는 줄어들기는 커녕 오히려 늘어나는 추세이다. 고객 서비스는 자꾸만 늘어나고 있지만 고객의 불만은 줄어들지 않는 역설적인 상황이 벌어지고 있다. 서비스는 일반제품과 매우 다른 특성을 가지고 있어서 생산성 향상이 쉽지 않다.

3) 본원적 서비스

서비스는 고객이 결정한다. 고객이 원하지 않는 서비스 제공은 낭비다. 부가서비스로의 차별화 문제점은 사업의 초점이 흐려지게 된다는 것이다. 그리고 업무량 증가로 인하여 종업원 불만, 사기저하를 일으킬 수가 있으며 결과적으로는 고객의 기대수준을 필요 이상 높일 수 있다. 물론 적절한 부가서비스는 차별화를 위해 반드시 필요하며 가능하다면 경쟁사보다 빨리 제공하는 것이 좋다. 그러나 명심해야 할 것은 서비스에 대한 평가는 고객이 한다는 사실이다. 따라서 경쟁사를 모방하기보다는 고객의 필요를 정확히 파악하여 가치 지향적인 서비스 제공이 바람직하다.

02 고객 서비스 효율화 전략

1) 서비스 포트폴리오 관리

무턱대고 많은 서비스가 좋은 것은 아니다. 고객 서비스 증가에 따른 매출액이나 수익성 증가가 기대에 못 미치는 경우가 많다.

고객이 원하는 서비스를 파악하여 자사 서비스 포트폴리오를 고객관점에서 재구성해야 한다. 위생요인Hygiene Factor은 고객이 중요하게 여길 뿐 아니라 이용횟수도 많은 서비스는 충족되지 못할 경우 반드시 고객불만을 야기한다. 반면 동기요인Motivator은 고객이 필요성을 느끼지 못하거나 이용횟수가 많지 않은 서비스는 충족되면 만족하지만 미충족되어도 크게 불만을 야기하지 않는 서비스는 과감히 없앤다.

2) 서비스 공업화Service Industrialization

대량생산에 따른 규모의 경제와 신속성, 품질의 일관성 등의 효과가 있다.

서비스 활동의 노동집약적인 부분을 기계화로 대체하여 표준화, 전문화, 자동화 등을 통해 효율성 제고와 비용절감 효과를 얻게 된다.

3) 전략적 서비스 관리

자사의 전략적 포지션과 사업의 포커스를 정확히 해야 한다. 그 예로, 백화점은 고품질의 차별화 서비스로, 대형 할인점은 저가격 정책으로 전략적 방향이 완전히 다르다. 만약 백화점들이 가격경쟁에 편승하면 스스로 자신의 경쟁우위를 포기하는 것이 된다.

4) 시장의 세분화

자신의 고객과 시장을 중점 공략하는 마케팅 전략으로서 고객을 단일 집단으로 보지 않고 시장을 세분화한다. 기업 전체이익의 80%는 핵심고객 20%가 창출한다는 데 기초하여 가격에 민감한 철새고객과 같은 불특정 다수고객들보다는 핵심고객통황들이 원하는 서비스에 집중하거나 마일리지 또는 Royalty 프로그램을 강화한다. 이를 위해 DB^{data base}구축 활용, 입체분석으로 회사의 역량집중이 필요하다.

5) 권한위임 Empowerment

Nordstrom의 경우처럼 서비스업계 현장의 최일선 직원에게 많은 권한을 부여하는 것은 가장 확실한 효율화 방안이라고 할 수 있다.

사소한 고객의 요구를 일일이 중앙에서 관리하는 것은 비용도 많이 들고 처리시간도 오래 걸려 결국은 고객의 만족도를 떨어뜨리게 된다.

최일선 직원의 경우 고객의 성향과 상황을 가장 잘 이해하고 있기 때문에 만약 이들에게 상당한 권한을 부여한다면 시간과 비용을 줄이고 고객을 만족시킬 수 있다.

03 고객만족경영관리

1) 고객만족경영의 의미

고객만족경영이란 목표고객의 욕구를 파악하여 이것을 충족시켜 줄 수 있는 제품과 서비스를 제공함으로써 고객의 만족수준을 최대화하고, 이러한 고객만족의 최대화 결과로 기업의 목표인 이익극대화를 달성하는 것을 의미한다고 할 수 있다.

고객만족 수준은 제품 또는 서비스의 구매 후 성능에 대한 인식과 고객의 구매 전 기대와의 차이에 의해서 결정된다고 할 수 있는데, 고객의 구매 후 성능에 대한 인식이 구매 전 기대보다 높을수록 만족수준은 높아지며, 성능에 대한 인식이 구매 전 기대보다 낮을수록 불만족은 커진다.

따라서 고객만족 수준을 높이는 데는 여러 가지 방법이 있을 수 있는데, 가장 좋은 방법은 구매 전 고객의 기대를 높이면서 동시에 구매 후 성능을 높이는 방법, 이른바 총체적 고객만족을 달성하는 것이다. 이러한 총체적 고객만족을 달성하는 것이 곧 고객만족경영인 것이다.

2) 고객만족경영의 효과

재구매창출효과와 비용절감효과로서 판촉, 광고비, 불필요한 지출감소를 가져올 수 있다. 만족고객은 가격에 민감하지 않아 이익창출효과가 있다. 다음으로 광고효과로서 구전을 통한 제품, 서비스의 광고효과와 호의적 커뮤니케이션은 대중매체보다 뛰어난 효과를 발휘할 수 있다.

3) 고객만족경영의 실천전략

(1) 고객니즈 파악

사소한 불편도 고객에게는 중요한 짜증요소가 될 수 있어 이로 인해 상표전환이 발생한다.

(2) 내부고객만족

자사의 서비스에 만족하지 못하는 사원들은 자부심을 가지고 고객에게 좋은 서비스를 할 수가 없다.

(3) 서비스지원시스템 구축

종사원이 아무리 좋은 서비스를 하려 해도 다양한 지원시스템이 없으면 고객만족이 이루어지지 않는다. ⓔ 식당의 테이블 크로스, 냅킨

(4) 고객정보관리체제의 구축

고객에게 맞춤서비스를 제공하고 그들과의 장기적인 관계를 형성·유지하기 위해 체계적인 정보관리가 중요하다.

(5) 고객믹스관리

호텔고객은 자신과 사회적 위치나 호텔이용목적이 유사한 고객들과 호텔 공간 및 서비스를 공유하기를 원한다. 시장세분화를 통해서 비즈니스고객과 단체객 믹스, 젊은 층 식당에 중장년층 출입을 통제한다.

(6) 고객만족경영시스템의 구축

고객만족경영을 도입, 추진하려면 고객 지향적인 새로운 경영시스템을 구축해야 하고, 또한 기능 중심적 조직구조를 고객 편의적인 조직구조로 개편해야 한다.

4) 고객 불평관리

고객 불평 유도방법으로서 수신자부담 고객 직통전화, 건의함, 전화로 만족 여부 확인, 퇴숙시 고객 코멘트 작성 유도 등이 있다. 또한 불평사항에 대한 올바른 대응이 중요하다. 만족스런 고객 불평 처리 후의 고객 재구매 의도는 불평이 없을 때의 재구매 의도와 거의 동등하기 때문에 손해 발생시 이를 보상하려는 노력을 고객에게 보여야 한다.

5) 서비스보증의 성공요건

서비스보증은 참된 보증의 효과를 얻기 위해 아무런 조건 없는 고객만족을 보장하는 품질보장이 되어야 하고 서비스보증 내용은 단순 명료하여 고객이 보다 쉽게 보증제도를 이해하고 기억하게 해야 한다. 보증금액은 적정 수준으로 하여 서비스원가와 서비스실패의 심각성을 고려하고 동시에 고객이 공평하다고 느끼는 정도에서 결정해야 한다. 또 신속하고 용이하게 환불되어져야 한다. 복잡한 절차로 오래 기다리게 한다면 불만은 더욱 가중될 것이다. 마지막으로 서비스 보증제도는 고객과 종업원에게 모두 신뢰성과 타당성이 있어야 한다.

6) 고객관계마케팅

(1) 기존 고객의 중요성

기업들은 기존 고객의 유지 및 확대 재생산이 신규고객 개척보다 중요하다는 것을 깨닫고 있다. 즉, 기존 고객의 유지 및 이를 통한 신규고객의 창출이 현재의 어려운 경제환경을 극복하기 위해서는 무엇보다 중요하다는 것을 깨닫고, 고객과의 관계를 보다 긴밀하게 하여 고객의 충성도를 높이는 데 많은 노력을 하고 있다. 경영자들은 새로운 고객을 개척하는 비용이 기존의 고객을 만족시키는 비용보다 다섯 배나 더 든다는 사실을 새롭게 깨닫고 있다. 왜냐하면 기존 고객을 지키려는 수비형 마케팅보다 공격적 마케팅이 고객을 경쟁업체로부터 빼앗아 오는 데 더 많은 노력과 비용이 들기 때문이다.

기존의 마케팅은 기존 고객과의 관계보다도 새로운 거래를 발생시키는 데 중점을 두어왔으며 이론의 중심도 판매 후 활동보다 판매 전 활동과 판매활동에 집중하여왔다. 그러나 최근 많은 기업들이 기존의 고객을 유지하는 것이 얼마나 중요한지를 깨닫고 있다.

기존 고객을 평생고객으로 유지하는 것이 기업의 수익성에 중대한 영향을 미치는데 이것을 달성할 수 있는 방법에는 두 가지가 있다. 하나는 경쟁업체로의 전환 장벽을 높게 하는 방법이다. 즉, 대체공급업체를 찾는 비용, 시설개체로 인한 고정비용의 증대 또는 기존의 공급업체로부터 받는 혜택⧈할인구매의 상실 등 전환 장벽이 클 때 고객들은 다른 공급업

체로 옮기려고 하지 않는다. 이보다 더 좋은 기존 고객유지 방법은 기존 고객의 만족도를 높이는 방법이다. 이렇게 함으로써 경쟁업체가 단순히 가격을 낮추거나 또는 유인책을 제공하는 방법 등에 의해서 전환 장벽을 넘기 힘들게 하는 것이다. 이처럼 고객의 만족도를 높여, 그 결과 고객 충성도를 높여서 한번 고객이면 평생고객으로 만들기 위한 것이 바로 관계마케팅이다.

(2) 관계마케팅의 수단

관계마케팅의 시발점은 고객과의 관계이다. 고객과의 관계를 긴밀하게 유지하기 위해서는 고객의 판매자에 대한 의존도를 높여야 한다. 판매자에 대한 고객의 의존도를 높이기 위해서는 고객이 구매선을 전환할 때 소요되는 전환비용switching costs을 제고시킴으로써 가능하다. 즉, 전환비용이 클수록 고객은 평생고객이 될 가능성이 증대되며, 따라서 전환비용을 높이는 것이 관계마케팅의 핵심이라고 할 수 있다. 이처럼 고객관계를 긴밀하게 유지하여 만족도를 높이기 위한 관계마케팅을 실천하기 위한 방법으로 다음의 세 가지 방법이 있다.

첫 번째 방법은 고객과의 관계에 긍정적 혜택을 추가하는 방법이다. 예를 들어, 항공사들이 상용고객우대 프로그램을 실시한다든지, 호텔들이 상용고객에게 객실 수준을 높여주는 상여금을 제공한다든지 같은 것들이다. 그러나 이 방법의 문제는 고객의 선호도를 높이는 효과는 있지만 경쟁업체에서 쉽사리 모방할 수 있어서 전환비용이 높지 않으므로 고객과의 관계를 계속 유지하기는 어렵다는 점이다.

두 번째 방법은, 제품이나 서비스를 단품이 아닌 패키지로 판매함으로써 전환비용을 높이는 방법이다. 단품일수록 전환에 따르는 비용의 부담이 줄어들어 그만큼 타 공급선으로의 전환의 가능성이 높다. 반면 제품이나 서비스를 패키지로 공급하면 고객으로서는 원스톱One-stop으로 원하는 서비스를 종합적으로 공급받을 수 있기 때문에 고객과의 관계를 보다 긴밀하게 유지할 수 있다.

세 번째 방법은 금전적 혜택뿐만 아니라 사회적 혜택을 추가하는 방법이다. 판매원들이 고객의 욕구와 필요를 알아내어 각 고객별로 개별적으로 이를 만족시켜줌으로써 고객과의 사회적 유대관계를 깊게 함으로써 전환비용을 높이는 것이다. 즉, 단순한 거래관계에서 경제적, 사회적으로 상호 유대관계를 깊게 하는 고객관계로 바꾸는 것이다.

memo

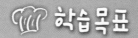 학습목표

☑ 호텔 인적자원관리에 대한 정의와 개념을 이해한다.
☑ 호텔 직무관리와 인사고과관리에 대해서 이해한다.
☑ 호텔 채용 및 인사이동관리에 대한 개념을 숙지한다.
☑ 호텔 인사승진 및 임금관리, 복지후생에 대한 개념을
   이해한다.

CHAPTER **08**

호텔 인적자원관리

호텔 인적자원관리

제1절 인적자원관리의 이해

01 호텔 인적자원관리의 정의

인적자원관리란 사람을 채용해서 업무에 필요한 직업교육을 시켜 배치하고 일정제도에 의해 임금을 지불하는 것이다. 그리고 종업원의 근로의욕을 향상시키기 위한 제시책을 펴 나가는 것과 노동조합이 결성되었을 경우 단체교섭이나 노사협의를 하면서 경영 내의 노사관계의 안정과 원활화를 기하는 광범위한 영역의 시책을 내용으로 하고 있다.

인적자원관리를 기업활동의 가장 중요한 요소가 되는 사람의 관리라고 말하고 있다. 과거에는 노무관리라는 개념으로 전래되어 왔으며, 최근에는 인적자원관리라는 말로 표현되기도 한다. 이러한 개념은 시대와 지역 혹은 국가에 따라 다를 수가 있다. 현재 우리나라에 있어서도 인적자원관리란 기업의 종사원이나 노사관계를 대상으로 행하여지는 여러 가지 경영의 시책을 의미하며, 노무관리, 근로관리, 또는 인사노무관리 등으로 사용되고 있다. 인적자원관리라고 하면 사람을 채용, 교육, 배치, 이동, 승진, 퇴직 등의 일련의 인사행정의 체계를 의미한다. 인적자원관리는 호텔경영의 목적을 달성하기 위하여 기업활동의 원동력이 되는 인간의 능력을 호텔의 장기적 전망에 따라 확보하고, 종사원 개개인의 인격을 존중하며 능력을 육성·발전시켜 조직구성원으로써의 양호한 인간관계를 유지하도록 환경 또는 장^{field}을 만들어 종사원 스스로가 최대의 만족을 얻게 하여 결과적으로 호텔에 최대의 공헌을 할 수 있도록 하는 시스템이라고 정의할 수 있겠다.

02 인적자원관리의 목표

호텔기업의 목표란 재화와 용역을 생산해서 이를 사회에 제공함으로써 사회 대중을 위해서 생활의 수준을 창조해주고^{delivery of a standard of living}, 그 반대급부로서의 이윤을 획득하는 것을 말하고, 개인의 인간적 만족이란 조직생활에의 참여와 노력의 제공을 통해서 그가 보다 높은 수준의 업무생활의 질^{quality of work Life:QWL}을 향유하는 것을 뜻한다. 이들 목표를 보다 유효하게 실천할 수 있도록 조직은 유능한 경영인적 자원을 확보하고 또 이를 유지시킴은 물론, 그들이 가진 잠재적 능력을 개발 활용함으로써 조직의 성장과 개인의 성장을 동시에 기할 수 있도록 하여야 한다. 그리고 이상의 제 활동이 보다 효과적으로 실행되어질 수 있도록 조직에 있어서의 인사기능은 보다 잘 계획되고, 그것에 기초하여 집행되며 또 통제되지 않으면 안 된다. 인적자원관리는 인적 자원을 확보해서 유지하고, 이를 개발하여 활용함으로써 호텔기업이 가진 목표성취와 종사원의 만족을 보다 잘 실현하려는 데에 그 주요 목표를 둔다. 호텔기업이 갖는 목표는 관리적 유효성의 실현, 다시 말해서 이룩하는 높은 성취, 곧 생산성과 종사원 자신들이 느끼는 직무만족을 둘 다 확보하는 데에 있기 때문이다.

기업가나 최고경영자 입장에서 보면 인적자원관리의 목적은 조직의 목적이 아니고 조직의 목적을 달성하는 데 필요한 하나에 수단에 불과하다. 조직의 유지·발전 및 성장이라는 상위목적은 조직의 협동 당사자들이 조직에서 그들이 추구하려는 목적을 실현할 수 있는 필요한 전제조건이 된다. 특히 조직을 유지하려는 목적은 모든 협동당사자들이 추구하지 않으면 안 되는 그러한 목적이라 할 수 있다.

03 인적자원관리의 중요성

호텔경영에 있어서 기계설비나 기술이 고도로 발달되었다 하여도 인간의 힘이나 노력이 없이는 생산이 이루어질 수 없으며, 결국 인적자원관리가 경영활동의 3요소^{3M:man,} money, material 중에서 차지하고 있는 비중이 크다는 것을 입증하고 있는데, 기업의 성공적인 목적을 달성하기 위해서는 종사원 개개인을 사회적인 대상으로 대우하고 노동력을 제공할 수 있는 의욕을 고무시켜 주어야 한다. 그 이유는 인간의 노동이 효율적이 되지 못하면 기업경영의 성과는 큰 기대를 할 수 없기 때문이다. 호텔의 성공적 운영은 인적자원관리를 통해서 종사원들을 경제적으로 풍요롭게 하고, 사회적 인간으로서 보호하고 만족을 얻도록 함으로써 자발적으로 생산활동에 참여하려는 의욕을 불러일으키게 해야 한다. 이러한 관점에서 유능한 인재를 구해서 그들의 입장을 이해하고 협력을 얻어 생산성을 향상시키고 창의에 의한 기업활동으로 기업의 성장을 도모하기 위해 인적자원관리의 효율적인 관행은 기업의 임무이기 때문이다. 따라서 호텔의 성공 여부는 자금, 기계설비, 조직 및 인력에 의해서 좌우되지만, 기업의 조직이 훌륭하고 많은 자금과 현대화된 좋은 기계와 재료가 있어도 그 조직을 운영하는 것은 인력이며, 그 설비를 활용하여 생산을 가능하게 하는 것도 인력이라고 할 수 있다. 특히 현대사회에서는 서비스가 생활 속의 일부분으로 점점 비중이 높아가고 있으며 일반적으로 경영자는 고객 지향적인 의식과 체제를 확립해야 하고, 서비스에 있어서 유형의 상품과 동일하게 제공되어야만 그 가치를 인식할 수 있다.

제2절 직무관리와 인사고과

01 직무관리

1) 직무관리의 개념

인사관리란 조직이 필요로 하는 인력을 확보, 유지 평가, 개발하는 일련의 절차와 과정을 말한다. 이는 어떤 특정 조직에서 개인과 조직 또는 사람과 일과의 관계가 상호 간에 과부족이 없도록 관리해야 한다는 의미이다. 이와 같이 인사관리를 당위론적인 입장에서는 수없이 이야기하고 있지만, 어떻게 그 문제를 합리적으로 해결해 나갈 것인지에 대해서는 다소 소극적인 입장을 취해 온 것이 사실이다.

따라서 인사관리의 바탕이 되는 어떻게^{How}를 해결해 주는 것이 바로 직무분석이다. 이와 같이 인사관리의 기본을 해결해 주는 수단으로서의 역할을 담당하는 직무분석을 정의해 보면 인사관리에 활용할 목적으로 직무의 내용과 직무수행요건을 밝히기 위해 적절한 수단을 써서 관련 자료를 수집 정리, 기술하는 절차라고 할 수 있다. 따라서 직무분석에 대한 결과는 직무분석의 목적에 따라 여러 가지 형태로 표현될 수 있다.

그러나 직무분석의 핵심은 업무처리에 대한 절차와 방법을 규정하는 직무기술서^{Job Description}와 해당 직무를 담당할 사람에 대한 자격요건, 즉 직무수행요건을 정리한 직무명세서^{Job Specification}라고 할 수 있다. 인사관리에 대한 수단으로서의 직무분석은 조직에서 일과 사람의 관계를 명확하게 밝히는 단계에서 출발한다. 그렇게 할 때 개인은 자기가 가지고 있는 능력을 최대한 발휘하여 자신이 속해 있는 조직에 공헌하고, 조직은 일을 통해서 개인에게 만족을 주는 자연스러운 선순환 관계를 유지할 수 있다.

2) 직무관리의 중요성

기업 간 경쟁이 전 세계적으로 치열해지고 새로운 조직과 새로운 일이 생겨나면서 일의 내용과 가치가 변화하고 있다. 조직의 변화는 필연적으로 직무의 변화를 수반하며, 직무의 변화는 그 내용과 일에 대한 사람들의 가치 매김도 달라지게 하고 있다. 이러한 변화된 환경하에서 과연 직무나 과업을 어떻게 정의해야 하며 이를 어떻게 분석해야 하는가 하는 인사관리에 있어서 가장 원초적인 의문이 제기되고 있다.

직무나 과업은 서로 구분이 쉽지 않은 개념이다. 직무는 과업보다 좀 더 넓은 개념으로서 여러 과업이 모여 직위, 즉 한 사람이 수행하는 일의 몫을 형성하고 유사한 직위들이 모여 직무를 형성한다. 따라서 직무는 여러 사람이 수행하며 여러 과업들이 합쳐진, 추상적인 개념이라고 볼 수 있다. 직무는 인사관리의 목적상 필요해서 만든 인위적인 개념이기  때문에 직무의 정의가 사람마다 조직마다 차이가 나게 마련이다. 이에 비해서 과업은 작업자의 행동과 일의 결과가 긴밀히 연결된, 확실한 개념이기 때문에 분류상 혼동이 발생할 염려가 없다. 이런 이유로 기능적 직무분석을 활용하기도 한다.

02 직무분석

1) 직무분석의 의의

직무분석은 인사관리의 출발점으로서, 종업원의 채용, 배치, 이동, 승진, 승급 등 인사관리활동의 효율적 수행에 필요한 직무의 정보자료를 수집하는 과정이라고 할 수 있다. 따라서 직무분석은 기업 내 종업원이 담당하고 있는 각 직무의 성질 및 내용과 직무수행상의 필요요건에 관한 직무정보자료를 수집하고 분석하는 과정으로서, 그 결과를 일정한 문서, 즉 직무기술서 및 직무명세서로 작성하는 일련의 절차 내지 과정이라고 할 수 있다.

2) 직무분석의 목적

종업원의 채용, 배치, 이동, 승진 등 고용관리의 합리화로 이는 직무분석의 결과로 작성된 자료는 조직 내 각 직무의 특성 및 내용과 직무수행요건에 적합한 자질과 능력을 갖춘 인재를 채용, 배치, 이동, 승진시키는 데 있어서 주요 기준을 제시해준다.

직무분석은 종업원 교육훈련의 계획을 수립하고, 능력개발을 촉진하는 데 기여할 수 있다. 또한 직무평가의 기초자료로서 각 직무의 상대적 가치를 평가하고, 가치의 등급을 분류하는 직무평가의 기초자료로 활용된다.

또한 직무평가의 결과는 각 직무의 가치등급별 임금체계인 직무급의 결정자료로 활용되고, 성과급과 상여금 산정 등 임금관리의 합리화를 위한 자료로 활용된다. 따라서 직무분석자료를 중심으로 분류되고 평가된 직무정보자료는 직무확대 및 직무충실의 직무재설계와 조직설계에 활용할 수 있으며, 조직 내의 업무개선에 기여할 수 있다. 궁극적으로 각 종업원의 담당직무에 대한 분석자료는 업무분담의 적정화를 위한 산출기초로 활용할 수 있으며, 업무의 적정배분을 통한 산업재해의 미연방지 등 산업안전관리의 확립에 기여할 수 있다.

03 직무평가

1) 직무평가의 의의

직무평가란 직무의 분석결과에 나타난 정보자료를 중심으로 각 직무의 중요성, 복잡성, 난이도, 위험성, 책임성 등을 종합적으로 평가하여 각 직무의 상대적 가치를 결정하고 등급을 분류하는 과정이며, 직무의 등급결정과 서열의 분류가 가능하고, 임금의 공정성 확보가 용이하며, 인사처우의 공정성을 높이고, 교육훈련과 능력개발의 촉진에 기여한다.

2) 직무평가의 방법

(1) 비양적 평가방법

직무평가자가 평가대상 직무의 직무기술서 및 직무명세서를 기초로 각 직무의 중요도 및 난이도, 복잡성 등을 중심으로 직무의 상대적 가치를 포괄적으로 결정하여 서열별로 등급화하는 평가방법과 직무평가자가 각 직무의 중요도 및 난이도, 복잡성 등을 중심으로 각 직무를 몇 개의 등급으로 분류하는 평가방법인 분류법이 있다.

(2) 양적 평가방법

평가대상의 각 직무가치를 평가요소별로 점수화하여 종합적으로 평가하는 방법과^{가중치를} ^{설정} 기업 내 평가대상의 직무 중에서 가장 기본이 되는 몇 개의 기준직무를 선정한 후, 기준직무의 각 평가요소별 가치를 임금액으로 환산하여 직무의 상대적 가치를 평가요소별로 비교하여 평가하는 요소비교법이 있다.

04 인사고과 관리

1) 인사고과의 의의

인사고과는 종업원의 업무수행상의 업적을 측정하는 제도로서 종업원의 실천능력, 업적, 성격, 적성, 장래성 등을 판정하는 것을 의미한다. 스미스와 머피[R. C. Smith and M. J. Murphy]는 인사고과는 그들이 속하고 있는 조직체에 있어서 종업원의 가치를 질서 있게 평가할 수 있도록 함에 그 목적에 있다고 밝히고 있고, 플리포[E. B. Flippo]는 종업원이 현재 담당하고 있는 직무에 관하여 어느 정도 우수한가, 보다 좋은 직무로 승진할 수 있는 잠재능력이 있는지 어떤지를 조직적, 정기적으로 그리고 인간에게 가능한 객관적으로, 평가하는 것이라고 정의하고 있다. 그리고 또한 란그스너[A. Langsner]는 구체적으로 종업원의 능력, 근무성적, 자격, 습관, 태도의 상대적 가치를 조직적으로, 그리고 사실에 입각하여 객관적으로 평가하는 절차라고 정의하고 있다. 그런데 직무평가가 직무에 대한 평가인 데 대해, 인사고과는 종업원에 대한 평가라는 데에 그 특질이 있다. 따라서 이 양자는 밀접한 관계에 있다.

2) 인사고과의 목적

인사고과의 목적은 경영에 있어서 종사원의 가치를 객관적으로 정확하게 측정하여 합리적인 인적자원관리의 재결정에 기초를 부여하고, 그 결과로 종사원의 노동능력을 향상시키고 동기유발을 형성하게 하는 데 있다. 또한 승급의 결정, 상여의 결정, 승진의 결정, 배치전환의 결정, 교육훈련의 기준 및 표창기준 등을 결정하기 위한 것이다. 인사고과제도를 사용하고 있는 주요 목적은 임금관리승급, 상여, 임금률 결정 등의 기초자료, 인사이동승진, 배치, 이동, 해고 등의 기초자료, 종업원 간의 능력비교 및 종업원들이 지니고 있는 숨은 재능의 발견, 교육훈련 및 지도의 기초자료 등을 들 수가 있다.

(1) 인사고과의 통제적 목적

인사고과는 조직 내의 각 종업원의 가치를 상대적으로 비교, 평가하여 우열판단이나 순위를 지우고, 또한 이를 승진, 승급, 임금률 결정, 상여 등에 반영하려는 통제적 목적으로 사용한다.

첫째로 조직체는 조직구성원의 성과에 대하여 정당한 대우를 해 주어야 하고, 따라서 그들의 성과를 주기적으로 특정하여 그 결과를 기준으로 승진, 승급, 징계 등 적절한 결정을 해야 한다. 인사고과 결과는 이러한 상벌결정에 중요한 자료로 사용된다. 둘째로 성과에 대한 정당한 상벌결정뿐만 아니라 인사고과는 조직구성원과 직무를 결합시키는 데에도 유효한 자료를 제공할 수 있다. 따라서 인사고과는 구성원의 성격과 능력에 따라서 이에 적합한 직무내용과 직무환경을 모색하는 공식적인 계기가 될 수 있다.

(2) 인사고과의 비통제적 목적

물론 이상과 같은 통제적 기능으로 사용하고 있는 인사고과의 목적이 불합리하다고는 할 수 없으나 인사고과는 종업원의 능력개발에의 활용과 사

기양양, 그리고 의사소통을 위한 비통제적 목적도 고려해야 할 것이다.

　인사고과의 또 한 가지의 중요한 목적은 직무성과를 통하여 구성원의 강점과 약점을 평가하고 구성원의 경력목표도 감안하여 그의 능력과 자질 개발에 필요한 교육훈련과 실무경험을 결정하는 것이다. 따라서 인사고과 결과는 인력개발과 경력계획에 필수적인 자료로 활용되고 있다.

　인사고과의 가장 기본적인 목적은 조직구성원이 얼마나 만족한 성과를 거두고 있고 조직체의 기대수준에 얼마나 접근하고 있는지를 알려주는 것이다. 따라서 인사고과는 구성원의 동기부여는 물론 그의 사내에서의 성장을 강화시켜 주는 중요한 인적자원관리 과정이다.

3) 인사고과의 중요성

　인사고과는 기업에서는 평가수단으로서 매우 중요할 뿐만 아니라 인적자원관리의 거의 모든 영역에 영향을 미치는 기초 자료로서의 역할이 확대됨에 따라 그 중요성은 점점 커져가고 있다.

　인사고과는 전통적으로 과거의 실적이나 인적 특성에 따라 서열이나 우열을 판정적인 태도로 비교/추정Merit Rating하여 개개인 간 차별화하여 처우하고자 하는 통제적 목적이 일반적이었으나, 근래에는 각 직무담당자의 성과를 평가함과 동시에 그가 지닌 잠재적 능력

및 개발가능성에 초점을 둠으로써, 구성원에 대한 인사의 공정성 확보와 동기부여의 수단으로 활용하고 나아가 평가결과를 목표달성과 인사정책의 평가와 과제의 추출을 위한 종합적인 통제의 한 과정과 인재육성의 도구로 활용하고자 하는 목적으로 발전하고 있다.

　성과 지향적인 기업조직에서는 그 목표달성과정에서 각 개인의 업적이나 능력을 합리적이고 객관적인 방법으로 평가하여 처우에 반영하고 피드백feed back 시스템을 갖추는 것은 조직과 개인에게 다 같이 중요한 일이다.

4) 인사고과 방법

인사고과의 대상, 목적에 알맞은 고과표 선정, 평정방법이 객관적이고 비교가능, 평정자의 적정성, 평정에 있어 발생하기 쉬운 심리적인 편향을 되도록 시정하여 평정과정상의 합리성을 유지하여야 하며, 인사고과를 하는 데는 업종, 사용목적, 고과평가자의 직종 등에 알맞은 방식을 선택하여야 하겠으나 대체로 다음과 같은 현대적 고가방식이 있다.

(1) 중요사건서술법

고과자가 피고과자의 성공적인 업무뿐만 아니라 실패한 업무에 이르기까지 구체적으로 기록해 두었다가 평가하는 방법이다.

(2) 행위기준고과법 BARS; Behavirally Anchored Rating Scales

직무와 관련된 피고과자의 구체적인 행동을 평가의 기준으로 삼는 고과방법이다. 이때 BARS는 관찰가능한 행동에 기초하여 평가기준이 설정되어야 한다. 이러한 BARS는 직무성과에 초점을 맞추기 때문에 높은 타당성을 갖고, 피고과자의 구체적 행동패턴을 평가척도로 제시하므로 신뢰성 역시 높고, 고과자 및 피고과자에게 성공적인 행위패턴을 제시함으로써 성과향상을 위한 교육효과도 있어 수용성 또한 높다.

다만, BARS의 개발에 많은 시간과 비용이 소요되며, 복잡성과 정교함으로 인하여 소규모기업에서의 적용이 어려워 실용성이 낮다.

(3) 행위관찰고과법 BOS; Behavior Observation Scales

BOS는 고과자에게 평가의 기준점으로 제시된 구체적인 행위에 대해서 피고과자가 수행한 빈도를 묻는 문항으로 구성되어 있다. 이는 고과자가 특정 항목에 낮은 점수를 준 데 대해서 설명할 근거가 있어 고과결과의 피드백이 향상되며, 과거의 주관적인 특성 중심 고과와 비교해서 직무와의 관련성이 높고 타당성이 높은 인사고과기법이다. 다만, 행위기준고과법과 같이 기준개발에 시간과 노력이 많이 든다.

(4) 목표관리법 MBO; Management by Objective

종업원이 직속상사와 협의하여 작업목표량을 결정하고, 이에 대한 성과를 부하와 상사가 함께 측정하고 또 고과하는 방법이다. 이 방법은 상하급 간의 상호 참여적이고 구체적인 공동목표의 설정에 의해 동기부여 증진 등의 장점이 있으나, 목표설정의 곤란, 목표 이외의 사항의 경시가능성, 장기목표의 경시가능성 등의 단점이 있다.

(5) 자기신고법

피고과자가 자기능력과 희망을 기술하게 하여 그것을 고과하고 그 결과를 인적자원관리의 자료로 활용하는 방법이다.

(6) 평가센터법

평가를 전문으로 하는 평가센터를 만들고 피고과자의 직속상관이 아닌 특별히 훈련된 관리자들이 복수의 평가절차를 통해서 인사고과를 하는 방법이다. 이 방법은 여러 평가기법과 다수의 평가자가 동원되기 때문에 신뢰성이 높고, 업적이 아닌 잠재능력 등에 초점을 맞추어 승진의사결정이나 교육훈련 및 인력공급 예측에 적합하다. 다만, 비용과 시간측면에서 그 실용성이 낮다.

(7) 면접법

피고과자의 업무수행능력과 잠재력을 면접을 통해 찾아내서 작업의 개선, 책임의 명확화, 직무요소의 우선순위 등을 결정하는 방법이다.

제3절 채용, 교육 · 훈련, 경력 및 인사관리

01 채용관리

1) 채용관리의 의의

채용이란 조직목표의 효율적 수행을 달성하기 위해서 자질을 갖춘 적합한 사람을 조직에 흡수하는 과정을 말하며, 모집^{recruitment}이란 채용과정에 있어서 첫 번째 과정 또는 활동이라고 할 수 있는데, 채용관리는 인적자원관리의 기점이며, 사람을 채용하는 것은 기업활동에 있어서 필요한 직무에 자격요건을 갖춘 적격자를 계획적으로 채용하는 조직적인 조치라 하겠다.

어느 호텔이든지 기업활동의 중요한 요소로서 사람의 관리를 들고 있는데, 생산요소로서 필요한 기계나 원료와 함께 일정한 노동이 생성하게 된다. 이때에 사용자는 작업에 가장 적당한 노동력을 선택하여 채용하는 것이 합리적인 채용관리라고 말한다.

호텔경영에 있어서도 필요한 자질을 갖춘 노동력을 필요한 시기에 조달할 것을 목적으로 하기 때문에 우선 어떤 자질을 갖춘 노동력이 필요한가를 명확히 분석해야 한다. 그러므로 종사원이 맡을 직무와 물적 · 기술적 환경을 검토 · 파악하여 효율적으로 업무를 수행할 수 있는 노동력을 선발해서 채용해야 한다. 이와 같은 현대적 채용관리의 기본업무를 수행하기 위해서는 직무의 특성과 요구되는 능력을 파악하고 필요한 인원을 정원으로 산정한다.

이상과 같은 범위를 중심으로 한 현대적 채용관리는 경영상 필요로 하는 인원을 정하는 것과 채용기준을 합리적으로 설정하고 지원자 중에 기준에 적합한 자를 선발하는 절차를 채용관리라고 한다. 그러므로 채용은 노동력관리 · 고용관리의 출발점이기 때문에 능력주의 인적자원관리를 추진해 나가기 위해서 채용단계에서부터 합리적 원칙에 적합한 노동력을 선택해야 한다.

■ 모집인원수 = 소요인원수 – (현재인원 – 퇴직예상인원)

2) 채용계획의 의의

채용계획은 직무와 종사원을 연결한 계획, 즉 어떠한 직무에 어떤 사람이 몇 명이 필요한가에 대해서 명확히 하기 위한 계획이라 할 수 있다. 그래서 모집 · 채용 · 충원 · 능력개발 등은 전반적으로 이 요원계획에 의해서 추진되는 것이다. 그래서 요원계획은 다음과 같은 조건이 감안되면서 작성되어지고 있다. 채용계획은 경영방침이나 경영계획하에 채용계획이 작성된다. 예를 들면, 직무에 근거한 인원의 적재적소 배치 여부, 매상계획, 설비계획, 그 사업이 현재 확대 혹은 현상유지를 위한 영업활동을 전개하고 있는지의 여부에 따라 가감되어질 수 있는 것이다. 그리고 영업관리상 채산성에 의해 채용계획이 결정된다. 영업비율, 특히 인건비율을 무시하고는 채용계획은 달성될 수 없다. 마지막으로 시설규모와 작업량 및 작업내용의 질에 따라 채용계획이 결정된다. 즉, 규모와 작업의 양과 질에 대한 인적 소요량에 관한 기준이 없으면 안 된다.

(1) 호텔의 채용계획

호텔의 직무량과 종사원의 수요인원은 영업장별 판매량에 따라 결정된다. 또 호텔이 생산량을 증대시키고 고객을 확보하기 위해서 호텔에서는 적합한 계획을 수립해야 한다. 물론 계획을 수립하기 전에 호텔은 판매촉진을 위해서 고객의 욕구를 조사 · 분석하게 되고, 그 자료로 상품의 설계와 상품개발을 하게 된다. 동시에 시장계획과 판매계획을 수행하게 되고, 이에 수반되는 생산개발계획과 생산계획 및 재무관리부문에 계획이 수립되면, 이 계획에 의해서 호텔 전체의 인력수급계획을 확정하게 된다. 그러나 이러한 호텔인력수급의 기본이 되는 판매계획은 계절적 요인이나 또는 불규칙적인 변동요인의 영향을 받기 때문에 장단기종사원계획수립은 결코 용이한 일이 아니다. 특히 예측할 수 없는 판매 부진 상태에서는 호텔이 종사원의 적정규모를 예측하는 데 더욱 어려움을 주고 있다. 그리하여 호텔에서는 변동적 요인상태에서 미래의 변화를 예측하는 기술이 요구되고 있다.

호텔은 예측과 미래계획수립의 기본이 되는 경제적 추세를 찾아야 한다. 호텔의 생산량은 고객의 주문에 의해 결정되므로 전반계획을 수립하고 종사원의 수급계획을 확정하기 위해서는 고객의 변동추세를 파악해야 한다. 이를 위하여는 주별, 월별 및 연간의 변동요인 분석기술을 개발해야 할 것이며, 타당성 검증을 한 후에 이를 기초로 장단기모집을 예측하는 종사원계획을 수립해야 할 것이다.

(2) 모집 Recruitment

환대산업의 경영진들이 직면한 가장 어려운 문제는 훌륭한 위치의 선정과 그 운영에 필요한 우수한 종업원을 모집하는 일이다. 따라서 고용주들은 노동력 관리에 많은 관심과 창의적 방법을 개발하고 있다. 예를 들어, 신문이나 잡지광고는 물론 산학협동 및 호텔 자체 내의 교육훈련과정 등을 개설운영하고 근로환경에 대한 배려로서 종사원들의 출퇴근 편의를 위한 전용버스의 운영, 쾌적한 작업조건 및 훈련프로그램의 개발, 좀 더 넓은 진급기회 등을 제공함으로써 노동력 확보에 고심하고 있다. 환대산업에 처음 입문하는 사람들은 일반적으로 낮은 연령과 그에 따른 비숙련된 사람들이 주류를 이루었다. 그러나 최근에 18세에서 24세까지의 노동인력이 줄어들고 있고, 21세기에 접어들어서도 그 추세는 계속될 것이다. 현재 미국에서는 감소하는 노동력의 보충을 위해서, 소위 비정규 인력non-traditional의 고령자, 이민자, 장애자 등을 활용하는 문제를 고려 중에 있다.

(3) 선발 selection

무계획적이고 성급한 부적격자의 고용은 업무의 비능률과 이직률을 높이는 결과를 초래하게 된다. 따라서 실무자staff는 그 종사원이 신뢰성 있고, 요구되는 직무능력과 함께, 그 업체에 장기적으로 헌신할 수 있는 환대업무hospitality work적 체질의 종사원을 선발해야 한다Vallen and Abbey:1987, 187. 최상의 종사원을

선발하기 위해, 인적자원관리부서에서는 인터뷰를 수행하고, 테스트를 행해야 하며, 고용절차에 미치는 법규를 준수해야 한다. 종사원의 선발시 우선적으로 고려할 몇 가지 사항은 다음과 같다.

첫째, 체계화된 직무기술서와 직무명세서에 의한 선발이 필요하다. 누가 어떤 자리에 고용되기 전에, 인적자원관리부서에서는 그 자리에서 요구되는 기술은 어떠한 것이며, 어떤 훈련이 필요한지에 대한 파악이 있어야 한다. 이리하여 직무기술서Job Descriptions와 직무명세서Job Break Downs가 바로 인적자원부서의 실무자에게 있어서 중요한 도구가 된다. 직무명세서란 그 직무에 관한 특수한 정보, 직무수행시 요구되는 자질과 장비, 직무의 업체 내 다른 직위Position와 어떻게 관련되어 있는지, 작업조건 등을 대략적으로 설명해 놓은 기술서이다. 직무명세서는 직무기술서의 내용을 기초로 하여 직무구성요건 중에서 인적 요건에 중점을 두고 작성되는 서식을 말한다. 이는 특정 직무에 결손이 발생할 경우 적격자 선정에 매우 정확한 기준을 제시할 수 있다. 직무기술서와 직무명세서는 보통 종업원의 임무와 책임의 기준이 포함되어 있다. 이 두 요소는 인적자원부서 스태프들로 하여금 그 직무가 수반하는 사항이 무엇인지를 종업원들에게 설명하고, 업무수행 표준을 개발하기 위한 토대를 제공한다.

둘째, 인터뷰interviewing는 종업원 선발과정의 핵심이라고 할 수 있다Chuck Y.Gee:1988, 230. 일반적으로 인터뷰는 직무능력skills 및 이력employment history에 초점을 두어야 한다. 그리고 사람들과의 인화력, 그 업체에 대한 관심, 배우려는 의지 등과 같은 자질과 개인의 외모와 몸치장grooming등도 환대산업 종사자에게는 매우 중요한 요소이다. 환대산업체들은 노동시장labor pool이 위축됨에 따라 그들의 고용절차 중 선발에 훨씬 더 신중을 기하고 있다. 많은 지원자들이 인터뷰 전이나 인터뷰시에 테스트를 받고 있다. 환대산업체들은 새로운 종사원들이 철저하게 훈련을 거쳐 빠른 시일 내에 높은 수준의 업무수행을 달성할 수 있는 인력을 필요로 한다. 일부 환대업체의 운영에서는 컴퓨터를 이용하여 면접관들이 지원자들을 가려내게 하기도 한다. 종사원들은 인터뷰하기 전에 컴퓨터에서 나오는 질문에 답해야 하는데, 그 답변으로 인적자원관리부서의 직원들이 지원자들을 일차적으로 가려내는 데 도움을 받기도 한다.

피면접자가 받는 스트레스를 최소화시키기 위해, 면접진행 중에 일어날 수 있는 스트레스 요인들과 기존 면접 진행위원들의 배려는 피면접자들을 도울 수 있을 것이다.

지원서 심사는 분별작업이라고 한다. 채용하지 않을 사람에게 인터뷰 시간을 소비하는 것은 아무 의미가 없다. Screen은 인터뷰 기회를 줄 만한 지원자를 찾기 위해 지원서나 이력서를 검토하는 서류작업이다. Screening은 아주 많은 입사지원서들을 처리할 때 특별히 효과적인 테크닉이다. 최초 서류심사는 세밀하게 검토할 수 있을 정도로 그 숫자를 줄이는 작업이다. 이 작업은 면접자 수를 최상으로 줄이는 것이나 단순히 지원자의 수만을 필 불필요하게 줄일 수 있다는 것이다. 이 심사는 오히려 지원서류 내의 허위사항 그리고 인터뷰에서 더 조사를 요하는 심각한 예외사항들에 대해 강조표시를 해 놓는 것이다.

직무요건은 그 업무에 따라 특별하기 때문에 각각의 조직부서는 그에 맞는 인터뷰를 위해 다르게 심사할 것이며, 모든 지원서류와 이력서들은 각기 개별 지원자들에 따라 특별하게 될 것이다.

효과적인 채용 인터뷰는 단지 올바른 사람을 선발하는 것만이 아니라 효과적이고 목적에 맞도록 인터뷰를 수행하는 것이다.

3) 채용절차

채용관리는 세 가지의 과정, 즉 종업원의 모집^{recruitment}, 선발^{selection} 및 배치^{placement}로서 이루어지는데, 이를 위하여 무엇보다도 먼저 수행하여야 할 일은 소요인적자원에 대한 충원의 계획을 수립하는 일이다. 그리고 난 다음에는 이들 인력충원계획에 따라서 충원을 하고 그 결과의 적부를 통제과정을 통하여 검토함으로써 채용업무를 매듭짓는다. 따라서 인사부서나 인사관리자들은 보다 합리적인 채용관리를 실행할 수 있도록 모집, 선발 그리고 배치에 대한 체계적인 계획을 수립하고 계획에 따라 모집, 선발 및 배치를 하며 그 결과를 통제하여야 한다.

특히, 적질의 노동력을 채용하기 위하여 인적 자원에 대한 질적 예측과 계획을 수립하고, 적량의 노동력을 유지하기 위하여 인적 자원에 대한 양적 예측과 계획을 수립하여야 한다.

소요인력에 대한 질적 예측과 계획을 수립하기 위하여 종업원이 갖는 능력과 자질, 숙련과 적성 그리고 그의 태도 등이 인격적 특성의 관점에서 검토되어야 한다. 이들 요건들은 일정직무를 효율적으로 수행하기 위해서 필요로 되는 직무성공기준의 기본요건들이며, 이것은 직무명세서에 의해서 명시된다.

소요인력에 대한 양적 계획과 예측은 기업이 필요로 하는 소요인력의 양을 근로계약기간의 종료, 직원의 사망, 사직, 승진, 기타 인사이동의 관점에서 평가함으로써, 필요할 경우 적량의 인력을 충원하기 위해서 취하는 인력관리를 말한다. 소요인력의 양에 대한 예측을 하려 할 때, 그 기초는 기업에서 수행되어야 할 직무, 즉 과업의 양에서 찾을 수 있다. 따라서 직무의 양에 따른 충원계획을 세울 수 있도록 하기 위해서는 직무분석을 하여야 하는데, 그 결과는 직무기술서와 직무명세서로써 요약된다.

(1) 모집

종업원 채용을 위한 구체적 과정은 우선 종업원의 모집으로부터 비롯된다. 모집을 통해서 응모자 중 우수한 인재를 선발하게 된다.

모집은 적질의 인력을 적절한 양만큼 적기에 확보하기 위한 채용의 한 과정이라고 정의할 수 있다. 그리고 이와 같은 모집을 보다 효율적으로 실행하기 위하여 모집의 체계적인 절차를 거칠 필요가 있다. 이 경우 모집은 우선 인력계획에서 비롯되게 되고 이에 기초하여 모집을 위한 다수 대체안이 모색되며, 그 다음에는 모집을 위한 행위가 내부모집과 외부모집의 방법에 의하여 실질적으로 이루어진다.

① 모집을 위한 대체안의 방침수립

모집은 적질의 인력을 적량만큼 적기에 확보하되, 비용을 최소화하고 모집과정을 단순화하면서 가장 효과적으로 선발을 할 수 있도록 하는 선행조건을 갖추어야 한다. 이를 위해서 모집을 위한 각종 대체안과 방침을 수립할 필요가 있다. 우선 모집의 대안과 방침은 인력계획에 기초한 정원의 산정에서부터 비롯되어야 하고, 그것은 회사의 직무요건에 따라서 수시로 달라질 수 있기 때문에 직무상황에 대한 진단을 기초로 다양한 정원확보에 대한 대체방안을 강구하여야 한다.

첫째의 대안으로는 잔업^{overtime}을 택할 수 있다. 단기적인 작업량의 변동에 대처하기 위해서는 잔업의 방법이 회사나 종업원을 위해서 가장 유익할 수 있다.

둘째의 대안으로는 회사에서 수행되어야 할 업무의 상당한 부분을 외주^{Outsourcing}로 주는 것이다. 이는 생산관리상으로나 인력관리상으로 유리한 점이 많기 때문이다.

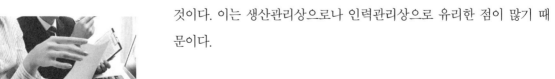

셋째의 대안으로는 잠정적으로 단기계약직 ᶜᵃˢᵘᵃˡ 종업원을 쓰는 것이다.

넷째의 대안으로는 종업원 리스ᵉᵐᵖˡᵒʸᵉᵉ ˡᵉᵃˢⁱⁿᵍ 방법에 의하여 인력수요에 충당하는 방법이 있다. 즉, 파견근로자 인력을 이용할 경우 조업에 지장을 받지 않으면서 인력비용을 절감하고 인력관리에서 생기는 각종 어려움을 극복하며 노조문제 등에 시달리지 아니하고 인력을 활용할 수 있다.

그러나 이들 대안들은 종업원의 모집을 일시적으로 대신해 줄 수 있는 사항의 것들이지, 기업의 확장과 업무량의 증대 등에 의한 충원의 필요성을 근본적으로 해결할 수 있는 대안들은 아니다. 따라서 기업은 다음과 같은 방법에 의하여 모집을 하여야 한다.

② 내부모집과 외부모집

㉠ 내부모집

각 현장 라인부서로부터 인원청구서에 의해 필요인력에 대한 채용의뢰가 있게 되면, 인사부는 필요로 하는 자격요건을 갖춘 유능한 인력을 확보하기 위하여 모집활동을 하게 된다. 내부모집을 위해서 사용될 수 있는 유용한 도구로는 관리 및 숙련도와 직무게시 그리고 직무공고제도를 들 수 있다.

직무게시는 회사 내 직원들에게 직무전환 기회가 개방되어 있다는 사실을 알리는 절차를 말하고, 직무공고제도는 필요자격요건을 갖추고 있다고 믿는 조직원들에게 게시된 직무에 응모하도록 허가해 주는 제도를 말한다.

㉡ 외부모집

기업은 새로 채용하여야 할 직무가 늘어나고, 현재의 직원들이 갖추고 있지 못한 숙련을 키울 필요가 있을 때, 새로운 아이디어를 얻기 위하여 다양한 학력, 직업, 배경을 가지고 있는 종업원을 확보하여야만 할 경우 외부모집을 하게 된다. 외부모집을 위한 주요 원천으로는 광고, 고용기관, 모집요원, 인턴십, 각종 전문가협회, 종업원의 추천 등을 들 수 있다.

③ 내부모집과 외부모집의 장단점

종업원을 내부에서 모집할 때 이는 승진대상자의 사기앙양과 동기를 유발하는 장점을 갖는다. 뿐만 아니라, 모집비용을 절감하고 평소 조직성원들의 능력개발을 촉진시킬 수도 있다. 그러나 모집범위가 협소해서 유능한 인재를 확보하기 곤란하다든지 승진을 위한 경쟁으로 조직의 화해 분위기를 깨는 등 승진에서 제외된 자들의 사기저하문제를 야기 시킬 수 있는 단점이 있다. 반면, 외부모집은 광범위한 대상에서 인력을 구할 수 있으므로 능력 있는 사람을 뽑을 수 있다든지 새로운 인물을 확보함으로써 조직의 분위기를 쇄신시키고 새로운 지식이나 기능을 접할 수 있다는 장점이 있다. 그러나 믿을 수 없는 사람이 채용될 가능성과 내부인사의 사기저하 그리고 직업에 적응될 때까지의 시간과 노력 및 비용의 낭비를 가져온다는 단점도 있다. 따라서 양 방법은 그때그때의 상황과 필요성에 따라서 현명하게 채택되어야 한다.

(2) 선발

선발이란 응모자 집단 가운데에서 특정 직위에 적합한 사람을 뽑아내는 과정을 말한다. 선발에 있어서는 대상과 수, 시기 등을 잘 고려하여야 한다. 특히 누구를 선발할 것인가에 대한 결정을 하게 될 때 이는 사업의 장래를 결정짓는 일이기 때문에 신중하여야 한다.

선발방법에 있어서는 모든 선발절차를 끝낸 뒤 얻어진 종합정보에 의해서 선발 여부를 결정하는 종합적 선발방법과 여러 가지의 선발단계를 두고 각 단계에서 평가한 선발의 정보가 선발기준에 미흡하다고 생각될 때 선발에서 탈락시키는 장애물과정법이 있는데 이들 두 가지 방법은 각기 장단점을 가지고 있기 때문에 적절히 채택해서 활용하여야 한다.

모집활동이 끝나서 응모자가 접수되고 지원서류 작성이 완료되면, 종업원 선발을 위한 구체적인 방안을 강구해야 한다. 응모자에 대한 레퍼런스, 면접, 그리고 테스트를 통해서 종업원을 선발할 경우, 그 구체적인 방법으로서는 다음을 들 수 있다.

경험적인 방법으로 이는 주로 이력서, 면접시험, 그리고 신체검사를 거친다거나 필요시 간단한 기능테스트 또는 학력테스트를 실행함으로써 종업원을 선발하는 방법이다.

과학적인 방법은 종업원의 능력을 보다 자세히 관찰하기 위해서 이력서는 물론이고 필기시험과 기능시험, 그리고 적성검사를 철저히 실행하는 방법이다. 이에서 임상진단은 물론이고 태도, 사고, 심리검사도 아울러 행함으로써 한 종업원으로서의 인격적 특성을 종합적으로 테스트한다.

절충적 방법은 경험적 방법과 과학적 방법을 절충한 방법으로서 약간의 기본적인 심리테스트 또는 적성테스트와 면접을 거쳐서 종업원을 선발하는 방법이다.

① 선발시험

종업원 선발에 있어서 가장 중요한 것은 시험이다. 시험에도 필기시험과 구술시험이 있는데 필기시험은 개인이 가진 직무지식이나 일반지식을 알아보기 위해 주관식으로나 객관식으로 시험을 치는 것을 말한다. 주관식은 감독자 이상의 상위직 요원에게 그리고 객관식은 하위직 실무요원에게 적당하다. 그러나 오늘날에는 많은 경우 필기시험은 생략하고 외국어 시험TOEIC이나 면접, 기타 인성·직업적성검사에 의하여 시험을 대신하는 경우가 많다.

② 면접

면접은 인재를 선발하는 채용과정에 있어서 지원자와 면접위원이 직접 대면하여 질문과 대답이라는 과정을 통해 지원자의 잠재적인 능력, 책임감, 인내력, 사고력, 창의력, 업무추진력, 대인관계, 성격 등을 알아보고자 하는 것이다.

최근 신입사원의 채용방법을 분석해 보면 기업에 따라 약간씩 차이는 있으나 필기시험보다는 면접을 통한 인물평가에 더 많은 비중을 두는 경향이 두드러지고 있고, 그럼으로써 면접은 오늘날 채용관리에 있어서 가장 중요한 부분을 차지하게 되었다.

㉠ 개별면접

개별면접은 전문직 채용기업이나 중소기업 등과 같이 소수의 인원을 선발할 때 자주 사용하는 방식이다. 1명의 응시생을 한 명 또는 다수의 면접관이 면접하는 방식으로 개별면접이 가질 수 있는 장점으로는 응시생에 대해 보다 구체적이고 많은 정보를 얻을 수 있다는 것이다. 반면 응시생에게 지나친 긴장감을 줄 수 있다는 단점이 있고 면접관이 1명일 경우 주관적 판단에 치우칠 우려도 있다. 또한 다른 면접방식에 비해 면접시간이 많이 소요된다는 단점이 있어, 대규모 공개채용방식에는 어울리지 않는다.

ⓒ 집단면접

집단면접은 다수의 면접관이 다수의 응시생을 면접하는 방식이다. 기업면접방식 중 가장 보편화된 방법이기도 하다. 면접관 입장에서는 다수의 응시생을 비교 평가할 수 있다는 장점이 있고, 상대적으로 응시생 입장에서는 긴장과 위기감을 느끼고 제대로 의사표현을 하지 못하는 경우도 있다. 질문에 대한 첫 답변자가 너무 완벽하거나 반대로 너무 미흡하게 답변할 경우 아무래도 그 영향을 받는다. 대체로 집단면접은 개인면접과 병행해서 진행되는 경우가 많고 통상 1차 면접방법으로 선호되고 있다.

ⓒ 집단토론 면접

집단토론 면접은 면접에 임한 응시생들에게 특정한 주제를 주고 그들이 토론해 가는 과정을 살피는 면접이다. 응시생들의 토론내용이나 개개인의 제스처, 경청태도, 발언태도 등을 유심히 살피고 그들의 논리력, 사고력, 협조성, 팀플레이 등에 대해 평가한다.

ⓔ 무자료 면접

무자료 면접은 현대그룹이 블라인드 인터뷰라는 이름으로 도입, 시행한 이래 다른 기업으로도 빠르게 확산되고 있다.

무자료 면접은 면접관이 수험생에 대해 일절 알지 못하는 상태에서 진행된다. 면접관에게는 응시자의 수험표와 이름만이 주어진다. 그렇기 때문에 무자료 면접에서는 응시자에 대한 어떠한 선입견도 배제한 채, 있는 그대로 평가할 수 있다. 바로 이 같은 공정성과 객관성 확보가 무자료 면접의 가장 큰 매력이다.

(3) 배치

종업원 배치란 선발된 종업원에게 일정한 직무를 할당하는 것을 말한다. 이때 종업원에게 할당되는 직무는 그의 적성에 일치하여야 하며 그 경우 적성배치가 된다. 적성배치란 종업원에 대한 적성검사를 통해서 그가 갖는 적성에 따라서 일할 수 있도록 그에게 직무를 배분하는 것을 말한다. 적성배치의 요건이란 종업원의 흥미와 능력 그리고 기회 등에 일치하는 직무를 그에게 배분하는 것을 뜻한다.

다시 말해서 이는 능력 있는 종업원들이 자신의 흥미에 맞고 또 직업이나 일에서 보람을 찾을 수 있도록 직무의 기회가 부여됨으로써 한 직업인으로서나 한 직무담당자로서 문제의 소지가 전혀 없도록 직무배치가 되는 것을 의미한다.

02 교육훈련

1) 교육훈련의 목적

기업에서 교육훈련을 실시하는 궁극적인 목적은 전 종사원의 지식, 기능 태도를 향상시킴으로써 기업을 발전, 유지시키는 데 있다. 이것은 기업측면에서 본다면 업무의 능률을 향상시키고 그것을 계속적으로 발휘할 수 있도록 인재를 육성하는 일이다. 그리고 종사원의 측면에서 보면 인간 완성과 이에 따른 처우의 향상이 교육훈련이 의도하는 바라고 할 수 있다.

호텔에서의 교육훈련의 목적도 크게 두 가지 입장에서 고찰해 볼 수 있다. 하나는 호텔의 경영자 측에서의 입장인데 그것은 고용하고 있는 종사원으로 하여금 그들의 서비스 정신자세를 확립시키고 서비스 기능·기술을 습득·향상시켜 호텔의 계속적인 유지·발전을 도모하고자 하는 것이다. 또 하나의 목적은 종사원 측면에서의 목적으로서 그것은 그들로 하여금 자기개발의 욕구를 만족시켜 자기발전의 기회를 제공함으로써 그들이 호텔생활을 성공적으로 해 나갈 수 있도록 하기 위함이다.

2) 교육훈련의 분류

현대사회가 고도의 산업사회로 지향해 감에 따라 호텔의 교육훈련에 있어서도 전문화 내지 다양화, 특수화되지 않으면 안 될 실정이다. 특히 경력개발계획 관리에도 관심을 가져야 할 때가 되었다. 이렇게 가속화되고 있는 현실에서 경영주만에 의한 종사원 교육훈련

으로는 만족할 만한 성과를 올릴 수가 없다. 사내적으로는 경영주와 종사원, 사회적으로는 학교교육과 사회교육이 전반적으로 혼합될 때 호텔이 추구하고자 하는 이익과 훌륭한 서비스가 기대될 것이다. 그러면 하나의 호텔이 성장 발전하기 위한 수단으로 종사원 교육훈련은 기초교육훈련, 순수하게 사내에서 현장을 중심으로 한 직장 내 훈련, 종사원이 사내에서 직무수행상 필요로 하는 기술이나 지식을 터득할 수 없는 경우 사외에서 교육훈련을 이수하게 하는 직장 외 교육훈련 등으로 대별할 수 있겠다.

(1) 직장 내 교육훈련 OJT; On the Job Training

직장 내 재교육훈련이란 직장 내 현장에서 업무를 수행함에 있어 필요상 지식, 태도, 기능을 교육훈련하는 것을 의미한다. 과거에는 종사원들이 현재에 담당하고 있는 업무를 수행하는 데 요구되는 능력을 분석하고 부족한 능력을 길러 주는 것이 중요목표 중의 하나였으나, 근래에 와서는 현장에서의 문제해결능력이나 미래의 업무수행에 필요한 잠재능력의 배양에 더욱 치중하고 있다.

(2) 직장 외 교육훈련 Off the Job Training

각 분야의 전문적인 지식이나 기술습득을 위해서 종사원들을 외부기관에 파견해서 교육훈련을 시키는 것을 통틀어서 사외교육훈련이라고 칭할 수 있다. 각 연구단체의 각종 세미나에 참가시키는 교육, 해외연수 등도 모두 사외교육훈련에 포함된다. 현대 호텔의 직무도 시대의 흐름과 같이 점점 전문화·세분화되어 감에 따라서 기업 내 교육훈련 중에서 사외교육훈련이 차지하는 비중도 높아져 가고 있고 도외시할 수는 없는 실정이다.

(3) 계층별 교육훈련

교육훈련에는 기업 내의 기초교육과 재교육으로 구분하여 실시하게 된다. 기초교육은 신입종사원이 호텔의 전반적인 업무에 대한 것과 자기가 근무해야 할 위치에서 필요한 전문교육이 있고, 재교육은 시대의 흐름에 따라 세태가 변화해 가는 데 적응할 수 있도록 하는 교육으로서 변화에는 발전이 따르고, 발전에는 반드시 경쟁이 있게 마련이다. 그러므로 경쟁에 이기고 앞서가기 위해서는 새로운 지식과 기술을 필요로 하게 되며, 새로운 지식과

기술을 도입하기 위해서는 재교육의 실시로 종사원의 수준을 고도화해야 하는 것이다.

이러한 교육은 호텔 내에서 실시하는 자체교육훈련과 외부교육훈련으로 구분하고, 호텔 자체에서 하는 교육훈련은 총지배인이나 부서의 전문가나 책임자가 실시하거나 외부로부터 전문가를 강사로 초청하여 교육하게 된다. 그리고 외부의 교육훈련은 종사원을 전문교육기관에 보내서 받도록 하는 것과 해외선진국 전문업체나 교육기관에 파견하여 받을 수 있도록 하는 방법이다. 이러한 교육의 대상은 신입종사원 교육훈련, 감독자 교육훈련, 중산관리자 교육훈련, 경영자 교육훈련 등으로 계층과 직능별로 구분해서 실시를 한다.

(4) 중견사원 교육훈련

입사해서 2~3년이 경과되면 벌써 후배가 생긴다. 그러나 아직 부서장이 되기까지에는 시기상조이지만 상사를 대신해서 선배로서의 지도를 하지 않으면 안 될 위치에 있는 사람들을 그냥 방치해 둔다는 것은 기업으로서 올바른 태도가 아니며, 또한 선배로서의 올바른 시범을 할 수 없다면 그 기업의 많은 말단 종사원에게 큰 영향을 미칠 것이다. 따라서 이 지위에 있는 중견사원들을 대상으로 교육을 실시할 필요가 있다. 중견사원의 교육훈련은 이 계층에 공통적인 것으로 작업에 대한 사고방식 또는 입장이나 수행방법 등의 문제를 생각하고 토의하는 것이어야 할 것이다.

(5) 기능직 층 교육훈련

미숙련 작업자는 작업방법에서 일정작업에 대한 독립적인 수행기능이 없는 자로서 극히 한정된 부문에 엄격한 지도를 받으면서 보조작업을 한다. 미숙련 작업자에게는 엄격한 감시와 지도를 받지 않고는 인정된 직종에 대해서 혼자 일정수준까지 일을 처리할 수 있는 능력을 요구할 수 없다.

숙련 기능인에게는 인정된 직종에 광범위한 기능과 적응력을 요구한다. 특정 작업의 전반에 걸쳐 때로는 그와 관련 작업에 필요한 기능을 완전히 습득할 것을 요구한다. 그러므로 다기능공이라고도 한다.

03 경력개발 CDP; Career Development Program

1) 경력관리의 의의 및 목적

경력관리란 개인의 경력목표를 설정하고 이를 달성하기 위한 경력계획을 수립하여 조직의 욕구와 개인의 욕구가 합치될 수 있도록 각 개인의 경력을 개발하는 활동을 말한다.

오늘날 기업환경이 급변함에 따라 이에 대한 기업의 유연하고 능동적인 대처가 기업의 생존과 성장에 직접적인 영향을 미치고 있다. 이에 기업에서도 인적자원관리에 있어 능력주의 인사관리가 요구되고 있으며, 또한 전문적인 지식이나 능력을 갖춘 인력의 개발이 더욱 중요시되고 있다.

경력개발의 목적으로는 종업원의 성취동기 유발로 종업원에게 승진가능성과 자기발전의 가능성을 제시하여 성취동기를 유발하는 것을 그 목적으로 한다. 또한 경력관리는 인재의 효율적인 확보 및 배분을 통한 조직의 유효성의 증대를 그 목적으로 한다. 즉, 경력관리는 종업원의 노동질의 향상, 이직방지, 후계자 양성을 기함으로써 인재의 확보 및 배분에 기여하고 있다.

(1) 경력경로의 원칙

경력관리는 명확한 경력경로의 확립을 원칙으로 한다. 경력경로의 설정은 종업원에게 승진가능성에 대한 명확성을 부여하여 종업원의 성취동기를 유발한다.

(2) 적재적소 배치의 원칙

경력관리는 종업원을 적재적소에 배치하는 것을 원칙으로 하고 있다. 이를 위해서는 직무의 자격요건과 종업원의 적성 및 선호에 대한 정보를 충분히 파악하여야 한다.

(3) 자체 후진양성의 원칙

경력관리는 기업 내부에서 자체적으로 유능한 인재를 양성 · 확보하는 것을 원칙으로 한다.

2) 경력개발의 모형

개인차원의 경력개발은 개인이 사내외의 전문가의 조력을 받아서 성장과 경력개발계획을 세우는 것을 말한다. 그리고 집단차원의 경력개발모형이란 조직이 경력개발계획을 수립하고 최적의 자격자에게 직위를 맡기고, 개인에게 도전적인 훈련과 개발기회를 제공함으로써 개인의 직무와 경력경로를 연결시키는 활동을 말한다.

3) 경력개발의 기법

개별적 경력개발의 방법으로는 최고경영자 프로그램, 관리층의 경력개발을 위한 경영자개발위원회, 경력초년병들을 위한 계획적 경력경로화, 조기퇴직·명예퇴직을 위한 퇴직상담 등이 있다.

또한 조직단위의 경력개발방법으로는 직무평가를 통한 직무중심의 경력개발제도, 훈련된 평가자에 의해 종업원의 잠재능력을 조기발굴하고 육성을 위한 평가센터제도, 직무수행자격을 정하여 몇 개의 등급으로 설정하고 이를 획득한 자에 대하여 승진시키는 직능자격제도 등이 있다.

04 인사이동

1) 인사이동의 의의와 필요성

인사이동관리란 종사원이 어떤 호텔에 고용되어, 특정한 직무에 배치된 뒤, 그의 능력이나 직무내용의 변화 또는 기업운영상의 여러 가지 여건변화에 따라 수직적·수평적으로 배치상의 변화를 가져오는 인적자원관리상의 절차를 의미한다. 따라서 배치관리가 일과 사람을 결부시키는 동태적인 것인 데 반하여, 이동관리는 상황변화를 고려하여 다시 조정하는 동태적인 것이라 할

수 있겠다. 이 이동관리에는 동일 수준의 다른 직무로 횡적인 재배치를 하는 경우도 있고, 능력의 향상에 따라서 높은 수준의 일로 이동되는 경우도 있으며, 기업운영상의 여건변화에 따라 직무로부터 떠나는 경우 등 여러 가지가 있다. 즉, 이동관리의 내용은 배치전환 transfer, 승진promotion 및 이직separation 등이 있다.

오늘날 호텔환경의 변화는 극심하다. 이와 같은 호텔 내외의 제 여건변화에 능동적으로 나가야 호텔의 성장·발전을 지속적으로 유지할 수 있다. 인력을 관리하는 인적자원관리에 있어서도 여건변화에 따라 신속하고 적절하게, 그리고 능동적으로 조정이 이루어져야 한다. 특히 호텔에서의 인사이동은 인력과 직무 사이에 적합성의 결여, 즉 양자 간에 부적합성이 발생하였을 때에는 지체 없이 이루어져야 한다. 그런데 이러한 부적합성이 발생하는 경우는 다음과 같이 세 가지로 나누어 볼 수 있으며, 이것이 바로 인사이동의 필요성이라고 할 수 있다.

첫째, 종사원을 채용하여 일정한 직무에 배치하였으나, 직무배치 자체가 적절하지 않았기 때문에 그 인력이 가지고 있는 모든 기능 및 지식과 직무요건이 적합하지 않는 경우이다.

둘째, 종사원을 채용하여 이루어진 최초의 직무배치가 일단은 적절하였으나, 배치된 인력의 능력이 향상되었거나 저하되어 그 인력이 직무가 원하는 요건 이상 또는 여하의 기능과 지식을 가져 적합성이 결여된 경우이다.

셋째, 기업규모상의 변화, 즉 기업의 확장이나 축소로 말미암아 인력의 조정이 요구되는 경우이다.

이상과 같은 인사이동의 필요성이 발생할 때는 경영자는 인력의 유용한 이용을 위하여 끊임없이 인간과 직무와의 적합성 상태가 유지되도록 계획적·조직적으로 조정하는 인사이동작업을 단행하여야 한다.

2) 인사이동의 목적

기업경영에 있어서 인사이동을 실시하는 중요한 목적은 기업의 고용정책이나 선발방법이 아무리 잘되었다 할지라도, 처음 배치가 적성이나 능력, 직무요건에 잘 부합되도록 이루어지지 못하였을 때에는 근

무평점이나 능력평가 또는 자기신고에 의하여 인사이동을 시켜 적재적소주의를 실천하도록 한는 데 있다.

또한 직무전환을 통한 효과적 인재육성으로 기업이 필요로 하는 인재는 실무경험을 통하여 육성할 수 있는 인사이동이 요망된다. 특히 우리나라와 같은 연공서열제도가 대중을 이루는 나라에서는 실무경험을 통하여 여러 가지 직무내용을 잘 파악하여 다기능화하거나 간부양성을 할 수 있다.

종사원이 동일한 직무에 오래 근무함으로써 능력정지나 퇴보현상이 나타나거나 종사원과 관리감독자 간 또는 종사원 상호 간에 불화가 있어 사기가 저하된 경우에는 이동을 시킴으로써 조직활동을 원활하게 하고 사기를 높일 수 있으며 어느 종사원이 어느 곳에 배치된 뒤, 그 능력이 계속 신장되었을 때, 보다 상위직위로 이동시켜 공평한 처우를 받을 수 있게 해야 한다. 이 경우는 대개 승진이나 승격의 경우에 해당된다.

정원관리가 잘 이행되지 못하거나, 직무구성부분과 능력구성부분이 잘 조화·조정되지 못하여 업무상 전환이 있는 경우에는 이를 시정하기 위해 이동이 이루어져야 하며 기업이 성장·발전함에 따라 조직계획, 즉 생산계획 및 판매계획 등이 변경되거나 또는 새로운 직무를 설정할 경우에는 이에 대응할 정원의 수정이 필요하게 되어, 이에 따른 인사이동이 있어야 한다.

3) 인사이동의 준수사항

인사이동은 그 시기에 따라 정기이동과 임시이동으로 구분된다. 정기이동이란 매년 일정시기에 전체조직에 걸쳐서 실시되는 계획적인 이동인 데 반하여, 임시이동은 정기이동만으로는 인사상의 불균형을 해소하기 곤란하기 때문에 필요에 따라 그때그때 실시하는 이동이다.

그런데 이 두 가지 이동은 상호 관련성이 있기 때문에 어느 하나만의 인사이동을 실시해서는 안 된다. 따라서 인사이동은 인사이동정책에 따라 필요한 절차를 거쳐 실시하여야 한다. 그러므로 효율적인 인사이동을 위해서는 다음과 같은 몇 가지 준수하여야 할 사항이 있다. 이를 구체적으로 설명하면 다음과 같다.

(1) 승진경로와 자격요건의 명확화

인사이동은 대개 직무내용과 조직적 지위의 변화를 의미하는 경우가 많다. 따라서 장기고용제도하에서는 종사원들의 이동, 특히 승진에 대한 기대가 크기 때문에 모든 장기고용제도하에서는 종사원들의 이동, 특히 승진에 대한 기대가 크기 때문에 모든 종사원에게 승진경로가 개방되어야 한다. 또한 승진상의 자격요건과 기준을 명확히 하고, 종사원의 성과와 근무태도를 공정하게 평가하는 것이 중요하다.

(2) 연공제와 능력제의 조화

인사이동은 종사원의 능력과 성과에 따른 능력주의에 입각하여 이루어져야 하나, 우리나라는 연공존중의 경영풍토에 있어서는 이를 무시할 수 없다. 그러므로 양자 간의 적절한 조화방안을 모색하여 실시하는 것이 인사이동상의 중요한 과제이다.

(3) 직무숙련화의 배려

내부직위에 공석이 생겼을 때 가급적 사내승진을 통한 이동을 함으로써 종사원의 사기를 진작시키는 것이 일반적이다. 그러나 지나치게 폐쇄적인 인사정책은 삼가고 유능한 사외인재영입도 고려하여 인사이동이 이루어질 수 있도록 해야 한다.

(4) 동기부여Motivation 향상의 고려

기업은 인간을 중심으로 하는 조직체이므로 수평적 · 수직적인 인간관계가 존재한다. 이러한 관계가 양호하지 않으면 직무성과는 향상되지 못한다. 가령 어느 한 개인이 매우 유능하고 우수하며 특출한 직무수행능력을 가지고 있다 하더라도 잘못된 인사이동으로 집단 팀워크가 파괴되면 그 개인의 능력은 조직에서 볼 때 비효율적인 것이 된다. 따라서 이동은 조직성과의 동기부여를 충분히 고려하여 성과의 총합이 극대화될 수 있는 방향에서 이루어져야 한다.

4) 배치전환

배치전환^{transfer}이란 종사원이 새로 담당할 직무가 임금수준이나 지위 · 위치 · 소요 · 기능 및 책임에 있어서 종전의 직무와 별다른 차이가 없는 수준에서 수평적으로 인사이동을 하는 것을 말한다.

승진이 능력의 향상에 따라 등급이 높은 직무, 즉 조직적 서열과 권한 및 책임의 증대가 수반되는 직무로의 수직적인 이동인 데 반하여, 배치전환은 같은 수준의 직무에로 자리바꿈을 하는 수평적인 이동이란 점에 차이가 있다. 한편 조직경영상 인력의 효율적 활용과 조직목적의 효과적인 달성을 위하여 배치전환을 하게 된다.

제4절 승진 및 임금관리

01 승진관리

1) 승진관리의 개념

승진관리의 의미는 크게 종사원 측면과 경영자 측면에서 그 의미를 찾아 볼 수 있다. 먼저 종사원측으로 볼 때 자기발전의 실현과 욕구충족을 꾀할 수 있다. 즉, 직장생활의 희망 전개의 대상이 된다. 그리고 경영자측으로 볼 때 인재의 효율적인 확보배분을 통한 조직의 효율성을 증대시킬 수 있다. 즉, 생산능률 증대의 대상이 된다. 이와 같은 욕구와 필요성에 따라 승진관리가 갖는 의미는 지대한 것이다. 상기의 목적을 달성하려면 다음과 같은 입장에서 승진관리가 이루어져야 한다.

호텔종사원도 누구나 각자 가지고 있는 능력과 공헌도에 따라 종합적으로 평가받아 승진할 기회와 권리가 있으며, 호텔은 효과적인 승진 및 장기적인 인사계획과의 연결을 위해서 진로를 설정해야 한다. 호텔이 종사원을 최고도로 활용하여야 하는 입장에서나 종사원이 자기발전을 극대화하여야 하는 입장에서 승진의 원칙을 설정하여 합당한 직위에로 승진시키는 것이 이상적이다.

인간의 능력판단의 기술과 방법이 꾸준한 노력에 의해 개선되고 있지만, 장래의 적성과 잠재능력을 포함한 능력판정은 채용 당시 한 번의 시험으로서는 예측할 수 없다. 이러한 승진이란 종사원이 보다 유리한 직무로 이동이 되었을 경우로서 직책의 증가, 소요기능의 확대, 임금의 증가, 근무시간, 환경조건 등의 향상을 수반하는 것을 의미한다. 그리고 승격과 승급의 경우도 큰 차이가 없으며 다 같이 승진이라는 의미로 보는 것이다.

2) 승진의 기준

승진의 기준은 승진방침에 따라 설정되는 것이므로 시대와 기업에 따라 그 기준도 다르게 된다. 여기서는 대체로 일반화된 몇 가지 요건을 중심으로 그 기준을 살펴보면 다음과 같다.

(1) 근무평정의 결과

인적자원관리도구 중 하나인 근무평정제도의 궁극적인 목표는 종사원의 근무의욕을 높이기 위하여 개개인을 각각의 능력과 업적에 따라 공정하게 처우하는 관리체제를 구축하며, 인사상의 제 문제에 사실상의 근거를 제시하여 승급·상여·배치 등을 공

평하고 객관적으로 할 수 있게 하는 것이다. 이와 같은 목표를 가진 인사고과가 구체화되고 제도화되는 경우에 직무수행능력, 공헌도실적, 장래발전성, 태도 및 적성 등의 자료가 정비된다.

근무평정의 대상이 되는 것은 현재직위의 자격요건이기 때문에 그 성적이 좋다고 해서 상위직위에의 자격요건을 갖추었다고 속단할 수 없으며, 이때 더욱 문제시되는 것은 때로는 현재의 직위에서는 실적을 올리지 못하고, 능력을 충분히 발휘하지 못하더라도 상급직위에 맞는 능력요건을 갖고 실적을 올릴 수 있다는 것이다. 그러나 승진에 관한 한 현재의 직무수행상태와 관련시켜 그의 잠재능력 및 기대가능성을 고려하지 않을 수 없다는 사실은 어느 정도 위험성과 곤란성을 내포하고 있는 것도 사실이다.

근무평정의 내용을 실적·태도·능력·장래성의 네 요소로 크게 나눌 때 실적과 태도의 비중이 능력과 장래성보다 낮다고 할 수 있으므로, 승진기준으로 설정할 수 있는 것은 종합평가성적이 일반적으로 우수하여야 함과 동시에, 그들 요소 중 능력과 장래성의 비중을 높이 다루는 것이 바람직하다. 예컨대, 종합점수가 같은 A, B 두 사람 중에서 한 사람만 승진시켜야 할 경우라면, 근무성적에 관한 실적이나 태도보다는 능력과 장래성이 좋은 사람이 승진하여야 한다.

(2) 승진시험의 결과

승진의 대상자를 시험에 의해서 결정하는 승진시험을 제도화하려는 경향이 높아져가고 있다. 이와 같이 승진시험의 결과에 의해서 승진대상자를 결정하려는 방침은 합리적이라 할 수 있고, 더욱이 능력주의 인적자원관리 체제하에서는 바람직한 기준이다. 그러나 승진 시험에 있어서도 누구를, 어떤 시험방법으로, 어떤 문제를 시험내용으로 하여, 언제 실시 할 것인가 하는 것들이 문제점들이다. 이런 문제점에 대한 확실한 해답을 얻고 승진시험을 실시한 뒤 그 결과에 따라 승진이 이뤄져야 한다.

(3) 연공평가

연공이 승진대상자 선정의 기준이 되는 것은 세계적인 현상이다. 서양에서는 선임권의 개념으로, 동양에서는 연공서열주의라는 개념 으로 사용된다. 연공에 대해서는 승진방침에서 설명된 바 있으나 우 리나라에서 많이 사용되고 있는 승진기준이다.

그러나 오늘날과 같이 기술이 급속도로 발전하여 점차 기계화됨으로써 기능에 의존하 는 것보다는 두뇌의 발달과 기술에 의존하게 되어 능력주의 인적자원관리를 하지 않는 것 보다는 두뇌의 발달과 기술에 의존하게 되어 능력주의 인적자원관리를 하지 않을 수 없는 시점에서 연공의 의미와 그 비중이 낮아지게 됨은 필연적인 사실이다. 과도기적으로 연공 을 승진자 선정의 기준으로 할 때는 직무수행능력과 관련시켜 파악하는 것이 바람직하다.

(4) 경력평정

경력기간을 승진기준으로 하는 것도 일반화되어 있다. 기업마다 경력기간을 승진기준으로 삼기 위하여 승진소요 최소연수 또는 직급별 정체연수를 정하여 최소한도의 능력훈련 기간을 통제하고 있으나 점차로 능력주의 정신에 따라 그 기간을 단축하려는 경향으로 가 고 있다.

(5) 교육훈련의 결과

승진대상 직위에 대한 직무수행능력을 판단하는 기준을 어떤 특정한 연수과정을 마치 거나, 연수의 결과^{시험결과}를 활용하는 경우가 있다. 어떤 특정연수과정의 완료로써 어떤 특정 직위로 승진하기 위한 최저자격요건으로 정하거나, 연수의 내용이나 정도에 따라 이를 그 직위에서의 경험이나 필요한 지식·교육·정도 등 승진을 위한 필요한 자격요건으로 대신 평정해 주는 경우도 일반화되어 있다. 또 일부 대기업에서는 특정연수훈련을 실시하고 그 결과로 얻은 성적이 바로 승진에 영향을 미치게 되어 있다.

(6) 인사기록

승진자의 선정기준으로 인사기록이 활용된다. 인사기록이란 종사원의 입사 이전의 교육·경력 등을 포함하여 입사에서 퇴사까지의 고용관계에 관한 기록으로서, 기업이 종사원의 능력을 기업목표달성을 위한 인적자원관리상의 자료로써 이용할 수 있도록 고안되어야 한다.

모든 제도는 일반적으로 그 조직이 갖는 내용 및 목적을 보다 효과적으로 달성하기 위하여 비교적 안정성, 고정성, 경제성을 지녀야 한다. 승진제도도 마찬가지이다. 승진기준도 기업조직의 목적대상 범위에 따라서 달라진다. 종래의 신분적 자격제도에서는 학력·연령·근속 등의 요건을 종합하여 승진기준을 결정하였으나, 최근 능력주의 인사제도에서는 능력의 요건, 기타 기준이 되는 근무평정의 결과, 교육훈련을 포함한 시험성적, 적성평가 등에 의하여 승진기준을 결정하고 있다.

02 임금관리

1) 임금관리의 이해

임금과 봉급관리wage and salary administration는 견해에 따라 상이한 관점에서 정의되고 있으나, 이들이 개개의 종사원에게 노동의 반대급부로 얼마의 액수를 지급할 것이고, 그 액수는 무엇을 기준으로 하여 계산할 것이며, 종사원 간의 임금수준에는 어떠한 격차를 둘 것이고, 그 액수는 생활급으로 안정될 수 있는지의 여부와 또 일정기간에 변화가 있는지 등에 대한 적절한 결정을 내리기 위해 발전된 기술이란 점에서 본다면, 임금관리는 임금지급액, 임금기준 및 지급방법, 임금의 사회적 수준, 생활급으로서의 안정 여부, 승급의 가능성 등에 관한 합리적이고 효율적인 결정을 내리기 위한 기술이라고 정의할 수 있다.

2) 임금관리의 형태

임금관리는 총액임금관리로서의 임금수준관리와 개별임금관리로서의 임금체계 및 형태관리로서 이루어진다. 임금수준관리는 기업이 창출한 부가가치를 얼마나 종사원들에게 분배할 것인가의 문제를 다루는 것으로서 기업과 종사원 모두가 적정하다고 생각하는 수준에서 이루어져야 한다. 반면에 임금체계 및 형태관리는 임금수준관리에 의해서 결정된 임금총액을 종사원들에게 배분하는 문제를 다루는 것으로서 종사원들이 공정하다고 인식하여 일에 대한 의욕을 높일 수 있도록 행해져야 한다. 따라서 임금수준관리에서는 적정성의 원칙을 중시하며, 임금체계 및 형태관리에서는 공정성의 원칙이 중요한 지주가 되고 있다.

3) 임금관리의 중요성

임금^{pay}이란 조직이 구성원들에게 그들의 조직에 대한 공헌의 대가로 지급하는 화폐적 정보를 말한다. 임금은 흔히 wage와 salary로 구분하여 사용되기도 하지만, 여기서는 두 가지를 모두 포괄하는 개념으로 사용한다.

조직, 특히 기업이라는 경영주체는 물적 생산수단에 노동을 투입함으로써 제품이나 서비스를 산출한다. 이때 투입된 노동에 대한 화폐적 형태로서의 보상인 임금은 기업의 입장에서 보면 비용이며, 종사원의 입장에서 보면 소득이다. 따라서 임금은 종사원들의 공헌이라는 자극에 대한 기업의 반응이라고 할 수 있다. 반대로 공헌은 기업으로부터 받는 임금이라는 자극에 대한 종사원의 반응이라고 할 수 있다. 즉, 임금은 기업이 종사원을 모집하고 선발하며, 유지하고 동기부여시키는 관리수단으로서 중요한 의미를 갖는다. 반면에 종사원에게는 임금이 소득으로서 생활의 수단이 되기 때문에 중요한 이유 중의 하나다. 이처럼 임금은 비용으로서의 측면과 소득으로서의 측면의 양면성을 갖기 때문에 대립의 원천이 되는 경우가 많다. 따라서 임금은 기업에 있어서 관리의 대상으로서 매우 중요한 의미를 내포하고 있는 것이다.

03 연봉제도 관리

1) 연봉제의 개념

최근 국내에서는 개인이나 조직단위의 업적·성과에 따라 보수 등의 차등 폭을 확대하는 이른바 성과주의인사가 관심을 끌고 있다. 그 대표적 사례가 연봉제와 스톡옵션 등에 대한 검토 내지는 도입이라고 볼 수 있다. 이러한 성과주의 인사는 불황과 맞물려 더욱 확산될 것으로 전망된다.

호텔기업을 비롯한 기업에서는 일선 근로자에게는 계약제, 사무직 근로자에게는 월급제 등의 임금계산방식을 주로 써오고 있다. 그러나 이러한 임금계산방식은 회사를 위한 기여도를 고려할 수 없을 뿐더러, 정당한 보상의 장애요인으로 작용해 많은 부작용을 낳고 있다.

그것은 과거 우리나라의 임금체계가 업무수행능력과는 무관한 연공서열형 임금체계를 유지해왔기 때문이다. 그러나 현대의 경쟁사회에서 연공서열형 임금체계로는 기업 생존에 많은 문제점이 있기 때문에 성과급 임금체제의 일종인 연봉제가 도입되기 시작했다.

이는 근로자의 근로의욕을 높이고, 회사에 대한 기여도를 평가해 보상하는 제도이다. 이러한 연봉제는 전년도의 근무성과를 기초로 당해 연도의 1년치 연봉을 정해 지급하는 방식이 보편적이다. 그리고 이 근무성과는 근무성적평가에 따를 수 있고, 기타 개인별 매출액 등 여러 가지 지표를 기준으로 합리적이고 공정하게 실시하면 될 것이다. 물론 과도한 경쟁촉진으로 인한 근로자 혹사 등 부작용도 예상할 수 있을 것이다. 그러나 연봉제는 회사는 물론이고 국가 전체적으로도 생산성 향상에 도움이 되는 제도로서 권장할 만한 임금지급 체계라고 할 수 있다.

2) 연봉제의 특징

연봉제는 고비용·저효율의 체질을 개선할 수 있는 획기적인 임금관리모형으로 자리잡아가고 있다. 연봉제가 가지고 있는 가장 큰 특징은 무엇보다도 변동급으로서 임금체계에

탄력성을 부여할 수 있다는 것이 장점이다. 임금이 모든 구성원에게 균등하게 배분된다고 하면 조직성원이 열심히 일하려는 동기부여를 기대할 수가 없게 되며, 따라서 그 조직의 발전은 정체되거나 도태되게 된다. 이는 임금보수의 평등배분이 사회체제의 근간이 되고 있는 구공산권의 몰락에서 이를 입증하고 있다. 연봉제가 갖는 주요한 특징과 장점은 다음과 같이 다섯 가지로 대별된다.

첫째, 연봉제는 조직성원의 능력과 성과에 따라서 차등 지불되는 임금체계로서 변동급이 특징이다.

둘째, 연봉제가 실시되면 파격인사기용이 가능하게 된다. 능력과 성과에 대해서 보수수준이 결정되기 때문에 능력위주의 인사기용이 용이하게 되는 것이다.

셋째, 연봉제 실시 대상자는 간부직, 전문직 등으로 고급화 및 특수직화되고 있는 것으로 나타난다. 이는 연봉제가 능력 향상을 위한 동기부여가 되며 책임감을 아울러 부여하고 있음을 보여준다고 하겠다.

넷째, 총액임금제에서 보여주듯이 임금관리가 용이하게 된다. 복잡다기한 임금보수체계에서 총액산출이 근간이 되기 때문에 단순화된 보수체계를 유도할 수 있다.

다섯째, 연봉금액 산출시 어떠한 기준을 삼을 것인지에 대한 종사원의 참여가 불가피하게 되기 때문에 새로운 노사문화를 실현시킬 수 있다. 특히, 연봉제의 경우에는 개별성과를 토대로 산출되는 경향이 있기 때문에 목표수립과 자신의 기여도를 평가하는 데 있어서 상사와 부하 간의 의사소통이 불가피하게 됨에 따라서 노사일체감이 형성되게 된다.

04 임금피크제^{salary peak} 관리

1) 임금피크제의 개념

임금피크제란 근로자의 계속 고용을 위해 노사 간 합의를 통해 일정연령을 기준으로 임금을 조정하고 소정의 기간 동안 고용을 보장하는 제도이다. 즉, 쉽게 말하면 일정 연령이 되면 임금을 삭감하는 대신 정년을 보장하는 제도이다. 근로자는 해고를 피할 수 있고 정년

이후에도 계속 일할 수 있다. 사용자는 해고를 둘러싼 노사갈등을 피할 수 있고, 보다 저렴한 비용으로 훈련된 인력을 유지, 확보하는 한편 경감된 비용을 재원으로 신규인력을 채용할 수 있다. 정부는 인구고령화에 따른 생산인력 부족문제를 해결하고, 비경제활동 노령인구에 대한 사회보장비용 부담을 완화할 수 있다.

2) 임금피크제 도입배경

세계화로 기업 간, 국가 간 경쟁이 심화되고 있으며 지식정보화사회의 도래 및 세계화의 급진전에 따른 무한경쟁으로 기업은 생존을 위한 경영혁신과 인적 자원 개발의 압력을 받고 있다. 또한 급속한 고령화로 인해 기업의 인건비 부담이 증가하고 있으며 출산율이 급격히 떨어지고 평균수명이 높아지면서 인구고령화가 급진전되고 있다.

이와 같은 사회의 고령화는 기업 인력구성의 고령화로 이어져, 기업들의 인건비 부담이 가중되고 있으며 일자리는 늘지 않는 저성장 시대에 돌입함에 따라 경제성장률 둔화, 지식집약적 산업 확대에 따른 고용흡수력 저하로 일자리 증가 없는 성장이 지속되고 있다. 따라서 이러한 경직된 임금체계가 근로자의 고용불안 요인으로 작용되고 있다.

생산성이 아닌 근무경력만을 기준으로 하는 연공급적 임금체계는 기업으로 하여금 근로자의 고령화에 유연하게 대응하지 못하게 하고 인건비 부담을 가중시키고 있다. 연공급적 임금체계는 근속기간이 길어질수록 퇴직금도 자동적으로 증가함에 따라, 중년근로자의 조기퇴출 요인이 되어 근로자 고용불안 및 구조조정을 둘러싼 노사갈등 요인으로 작용하고 있다.

또한 전반적인 임금수준의 상승으로 단기적인 임금인상보다는 고용연장을 선호하는 현상이 나타나고 있다.

제5절 노사관계 Labor Relations 관리 및 복리후생

01 노사관리의 이해

1) 노사관리

　호텔사업을 유지, 발전시키기 위해서 자본의 증대와 창의력 개발 및 노동생산성의 향상 등이 필수요건으로 강조되고 있지만 또 한편으로 중요한 것은 노사 간의 안정과 원활화의 문제이다. 일반적으로 경영활동은 노사 간의 긴밀한 협력관계에 의해 기업의 생산성을 기대할 수 있다. 노사관계는 공동의 목적을 효과적으로 달성하고 상호 협력하여 업체와 개인의 안정은 물론 경제사회의 발전을 유지하는 데 근본적인 의의가 있다. 따라서 노사 간의 대립적인 요소를 합리적으로 유도하고 상호 실리적인 관계를 형성하는 것이 매우 중요하다.

　노사관계는 공업화와 민주화를 양 수레바퀴로서 발전의 역사를 쌓아오고 있는데 중시하는 가치관이 다르다. 즉, 경영자는 생산성의 향상 또는 합리성의 추구에 가치를 인정하는데 반해, 종사원은 배분의 공정화나 인간성의 존중 등의 민주성을 강하게 추구하고 있다. 노사관계가 지속적으로 안정적이기 위해서는 합리성과 민주성이 동시에 존재한다는 것을 노사 쌍방이 인정하는 것이 중요하다. 오늘날 생산성문제를 피하고 노사관계를 운영하는 것은 곤란하며 또한 생산성 향상 없이는 풍요로운 복지의 실현도 있을 수 없다. 따라서 생산성 향상에 수반하는 노사문화에 노사가 어떻게 대처할 것인가가 중요한 과제로 염두에 두고 노사관리가 이뤄져야 한다.

2) 노사관계 관리의 성격

　노사관계에는 두 가지 관계가 있다. 하나는 종사원으로서 사용자와의 사이에 조직목표를 수행하기 위해 협동하는 관계, 즉 노사가 영능적으로 협력하는 관계인 것이고, 또 하나는 종사원이 노동조합원으로서 사용자와의 사이에 노동력의 매매라는 거래를 맺는 관계, 즉 노사를 경제적으로 확대하는 관계인 것이다. 통상, 전자를 종사원관계라고 부르고, 후자를 노동관계 또는 광의의 노사관계라고 부른다. 이 경우 종사원 관계는 노무관리의 대상인 것이고, 거기에는 당연히 노사는 조직계층을 형성하고, 조직에 있어서 역할을 분담하여 필연적으로 조직의 질서를 유지하며, 직무의 원활화를 촉진하는 명령－복종의 상하관계를 구성한다. 그들 사이에는 조직이 존속과 번영을 위하여 어떻게 생산에 공헌하느냐 하는 공통의 목표가 존재하고, 목표달성을 위하여 최상·최고의 협력을 하는 일이 과제가 되고 있다. 이에 대하여 노사관계에서는 종사원은 종사원이라는 자격을 떠나 노동조합원으로서 사용자와 민주·자유·독립의 대등한 입장에서 먼저 생산에의 협력을 담보로 하여 정당·공평한 분배를 요구하는 거래관계를 구성한다.

　종사원으로서 생활의 자원을 얻는 유일한 수단은 임금인바, 그러므로 이 분배부문에서의 거래는 그들의 생활을 결정하는 중요한 국면인 것이다. 어떻게 이 거래를 유리하게 이끌 것인가는 종사원으로서 중대한 과제이고, 한편 사용자로서는 종사원의 요구대로 응할 것인가 하는 점에서 중대한 관심사가 된다.

　이상과 같이 노사관계의 개념에 있어서는 2중성의 문제가 있다. 즉, 자본과 임금노동은 이것을 노동력의 매매라는 경제관계로서 본다면, 진술한 바와 같이 대립관계에 있는 것이나, 본래 자본은 이윤을 목적으로 한다고는 하지만 그 수단으로서 일정한 사회적 유용재의 생산배분을 하고 있기 때문에 이 생산이라는 계기에서 본다면 자본은 그 자신이건 대리인인 관리자이건을 막론하고, 생산계획·조직·통제·지휘의 기능을 담당하는 것이며, 임금노동은 생산에 있어서는 종사원으로서 작업직능의 담당자이며, 생산적 협동관계는 동시에 경영관리자와 종사원으로서의 협동관계에 있는 종사관계라는 이중적 성질을 갖게 되는 것이다. 다시 말하면, 하나는 생산적 노사관계이며, 다른 하나는 분배적 노사관계인 것이다.

02 노동관계법

1) 단체교섭

(1) 정의

단체교섭collective bargaining 이란 노동자단체노동조합 가 사용자 또는 사용자단체와 임금, 근로시간 및 그 밖의 근로조건 등을 유지·개선하기 위하여 교섭하는 것을 말한다.

즉, 단체교섭은 피고용인의 단결체노동조합 가 피고용인들의 경제적 지위 향상을 도모할 목적으로 사용자 또는 사용자단체와 단결의 힘을 배경으로 교섭하는 것을 말한다.

근로자들의 지위가 법적으로는 대등하나 경제적으로는 대등하지 못한 약자로서 진정한 의미에서의 대등성을 획득하고자 오랜 세월의 투쟁을 거쳐 근로자조직을 만들었다.

그러나 단결권은 근로자의 단결의 자유를 주된 목적으로 하지만 단결 그 자체만으로는

무의미한 것이고, 조직력을 배경으로 하여 사용자와 단체교섭을 전개함으로써 노동조합운동의 본래 목적을 달성할 수 있는 것이다.

그러므로 노사가 대등한 입장에서 협상과 타협을 통하여 근로조건을 결정하는 단체교섭은 노동조합의 가장 중요한 기능이며, 집단고용관계의 핵심이라고 할 수 있다.

(2) 단체교섭의 세 가지 성격

① 단체교섭은 피고용자단체인 노동조합과 사용자 대표 간에 쌍방적 결정의 성격을 가진다. 즉, 노동조합이 사용자와 대등한 별개의 인격을 가진 단체가 되어, 과거 사용자 측이 일방적으로 결정해 온 피고용인의 근로조건에 관한 사항 기타 고용관계에 있어서의 피고용인의 지위에 관하여 노동조합과 사용자 간에 대등한 위치에서 쌍방적으로 결정하게 된다.

② 단체교섭은 이 자체가 목적이나 귀결점이 아닌 과정이다. 단체교섭은 노동조합과 사용자 또는 사용자단체가 근로계약과 이에 부수되는 노사 간의 관계를 규정하기 위하여 만든 규범을 공동으로 작성하기 위하여 행동하는 하나의 과정이다.

단체교섭을 통하여 단체협약이라는 규범을 탄생시키게 되며, 이 단체협약이 목적이며 귀결점이고 단체교섭은 이러한 목적을 향해 나가는 일련의 과정이다.

③ 마지막으로, 단체교섭은 노사가 서로 상반되는 주장에 대하여 다양한 수단과 방법을 동원하여 타결점을 찾으려는 일련의 협약상의 과정이다.

2) 노사협의회

(1) 노사협의회의 개념

근로자측과 사용자측 대표가 노사 간의 이해와 협조를 구하기 위해 설치한 협의기구로서 근로조건, 단체협약의 체결 및 실시, 노사분규의 예방, 생산성 향상, 근로자의 고충처리 등에 관한 사항을 협의한다. 1980년 12월 31일 제정, 공포된 '노사협의회법'은 1997년 3월 13일에 '근로자참여 및 협력

증진에 관한 법률'^{법률 제5312호}로 대체입법 되었다. 제1조에 규정된 노사협의회의 목적은 "근로자와 사용자 쌍방이 참여와 협력을 통하여 노사공동의 이익을 증진함으로써 산업평화를 도모하고 국민경제발전에 이바지한다."는 데 있다. 이 협의회는 30명 이상을 고용하는 근로조건에 대한 결정권이 있는 사업장, 하나의 사업에 지역을 달리하는 상근근로자가 30명 이상 고용된 사업장은 주된 사무소에 노사협의회를 설치하도록 되어 있다.

(2) 노사협의회 구성

구성은 노사 각 3~10명 동수로 하되 근로자의 과반수로 조직된 노동조합^{약칭 노조}이 조직되어 있는 사업장에서는 노조대표 및 노조가 위촉하는 자가 노동자측의 위원이 되며, 노조가 조직되어 있지 않은 사업장에서는 근로자의 직접·비밀·무기명 투표에 의하여 근로자위원을 선출한다. 다만, 사업 또는 사업장의 특수성으로 인하여 부득이하다고 인정되는 경우에는 직업부서별로 근로자수에 비례하여 근로자위원을 선출할 근로자^{이하 위원선거인}를 선출하고 위원선거인 과반수의 직접·비밀·무기명 투표에 의하여 근로자 위원을 선출할 수 있다. 사용자측 위원은 해당 사업장의 대표자와 그 대표자가 위촉하는 자가 된다. 의장은

위원 중에서 호선하며, 이 경우 근로자위원과 사용자위원 중 각 1인을 공동의장으로 할 수 있다. 회무^{會務}기록과 사무담당을 위해 노사 쌍방이 각각 간사 1명씩을 둔다. 위원의 임기는 3년으로 연임이 가능하다. 회의는 3개월에 1회 정기적으로 개최하며, 필요에 따라 임시회의를 소집할 수 있다. 회의의 정족수는 노사 각 측의 출석이 과반수여야 하며, 출석위원 2/3 이상의 찬성으로 의결된다. 정기회의에서는 사용자측이 경영방침 및 실적에 관한 사항, 분기별 생산계획과 실적, 인력계획에 관한 사항, 기업의 경제적·재정적 상황을 보고, 설명하며 모든 회의에서 근로자측 위원들이 근로자들의 요구사항을 보고, 설명할 수 있다.

03 복지후생 관리

1) 복지후생 관리의 의의

호텔기업에 있어서 복지후생_{employee benefit and service programs}이란 종사원의 복지 향상을 위하여 시행하는 임금 이외의 간접적인 제 급부^{給付}를 말한다. 복지후생을 증진하는 주체는 호텔측이 되는 것이 보통이지만, 실제의 관리운영을 반드시 호텔측이 담당할 필요는 없다. 현실적으로 호텔측과 종사원측이 공동관리를 하는 경우도 많으며, 또는 종사원측의 자치적 운영에 일임하는 경우도 있다. 원래 호텔에 있어서 종사원에 대한 복지후생제도는 온정적, 은혜적 의미에서 사용자의 자유의사에 의한 임의적 제도로서의 성격을 가진 것이었으나, 산업사회의 발전과 특히 노사관계의 변화로 말미암아 오늘날에 있어서는 국가의 입법에 의하여 강제되는 법정제도로서의 성격을 띠게 되었다.

복지후생은 종사원에 대한 생활보장적, 은혜^{恩惠}적 시책으로서의 성격을 지니고 있는 이상, 호텔이 임금 이외의 수단에 의하여 종사원의 노동력을 조달·유지·발전시켜 종사원이 가진 능력을 호텔에 대하여 최고도로 발휘하게 하여 생산성 향상을 도모하고, 호텔을 번영토록 하는 동시에 종사원의 경제적·문화적 생활 향상을 도모하는 것을 목적으로 한 시책의 총칭이라고 할 수 있다.

호텔기업 복지란 일반적으로 개별 호텔기업이 그 책임과 비용부담에 있어서 그 종사원과 가족을 대상으로 호텔 인적자원관리의 일환으로서 행하는 기본적 근로조건 이외의 복지의 안정·향상을 내용으로 하는 제 시책 및 제도라고 한다.

즉, 호텔기업이 어디까지나 종사원의 의사를 존중하면서 임금
이나 근로시간 등의 기본적 근로조건 이외에 자주적으로 행하는
법정 외 복지후생인 것이다. 호텔기업은 그 목적을 달성하기 위
해 그 종사원과 가족까지도 대상으로 직접적인 근로조건의 개선
등으로 충족하기 어려운 종사원의 사적 생활 속에서의 불안에
대한 경제생활의 안정, 생활수준의 향상, 심신건강의 증진 등으로 종사원의 복지를 중점적
으로 관리한다. 특히 여가대책, 노동능력의 개발, 호텔기업을 중심으로 한 조직적·종합적
인 원조체제, 일할 수 없게 되었을 때의 생활보장의 역할을 다하고, 근로의욕의 개선을 통
하여 노동생산성의 향상과 노사 간의 협의의 커뮤니케이션을 전제로 참가시스템에 의한
노사관계의 안정과 노동능력의 조화를 기하는 것이다.

2) 복지후생 관리의 원칙

호텔기업의 인적자원관리에 있어서 복지후생 관리는 중요한 관리 중 하나이다 따라서
그 관리 효율을 높이기 위한 고려가 충실히 이루어져야 한다. 복지후생 증진은 호텔의 노
사 쌍방에 다 같이 이득을 가져온다. 그것은 호텔의 생산성이 제고될 수 있는 긴요한 방안
인 동시에 종사원의 생활 향상을 기하는 지름길이 된다. 또한 종사원에 대한 복지후생의
혜택은 사용자의 은혜적 조치가 아니면, 노동력의 재생산을 원활히 하는 밑받침이 되는 것
이다. 더욱이 산업의 민주화라는 관점에서 볼 때, 복지후생의 증대는 현재보다 오히려 내
일을 위해서 강조되어야 할 것이다.

그러나 복지후생 관리에 있어서는 무조건 그 시설이나 제도를 확대하는 것만이 소망스
러운 일은 아니다. 거기에는 호텔의 경비부담에 한계가 있을 뿐더러, 종사원으로서도 복리
적 혜택보다 도리어 직접적인 임금의 증액을 바라는 경향이 짙은 것이다. 한편 오늘날에는
사회적인 복지시설들이 확충되어가고 있으므로 호텔기업으로서는 그것과 중복되는 시설

등을 마련할 필요는 없는 것이다. 이러한 견지에서 호텔기업이 복지후생 관리에서 기본적으로 고려되어야 할 세 가지 원칙을 제시하면 다음과 같다.

(1) 적정성의 원칙

적적성의 원칙에 있어서는, 첫째로 호텔의 모든 종사원에게 절실히 필요하고, 둘째로 경비부담이 적당하며, 셋째로 동종 산업이나 그 지역 내 산업과 비교하여 크게 차등이 없는 정도의 복지후생을 하는 것이다. 그러기 위하여서는 그 관리에 있어 종사원의 의견조사를 한다든가, 호텔의 복지시설에 관한 연차적 확대계획을 세우는 것이 바람직하다. 또한 동업종이나 동지역 내의 시설 등에 관하여 조사하고, 그 일반적 수준을 파악하는 것도 중요한 일이다. 실제로 중소규모 호텔의 복지후생이 대규모 호텔의 수준에 도달하기는 어렵다고 보아야

하지만, 반대로 대규모 호텔의 복지후생이 중소규모 호텔의 부실한 복지시설 상태와 동일한 수준을 유지하는 것을 목표로 할 수는 없다고 할 것이다.

(2) 합리성의 원칙

복지후생에 관한 시설 및 제도는 호텔기업 내에서만이 아니고, 국가가 지역사회에 의해서도 추진되므로 호텔기업으로서는 서로 중복되거나 관련성이 결여되는 일이 없이 합리적으로 조정, 관리하여야 한다. 예를 들면, 호텔은 국가의 사회보장 제도를 활용한다든가 민간사회의 보험사업을 이용하거나 혹은 지역사회와 협력하여 복지시설을 공동으로 설치, 운영할 수도 있다. 요컨대, 오늘날에 있어서의 호텔은 그와 같은 합리성을 추구하는 방향에서 복지후생 관리를 하지 않으면 안 된다.

(3) 협력성의 원칙

여기에서 협력성이라는 것은 지역사회와 복지시설을 공동운영하는 것과 같은 호텔기업 외적 협력관계도 들어가지만, 그보다는 호텔기업 내적인 노사 간의 협력관계를 중점적으로 뜻하고 있다. 복지후생의 유지, 향상을 위해서는 호텔의 책임이 크지만, 동시에 종사원의 책무도 적지 않다는 점이 명백히 되어야 한다. 종사원은 자신들을 위한 복지후생임을 인식하여야 한다.

따라서 노사가 협의하여 복지후생의 내용을 충실하게 검토함으로써 알찬 시설이나, 제도를 마련할 수 있으며, 그 운영에 있어서는 더 한층 협력적 성과를 발휘할 수 있는 것이다. 복지후생의 관점에서 본 노사위원회, 경영협의회의 역할은 참으로 중요하다고 할 수 있다. 또한 호텔에 따라서는 복지후생위원회를 따로 설치하고 노사 쌍방의 협조 밑에서 운영됨으로써 큰 성과를 거두고 있는 예도 적지 않다. 그러한 위원회제도는 복지후생 관리에서 고려되어야 할 사항 중의 하나라고 하겠다.

04 징계·해고 Discipline and Termination 관리

1) 징계활동의 정의

징계활동은 그 의미에서 부정적으로 들릴 수 있으나, 적절히 이용되면 종사원들의 업무수행에 매우 긍정적인 효과를 가진다. 그러나 징계활동은 부적절한 행동을 수정하는 데 이용되어야 한다. 어떤 상황에서도 종사원에 대한 보복의 수단으로 이용되어서는 안 된다. 인적자원관리부서에서는 모든 종사원들이 징계처리가 공정하다는 인식을 주어 불만이 없도록 해야 한다. 최근 이러한 관심은 점점 더 높아지고 있다. 징계활동을 이용하는 고용주들은 보통 불평이나 심지어 불공정 노동관행이라는 오해와 비난을 받을 수도 있다. 이는 과거 많은 사업체들이 불합리한 사유로 종사원들을 무단 해고한 사례가 빈번했기 때문이다. 따라서 모든 징계절차는 약정된 문서서류로 제출되어야 한다. 징계활동은 바람직하지 못한 행동을 교정하지 못했을 때, 고용상태를 종결시킬 필요가 생길 수가 있다. 최근의 노동법은 이러한 종업원의 고용이나 해고에 관한 일정한 법률적 규정을 하고 있다.

2) 관련 규정에 의한 징계기준

① 취업 규칙 제60조^{징계사유}

② 회사 취업 규칙 및 제 규정과 복무규율을 위반하거나 직무에 배치되는 행위를 한 자

제5조 제1항 : 직원은 회사의 제 규정을 준수할 것은 물론 업무상 명령에 순응하여 주어진 업무를 성실히 이행하여야 한다.

③ 고의 또는 과실로 업무상의 장애 또는 분쟁을 야기시키거나 회사 발전을 저해할 원인을 조장하여 회사의 손실을 초래한 자

④ 취업 규칙 제63조^{징계절차 및 양정기준} 징계절차 및 양정기준은 별도로 정하는 징계 규정에 의한다.

⑤ 징계 규정 제9조 양정기준

㉠ 징계의 양은 별표의 징계 양정기준에 의하여 정한다.

㉡ 중대한 규칙 위반 : 고의 또는 중대한 과실로 인하여 회사의 시설과 재산을 손실, 훼손하게 하거나 업무에 중대한 차질과 지장을 초래하게 한 행위 → 해고

㉢ 이 기준의 규정 위반행위 횟수의 계산은 연 통산으로 하고, 규정 위반사항이 동시에 2건 이상일 때는 이를 각각의 횟수로 간주한다.

㉣ 참고사항^{과거 상벌 등}

05 이직관리

1) 이직의 의의

이직^{separation}이란 종업원이 자기가 소속한 조직으로부터 이탈하는 것을 의미한다. 종업원이 기업을 떠나는 이직은 그 주도자에 따라 두 가지로 구분된다.

즉, 기업이 종업원의 퇴직을 주도하는 인력감축과 종업원이 스스로 기업을 떠나는 자발적 이직이 있다. 인력감축의 원인은 바로 인력공급의 과잉현상이다. 기업이 인력을 감축하고자 하는 이유는 바로 경기후퇴로 인한 매출액의 감소, 신기술 도입을 통한 필요인력 감소 그리고 제품시장에서의 원가절감 압력으로 기업이 경영합리화 프로그램을 도입해야할 때 등 궁극적으로 기업의 경쟁력을 유지 내지 제고시키는 데 있다.

인력감축을 위해 기업은 여러 종류의 전략을 도입할 수 있는데 이러한 전략의 유형으로는 초과근무시간의 단축, 신규채용의 억제^{자발적 이직의 활용}, 조기퇴직제도의 도입, 보상의 동결, 보상의 감소 그리고 해고 등이 있다.

종업원의 자발적 이직은 이직자 자신, 기업에 남아있는 잔류자 그리고 기업에 부정적 효과뿐만 아니라 긍정적 효과를 가져다준다. 특히 기업의 입장에서 보면 이직비용의 발생, 유능한 인재의 상실 및 조직의 불안정이라는 부정적 측면뿐만 아니라 신규인력의 유입으로 인한 조직에의 활기부여, 무능한 인재의 퇴직 등 긍정적인 측면도 있다. 자발적 이직은 그 수준이 적정이직률을 넘어가게 되면 기업에 긍정적 효과보다 부정적 효과가 크기 때문에 이직률의 감소를 위해 기업은 대책을 강구해야 한다. 이러한 대책을 강구하기 위해 기업은 자발적 이직의 정확한 원인을 규명하고 그 비용을 측정해야 하겠다.

2) 이직의 분류

이직을 결정하는 주체^{종업원 vs. 조직}에 따라 자발적 이직^{종업원}, 즉 사직^{resignation}과 비자발적 이직^{조직}, 즉 일시해고^{lay-off}, 징계해고^{discharge}, 정년퇴직^{retirement} 등이 있다.

자발적 이직^{사직}은 조직에 불만이 있거나 보다 나은 기회를 찾기 위해 다른 기업으로 옮기는 경우와 결혼, 임신, 출산, 질병, 가족의 이동 등으로 조직을 떠나는 경우를 말한다.

비자발적 이직^{면직}은 종업원의 의사와는 관계없이, 사용자나 조직의 입장에서 강제되는 것을 말한다.

3) 이직의 원인과 대책

(1) 이직의 원인

종업원은 기업이 제공하는 유인이 자기의 공헌도와 최소한 같거나 더 많을 때 기업에 남게 된다.

따라서 종업원은 그가 원하는 보상을 기업이 충족시켜 주지 못하면 조직을 떠나게 된다.

(2) 이직에 대한 대책

자발적 이직의 감소대책으로는 종업원 개개인의 불만이나 고민을 해결하기 위해 고충처리기구나 인사상담제도를 활용하고 인간관계개선 프로그램을 운영하며 직무를 보다 도전성이 있고 만족스러울 수 있도록 직무설계한다. 또한 승진, 임금, 복리후생 등의 정책을 이용하여 종업원의 욕구를 충족시키고 이직의 원인을 파악하여 그에 대한 대책 강구한다.

비자발적 이직은 생산량의 감소나 조직의 축소 등 조직체의 내외적 상황의 변화에 따라 부득이한 인력의 감원조치가 이루어지는 경우를 말한다.

① 근로분배 work sharing

인원감축을 하기 전에 고려해야 할 대책은 근로시간의 단축, 즉 업무량의 감소로 인하여 어느 일부 구성원들을 희생하지 않고 모든 구성원들이 공동으로 조금씩 희생하는 원칙을 말한다.

경영난을 극복하기 위하여 인원감축 대신에 근로자들의 주당 작업일수를 4일로 줄인다.

② 직무분배 job sharing

업무량의 감소로 불필요해진 직무를 없애는 대신에 이에 영향을 받게 되는 구성원들을 다른 직무에 배치하여 몇 시간이나 일하도록 하는 것으로 경제불황에 따른 인력조정의 방법으로 특히 선진국에서 많이 사용한다.

③ 보상의 절감

업무량의 감소가 일시적이라는 전제하에 일시적인 고난을 조직구성원들 모두가 공동으로 타개하려는 목적으로 자신의 임금을 희생해서라도 인력감축을 피하고 조직체를 되살리려는 대책으로 평소에 온정적이고 가족적인 분위기를 유지해 온 중소기업에서 주로 시행가능성이 높다.

④ 이직기준의 설정

선임권 seniority, 능력 competence, 연령 등으로 정규종업원보다는 임시직 또는 수습 중에 있는 종업원을 먼저 감원하는 것이 원칙이다.

memo

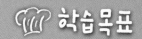학습목표

☑ 호텔경영정보시스템의 정의와 특성에 대해서 이해한다.

☑ 호텔산업과 정보시스템과의 관계를 이해한다.

☑ 호텔정보시스템의 구조에 대해 공부한다.

☑ 호텔회계의 개념과 필요성에 대해 공부한다.

☑ 호텔회계의 분류와 기준에 대해 이해한다.

☑ 호텔시설관리의 의의와 중요성에 대해 이해한다.

☑ 호텔시설관리의 업무에 대해 공부한다.

CHAPTER **09**

호텔경영정보
및 회계재무관리

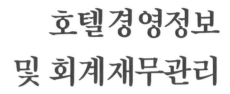

호텔경영정보
및 회계재무관리

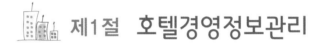

제1절 호텔경영정보관리

01 호텔정보시스템의 이해

1) 호텔정보시스템의 정의

호텔정보시스템은 호텔의 중요한 자원인 정보의 흐름과 처리를 통하여 효과적인 경영을 하고자 하는 것이며, 호텔관리자의 효과적인 의사결정을 위해 제공되어지는 필요한 정보를 설계하는 Information System의 넓은 의미이다. 환대산업은 고객 거래의 도표화된 매뉴얼과 이것을 문서화하는 활동과 깊은 관계가 있다. HIS의 발달은 비용절감, 빠르고 정확한 업무처리로 호텔의 데이터 프로세스를 단순화하기 위한 하나의 시도이다.

호텔의 주요 업무가 대고객 서비스 업무로서 자동화가 절대적으로 필요하며 시스템의 특성은 고객의 다양한 예약, 등록, 체크인, 영업장 이용, 체크아웃 등의 절차에 맞추어 운영되어 왔다. 빠른 정보를 요구하는 고객의 욕구에 부응하고 현대화된 설비구축을 위해 많은 비용을 투자해 왔으며, 이런 노력은 호텔산업이 타 산업에 비해 월등히 앞서가는 정보시스템 구축이라는 효과를 가져왔다.

현대적 의미의 호텔은 과거에 비해 다양한 서비스를 생산하고 판매하는 기능을 수행하고 있다. 이에 따라 호텔관련정보 또한 과거에 비해 다양하고 복잡해지고 있는데, 호텔관련정보는 크게 서비스생산에 관련된 정보와 판매와 관계된 정보로 나눌 수 있다. 생산관련 호텔정보는 효율적으로 호텔서비스를 생산하고 관리하기 위해 필요한 정보이며, 판매관련 정보는 호텔서비스, 즉 호텔상품의 판매를 촉진시키기 위한 것으로 호텔상품정보라고 할 수 있다. 따라서 정보시스템 관점에서 호텔정보시스템의 개념을 정의하면, 호텔정보시스템은 호텔의 상품생산 관련 정보와 상품판매 관련 정보를 매개로 상호 의존, 상호 촉진, 상호 규정 등의 유기적 관련성을 갖는 구성요소들이 주어진 환경에서 이들 정보의 공유와 활용이라는 공통된 목적을 수행하기 위하여 전체적으로 통일된 활동을 하는 것이라고 정의할 수 있을 것이다.

2) 호텔정보시스템의 특성

호텔서비스업은 365일 24시간으로 영업을 하기 때문에 정보시스템 가동시간이 다른 업종보다 매우 높은 편이다. 그러므로 한 직원이 24시간을 근무할 수 없기 때문에 백오피스나 프론트오피스처럼 부서가 다른 직원들이 주간과 야간으로 구분하여서 정보시스템을 운용한다. 또한 호텔정보시스템의 자료는 하루에 수차례 저장하는 절차를 가지는데 이는 실시간으로 운영되는 고객정보를 정보 시스템 재해 발생시 가급적 최신 자료를 재생시켜 손실을 최소한으로 줄이기 위한 것이다. 그리고 시스템의 종류가 다양하기 때문에 시스템의 기능에 따라 사용자의 부서가 구분이 된다. 고객과 직접 접하는 프론트오피스의 직원이나 업장의 종업원들은 정보시스템의 서비스 품질에 따라 직접적으로 칭찬과 불평등의 영향을 받으며, 이 같은 상황들은 다른 업종에 비하면 고객으로부터 종사원이 받는 직접적인 영향력이 매우 크다고 할 수 있다.

3) 호텔정보의 흐름

현대적 의미의 호텔은 과거에 비해 다양한 유형 · 무형상품을 생산하고 판매하는 기능을 수행하고 있다. 이에 따라 호텔관련 정보 또한 과거에 비해 다양하고 복잡해지고 있는

데, 크게 호텔상품생산 관련 정보와 호텔상품판매 관련 정보로 나눌 수 있다.

호텔은 인적·물적 자원과 서비스 등을 호텔에 제공하는 공급자와 상호 정보교환을 통하여 자원을 얻고, 호텔 내부의 각 부문들 간의 상호 정보교환을 통하여 호텔상품을 생산해 낸다. 이렇게 생산된 호텔상품의 정보를 고객과 중개자로 형성되는 시장에 전달하고, 이들 시장으로부터 구매요구뿐만 아니라 호텔상품의 평가 및 개선점에 대한 정보를 얻는다. 시장으로부터 얻은 상품에 대한 정보를 바탕으로 호텔은 더욱더 고객 지향적인 상품을 개발하고, 생산하여 판매하게 된다.

(1) 생산관련 정보흐름

호텔이 제공하는 상품이 다양하고 호텔의 규모가 크면 클수록, 호텔과 호텔직원의 관리문제 또한 다양하고 복잡해진다. 따라서 호텔을 하나의 생산단위로 효과적으로 지휘하고 통제하기 위해서 호텔경영자는 호텔을 주요^{major} 부서객실, 식음료 등와 보조^{minor} 부서교환, 비즈니스센터, 주차 등로 나누고, 각 부서의 활동을 체계화하고 통제할 수 있는 시스템을 적용한다.

일반적으로 호텔경영자는 호텔조직을 ① 호텔고객을 위해 서비스와 제품을 생산·판매하여 매출을 올리는 영업부문객실, 식음료 등, ② 호텔과 호텔고객을 위한 서비스를 생산하나 매출은 발생시키지 않는 부문경리, 인사, 총무, 기술·안전관리 등, ③ 호텔고객을 위해 서비스와 제품을 생산·판매하나 임대업자에 의해서 운영되는 비영업부문꽃방, 양복점, 미용실 등으로 나누고 있다. 그리고 한 부문 안에 있는 주요 부서들은 기능에 따라서 다시 세부적으로 나누어진다.

매출부문에 속하는 부서들은 호텔상품 생산의 주요 부서로서, 비매출부문에 속하는 부서들의 지원을 받아 최대의 고객만족과 이익창출을 위해 노력한다. 그리고 임대부문의 개체수와 형태는 호텔의 경영여건에 따라 바뀔 수 있는데, 주로 매출부문에서 생산·판매하지 않는 상품을 고객에게 생산·판매함으로써 전체적인 호텔상품구성에 영향을 준다. 그리고 호텔상품을 생산하기 위해서는 매출부문, 비매출부문, 임대부문과 같이 호텔 내부의 조직도 중요하지만, 상품생산에 필요한 인적·물적 자원공급과 시장정보와 같은 호텔외부 요인도 중요하다.

결국, 호텔상품은 자원공급자와 시장으로 구성된 호텔외부조직과 매출부문, 비매출부문, 임대부문으로 구성된 호텔내부조직의 상호작용을 통해 생산된다고 할 수 있다.

즉, 이들 조직들은 [그림]과 같이 정보를 상호 공유하고 활용함으로써 호텔상품 생산에 기여한다고 할 수 있다. 호텔내부조직은 시장이 필요로 하는 상품정보를 통해 상품을 개발하고, 인적·물적 자원의 공급자와 자원의 이용가능성, 가격 등에 관한 정보를 공유함으로써 생산활동 수준을 결정한다.

매출부문, 비매출부문, 임대부문에 속한 부서들은 각 부문 내에서 뿐만 아니라 타 부문에 속한 부서와도 생산관련 정보를 상호 공유하고 활용한다. 그러나 임대부문은 호텔경영자의 지휘와 통제권한이 약한 부문으로 매출부문, 비매출부문과 직접적인 정보교환보다는 간접적인 정보교환이 이루어지며, 임대부문에 속한 개체들 또한 상호 간접적으로 정보를 교환하게 된다.

📢 호텔정보흐름

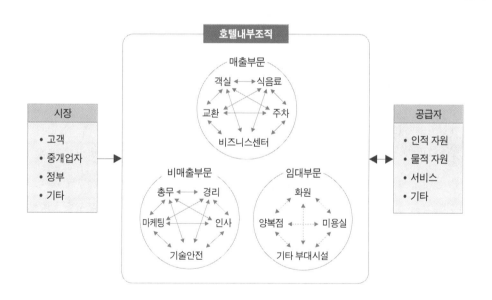

(2) 판매관련 정보흐름

호텔이 자신의 상품을 고객에게 판매하기 위해서는 일단 자신의 상품에 대해 고객에게 알려야 할 뿐만 아니라 고객의 구매요구를 전달받아야 한다. 이와 같이 호텔상품의 판매관련 정보는 판매상품정보와 판매상품예약정보로 크게 나눌 수 있다.

호텔은 판매상품정보를 상품의 최종소비자인 고객에게 직접 또는 중개자를 통해 간접적으로 전달할 수 있다. 중개자 또는 호텔로부터 호텔판매상품정보를 얻은 고객은 직접 또는 중개자를 통해 간접적으로 호텔에 예약정보를 전달할 수 있다.

중개자는 호텔로부터 판매상품에 관한 정보를 얻어 고객에게 전달하고, 고객으로부터 받은 예약정보를 호텔에 전달하는 역할을 한다. 또한 중개자는 소매여행사, 도매여행사, 특별유통로 등 다양한 형태를 띠고 있는데, 이들 개별 중개자들은 단독으로 호텔과 고객을 연결시켜주기도 하지만, 동종 또는 이종 중개자들과의 연결을 통해 호텔상품판매 관련 정보를 전달하기도 한다.

02 호텔산업과 정보시스템과의 관계

1) 호텔정보시스템의 중요성

관광산업에 있어 정보시스템이 중요한 역할을 하게 되는 이유는 먼저 다른 상품과 구별되는 관광서비스의 특성에 기인한다고 할 수 있다. 관광서비스의 특성은 학자에 따라 다소 상이한 용어로서 분류하고 있으나, 관광사업을 정보집약적 산업으로 규정할 수 있는 근거와 관련하여 무형성, 이질성, 생산과 소비의 동시성, 소멸성, 계절성 등의 특성을 나열할 수 있겠다.

다시 말해 제조상품과 관광서비스 상품의 차이점은 서비스는 본질적으로 형태가 없기 때문에 눈에 보이게 진열하거나 판매시점에서 검사를 할 수도 없으며, 여행을 떠나는 시점보다 훨씬 앞서서 구매하게 되고 실제로 소비행위가 이루어지는 곳과 먼 거리에서 구매가 행해지게 된다는 사실이다. 그러므로 관광거래는 대리점에 대한 신뢰도나 인쇄 또는 시청각 자료로 마련된 정보에 의존해야 하며, 따라서 통신기술과 정보전달기술은 관광거래에서 필수불가결의 수단이다.

관광소비자의 기호가 날로 다양해짐에 따라 그에 부응해야 하는 관광서비스는 필연적

으로 복합적인 서비스가 될 수밖에 없다. 이러한 여건에서 정보의 산출, 수집, 처리, 적용, 상호 교환 등과 같은 정보시스템의 이용은 현대의 관광경영에 있어 선결과제가 된다. 관광산업은 고도의 정보 집약적산업이라는 논리는 앞서 설명한 관광서비스상품의 특성들에 비추어 충분한 설득력을 지니고 있다고 하겠다.

이외에도 관광산업에 있어 정보시스템이 절실히 요구되는 이유는 관광산업의 구조, 관광공급자tourism supplier 상호관계, 관광공급체계tourism production system의 측면에서 고찰해 볼 수 있으며, 관광공급체계는 서비스제공, 조직관리, 마케팅과 산업연계, 생산지 – 소비자관계의 네 영역으로 세분할 수 있다.

2) 호텔정보시스템의 도입필요성

정보시스템은 공학 또는 경영학분야에서 학문적 또는 기술적 접근방법을 거치면서 연구발전을 거듭하였다. 그렇다면 "왜 호텔전공자가 정보시스템을 공부해야 하는가?"라는 질문에 "Information System have become a vital component of Successful business firms and other organizations."이라는 문장처럼 정보시스템은 성공적인 사업을 달성하기 위해 필요하다는 것이다. 호텔의 성공적인 경영, 즉 직원의 업무환경 그리고 고객에 대한 서비스 환경을 위해서 정보시스템으로 모든 것을 해결해야 하는 정보화사회에 살고 있기 때문이다.

호텔정보시스템의 도입필요성은 관광수요의 고도화·다양화에 능동적으로 대처하고 관광자나 이용자에게 호텔경영과 관련된 호텔환경의 적응력을 향상시키며, 새로운 관광수요를 창출하기 위한 것이다. 그러므로 호텔정보시스템은 호텔조직의 경영형태와는 상당히 밀접한 관련성을 맺고 있으며, 새로운 정보기술을 경영활동에 도입함으로써 호텔경영을 위해 필요한 자료 및 정보를 저장하고 활용할 수 있다. 따라서 호텔의 경영형태에 따라 호텔시스템의 기능을 연계시킴으로써 시너지효과를 창출할 수 있을 것이다.

오늘날 정보는 개인과 조직체가 성공적으로 현대사회를 지속적으로 적응하여 살아남기 위한 가장 기본적인 재원이기 때문에 이를 뒷받침하기 위해서는 정보시스템 활용이 필요하다.

3) 호텔산업 컴퓨터시스템 도입의 영향

정보화사회의 도래와 함께 호텔경영에 있어 컴퓨터는 다른 산업에서와 같이 유용하며 없어서는 안 될 중요한 경영도구로 부상하였다. 하지만 오늘날의 호텔에 있어 컴퓨터의 이용은 타 산업에 비해 뒤처져 있는 것이 현실이며, 일반 업계와 비교하여 볼 때 호텔산업의 전산화작업이 늦어지게 된 이유는 다음의 몇 가지 요인에서 찾을 수 있다.

첫째, 호텔산업은 주요 업무가 대고객 서비스업무로서 자동화할 수 없는 인력의존도가 타 산업에 비하여 높은 업종이고, 둘째, 호텔업무의 성격상 특수성으로 인해 호텔전문인만이 수행할 수 있는 폐쇄적인 업무가 많고 그에 수반하여 전산화를 위한 전문인력 확보에도 어려움이 많았으며, 셋째, 한마디로 호텔경영의 특수성이라고 할 수 있는 점으로서 타 업종에 있어서는 생산, 유통 등 경영상의 합리화라는 직접적인 효과를 기대하여 컴퓨터를 도입하려는 수요가 자연적으로 증가하지만, 호텔산업에 있어서는 계량화가 힘든 서비스고유의 특성이 투자개발에 따른 비용부담의 증가를 상쇄시키지 못하기 때문에 투자의 적극성이 없었다는 점이다.

따라서 호텔산업의 컴퓨터시스템 도입은 초기에 있어 컴퓨터의 경제적, 기술적 가치가 떨어지는 점이 하나의 장애요인으로 작용했다고 할 수 있으며, 근본적인 문제는 궁극적으로 호텔산업에서 대고객서비스가 컴퓨터의 도입 또는 업무의 자동화라는 용어에 심리적인 저항감을 주고 있다는 것이다.

그러나 정보화라고 하는 사회환경의 변화 추세와 함께 인건비 상승, 서비스인력 확보의 어려움, 호텔규모의 대형화, 국제경제의 침체 등으로 인하여 호텔경영의 합리화를 지향하여 전산화의 도입을 시도하는 호텔이 증가하였으며, 컴퓨터 도입의 선구자적 호텔들이 겪은 시행착오의 결과는 호텔에 있어서 서비스의 향상과 컴퓨터 도입은 결코 모순된 것이 아님을 입증하게 되어 호텔산업의 컴퓨터 도입은 비로소 일반화되는 경향을 보이기 시작하였다.

그와 같은 상황이 전개된 배경으로는 컴퓨터 하드웨어와 소프트웨어의 급속한 발전, 장비가격의 인하, 리얼타임^{real time:동시시간} 처리를 위한 다양한 단말기의 개발과

실용화의 실현 등을 들 수 있다. 한정된 인력과 자원 그리고 제한된 시간 속에서 다양한 욕구를 가진 고객들에게 질적으로 우수한 서비스의 제공은 정보처리시스템의 도입과 개발 없이는 불가능한 것이다.

4) 호텔정보시스템의 기본적 목적

　호텔업무의 전산화 차원에서 비추어 보면 경영자의 경영목적과 호텔경영에 참여하는 직원의 목적이 있을 수 있으며, 호텔을 이용하는 고객의 입장에서의 전산화 목적이 나열될 수 있을 것이다.

　호텔을 경영하는 경영자의 입장에서 살펴보면 운영이익을 극대화하는 하나의 방편이 될 수 있으며, 또한 전산화함으로써 인원증가에 대한 억제효과를 기대할 수 있다.

📢 시스템 흐름도

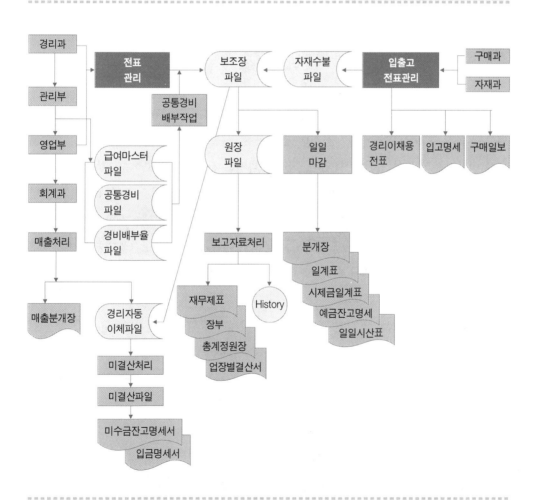

호텔에서 근무하는 직원의 입장에서 살펴보면 전산화함으로써 초기에는 다소의 시간이 투자된다고 볼 수 있으나, 점차 신속한 업무를 처리할 수 있는 도구로 제시될 수 있다는 점에서 단순 반복되는 업무를 줄일 수 있다. 고객의 입장에서 살펴보면 사람이 처리하는 것보다 전산처리를 함으로써 신뢰감을 얻을 수 있으며, 정보처리의 많은 부분에서 향상된 서비스를 지원받을 수 있다. 궁극적으로는 시기적절하고 이해하기 쉬운 정보를 경영자에게 제공하고 불필요한 문서와 데이터를 감소 또는 제거시켜 향상된 운영조절과 즉각적인 가시성을 운영자에게 제공함으로써 경영자가 고객 사이클을 더 잘 감독, 조절할 수 있게 한다. 또한 호텔은 더욱 향상된 고객서비스를 제공하며 비용절감에도 기여하기 위한 목적이 있다.

03 호텔경영과 판매관리

호텔경영은 판매관리를 중심으로 고객을 창조하고 거래를 시작하며 계속적인 관계를 맺는 일련의 흐름으로서 예약 – 체크인 – 호텔체류, 시설이용 – 체크아웃 – 구전추천, 재방문으로 이어지는 과정이라고 할 수 있다. 이러한 과정은 전통적으로 고객순환주기guest cycle의 개념에서 설명되고 있으며, 호텔에 있어 고객순환주기란 고객이 처음 호텔에 도착하여 상품과 서비스를 제공받고 그 대가로 요금을 지불한 뒤 호텔을 떠날 때까지의 전체과정으로서, 고객과 여러 판매부서 사이에 발생되는 물리적 접촉과 금전적 교환상태를 판별시켜주며, 일반적으로 고객이 호텔에 도착arrival하고 체류stay하며, 출발departure하는 세 가지 단계로 구분된다.

호텔 내의 많은 운영부서 간의 업무조정을 향상시키기 위해 호텔기업들은 전통적인 호텔 고객순환주기를 판매시점point of sales을 기준으로 한 시간적인 전후관계인 판매 전 단계pre-sale phase, 판매시점단계point of sales phase, 판매 후 단계post-sale phase로 변경시켰다. 고객순환주기를 호텔판매관리에 적용시켜 카사바Kasavana와 카힐Cahill은 호텔의 고객순환주기를 다음 [그림]과 같이 도식화하였다.

판매시점POS을 기준으로 한 관리는 객실, 식당, 바, 라운지, 편의점 등 다양한 호텔의 영업부문에서 발생하는 거래상황을 효율적으로 관리하려는 시도로서 다양한 호텔업무의 흐

름을 파악할 수 있으며 호텔업무의 정보시스템화에 있어서도 상당히 중요한 의의를 지닌다.

다음에서는 판매시점을 기준으로 한 고객순환주기를 단계별로 고찰하여, 각 단계의 업무특성과 그에 따른 정보시스템화의 요구를 알아본다.

1) 판매 전 단계 pre-sales phase

호텔경영에 있어 판매 전 단계의 업무관리는 두 가지 측면에서 고찰해 볼 수 있다.

첫째, 호텔의 상품과 서비스를 판매하기 위해서 행해지는 모든 호텔업무를 지칭하는 것으로서, 고객이 호텔 내에서 제공하는 상품과 서비스를 제공받음과 동시에 요금청구서bill가 발생되는 시점 이전에 행해지는 모든 업무를 말하는 것이다.

예를 들면, 마케팅활동 중 시장조사, 상품계획, 판매촉진, 판매예측과 객실부서의 객실 및 서비스의 판매태세 완료를 위한 준비절차, 예약, 예산, 교육, 조리준비, 영업장 준비, 에너지관리 등 업무가 판매 전 단계에 해당된다고 할 수 있다.

둘째, 고객주기와 연계시킨 것으로 고객이 호텔과 거래를 맺기 시작한 때부터 판매시점 이전까지의 기간, 즉 판매 전 호텔거래가 시작되어 호텔객실 이용고객의 예약, 선불 및 예치금 등의 수납에 관한 절차, 객실가동률과 매출액의 추정 등이 이 단계에서 수행되는 업무에 해당된다.

판매 전 단계의 업무 중 예약사항을 근거로 한 정확한 영업매출의 추정은 경영자가 필요한 인력관리계획표를 작성하여 효율적으로 인력을 활용할 수 있으며 호텔 내의 시설물의 상태를 사전에 점검하여 업무에 필요한 비품과 원자재의 사용을 계획적으로 구매할 수 있도록 해주는 기초가 된다. 또한 고객도착 전의 고객리스트 작성, 객실배정, 등록카드 준비 등의 사전 등록활동은 등록절차를 신속하고 간편하게 할 뿐만 아니라 고객입장에서는 특별한 대접을 받는 서비스를 제공할 수 있어 서비스 개선 측면에서 중요한 기능이 된다.

예약, 선불 예치금의 회계, 매출액 추정, 고객관련 정보관리 등의 판매 전 단계에 발생하는 업무의 효율화를 기하기 위한 방법으로 호텔정보시스템을 도입한다면 과거의 수작업에 비해 업무가 상당히 간편해지며 예약에서 고객의 투숙에 이르기까지의 다양한 업무를 하나의 과정으로 처리하게 되어 고객에게 세련된 서비스를 제공할 수 있게 된다.

2) 판매시점단계 point of sale phase

이 단계는 고객의 등록에서 체크아웃 이전까지를 말하며 객실관리, 고객회계, 회계감사 등이 이 시점의 주요 업무가 된다.

판매 전 단계에서 준비된 사전 절차에 따라 고객이 숙박등록 registration 을 하게 되면 객실배정, 객실요금결정 assigning rooms and rates 등이 행해지고 고객정보카드가 작성되어 숙박고객등록원장 guest folio 에 입력된다. 이 시점을 체크인타임 check in time 이라고 하며, 여기에서 얻어지는 고객정보는 앞으로의 고객관리, 서비스관계 등에 상당히 유용하기 때문에 이에 대한 기록, 보관, 관리는 호텔경영에 매우 중요한 사항이 된다.

숙박등록에 의해 고객의 체류가 시작되며 고객이 호텔의 여러 영업장을 출입하여 서비스를 제공받고 시설을 이용함으로써 거래관계가 성립된다. 이러한 거래에는 현금이나 신용카드가 이용되며, 그 금액은 숙박전표에 기장된 후 프론트 캐셔 Front Cashier 에게 송부되어 숙박카드 guest folio 에 입력된다. 숙박고객 이외의 일반 이용객들의 경우에는 이용하는 영업장 단위로 거래가 발생되고 회계처리가 이루어지게 된다.

판매시점단계에서 발생하는 모든 거래상황을 파악하는 것은 호텔의 매출액을 산출하는 데 매우 중요한 회계업무이다. 컴퓨터 POS시스템을 이 업무에 적용하면 각 영업부서에서 기장된 전표 bill 의 금액은 자동적으로 숙박카드에 등록되므로 신속·정확하게 거래상황이 집계되어 효율적인 업무처리와 대고객서비스의 향상을 기할 수 있다. 현실적으로 매출은 호텔경영의 성패를 좌우하는 핵심요소로서 이를 위한 효율적 회계관리에 호텔기업들은 많은 투자를 하였고 그 결과 호텔회계시스템은 호텔의 다른 업무분야에 비해 전산화가 앞당겨져 있는 실정이며, 컴퓨터 POS시스템은 대표적인 회계업무처리시스템이라 할 수 있다.

3) 판매 후 단계 Post-sale phase

여기서는 호텔과 고객의 거래가 끝마무리되는 과정으로서 시점상으로는 고객의 체크아웃시점과 그 이후를 말한다. 이 단계의 업무로는 판매시점 이후부터 체크아웃시점까지 행해지는 고객계산의 관리 청구서 작성, 계정과목 점검, 금액대비 등, 지불상황 완결, 고객정보관리, 회계감사, 외상매출정리, 은행거래확인·정리, 각종 판매활동, 서비스에 대한 평가, 사후 검토 작업 등이 있다.

　판매시점단계의 업무가 주로 고객과의 직접적 접촉에서 연유되는 회계업무인 점에 반해, 판매 후 단계의 업무는 고객과의 물리적 접촉이 거의 없는 관리부서의 회계업무라고 볼 수 있다. 이 시점에서 또 하나의 중요한 업무는 최고경영층^{top management}에 보고되는 재무보고, 영업보고 등의 관리보고서 작성으로서 경영의사결정과 영업활동에 있어 중요한 피드백^{feed back}의 기능을 행함으로써 경영시스템에 있어 중추신경과 같은 역할을 한다.

　이 부문에 있어 컴퓨터시스템의 적용은 프론트오피스의 연계를 통한 시스템통합^{system integration}이 주요 안건이 된다. 호텔의 각 업무영역이 컴퓨터를 기반으로 하는 자동화가 진행될수록 이들 업무를 연계^{interfacing}시키는 통합시스템의 요구가 증대하게 된다. 따라서 판매 후 단계에 해당하는 후방부서^{back office}의 업무 또한 자체적인 컴퓨터시스템화와 함께 전체 시스템과의 연계·통합이 이루어져야 한다.

제2절 호텔정보시스템의 구조

01 호텔생산정보시스템의 구조

호텔정보시스템은 호텔의 상품생산관련 정보와 상품판매관련 정보를 매개로 상호 의존, 상호 촉진, 상호 규정 등의 유기적 관련성을 갖는 구성요소들이 주어진 환경에서 이들 정보의 공유와 활용이라는 공통된 목적을 수행하기 위하여 전체적으로 통일된 활동을 하는 것으로, 크게 호텔상품 생산관련 정보시스템과 판매관련 정보시스템으로 구성되어 있다.

주로 호텔상품 생산에 관계된 호텔 내부의 정보시스템은 객실부문과 식음료부문에 집중되어 있으며, PMS^{Property Management System}에 식음료부문의 POS^{Point of Sale} 시스템이 인터페이스^{interface}되어 있어 상호 두 부문이 정보를 공유하게 된다. 또한 각 부분의 시스템은 Back Office System과 경영자 PC 등과 같은 관리지원부서와 연결되어 있어 호텔 전체가 정보를 공유하게 되어 있다.

호텔상품의 생산은 주로 객실과 식음료부분에서 이루어지기 때문에 호텔의 생산관련 정보시스템 또한 객실과 식음료부문을 중심으로 발전되어 왔다.

환대산업의 자동화를 지원하는 시스템을 묘사하기 위해 사용되는 총괄적인 단어인 PMS는 컴퓨터에 기초한 호텔정보처리의 핵심이며, 동시에 다른 시스템의 허브기능도 가지고 있는 호텔정보시스템의 중추라고 할 수 있다.

PMS는 예약관리, 객실경영관리, 고객계정관리 등과 같이 주로 프론트오피스와 하우스키핑에 관련된 업무를 지원한다. 경우에 따라서는 경리, 인사와 같은 백오피스 부분의 기능도 PMS에 포함되지만, 대부분의 호텔에서 백오피스 부분과 관련된 시스템은 PMS와 인터페이스되어 운영된다.

PMS에 인터페이스된 서브시스템들은 독립된 컴퓨터패키지로 호텔에 따라 숫자와 종류에 차이가 있으며, 기술이 발전함에 따라 인터페이스되는 서브시스템의 숫자와 종류도 증가하고 있으나, 일반적으로 EMS^{energy management system}, ELS^{electronic locking system}, CAS^{call account-ing system}, PBX^{private branch exchange}, 객실오락시설^{TV, VCR 등}, 객실냉장고, 음성메시지, 경영자 PC,

수율관리, 신용카드 리더, 셀프체크인기계, BOS^{back office system:경리, 인사 등}, POS^{point of sale} 시스템, CRS^{central reservation system} 등이 있다.

📕 식음료부문의 정보시스템

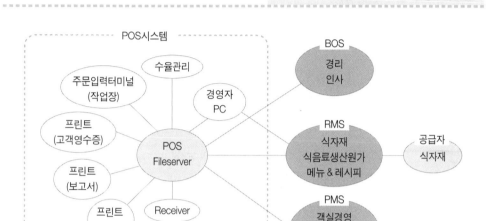

EMS, ELS, CAS, PBX, 객실오락시설, 객실냉장고, 음성메시지, 신용카드 리더, 셀프체크인기계, POS 시스템 등은 고객의 동선에 따른 생산부분에 관계된 시스템들이고, 수율관리, BOS, 경영자 PC 등은 관리부분에 관계된 시스템들이다.

POS 시스템은 객실고객이 식음료부분의 상품을 구매했을 경우 거래정보를 실시간으로 PMS에 전달하기 위해 인터페이스되며, CRS는 호텔상품에 관한 정보를 실시간으로 시장에 전달하고, 판매하기 위해 인터페이스된다.

식음료부문의 정보시스템은 그림과 같이 RMS^{restaurant management system}와 RMS와 인터페이스된 여러 개의 서브시스템으로 구성된다. RMS는 식자재의 구매와 재고통제, 메뉴와 레시피 통제, 식음료생산원가의 통제와 같이 호텔 식음료부문의 운영과 관리를 자동화하는 많은 기능을 지원한다.

식자재의 구매와 통제기능은 구매되고 저장된 순서, 공급자, 현재 재고량, 최소한의 재고유지량을 파악함으로써 주문이 자동으로 이루어질 수 있도록 한다.

모뎀을 통한 공급자와의 On-Line 연결은 표준화된 주문서를 전자적으로 전달할 수 있다. 레시피와 메뉴품목파일을 만들어내는 메뉴 · 레시피 관리기능은 식자재 비용, 식자재 품질, 식자재 비용변화의 영향을 분석하고, 식음료 원가비율을 계산함으로써, 메뉴가격을 산정하는 기준을 제공한다.

RMS는 주로 PC에 기초한 시스템들이고, PMS와 마찬가지로 관리부분의 시스템인 수율관리, BOS, 경영자 PC와 인터페이스되어 있다. 그리고 또한 최대의 수익창출을 위해 POS 시스템과 인터페이스되어, POS 시스템이 판매된 메뉴품목을 등록했을 때, RMS는 식음료 생산에 사용된 식자재량을 계산하고 총재고보유량을 조정한다.

POS 시스템의 하드웨어는 소프트웨어와 데이터베이스를 저장하는 File-Server와 Order Entry Terminal, Cashier Station, Manager Workstation, Printer로 구성된다. 그리고 신용카드 승인을 위한 모뎀이 있다.

POS 하드웨어는 식음료서비스 환경에 맞도록 특별하게 디자인되어 왔으며, 오늘날은 사용절차가 편리한 OS^operating system의 개발과 더불어 PC에 기초한 하드웨어로 운영된다. POS 시스템을 위한 소프트웨어는 판매분석, 예상판매량, 예상판매원가를 분석하기 위한 다양한 기능을 제공한다. 또한 POS 시스템과 PMS와의 인터페이스는 객실에 투숙하고 있는 고객이 식음료서비스를 구매했을 경우, 고객의 투숙 여부를 확인하고, 즉시 고객폴리오에 구매요금을 올릴 수 있도록 한다.

이와 같이 식음료부문의 정보시스템은 음식생산의 통제, 감독, 분석을 지원하는 RMS와 식음료서비스의 효율성을 높이고, 식음료 판매를 통제하며, 판매된 메뉴를 분석하는 기능을 지원하는 POS 시스템으로 크게 구성된다.

02 프론트오피스시스템 Front Office System

1) 프론트오피스시스템의 개념

프론트오피스의 주 업무는 호텔에 투숙하기 위해 찾아오는 고객을 제일 먼저 접객하는 장소이고 고객이 체류하는 동안 호텔 내 모든 곳에 안내 역할을 하는 곳이기도 하며, 고객이 호텔을 출발할 때까지 마지막으로 안내하는 호텔창구의 역할을 하는 곳이다.

호텔이 생겨나고 고객들이 호텔을 이용하게 되면서 수많은 정보들이 발생하였다.

호텔들은 가장 중요한 자원인 정보의 흐름을 원활하게 하고 정보를 적절하게 처리함으로써 경영효과를 증진시키는 영업체계의 확립을 필요로 했고 그에 따라서 생겨나게 된 것이 호텔정보시스템이다. 고객과의 거래에 의해 발생된 수많은 양의 정보를 과거처럼 수작업을 통한 문서가 아니라 컴퓨터를 이용한 자료처리 절차의 간소화의 시도로서 정보처리에 있어 비용절감 효과, 신속성, 정확성을 높여준다.

각 호텔들은 자신들이 수집한 정보를 얼마만큼 잘 관리하고 활용하는가에 따라 경영의 효율성 및 수익의 재창출을 이룰 수 있는 것이다.

여러 호텔이 오픈하면서 호텔마케팅을 위한 판촉 그리고 경영결과를 감시하고 감독하는 방법을 연구하게 되었는데, 이것이 호텔정보시스템을 사용하는 동기라고 할 수 있다. 이러한 사용의 동기는 업무의 효율성 및 비용절감의 목적을 바탕으로 하고 있다.

호텔정보시스템을 크게 분류하면 네 가지로 분류할 수 있다.

프론트오피스시스템, 백오피스시스템, 업장경영관리시스템, 인터페이스시스템으로 분류할 수 있으며 이 네 가지가 호텔정보시스템에서 가장 큰 부분을 차지한다. 따라서 이러한 모든 업무를 원활하고 신속하게 수행하기 위해서 시스템에서도 기능별로 구분되어 있다. 현장부서의 업무 호명은 예약, 등록, 일반, 객실, 수납, 업장관리 등 여섯 부문으로 나누어 각 관리부문의 주요 업무 내용을 표기하였다.

2) 호텔객실 · 예약정보시스템

프론트오피스 내에 존재하는 모듈로서 객실예약, 프론트데스크, 객실관리, 야간회계감사Night Audit, 인터페이스 등으로 구분되어지는 것이 일반적이다.

그 중 호텔객실 · 예약정보시스템은 일반적인 프론트오피스의 한정된 업무로 보이지만 그 중요도나 활용도 면에서는 가장 강조되고 집중적으로 개발되고 있는 PMS의 가장 중요한 부문이라 하겠다.

프론트오피스시스템은 예약Reservation, 체크인Check In Or Front Desk, 체크아웃Check Out, 일일결산Night Audit, 객실관리House Keeping, 고객관리Guest History, 여행사관리Travel Agent, 교환안내Telephone,

여신관리Account Receivable와 각종 출력자료 기능이 있으며, 전체적인 관리를 위해 시스템 유틸리티System Utilities 기능 및 구성Hotel Configuration 등이 있다.

예약관리부문은 개인 또는 단체예약 처리와 객실판매 현황집계관리, 고객에 대한 메시지 등록 및 조회, 예약고객의 객실배정을 처리하며, 이러한 정보는 통합 고객관리시스템으로 이관되어 관리되어지며, 고객이 호텔을 방문하여 등록시 활용되는 정보로 수작업에 의한 재등록 없이 자동으로 고객정보가 등록된다.

또한, 등록관리부문은 투숙고객의 예약관리로부터 자동으로 이관되는 정보와 예약 없이 투숙을 하는 고객의 정보를 등록관리, 등록된 고객정보 또는 투숙관련정보의 수정과 조회, 등록을 처리하며, 이때 등록 또는 수정된 메시지는 관련부서와 도시에 변경 또는 추가내용을 공유하게 된다.

■ 예약관리시스템 흐름도

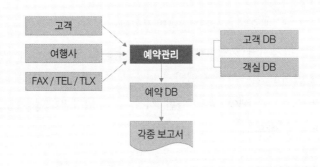

예약관리시스템 각종 보고서

- 예약 현황표
  - 개인 / 단체별
  - 예약일별 / 예약자별 / 도착예정일별
  - ROOM TYPE별 / 여행사별
- 예약취소 현황표
- 일별도착 현황표
  - 개인 / 단체 / 성명별
- 예약가능객실 요약표
  - 층별 / ROOM TYPE별 / 일자별
- 예약 예측표
  - 1 DAYS / 7 DAYS / ROOM TYPE별
- 여행사별 수수료 현황표
- 고객 예약 대기 현황표

- 봉쇄된 객실 현황표
- 예약처리보고서
- 객실 할인 현황
- 쿠폰고객 체크리스트
- 예약등록카드
- 고객이력 분류보고서
  - 성명별 / 고객유형별 / 수익별 / 국가별 / 생일별
- 추가 고객명세서
- 삭제 고객명세서
- DIRECT MAILING
  - 업장 / 판촉담당 / 연령 / 생일 / 개인 / 법인 / VIP / 각종 안내문
- 고객이력카드

당일예약을 처리할 수 있는 기능도 지원이 되어야 하며, 이는 예약실에서는 투숙 전일까지의 예약처리 및 마감을 하여 프론트데스크로 이관을 하게 되며, 전일까지의 예약이 미완료된 고객에 대하여 투숙 당일 프론트데스크에서 예약으로 처리하는 것을 말한다. 이러한 업무처리절차 관계로 프론트데스크에는 투숙고객에 대한 객실배정, 판매, 퇴식관리 이외에 예약업무처리 기능도 부여되어야 함을 알 수 있다. 호텔객실·예약정보시스템의 구도는 [그림]과 같다.

03 백오피스시스템 Back Office System

1) 백오피스시스템의 개념

백오피스는 흔히 고객을 직접 만나 호텔의 소득을 증가시키는 프론트나 식음료 등과는 달리 비용을 증가시키는 부서라고 해서 중요하게 생각하지 않는 경향이 있다. 그러나 백오피스를 몸에 비유하자면 몸을 원활하게 움직일 수 있고 올바른 행동을 할 수 있게 하는 뇌라고 할 수 있다. 즉, 호텔을 원활하게 움직이게 하여 고객이 서비스에 만족하게 하고 회사의 소득 증가를 기획, 관리하는 호텔에 가장 중요한 축이라 할 수 있다. 즉, 백오피스시스템이란 이러한 백오피스 업무를 정보시스템을 통해 좀 더 정확하고 원활하게 활동하기 위해 도와주는 시스템이다.

실질적으로 「호텔정보시스템의 중요도 - 성과 및 유효성과 사용자 만족 간의 관계, 김문수」라는 논문에서 살펴보면 호텔정보시스템의 중요성과 성과의 조사를 통해 호텔산업에서 백오피스시스템의 중요성의 인식은 다른 업무보다 낮게 나타났지만 그 인식에 비해 호텔산업에 미치는 성과는 매우 높게 나타나고 있음을 알 수 있었다.

백오피스의 주 업무는 호텔에서 발생하는 매출·매입관계를 관리하는 경리·회계시스템, 종업원의 채용 및 교육 그리고 급여를 관리하는 인사·교육시스템, 호텔영업에 필요한 식·음료관리 및 원가를 관리하는 재고관리시스템과 원가관리시스템 등이 있다. 그리고 이러한 모든 자료를 최고경영자가 참조할 수 있도록 구축된 최고경영자 관리시스템이 있다. 이러한 모든 시스템을 총괄하여 백오피스시스템이라고 한다. 따라서 백오피스시스템은 호텔경영특성에 따라 시스템을 구축할 수 있는 유연성이 있는 특징이라고 할 수 있다.

2) 백오피스시스템의 역할 및 종류

백오피스시스템 역할은 호텔에서 발생하는 매출 · 매입관계를 관리하는 경리 · 회계시스템, 종업원의 채용 및 교육 그리고 급여를 관리하는 인사 · 교육시스템, 호텔영업에 필요한 식 · 음료관리 및 원가를 관리하는 재고관리시스템과 원가관리시스템이 있으며 호텔 고객관리 및 판촉을 위한 업무를 집행하는 판촉 · 연회관리시스템 등이 있다. 뿐만 아니라 이러한 자료를 최고경영자가 참조할 수 있도록 도와주는 최고경영자 관리시스템이 있다. 백오피스의 시스템은 호텔경영 특성에 따라 시스템을 도와줄 수 있는 유연성이 있어야 한다.

이렇게 백오피스시스템 역할과 종류는 다양하다. 그중에서 소프트웨어의 주요 기능을 뽑아 요약하자면 다음과 같다.

첫째, 호텔의 직원들을 관리하는 인사관리시스템이다. 인사관리시스템은 인사업무의 정확성과 신속성 그리고 업무의 효율성을 높이기 위하여 개발된 인사관리시스템으로서 급여 등의 타 시스템과 데이터를 공유함으로써 이중성을 없애고 정확성을 제공한다. 또한 직원에 대한 인사행정의 기본체제를 구축하고, 사용부서의 요구에 따라 다양한 보고서와 조회화면을 제공하며, 다양한 통계자료를 산출한다. 뿐만 아니라 이러한 자료를 모아 보고서를 제공함으로써 경영층의 의사결정을 지원한다.

둘째, 판촉관리시스템이다. 호텔을 이용하는 시설에 관해 고객관리 업무를 쉽게 처리할 수 있도록 "사용자의 편의성"에 중점을 두어 개발한 시스템으로 판촉이 될 수 있는 고객의 정보 등을 관리하며 판촉직원들의 실적을 관리한다. 고객에 관한 모든 정보를 관리하며, 원하는 시점에서 필요한 정보를 항상 이용할 수 있게 제공한다.

셋째, 연회관리시스템이다. 연회관리시스템은 연회장을 최대한 효율적으로 운영함은 물론, 정확하고 신속한 고객서비스가 되도록 지원한다. 연회장의 예약사항, 연락처, 견적사항 등의 기본적인 행사진행자료를 관리하여 행사가 효율적으로 진행되도록 기초 데이터를 관리한다.

넷째, 자재관리시스템이다. 자재관리시스템은 사용자가 쉽게 다양한 품목의 자재를 합리적이고, 효율적으로 관리할 수 있도록 개발된 시스템이다. 호텔의 자재관리시스템은 다양한 보고서 작성과 조회 기능을 제공하여 수시로 모든 품목의 변동사항과 재고파악을 할 수 있게 함으로써 효율적인 자재관리를 가능하게 한다.

다섯째, 회계관리시스템이다. 회계관리시스템은 사용자의 실정에 맞게 재무제표를 구축할 수 있으며, 조직 및 관리부문 등에 따라 재무제표 및 각종 세부 명세서를 처리하고, 사용자별로 각 기능을 제한할 수 있다.

여섯째, 영업분석시스템이다. 영업분석기능은 적은 작업량으로 당일의 영업현황분석, 해당일까지의 누적매출현황, 목표대비 실적현황분석 등 다양한 보고서를 산출하여 호텔의 영업을 분석하는 데 필요한 정보를 제공하여 적절한 조치 및 효율적인 경영관리를 할 수 있도록 지원한다.

백오피스시스템은 영업부문에서 발생된 매출에 대하여 회계결산을 하는 기능을 가지고 있으며, 대고객업무를 전담하고 있는 영업부문을 후방에서 지원하는 기능을 가지고 있다. 프론트오피스시스템과 마찬가지로 백오피스시스템도 호텔의 특성에 따라 다양하게 운용되고 있다. 백오피스시스템은 호텔마다 필요한 부문을 개발하여 사용하므로 프로그램이 차이가 나지만, 운영적인 측면에서는 크게 차이가 나지 않는다.

백오피스시스템의 기능에는 고객관리시스템, 연회고객관리시스템, 인사관리시스템, 급여관리시스템, 구매자재관리시스템, 고정자산관리시스템, 재무회계시스템, 영업분석시스템이 있다.

3) 고객관리시스템

고객관리시스템은 사용자 편의성에 초점을 맞추어 호텔고객관리업무를 쉽게 처리할 수 있도록 개발된 프로그램이다. 호텔을 이용한 고객들의 현황 및 연락처, 행사일 등의 자료를 관리하여 판촉활동을 지원하며 판촉대상이 될 수 있는 고객의 정보 등의 관리 및 판촉직원들의 실적을 관리한다. 고객관리시스템은 고객에 관한 모든 정보를 관리하며, 원하는 시점에서 필요한 정보를 언제나 이용할 수 있게 한다. 여기에는 계층식 메뉴방식에 의한 풍부한 도움말 화면과 다양한 오류 메시지의 제공으로 사용자가 쉽게 이용할 수 있도록 한다. 사용자별로 보안수준을 부여하여 각종 기능사용을 제한할 수 있으며, 사용자 ID와 암호를 관리함으로써 부주의나 고의로 인한 자료의 유출 및 손상을 방지할 수 있다. 기업의 각종 그룹사관리 및 기업거래 담당자를 관리할 수 있으며, 판매실적에 관한 사항과 보고서들이 제공된다. 그리고 고객, 잠재고객, 기업에 해당하는 조건별로 다양한 DM 발송을 할 수 있다.

4) 백오피스시스템 업무 분석

백시스템은 인사, 급여, 회계^{세무회계, 여신관리, 지불회계, 어음관리, 일반회계}, 고정자산, 판촉고객, 영업분석 등이 있으며, 일반 기업에서도 다루는 분야이므로 요약하여 분석하며, 요즈음의 추세는 재물 관리까지도 전산화하는 경향이 많으며, 각각 업무에 대한 흐름도는 다음과 같다.

(1) 인사관리시스템

인사관리시스템의 목적은 인사기록 유지 및 개인 인적사항의 변동에 관한 각종 자료의 자동취합과 분석 및 효율적인 보직관리와 평가제도를 정착시키는 데 있다. 나아가 급여계산 및 각종 세무자료의 회계관리와 즉각적인 검색을 통하여 합리적이고 과학적인 인사관리체제를 구축하는 한편, 연관관계를 자동화하여 차후 개발된 각종 업무전산화를 위한 기본 여건과 정보체계를 조성하는 데 있다.

즉, 인사관리는 개인의 신상자료관리 및 근무기록에 관한 모든 자료를 기록 관리함으로써 직원에 대한 인사행정의 기본 체제를 구축하며, 급여관리는 급여 및 상여계산, 퇴직금계산, 연 월차 계산, 연말 및 중도 정산, 국민연금 관리 등의 기능을 제공한다.

(2) 급여관리시스템

급여관리시스템은 급여업무의 정확성과 신속성 그리고 업무의 효율성을 높이는 데 그 목적이 있다. 인사시스템과 연계하여 자료의 이중관리를 방지하고 상호 데이터를 호환함으로써 급여업무에서 가장 중요시하는 정확성에 역점을 두고 있다. 다른 시스템과의 자동연계로 자료제공 및 정보의 취합이 용이하며 급여계상 및 세무자료의 자동산출기능을 제공한다. 급여관리시스템에서는 각종 변동자료에 따른 프로그램 수정의 극소화를 추구하고 있으며, 사용자 조작의 통일성을 기하기 위하여 통일된 화면을 제공하여야 한다. 급여의 지급, 공제, 세율 등의 항목을 체계적으로 코드화해야 하며, 직급, 직종, 부서별 급여현황을 쉽게 파악할 수 있도록 각종 보고서를 통하여 효율적인 급여업무를 지원하여야 한다.

호텔직원의 임금산정은 직원의 근무시간, 임률, 원천과세, 공제액 등 다양한 변수를 고려해야 되기 때문에 상당히 복잡한 업무이다.

따라서 호텔의 임금관리프로그램은 BOS 시스템 중 상당히 복잡한 프로그램으로, 직원의 업무코드, 식사, 봉사료, 세금, 그리고 직원의 급여에 영향을 줄 수 있는 모든 자료를 다룰 수 있어야 하며, 정확한 임금관련 보고서를 작성해 낼 수 있어야 한다.

📖 인사/급(상)여관리 하위시스템

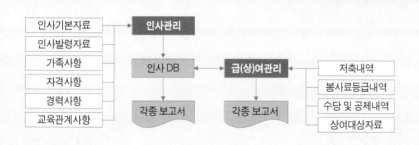

인력관리	복무관리	급(상)여관리
• 총원 명부	• 성별 현황	• 급여봉투
• 부서 / 직급별 인원현황	• 인사고과 현황	• 재형저축 현황
• 부서별 일용직 고용현황	(근무평점, 능력평점, 종합평점)	• 국민연금 현황
• 퇴직자 명부	• 일일근태 현황	• 직원후불 현황
• 신원조회 명부	• 부서별 근태 현황	• 봉사료 현황
• 자격 / 면허 취득자 현황		• 급여지급명세
• 개인별 자격 / 면허취득 현황	퇴직정산	• 화폐권 현황
• 교육 / 훈련 이수자 현황		• 서클 현황
• 개인별 교육 / 훈련 이수 현황	• 퇴직정산징수부	• 노조가입 현황
	• 원천징수영수증	• 계급별 근로소득
	• 퇴직충당금명세	• 개인별 의료보험 현황
인사발령		• 상여근태
	연말정산	• 상여봉투
• 인사 명령서		• 상여지급명세
• 개인별 인사 발령 대장	• 연말정산기초자료	• 상여화폐권 현황
• 정기 승급 대상자 명부	• 근로소득원천징수영수	
• 정기 승호 대상자 명주	• 근로소득원천징수부	
• 승급 / 승호자 명단	• 근로소득명세	

(3) 구매 · 자재관리시스템

구매/자재관리시스템은 사용자가 쉽게 수많은 품목의 자재를 합리적이고 효율적으로 구매, 관리할 수 있도록 개발되었다. 코드에 의한 자유로운 설정으로 필요로 하는 업무관리가 용이하며, 메뉴에 따른 방식사용으로 시스템 사용을 쉽게 한다. 또한 대화식 작업에 의해 입력자료의 타당성 검증을 쉽게 할 수 있어서 자료의 정확성 유지가 가능하다. 각 기능별로 Security를 적용할 수 있어서 자료의 보안성을 유지할 수 있는 기능도 갖추고 있다. 회계시스템과의 데이터 인터페이스가 용이할 뿐만 아니라, 다양한 호텔기능을 제공하고 있어서 신축성 있는 시스템 운영이 가능하다.

(4) 재무회계시스템

재무보고서 관리프로그램은 계정과목별 세부명세서를 관리하고, 거래내용에 체계적으로 접근할 수 있도록 도움을 줌으로써 외상매출금, 외상매입금, 현금 등의 내역을 쉽게 확인하고, 수정할 수 있도록 해 준다.

재무보고서 관리프로그램은 대차대조표와 손익계산서 그리고 관리자가 필요로 하는 각종 보고서를 만들 수 있도록, 프론트오피스와 백오피스의 모든 데이터에 접근이 가능하도록 설계된다.

재무회계시스템은 On-Line 방식의 자료처리로 모든 관리가 신속하고 정확하며 다양한 보고서 및 부가가치세, 법인세에 관한 사항이 제공된다.

회계관리는 사용자의 실정에 맞게 재무제표를 구축할 수 있으며, 조직 및 관리부문 등에 따라 총 계정원장, 각 보조원장, 재무제표 및 각종 세부 명세서가 처리되며 사용자별로 각 기능을 제한할 수 있다.

(5) 고정자산관리시스템

고정자산관리시스템은 메뉴방식에 의하여 사용자가 쉽게 고정자산의 관리업무를 처리할 수 있다. 정액법, 정률법 등의 상각방법의 선택운영이 가능하며, 보통 상각 외에 조정상각, 특별상각이 가능하다. 시스템과의 대화식 입력으로 자료 입력시 그 타당성이 자동으로 검사되며, 상황에 따른 메시지가 출력되어 바로 정정이나 삭제를 할 수 있다. 기능키의 사용으로 각 조회 또는 입력화면에서 코드의 검색 및 Help를 제공하며 동일자산의 경우 기존자산을 통한 Copy 등록 등 많은 수의 동일품목 자산은 자동으로 자산번호를 부여하여 등록시킨다. 각종 조회 및 보고서 제공으로 다양한 정보를 화면 및 보고서를 통해 수시로 파악이 가능하며, 마스터파일 및 기타 제어파일에 대한 정보도 마찬가지로 신속하게 수집할 수 있다.

재고관리프로그램은 효율적인 호텔운영을 위해 필수적인 내부통제와 회계기능을 병행한다. 재고관리프로그램은 재고파일inventory master file의 데이터를 활용하여 재고상태inventory status, 재고변화inventory variance, 재고가치inventory valuation를 산정해낸다.

재고상태는 품목별 재고량, 재고변화는 실제 재고량과 기본적으로 유지해야 할 재고량의 불일치, 재고가치는 재고품목별 금전가치를 나타낸다.

호텔의 자산을 관리하는 기능으로서, 정액법, 정률법 등의 상각방법의 선택운영이 가능하며, 보통상각 외에 조정상각, 특별상각이 가능하다.

(6) 고객기록카드시스템

고객카드의 개념은 결코 새로운 것이 못된다. 호텔업체에 근무하는 지배인들은 고객에게 극진한 서비스를 제공하여 친숙해지면서 대화를 통하여 그들의 선호 또는 특징 등을 알아내어 색인목록카드index card에 고객별로 기록해 두었다가 다시 찾아오겠다는 예약을 접수하면 미리 알아서 준비하여 고객의 기분을 맞춘다. 그리하여 체재기간 동안 보다 친밀한 대화를 통하여 새롭게 알아낸 정보들을 원래의 고객카드에 추가또는 변경 기록한다.

비록 그러한 방법들이 번거롭고 시간 낭비이긴 하지만 오늘날에도 아직 전통적인 방식을 그대로 사용하고 있는 일부 호텔들이 있다. 왜냐하면 공학기술에 의한 컴퓨터화된 Guest History 시스템을 택하면 호텔영업 성공의 진수라 할 수 있는 고객과의 사적이고 인간적인 관계를 컴퓨터가 대신 해주기 때문이다. 전자식 고객카드시스템Electronic Guest-History System의 주요 기능은 고객에 대한 Personalized Service를 지원하기 위한 것이다. 더구나 다목적 기능을 보유하고 있는 PMSProperty Management System와 연결시키면 예약, 마케팅, 그리고 기타 업무관리 등 많은 분야에서 효율적인 업무개선 · 발전에 크게 기여할 수 있다.

(7) The Invisible Tool

호텔 영업은 아직도 사람이 사람을 상대하는 인적 비즈니스이다. 아무리 컴퓨터 기술이 발달해도 컴퓨터가 고객에게 인사할 수 없고 투숙시킬 수도 없으며 고객을 좌석에 안내하는 일을 할 수 없다. 그리고 고객이 현관 데스크에 도착하여 Check-In 담당 클러크와 처음 만난 자리에서 클러크이라는 사람이 컴퓨터의 스크린에만 눈이 집착되어 고객의 눈을 쳐다보지도 않고 기다리게 만드는 것도 결코 고객에게 좋은 인상을 줄 수가 없다. 그럼에도 불구하고 컴퓨터를 손에 가까이 비치하되 고객의 눈에 보이지 않게 적절히 사용하면 매우 가치 있는 유용한 도구임에는 틀림없다.

Guest-History를 전산화하면 가장 중요한 자원이라 할 수 있는 고객에 관한 값진 정보들을 경영진에 제공할 수 있는 능력을 구비하게 된다. 이러한 유형의 컴퓨터시스템은 서비스를 질적인 면에서 고양하고 마케팅 도구^{Marketing Tool}로서 상상력과 창의력을 얼마든지 발휘할 수 있는 엄청난 잠재력을 지니고 있다.

(8) 영업관리시스템

영업분석시스템은 프론트오피스시스템으로 인터페이스시스템을 통해 자료를 받아 호텔의 영업을 일, 월별로 분석할 수 있도록 구축되었다. 이 시스템은 적은 작업량으로 당일의 영업현황분석, 해당일까지의 누적매출현황, 목표대비, 실적현황분석 등 다양한 형식의 보고서가 산출되어 호텔의 영업분석을 하는 데 다양하고 정확한 정보를 제공한다. 매일 생산되는 매출현황 및 각종 분석자료를 통하여 적절한 조치 및 효율적인 경영관리를 할 수 있도록 지원한다. 각종 코드에 대한 배열^{Configuration} 파일을 통해 영업실정에 맞는 시스템 설정이 용이하다. 한 번의 Code Match 작업에 의해 프론트오피스와의 자료교환이 이루어질 수 있다. 또한 다양한 Code Help를 제공하며 시스템과 대화식 입력으로 자료입력시 곧바로 자료의 정확성 검색이 가능하다.

영업분석기능은 적은 작업량으로 당일의 영업현황분석, 해당일까지의 누적매출현황, 목표대비 실적현황분석 등 다양한 형식의 보고서가 산출되어 호텔의 영업을 분석하는 데 다양하고 정확한 정보를 제공하여 적절한 조치 및 효율적인 경영관리를 할 수 있도록 지원한다.

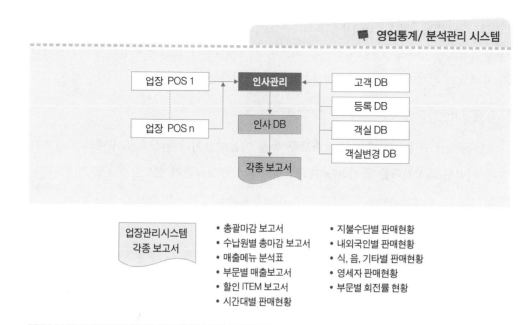

영업통계/ 분석관리 시스템

업장 POS 1 → 인사관리

업장 POS n → 인사 DB

각종 보고서

고객 DB
등록 DB
객실 DB
객실변경 DB

업장관리시스템
각종 보고서

- 총괄마감 보고서
- 수납원별 총마감 보고서
- 매출메뉴 분석표
- 부문별 매출보고서
- 할인 ITEM 보고서
- 시간대별 판매현황

- 지불수단별 판매현황
- 내외국인별 판매현황
- 식, 음, 기타별 판매현황
- 영세자 판매현황
- 부문별 회전률 현황

업장관리시스템은 식당 및 주차장, 커피숍 등 객실매출 이외의 업장 발생분에 대한 처리를 한다. 투숙객조회 및 매출발생전표입력, 전표누락 및 중복확인, 여신한도 및 지불방법 체크기능을 갖추고 있으며 객실투숙객인 경우는 POS 시스템을 통한 요금처리가 전송되며 비투숙객의 경우는 야간회계감사 작업시 일관 전송하는 배치^{Batch}처리방식을 택하고 있다.

(9) 여신관리

여신관리기능은 호텔을 사용한 고객과 여행사 및 단체고객들의 미수금에 관한 사항들을 관리하며, 주요 기능은 다음과 같다.

① 외상매출금관리

고객이 체크인을 하면 고객계정이 만들어지고, 체재하면서 구매하게 되는 모든 서비스 요금이 고객계정에 기재되는데, 이때 고객계정에 기재되는 모든 금액은 호텔측면에서 보면 외상매출금이 된다.

외상매출금 관리프로그램은 이러한 고객계정, 다시 말해 외상매출금을 관리하는 프로그램이다. 고객의 외상매출금 내용은 프론트오피스에 적용된 프로그램에서 자동적으로 외상

매출금 관리프로그램에 전달되나, 호텔에 따라서는 수동으로 직접 외상매출금 관리프로그램에 입력하는 경우도 있다. 일단 백오피스의 외상매출금 프로그램에 입력되면 회계처리가 시작되고, 외상매출금 금액과 발생기간 등이 모니터된다.

② 외상매입금관리

호텔은 각종 식음료자재와 객실소모품 등을 어음발행이나 외상으로 구매하는 경우가 많다. 이러한 외상거래를 관리하는 프로그램이 외상매입금관리 프로그램으로 거래처파일 vendor master file, 송장등록파일 invoice register file, 전표등록파일 check register file 로 구성되어 있다.

거래처파일은 거래처의 이름, 주소, 전화번호, 표준할인 시간과 비율, 기타 정보기입란으로 구성되어 있다. 송장등록파일은 거래처, 송장발송일, 송장번호, 송장처리시한 등으로 분류된 송장목록이기 때문에, 할인율을 적용받고자 할 때에 특히 중요한 역할을 하는 파일이다.

전표등록파일은 거래처에 지불해야 할 외상대금을 계산하고, 은행전표를 프린트하는 것에 관계된 파일로, 전표발행과 전달내용을 기록유지하고, 은행잔고를 확인할 수 있도록 해준다.

제3절 호텔회계재무관리

01 호텔회계의 개념과 필요성

1) 호텔회계의 개념

　호텔경영에서 거래의 대부분은 현금으로 이루어지며 신용거래도 빠른 시간 안에 현금화되는 사업이다. 일반적으로 기업경영에서 현금흐름은 영업활동, 투자활동, 재무활동으로 이루어진다. 현금흐름은 경영의 질적 지표로서 일정기간 동안 들어온 돈으로 기업이 매출을 올리고 투자하고, 비용을 쓴 결과 남은 돈을 말한다. 현금흐름은 시장점유율이나 이익뿐만 아니라 설비투자나 판매성장에 따른 재고 등 운전자금의 수요까지도 밝혀주며, 기업의 경영성과를 종합적으로 나타낸다. 현금흐름표를 통해서 미래의 현금흐름, 이익의 정도, 영업활동 수행능력, 투자활동과 재무활동 거래가 재무상태에 미친 영향 등에 관한 정보도 알 수 있어 현금흐름은 경영지표로 활용이 가능하다.

　현금흐름표는 영업활동으로 인한 현금흐름, 투자활동으로 인한 현금흐름, 재무활동으로 인한 현금흐름으로 구분하여 표시하고, 기초의 현금을 가산하여 기말의 현금을 산출하는 형식으로 표시한다. 여기서 현금이라 함은 현금과 어음, 3개월 이내에 만기가 도래하는 채권 등을 모두 포함한다.

　영업활동이라 함은 일반적으로 제품의 생산과 상품 및 용역의 구매, 판매활동을 말하며 투자활동과 재무활동에 속하지 않는 거래를 모두 포함한다. 영업활동으로 인한 현금의 유입에는 제품 등의 판매에 따른 현금유입, 이자수익과 배당금 수익, 기타 투자활동과 재무활동에 속하지 않는 거래에서 발생된 현금유입이 포함되며, 영업활동으로 인한 현금의 유출에는 원재료, 상품 등의 구입에 따른 현금유출, 기타 상품과 용역의 공급자와 종업원에 대한 현금지출, 법인세 비용의 지급, 이자비용, 기타

투자활동과 재무활동에 속하지 않는 거래에서 발생된 현금유출이 모두 포함된다.

투자활동이라 함은 현금의 차입 및 상황활동, 신주발행이나 배당금의 지급활동 등과 같이 부채 및 자본계정에 영향을 미치는 거래를 말한다. 기업의 건강상태를 알려주는 재무제표 중 대차대조표가 체격이고 손익계산서가 체력이라면 현금흐름표는 혈액이라고 비유할수 있다. 현금이 기업에 유입·유출되는 것을 의미하는 현금흐름은 기업 전반에 흐르는 현금의 절대량과 방향을 나타내는 동태적 지표인 것이다. 건실한 현금흐름표상에서 나타난 현금의 유동성에 대한 정보는 건실한 기업으로 평가받는 가장 객관적인 자료이기 때문에 무엇보다도 중요하며 기업의 4대 재무제표인 대차대조표, 손익계산서, 현금흐름표, 자본변동표 중의 하나로 분류되고 있다.

2) 호텔회계의 필요성

호텔기업은 제조기업과는 다른 회계를 필요로 한다. 제조업이 제품을 대상으로 회계를 하는 반면, 호텔은 고객을 회계의 대상으로 한다. 고객에게 서비스상품, 환경, 전달시스템을 경험하게 하고 이 경험의 품질에 따라 가격이 정해지며, 고객은 이 경험가치의 대가로 대금을 지불함으로써 거래를 하는 것이다. 이러한 거래의 기록을 통해 보다 나은 가치를 위한 의사결정의 정보원천으로써 호텔회계를 사용하는 것이다.

호텔은 개개의 거래에 있어 종류가 다양하고 복잡한 요금과 매출은 물론 발생장소나 시간이 제각기 다르므로 그 결제가 현금 또는 신용카드에 있다고 할 때, 발생에서 결제에 이르기까지의 기간에 이처럼 신속을 요하는 업종은 호텔 이외에는 거의 없을 것이다. 또한 개업한 이후 연중무휴와 동시에 24시간 영업이 계속된다.

각 부문에서 발생한 거래를 각각 상세히 기록하고 숙박객 계정의 집계와 각 부문에서 발생한 숙박객에 대한 매상의 집계와도 반드시 일치하도록 해야 한다. 그리고 고객이 어느때에 체크아웃을 하더라도 그 고객계정이 그 시점까지 발생했던 모든 것을 집계하여 종결해 놓지 않으면 안된다. 손님이 체크인한 후 발생하는 객실사용, 짐운반 의뢰, 전화사용, 세탁의뢰, 미니바사용, 식당이용, 전화사용, 편지발송 등의 일련의 행동은 단기간 내에 발생한다. 그러므로 호텔측에서는 그 시간 내에 손님의 성명과 주소를 동시에 등록하고 숙박객

계정에 기록하며, 인포메이션과 교환원에게 객실번호를 전달하고 각 장소에서 매상이 발생하는 즉시 숙박객계정에 집계되도록 해야 한다. 한편 이들 숙박객 외의 연회나 식사 등 외래객의 방문으로 현금거래가 발생하기 때문에 수취계정의 내부 감사가 절대적으로 필요하다. 또한 식음료부문의 상품은 생산과정에서 소멸할 가능성이 크기 때문에 그 수량, 분량 체크가 필요하다. 호텔용품과 함께 영업경비의 지불에는 타 기업과 큰 차이가 없다. 그러나 도자기, 유리, 은제품 등의 식기류, 린넨류의 회계처리에는 호텔기업 특유의 회계처리가 필요하며, 원가관리분야에 있어서도 역시 특별한 회계처리가 필요하다.

02 호텔회계의 분류와 기준

기업에서의 회계, 즉 셈을 하거나 계산을 한다는 것은 경제활동을 위한 거래행위를 기록하는 것으로, 재무적 성격을 갖는 활동의 화폐 단위에 의하여 기록 · 분류 · 요약하고, 그 결과를 일정한 형식으로 나타내어 보고하는 기술이라고 하겠다.

현대적 의미의 회계는 외부의 이해관계자들에게는 합리적인 의사결정을 하기 위한 정보를 제공하거나, 경영자에게 그 기업의 실태와 업적을 일정한 기준에 따라 정확하게 보고하는 자료로서의 역할을 한다.

1) 호텔회계의 분류

(1) 재무회계 Financial Accounting

재무회계란 기업과 이해관계를 맺고 있는 주주, 채권자, 세무사, 소비자, 종업원 및 미래의 투자자 등과 같은 이해관계자가 기업실체와 관련하여 합리적인 의사결정을 할 수 있도록 기업의 안정성, 수익성, 활동성 등의 재무상태나 경영실적을 계수화한 것이다. 재무제표의 작성을 일정하고 통일된 회계원칙에 따라 객관적이며 정형화된 양식으로 또한 법에 의한 강제적 통제를 받아서 적정한 재무적 정보를 제공하는 데 그 목적이 있다. 재무회계의 일반목적은 재무제표의 작성과 관련된 회계이며, 일반 재무제표로는 대차대조표, 손익계산서, 이익잉여금 처분계산서, 재무상태 변동표가 있다.

(2) 관리회계 Management Accounting

재무회계의 목적이 외부 이해관계자를 위한 기초적 자료를 제공하는 것이라면, 관리회계는 기업내부의 이용자, 즉 호텔의 경영자들에게 경영관리를 위하여 필요한 회계정보를 산출하여 유용한 정보를 제공함으로써 기업목적을 효과적으로 달성하고자 하는 데 있다. 또한 관련회계는 자율성, 능동성, 적극성에 입각하여 기업의 상황과 목적에 맞도록 하여 미래 지향적 효과를 달성하는 데 있다.

(3) 세무회계 Tax Accounting

세무회계는 법인세법, 소득세법, 부가가치세법, 조세감면규제법 등과 같이 법에 따라 기업이 국가나 지방자치단체에 납부하는 세금에 대한 세액의 결정, 세무신고서의 작성, 세무관리 등을 다루는 회계를 말한다. 세무회계는 법의 지배원칙에 의해 의무적이고 강제적이며 정확성을 기해야 한다.

(4) 원가회계 Cost Accounting

원가란 용역의 제공 및 상품의 판매를 위하여 소비된 모든 재화와 용역의 가치이다. 따라서 원가회계는 호텔업에서 객실상품을 생산하는 데 필요로 하는 원가의 개념, 식음료부문의 상품을 생산하는 데 있어서 소요되는 원재료를 식자재 및 음료자재로 구분하여 적절한 원가의 유지와 관리를 주된 목적으로 하는 회계의 영역이다.

(5) 영업회계 Operation Accounting

호텔의 영업회계란 고객의 호텔이용에 대한 제반사항에 대해 수납원이 직접 고객으로부터 대금을 영수하는 수납기능과 요금계산서를 발행하고 집계·분석하는 기능으로 각 영업장에서의 활동을 영업부문별로 일일결산체계로 종합하는 매출관리회계라고 하겠다.

2) 호텔회계 기준

회계는 일반적으로 인정된 회계원칙에 의해서 이루어진다. 우리나라 호텔기업은 경영형태와 규모에 따라서 크게 세 가지의 기준으로 구분한다. 일반적으로 기업회계 기준에 의하여 회계원칙을 적용하는 호텔과 외국합작투자호텔 또는 경영기술 도입계약을 한 체인호텔은 USALI 기준을 준용하여 운용하고 있으며, 그리고 기업회계 기준과 USALI를 혼용하는 호텔도 있다. 호텔업도 회계의 결과를 정확, 명료하게 표시하는 방법은 일반적으로 인정되는 기업회계원칙에 따른 손익계산서에 의하여 손익 등의 재무제표를 활용한다.

(1) 기업회계 기준

한국에서 기업회계 기준을 적용하고 있는 호텔들은 호텔경영이나 호텔회계의 특수성을 고려하지 않고 있는 호텔로서 중·소규모의 호텔들이 이에 속한다. 기업회계 기준은 회계에 있어서 반드시 준수해야 한다는 사회적인 합의가 이루어진 일반적 회계원칙이다.

(2) 호텔회계 기준Uniform System

호텔회계제도는 호텔의 규모나 구조에 관계없이 표준양식에 따라 재무제표를 작성하도록 규정하고 있으며, 손익계산서가 영업부문별로 수입원가 및 비용이 세분화되어 있으므로 영업부문별 목표이익관리 및 예산계획조정이 가능하고, 통일된 회계제도로서 호텔경영자가 이해관계자에게 회계정보를 전달·인식시킬 수 있다. 또한 대차대조표, 손익계산서의 작성과 영업부문별 손익계산절차 및 경영성과 분석을 위한 방법에 대한 기준이 영업부문별로 계정과목을 분류하고 분개하는 시점에서부터 통일화되어 있으며, 매출원가가 직접원가의 개념으로서 제조원가가 아닌 매출원가로 수입에 직접 관여되는 비용만을 대응·배분시키고, 감가상각비·보험료 등은 공통부문비로서 매출원가에서 제외시켰으며, 에너지비용인 수도광열비와 마케팅비용인 광고선전비 및 판매촉진 등과 같은 공통영업비는 영업부문별 수입에 따라 배분하지 않고 있다는 특성이 있다.

(3) 기업회계 기준과 USALI의 혼용

기업회계 기준과 USALI를 혼용하여 호텔 자체의 특성에 맞게 개발하여 쓰고 있는 호텔의 경우이다.

03 호텔의 수익과 비용

1) 호텔의 수익

일반적으로 수익이란 호텔기업이 판매한 재화 또는 용역의 대가이다. 호텔이 영업활동을 통해서 획득하는 객실 및 식음료, 부대사업의 판매대금, 임대수입 등과 같은 것이 있다. 수익은 수입을 가져오지만 모든 것이 다 수입이 되는 것은 아니다. 또한 수익은 이익과 구별되어야 하며, 이익은 수익에서 비용을 차감한 순수금액이다.

호텔의 수입원은 호텔의 규모와 시설의 특성에 따라서 다양하게 나타나며, 내·외국인을 위한 객실부문, 식당 및 연회행사의 주류 판매를 위한 식·음료부문, 사우나·스파·헬스·전화·세탁·비즈니스센터 등과 같은 마이너부문, 환전수수료·공중전화·잡수익 등과 같은 기타 부문으로 구분할 수가 있다.

2) 호텔의 비용

비용으로서의 원가는 매출신장을 궁극적 목적으로 한 자산의 감소라고 할 수 있는 비용의 지출은 수익적 지출이라고 하며, 자산의 증가로 대체되는 비용의 지출은 자본적 지출이라고 한다. 경영의 관점에서 비용이란 수익적 지출을 말하는 것으로 몇 가지 형태로 구분할 수가 있다.

(1) 고정비 Fixed Charge

고정비는 판매량이 변화하는 장기간에 일정하게 유지되는 비용을 말한다. 즉, 객실판매가 5% 신장되었거나 식음료판매가 10% 감소하였어도 고정비는 일정하게 유지된다. 일반적으로 고정비는 급여, 임대료, 보험료, 제세공과금, 감가상각비, 지급이자 등을 들 수 있다. 고정비는 단위판매당 평균고정비의 산출에 있어서 판매량과 관계가 있는데, 예를 들면 총고정비가 $10,000이고 2,000객실을 판매했다면, 객실당 고정비는 $5가 된다. 그러나 3,000객실이 판매되었다면 객실당 평균 고정비는 $3.33로 판매량이 증가할수록 단위당 고정비는 감소하는 결과가 된다.

(2) 변동비 Variable Cost

변동비는 판매량의 변화에 따라 비례적으로 증가하는 비용을 말하는데, 식음료 매출이 10% 증가하면 원재료비도 10%의 증가가 예상되는 관계의 비용이다. 일반적으로 변동비는 원재료비, 변동성 노무비, 소모품비 등이 있다. 예를 들면, 어떠한 음식을 만드는 데 필요한 원재료비가 $3라고 하고, 1,000개의 음식을 판매하였다면 원재료비는 $3,000가 소요된다. 이렇듯 이론상 단위당 변동비는 $3로 일정하게 유지되나 2,000개가 판매되면 $6,000로 증가되는 관계가 곧 총매출에 대한 총변동비는 변화하게 됨을 보여준다.

(3) 혼합비 준고정비, 준변동비

여러 가지 비용항목들 중에서 부분적으로 고정비의 성격도 있고 변동비의 성격도 갖고 있는데, 이런 비용항목들을 혼합비 또는 준고정비, 준변동비라고 하고 있다. 혼합비의 고정비적 성격은 판매량에 비례하여 변화된다고 볼 수 없고, 변동비적 성격은 판매활동에 따라 변화를 하지만 정확한 비율로 변화하지는 않으며 변화폭도 크지는 않다고 할 수 있다.

제4절 영업회계 및 객실회계

01 영업회계의 의의와 원칙

1) 영업회계의 의의

특정의 경제적 실체에 관하여 이해관계르르 가진 사람드에게 합리적인 경제적 의사결정을 하는데 유용한 재무적 정보를 제공하기 위한 일련의 과정이 회계이다. 호텔영업회계는 거래의 발생이 곧 서비스의 제공과 상품판매에서 시작되는 수익계정이 가장 기초적인 단계의 처리과정이다. 호텔경영의 특수성을 고려하면 영업회계에서 가장 중요한 것은 수납처리이며, 영업분석, 고객성향분석 및 예측 등 기본 자료를 통해 고객과 접촉함으로써 기록하고 입력하는 등의 회계처리를 한다.

호텔의 영업회계는 거래가 빈번하게 발생하고 매출장소가 상이하기 때문에 매일의 거래를 기록하고 보고할 때까지의 일련과정에 의해서 업무가 진행이 되는데, 이를 회계의 순환과정 또는 회계절차라고 한다. 호텔은 객실, 식음료, 부대시설 및 기타에서 다양한 거래가 발생이 되기 때문에 매출에 대한 집계는 호텔수익부문의 다양화, 영업시간의 차이에서 발생되기 때문에 호텔업에서 매출은 단순한 집계의 차원을 넘어 청구서의 발행과 전기를 시간 내에 처리해야 하기 때문에 다른 업종과는 다른 특성이 있다. 따라서 매출발생에 관련된 자료를 컴퓨터 및 판매시점관리체계POS:Point of sales System에 정확하게 입력시키고, 각 영업장 간에 상호 연관하여 자료관리 · 정산을 오류의 발생이 곧 고객에게 불편을 끼친다는 생각으로 신속하고 정확하게 시행해야 한다. 영업회계는 객실회계, 식음료회계, 회계감사, 여신관리로 구분하고자 한다.

2) 영업회계의 원칙

① Bill 발생주의 원칙

영업수익에 관계되는 모든 거래는 영업장별로 bill 또는 Folio 및 각종 Voucher의 발생을 통해서 이루어지며, 객실요금 또는 식음료요금은 cashier가 고객으로부터 수납하고 있다.

② 기계주의 원칙

호텔 대부분의 업장에서는 수입의 처리는 회계기에 기록되어야 하고 이를 토대로 마감, 정산이 된다.

③ 결산주의 원칙

모든 영업장은 영업마감시간을 기하여 마감하고 나이트오디터$^{Night\ Auditor}$에 의해서 당일 결산을 하며 영업회계 과정을 통해서 비교·분석을 하고 확정된다.

④ 감독기능주의

모든 영업장은 감손 없이 정당한 절차에 의해서 입금이 되었는지, 정확한 일보가 작성이 되었는지를 감사자를 통해 감사, 집계되며 영업회계 과정을 통해서 점검 확정이 된다.

02 객실회계

1) 객실회계의 의의

호텔에 투숙하는 고객은 서비스가 제공되는 시점에서 현금으로 그 대가를 지불하는 것이 아니라 일정한 시점에 따라 고객이 지불을 하는 것이 일반적이다. 따라서 객실회계는 고객이 호텔에 투숙하여 퇴숙할 때까지 발생시키는 모든 수익자료를 고객원장에 관리하고 정산을 한다. 객실회계원은 요금제도, 영업준비금^{Fund}, 교대^{shift}, Bill Posting, 중간 Pay 및 high balance 고객관리, 입금관리, 환전업무와 귀중품보관를 수행한다. 객실회계의 수익계정은 호텔 전부문의 수익계정에서 투숙객에 관련된 자료를 관리하는데, 계정과목은 차변·대변으로 구분하여 관리를 한다.

2) 객실회계의 계정

(1) 차변계정과목

① 객실수입 room revenue

객실수입은 투숙객의 객실요금으로서 수익 중 가장 큰 비중을 차지하고 있으며, 단체고객과 장기체재고객으로 나누어 매출집계를 한다.

② 봉사료 Service charge

고객에게 상품을 판매함에 있어서 서비스 제공에 대한 대가로 판매금액의 10%를 부과하지만 종사원의 직접적인 서비스 행위가 제공되지 않은 부문의 매출은 봉사료가 부과되지 않는다. 최근 봉사료는 호텔업에 따라서 부과하지 않는 경우도 있다.

③ 부가가치세 Value Added Tax

판매금액과 봉사료의 합산한 금액에서 10%를 부가하고 외교관, 면세카드 소지 고객이나 주한 외국군에 대해서는 부가가치세를 감면하며 전화, 팩스, 전보요금에 대해서도 부가하지 않는다.

④ 투숙객 식음료수입 restaurant guest ledger

투숙객 식음료수입은 투숙객이 호텔 내의 식음료업장을 이용하고 발생시킨 금액으로 투숙객원장에 posting된 매출이다.

⑤ 현금지급 paid out

현금지급이란 투숙객이 갑자기 현금이 필요할 때 차용해 주거나, 선수금 deposit의 잔액을 refund돌려줌할 경우 해당 고객원장에 posting하는 계정이다. 현금을 차용해 줄 경우에는 호텔이 정한 규정의 범위에서 현금지급전표인 paid out voucher를 기재하고 고객의 서명을 받은 후 처리한다.

⑥ 이월transfer

이월은 수익 발생과는 무관한 계정으로 이미 발생된 금액을 다른 원장으로 이동시킬 때 사용하는 계정으로 지불고객의 변경, 지불품목의 변경, 잘못된 posting 등이 있을 때 이용된다.

⑦ 잡수입miscellaneous revenue

잡수입은 특정한 계정과목이 없는 경우에 처리하는 계정으로 기물파손 변상비, 객실열쇠, 안전금고 열쇠분실 등의 금액을 이 계정에 처리한다.

⑧ 기타 수입other revenue

전화료, 전보 및 팩시밀리, 세탁비, 기타 부대시설 이용료 등이 있다.

(2) 대변계정과목

① 선수금deposit

선수금은 선불이나 예약금을 미리 고객이 호텔측에 지불한 경우에 처리하는 계정이다.

② 매출조정

호텔의 모든 수입은 1일 마감체계로 처리되는데, 매출조정 마감이 완료된 수입의 잘못된 금액을 조정할 경우에 사용하는 계정으로 매출조정 전표인 allowance voucher를 작성하여 총지배인까지 결재를 하여야 한다.

③ 현금cash

현금은 투숙객이 체크아웃할 때 대금의 지불을 화폐 및 수표로 결재할 경우 사용하는 계정으로, 수표를 취급할 때에는 수표취급 요령과 호텔의 규정에 따라 주의하여 처리하여야 하며, 수표의 종류는 자기앞수표, 가계수표, 당좌수표 및 외국의 수표류 등이다.

④ 신용카드credit card

고객신용의 일종으로 대금지불을 현금과 수표를 대신하여 결재하는 수단으로 통용되는 제3의 통화라고 할 수 있으며, 신용카드의 취급시 주의해야 할 사항은 유효기간의 경과 여부, 한도금액의 초과 여부, 본인 여부, 서명의 일치 여부, 청구서의 금액과 카드전표의 금액 일치 여부 등을 확인하여야 한다. 근래에는 신용카드 조회용 단말기의 보급으로 단말기에 카드의 번호를 입력시키면 자동으로 확인되며, 승인번호가 부여되는데 이 승인번호는 카드전표의 승인번호란에 기재하여야 한다.

⑤ 후불 · 외상매출^{city ledger}

후불 · 외상매출은 개인, 기업체, 여행사, 항공사 후불로 구분되어지며, 사전에 여신계약을 할 경우나, 여신지배인의 승인이 있을 경우에 이 계정에 처리한다.

(3) 객실의 회계처리

① 계정의 생성과 유지

㉠ 기록의 유지

고객원장은 예약 또는 숙박등록 시점에서 만들어지는데 사용을 위해서는 예약시 정보나 숙박기록이 반드시 원장에 이체되어야 하며, 또한 원장의 번호는 고객의 숙박등록카드에 기록되어야 한다. 그러나 고객원장상에 기록되는 정보의 형태에 따라 기록유지인 record keeping system이 차이가 있다.

㉡ 특별요금취급

호텔 내에서 신용제공 한도인 credit line을 설정하기 위해 고객은 호텔이 수납가능한 신용카드를 제시하거나 direct billing을 승인하거나 취급하여야 한다. 일단 신용카드 한도가 승인되어야 고객에게 요금을 부과시킬 수 있다. 이러한 거래는 정확한 posting을 위해 각각의 POS 위치에서 객실부문으로 전자선을 통해 또는 voucher를 통해 이루어진다.

㉢ 신용조회^{credit monitoring}

신용조회란 고객의 신용도 여부를 모니터링하는 것이다. 고객이 숙박등록시 받아질 수 있는 신용카드를 제시하는 경우 호텔은 고객에게 신용카드 회사가 인정하는 제한과 이에 상응하는 신용제공 한도인 credit line을 줄 수 있는데, 이것을 house limit라 부른다. 따라서 고객이 지불해야 하는 금액이 신용제공 한도에

도달하면 호텔규칙에 따라 고객에게 고지해야 하며, 이에 대한 주의가 필요하다.

ⓒ 계정의 유지^{account balance}

고객원장은 객실부문의 계정수지인 account balance에 영향을 주는 기록의 거래, 즉 transaction에 쓰인다. 고객은 수시로 자신의 현재 지불해야 할 금액의 총액, 즉 outstanding balance를 알고자 할 수 있으므로 고객의 원장은 정확하고 최신의 내용을 기록하여야 한다.

② 객실의 할인규정

㉠ 할인규정 취급

할인규정이란 호텔을 이용하는 고객 그리고 직원에게 할인해 주는 것을 말한다. 할인을 증명하도록 하는 VIP Card 소유 등을 해당 bill에 프린트한다. 또한 직원할인의 경우 bill에 직원 이름을 입력시키고 서명을 받는다.

㉡ 객실의 할인

객실의 할인은 숙박약관에 준한 해당 고객에 대하여 할인율을 적용하며, 패키지, 시리즈, 할인쿠폰, 초청장 할인티켓 등 사전에 발행한 유가증권 등이 있다. 또한 ENT, Comp, house use 규정에 의해서 전표를 제시하는 경우가 있다. 객실을 임직원이 개인용도로 사용할 시는 folio charge 계정상으로 할인 조치하고, 이를 다음 날 결제를 하도록 하여야 한다.

㉢ 내부관리

거래는 객실부문 회계의 시작이다. 따라서 객실부문의 회계체계를 거래계정시스템, 즉 transaction accounting system이라 한다. 객실부문에서의 내부관리, 즉 internal control은 거래서류의 추적, 계정의 항목과 밸런스, 회계시스템의 취약성 찾기 등이다. 즉, 각각의 거래는 직무의 성격과 금액에 상응하는 서류업무가 포함이 된다. 일반적으로는 현금수불의 기록·거래를 처리할 수 있도록 승인된 일정액의 현금, 즉 cash bank, 감사 통제인 audit control 등이다.

㉣ 계정의 정산^{settlement of accounts}

계정의 정산이란 고객의 계정 밸런스가 제로가 되거나 direct billing이나 신용카

…

드사로 완전히 이체, 즉 transfer되는 것을 의미한다. 여기에서 이체라는 것은 현재 지불해야 할 금액의 총액, 즉 outstanding balance가 숙박계정인 guest ledger에서 외상계정인 city ledger로 이동함을 뜻한다. 따라서 고객이 식사한 것을 자신의 계정원장에 posting할 경우 주 컴퓨터^{main computer}에서 제공하는 내용을 정확히 확인하고 처리해야,한다.

3) 식음료회계

(1) 식음료회계의 의의

식음료회계는 각 영업장에서 발생되는 수익계정을 관리하며, 개별투숙객의 후불처리와 단체투숙객의 지불관계를 사전에 통보받아 해당 단체의 원장에 실수가 없도록 posting한다. 식음료회계원은 접객원이 주문을 받아 계산서에 주문받은 내용을 건네주면 판매시점관리체계인 POS 단말기를 사용하여 인원수, 테이블번호, 내 · 외국인의 분류, 품목, 수량 등을 단말기에 입력시킨다. 이때 POS에 입력한 품목과 수량은 주방에 연결된 주방 프린터를 통하여 주문서가 발행이 되며, 특이한 품목인 경우에는 따로 주문서에 기재하여 주방에 전달한다. 식음료회계는 영업장 간 교대, 영업준비금인 fund, bill의 수불발행 및 관리, 감사테이프 및 수불관리, 접대계산인 ENG의 취급 및 현금입금, 식음료의 각종 일일 영업보고서 작성 등이다.

(2) 식음료회계의 계정

호텔의 각 업장에서 음식과 음료 등의 판매로 인하여 발생되는 수입계정을 현장에서 고객과의 접촉으로 관리하고 처리를 한다. 대변계정과목은 food, beverage, other로 나눠지며, 차변계정과목은 cash, credit card, guest ledger로 구분된다. 식음료회계에서는 취소나 정정 등의 상황이 많이 발생되므로 bill의 관리와 오류가 없도록 정확하게 처리해야 한다.

(3) 식음료회계처리

① 식음료할인 discount

식음료의 모든 할인은 사전에 할인증명서에 결재를 통해야만 효력이 있으며 이외의 경우는 현장에서 전표로 처리한다. 할인은 package, discount coupon, ticket, 호텔발행카드, 초청장 등의 사전 제시가 있을 경우 해당되며, 연회, 세미나, 이벤트 등 계약서, VIP할인, comp, house use 등 사전 절차에 의해 결재를 득한 사항에 대해서 적용이 된다. 또한 단체의 경우 일반적으로 할인이 부여된다. 그러나 고객을 접대하는 경우가 아닌 객실 및 식음료 영업장 등의 시설을 이용하는 일은 ENT, house use, house check 등의 접대 전표를 사용하는 것을 금하며 이는 초청장쿠폰, 티켓 등으로 판촉부 마케팅을 경유해서 지급 조치한다.

② 식음료 수납

식음료회계에서의 수납업무란 상품판매 행위에 따라 고객에게 제공되는 물적, 인적 서비스의 대가로 지불되는 모든 비용에 대한 회수 및 관리가 주된 업무이며, 회계기를 매체로 한 전산업무 및 그에 대한 사후관리 업무로 경영에 필요한 기초자료 작성 등 일체의 수입 및 매상관리 업무이다. 식음료 수납의 유형은 현금결제, 신용카드결제, 외상매출 등으로 분류할 수 있다.

③ 업무 마감 및 정산

㉠ Account report 생산

업무가 종료된 후에는 회계에서 financial statement report를 생성하여 당일 발생된 식음료, 봉사료, 세금 및 현금, 카드, 후불금액을 확인한다.

㉡ 영업일보 작성

회계기에서 생산한 리포트를 근거로 하여 영업일보를 작성하며, 이때에는 식음료, 봉사료, 세금부문을 정확히 산출하고 기타 영업일보상에 나타나 있는 대로 정확히 명기하여 회계감사자에게 제출한다.

㉢ 조정분의 처리

업무수행 중 회계기를 조정하지 못하여 마감한 bill은 회계기로 조정이 불가능하므로 이때에는 간단한 사유를 명기하여 프론트캐셔나 night auditor에게 전달하여 주 컴퓨터^{main computer}에서 조정을 해야 한다. 또한 회계원의 영업일보 작성시에는 그 사유 및 근거를 반영하여야 한다.

ⓔ 계산서 관리

수납과정에서 사용한 bill은 가장 기본적인 세무자료가 된다. 따라서 bill number 순으로 철저히 관리해야 하고 업무가 종료된 후의 계산서 및 사용하지 않은 계산서는 보관함에 보관하여야 하며, 계산서의 분실이나 보이드^{void}된 계산서는 업장책임자의 확인을 받아 회계감사자에게 제출한다.

ⓜ 영업준비금관리

영업준비금인 fund는 업무수행을 하는 데 있어서 불편함이 없도록 소액 현금으로 회사에서 지급하는 공금이며, 지급된 영업준비금은 업무마감 후에 고정금액으로 유지되어야 하며, 부정기적인 실사인 fund check도 받아야 한다.

ⓗ 입금

업무가 종료되었을 경우에는 최종적으로 확인된 당일 입금분을 산출하여 회사의 safety deposit box에 입금시켜야 하고 확인을 받는다. 또한 카드 결재분도 현금과 동일시하여 취급한다.

ⓢ 현금 과부족의 처리

업무 종료 후 현금 입금분을 산출하여 입금을 시킬 때 발생이 될 수 있는 현금의 과부족인 overage & shortage는 성실 보고를 하고 과부족 부분의 차이가 클 경우에는 사유서를 첨부하여 제출하고 결재를 받아야 한다.

4) 결산관리

(1) 결산관리의 의의

호텔기업은 1일 회계제도가 도입되어 야간회계 감사원이 당일의 객실, 식음료, 기타 수입 등에 대해 주간에 수납원이 처리한 각종 자료를 점검하고 모든 계정과목을 최종 검산 및 확정하고 마감한다. 즉, 나이트오디터는 객실 및 식음료 부문으로 구분하여 객실회계와 식음료회계의 각 계정과목이 정확하게 posting되었는지, 각 전표, 즉 voucher, slip은 타당성 있게 승인받아 처리되었는지, 입금은 정확하게 시켰는지 등과 같은 모든 발생자료를 집계하고 잘못된 부분은 수정하여 처리를 한다. 일반적인 직무는 정산업무, 각종 보고서 작성업무, bill checking 및 관리, 현금 및 외상 매출금의 분류와 관리, 수납대리 직무대행 업무 등이 있다.

(2) 결산관리의 기능

결산관리의 주요 목적은 숙박객계정, 즉 guest account와 비숙박계정, non‒guest account의 정확성을 증명하는 것이다. 특히 posting된 항목을 확인하고, account balance를 점검하며, credit limitation, room status discrepancy, operation report 등을 작성한다.

호텔에서는 서류의 종류와 양이 많다. 거래서류란 거래의 내용과 금액이며, 객실부문 회계의 기본 자료가 된다. 따라서 거래서류를 토대로 회계절차가 적법했는지의 파악과 당일의 회계가 올바르게 posting되었는지를 검토하는 것이다. 즉, 그 역할은 계정의 절차와 흐름을 파악하고 고객의 신용에 주의하며, 현금거래에 능숙하여야 한다. 이를 토대로 객실매출액, 객실점유율, 기타 객실부문과 관련된 자료를 이용하여 현금, 수표, 신용카드의 summary를 만들고 당일의 영업결과를 요약하여 보고자료를 준비하고 마감일자를 설정하는 것이다.

(3) 결산과정

① 호텔에서는 night audit 작업을 위해서 일정한 시간 off‒line을 시키며, 나머지 결산 작업은 on line 상태에서 수행을 하게 되는데, 이것은 곧바로 다음 날로 바뀌면서 거래를 다음 날로 등록시킬 수가 있다.

② 결산관리의 절차

㉠ 미처리 계정의 마감

결산은 guest list를 출력하여 현재 투숙 중인 고객과 고객명부상의 재실고객과의 일치 여부를 확인한다. 실질적으로 고객이 체크아웃을 했으나 모니터상에 재실로 되어 있으면 체크아웃을 시키고 누락된 체크인도 동일하게 행해진다.

ⓛ 객실요금의 확인

일반적으로 room rate report를 출력하여 잘못된 객실요금이 있는지를 확인하는 보고서에는 actual rate와 rack rate, standard rate가 나와 있으므로 이 두 가지의 rate가 일치하지 않는 객실은 호텔의 할인정책, 객실공유 등을 확인한다.

ⓒ No Show 처리

Non guaranteed reservation인 경우 이를 취소시킨다. 보증예약은 arrival list를 출력하여 no show가 있는지를 확인한 후 호텔의 정책에 따라서 처리한다.

ⓔ 영업장 정산

영업장의 정산표, 업장의 현금, 신용카드 슬립, 후불명세서 등을 받고 매출의 발생 내역과 회수내역을 서로 대조한다. 출력된 시산표와 업장의 정산표상의 고객 후불 금액이 일치하는지를 확인한다.

ⓜ 기타 매출

전화, 텔렉스, 세탁비, 비즈니스센터, 잡수익 등과 같은 other revenue report와 입력된 리포트를 확인한다.

(4) 결산감사

호텔에 있어 결산감사, 즉 income auditor는 영업회계의 기본이며, 야간감사에 의해서 마감한 모든 자료에 대한 수입이 되는 부문, 객실, 식음료, 부대사업 등의 수입, 각종 보고서 등에 대해서 감사를 한다. 따라서 영업매상 및 현금수입에 대한 모든 감사권한을 갖게 되며, 현금수입, 외상매출 등을 비교분석하여 호텔의 경영방침이나 판매전략을 구상하기도 한다. 수입감사의 종료는 여신관리 및 일반관리로 이전이 된다.

5) 여신관리

여신, 즉 credit이란 상품구입이나 서비스를 제공하고 그에 상응하는 대금을 추후에 지불할 수 있는 능력으로 미래의 일정한 시점에 대금지불을 약속하고 현재의 가치를 교환하는 것이다. 따라서 지정된 기일에 구매자의 의무와 판매자의 권리가 발생한다.

(1) 여신의 종류

① 숙박객 외상매출

숙박객 외상매출은 주로 장기적으로 투숙하는 고객을 대상으로 한다. 후불이라고 하며, 고객은 현금, credit card 결재, 외상매출금으로 결재하는 방법이 일반적이다. 후불은 skipper 및 지불 무능력자의 발생을 방지하고 고객의 신용상태를 파악하며, 관리상 문제가 나타나면 여신관리자와 상의하여 대처한다.

② 외상매출

외상매출, 즉 city ledger account란 상용고객, 정부기관, 대기업 및 일반기업, 정당 및 사회단체, 국내여행사, 항공사 및 해외여행사, 회사직원, 멤버십회원, 국내·외 신용카드를 대상으로 한다. 이 계정은 고객이 발생시킨 대금의 만기가 되면 고객에게 청구를 하고 약속한 기일 안에 회수처리하는데, 카드회사의 외상매출을 회수하고 고객의 계정에서 호텔에 지불하는 것이다. 외상매출계정의 경우에는 호텔의 외상매출금에 대한 회수지표를 설정해야 한다.

(2) 외상매출금의 업무

캐셔는 현장에서 외상으로 처리한 bill을 회계기의 회수부문 중 외상매출부문에 입력한다. 또한 식음료업장과 프론트에서 발생된 모든 외상매출은 야간감사에 의해 점검되어 다음 날 보고된다. 장기여신 담당자는 제반 증빙서류와 bill을 확인하고 외상매출금보고서, 즉 account receivable report 발생과 회수원칙에 근거하여 정리시킨다. 외상매출금대장은 거래처 및 거래자별로 분류하여 유지시키고 외상매출금대장을 근거로 하여 거래처별 청구서를 발송하여 은행 온라인 송금을 받든지 직접 방문을 통해 회수한다.

① 신용통제의 의의

신용과 회수정책을 효율적으로 운영하기 위한 업무의 기능으로서 호텔의 외래객 후불을 체계적으로 관리하기 위해 여신거래처의 신용정보, 여신한도의 관리, 불량채권의 예방 그리고 여신회수기일을 단축시켜 자금의 회전을 높여서 경영의 효율화를 기하기 위한 것이다. 주요

기능으로는 외상매출금의 관리 및 회수업무, 신용카드의 발행과 관리, 불량채권의 법적인 처리와 관리 등이 있다.

② 신용통제관리

매출증대에 치중하다 보면 신용이 불량한 거래처에게 판매하는 경우가 발생하므로 악성 채권의 발생을 최소화하고 외상매출금의 회수기간을 단축시켜 매출채권회전율을 높일 수 있는 제도적인 지침을 통해 호텔운영에 합리적인 결정을 할 수 있게 한다.

memo

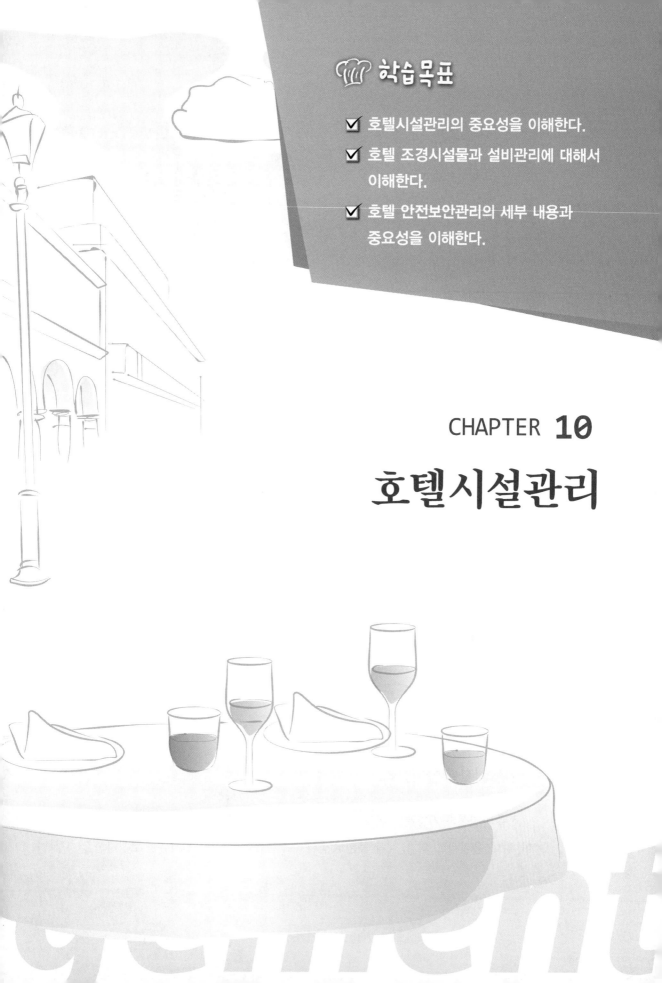

🎩 학습목표

☑ 호텔시설관리의 중요성을 이해한다.

☑ 호텔 조경시설물과 설비관리에 대해서
   이해한다.

☑ 호텔 안전보안관리의 세부 내용과
   중요성을 이해한다.

CHAPTER **10**

호텔시설관리

호텔시설관리

 제1절 건물의 유지·관리

01 건물의 유지·관리

1) 호텔시설관리의 의의

호텔건물 및 시설에 대한 깨끗하고 안전한 유지·관리는 항상 필요하다. 호텔건물과 각종 부대시설의 유지상태는 항상 품위가 있고 청결·안정감을 고려한 장식과 환경을 조성하여 미화하도록 하는 것이다. 그러므로 호텔건물은 정기적으로 내·외부 벽체, 타일, 창문, 유리 등에 세척공사를 하거나 도장공사를 실시하여 건물을 깨끗이 유지하고 미화하는 것이 건물관리라 할 수 있다.

2) 호텔시설의 감가상각

호텔의 시설과 기자재는 건물, 냉·난방설비, 에어컨디셔너, 냉장고와 같은 기계설비이며, 침대, 응접세트, 의자, 식탁 등은 비품과목에 속한다. 그리고 집기류는 고정자산 감가상각 5년 미만의 물품으로서 금속제품 기물류와 사기 및 도기그릇과 담요, 커튼, 테이블 크로스 등을 들 수 있으며, 카펫은 비품에 해당되나 감가상각내용 연수를 3년으로 정하고 있는데, 이는 카펫의 소모율이 높은 점을 반영한 것이다.

3) 호텔시설관리의 중요성

호텔숙박시설의 정비와 개선은 이용객 수용태세를 위한 신규시설의 건설과 병행하여 기존 시설의 개 · 보수로서 시설의 현대화를 이룩해야 될 것이다. 호텔시설의 현대화는 국민생활양식의 변화와 고객의 기호 및 욕구, 관광행동의 변화에 따라서 불가피한 현상이며, 관광시설의 현대화는 서비스 개선에 기여한다. 호텔은 건물, 시설, 비품, 집기 등이 항상 깨끗하고 청결과 정돈이 요구되므로 고객에게 편리하고 취향에 맞게 모든 시설을 유지하고 관리하는 것이 필요하다.

관광호텔의 상품이 되는 각종 시설과 객실 및 식당의 부대시설은 기본적인 서비스를 제공하는 시설로서 항상 깨끗이 정비하여 고객의 수용태세에 만전을 기해야 한다. 호텔의 현관, 로비, 객실, 식당, 주방, 집기 등 호텔시설 전반에 걸쳐 정비되고 개선되어야 한다. 관광호텔의 냉방시설과 같은 기계시설의 현대화가 관리를 의미하지는 않는다. 로비, 주차장, 식당, 전화, 룸서비스, 객실, 연회장, 화장실 등의 시설은 고객이 사용하는 데 편리하도록 유지되고 관리되어야 한다.

4) 건물의 점검과 보수

건물은 장기간에 걸쳐서 외부에 노출되고 이용자가 사용함으로써 건물의 각 구성부분에 흠이 발생하기 마련이다. 이러한 흠은 초기에 발견하여 건물의 사용가능 연한을 연장시키는 데 그 목적이 있고, 이를 위해 발견된 흠을 신속히 보수하여야 한다.

5) 건물점검 구분

(1) 정기점검

정기점검은 통상 6개월을 점검주기로 정하여 실시하며, 건물의 구성부분이나 시설물은 정기점검카드를 비치하고 보수할 사항은 즉시 보수한다.

(2) 수시점검

점검이 필요하다고 인정되는 경우에 점검한다.

(3) 특별점검

우기, 월동기, 태풍주의보 등 자연재해가 예상될 때 점검한다.

02 건물 내·외장 보존관리

1) 호텔 내장 보존관리

(1) 건물바닥

건물바닥의 기능을 유지하기 위해서는 바닥을 깨끗이 청소하고 바닥에 깔린 재료를 보존하는 데 각별히 노력해야 한다. 바닥재료로는 칠하는 재료, 붙이는 재료, 까는 재료 및 바닥밑 재료가 있다.

고르지 못한 곳, 침하 바닥이 쳐진 부분, 진동 등 바닥의 점검은 위험방지 기능을 주목적으로 청소시 주의하고 별도로 책임자를 지정해서 정기적으로 점검한다. 바닥점검에서 발견된 여러 문제 중에서 경미한 사항은 즉시 보수처리하고, 전문시공업자에게 의뢰할 것은 적절한 시기에 의뢰하여 부분보수나 전면보수를 해야 한다. 부분보수는 손상된 부분만 교체하거나 보수하는 방법이며, 전면보수는 일정한 시간이 지나면 전부 교체하는 방법이다.

(2) 건물의 내벽

건물의 내벽은 용도 및 기능에 따라 음향차단, 방음, 보온 등의 효과가 있으며 장소에 따라 내수, 내화가 요구되는 경우가 있다. 그러나 벽에 손상이 생기는 원인은 비, 바람, 누수, 습기, 건조, 온도변화, 일사에 의한 퇴색, 노후화 등의 자연적 작용과 사람이나 물질의 접촉, 손상, 오염, 파괴 등으로 노후화하는 인위적 작용이 있어 이에 대한 개선이 요구되는 것이다.

(3) 건물 천장

천장은 바닥, 내외 벽과 같은 실내공간을 구성하는 요소로서 미관상으로도 중요한 위치를 점할 뿐 아니라 기능적으로 음향차단, 보온, 음향흡수, 단열작용을 한다. 그러나 천장도 기일이 경과할수록 손모, 오염, 파손 등이 일어나는데, 대개 이러한 현상은 누수, 빗물, 결로, 습기, 온도변화 등의 작용이 많고 천장부근에 있는 설비기기, 덕트, 배관 등의 인위적인 것도 있다. 또한 강우량이 많은 야간에 창을 닫지 않아서 고온 다습한 외기가 들어와 결로현상을 일으켜서 바닥, 벽, 천장을 습하게 하는 일도 있다. 이러한 경우에는 천장을 점검해서 보수를 해야 하는데, 이때 유의할 것은 안전, 미관, 위생 등의 기능에 지장을 주지 않는 범위 내에서 신중을 기해야 한다는 것이다.

(4) 건물 내 계단

건물 내의 계단은 교통로로서 중요한 기능을 갖고 있으며 비상시에 대피할 수 있는 비상구로도 이용된다. 그러나 계단도 보행자에 의하여 인위적으로도 감모, 손모되는데 특히 계단은 무거운 물건을 운반할 때 접촉하여 오염, 파손, 부식 등의 현상이 나타난다.

2) 건물 외장 보존관리

(1) 건물의 지붕

지붕은 벽과 더불어 비, 바람 등과 같은 자연의 기후로부터 보호해 주는 기능을 한다. 지붕에 사용되는 재료는 부식이나 녹이 나지 않아야 하기 때문에 도장을 해야 하는데 특히 강관부분은 3~5년을 주기로 도장을 해야 한다.

(2) 건물의 외벽

건물의 외벽은 지붕에 비하여 누수염려가 적지만 벽면에 생긴 균열은 누수현상을 일으키는 원인이 되기도 한다. 특히 이음새부분은 주의를 하여야 한다.

03 도장관리 painting

1) 도장의 목적

페인팅의 주된 목적은 벽면에 각종 도료를 칠하여 벽면을 보호하는 데 있으며, 도장의 효과로는 내습, 내수, 내식, 광택, 모양, 입체감 등을 부여함으로써 벽면을 미화시키는 데 있다. 우선 도장을 하려면 먼저 도료의 종류, 도장공정, 도장방법 등을 결정해야 하며 이를 토대로 도장계획을 세워야 한다.

2) 도장공사시 주의사항

① 도료의 품질을 조사하여 사용법을 알아야 한다. 예를 들어, 도료를 희석할 때 희석제 선정을 잘해야 하고 계통이 다른 도료의 혼합은 피하도록 한다.
② 장시간 저장된 도료를 사용할 경우에는 잘 섞어서 내용물의 변화를 초래하고 있는가를 조사하고 체 등으로 걸러서 사용하도록 한다.
③ 도장막은 너무 두껍지 않도록 칠해야 한다.
④ 도장을 여러 번 반복할 때에는 반드시 매회 충분한 건조시간을 두어야 한다.
⑤ 저온다습을 피해야 한다.
⑥ 도료의 성상을 잘 알고 거기에 적합한 도장용구를 사용한다.
⑦ 인화의 위험에 주의하여야 한다.

3) 낡은 도막의 처리

(1) 노화가 심한 경우

이미 도료가 칠해진 부분에 대해서는 그 도막면의 상태를 조사하여 균열, 들뜸이 심하고 도막의 대부분이 붕괴되어 있을 때에는 이것을 전부 제거하지 않으면 안 된다.

(2) 도막의 노화가 심하지 않은 경우

낡은 도막에 균열, 벗겨짐 등의 징조가 없고 단순히 색, 빛이 퇴색한 정도라면 새로 칠하려는 도막이 낡은 도막에 의해 변하는가, 변하지 않는가를 확인한 뒤 실시한다. 같은 계통의 도료를 칠할 때에는 그다지 문제가 없으나 유성도료 위에 합성수지 재료를 바를 때 등은 충분히 검토해야 한다.

04 토목시설물의 점검과 보수관리

1) 토목시설물의 점검

① 경사면에 흙이 밀려 내려오거나 균열현상, 용수현상이 있으면 즉시 위험요소라고 판단하고 거적이나 비닐덮기, 유수차단 등 응급조치를 한다.

② 잔디나 수목이 잘 자라지 않는 경사면은 우기에 붕괴위험이 있으므로 계속적인 관찰이 필요하다.

③ 경사면의 경사정도가 성토구간일 때 수직거리에 대한 수평거리 비율이 1:1.5, 정토구간일 때 1:1 이상인가를 확인하고 급경사일 경우에는 석축, 옹벽 등으로 보강이 필요하다.

④ 평상시 수목 및 잔디관리를 철저히 하여 단지 미화와 토사유실로 인한 붕괴 등 재해대책에 만전을 기한다.

⑤ 붕괴위험지역은 상태에 따라 표시판 설치, 통행제한, 투숙객대피 등 안전대책을 강구하여 시행한다.

2) 석축 및 옹벽

① 줄눈이 파손되었거나 균열이 있을 때에는 그 원인을 파악해야 한다.
② 균열부위를 페인트로 표시하여 진행 상태를 세밀히 조사한다.
③ 구조물 상단에 지표수가 침투하지 않도록 철저히 점검 · 보완한다.
④ 위험지역은 표지설치판, 통행제한 등 안전에 유의한다.
⑤ 가마니, 비닐 등 수방자재를 확보 · 비축하여 유사시에 대비한다.

3) 배수시설

① 배수로가 매몰되지 않도록 해빙기 및 장마기를 전후하여 연 2회 준설을 실시한다.
② 배수로 유입 및 유출구 부근이 유수에 의해 파손되었을 경우는 기초 부위를 보강하여 보수하도록 한다.
③ 침하 또는 역구배로 배수가 불가능할 때에는 재시공한다.
④ 맨홀 뚜껑이 파손된 곳은 안전표시판을 설치하고 즉시 교체한다.
⑤ 오수 맨홀에 주위 빗물이 들어갈 경우가 있는 구간은 재시공 또는 보완한다.

4) 도로

① 비가 온 후 물이 고이는 곳을 파악하여 보수한다.
② 도로 하단부가 경사면일 경우에는 우수에 의해 유실되는 곳이 없는지 점검하고 유실되는 곳은 즉시 흙가마니 등으로 보완한다.
③ 포장이 파손된 부분은 가마니를 덮어 기층부분이 유실되는 것을 막도록 한다.
④ 보도블록, 경계석 등 콘크리트 구조물이 동해를 입어 겉표면이 벗겨지고 유실되는 곳은 해당 구조물을 헐어내고 재시공한다.

⑤ 라인마킹^{line marking}은 야간에 불을 비췄을 때 잘 나타나야 하고 잘 보이지 않을 경우 보수 조치한다.

5) 점검사항

① 철재로 담장은 부식성이 높으므로 습기가 접촉되지 않게 하고 흙으로 덮거나 우수가 고이는 곳이 없도록 조치한다.

② 철재료 담장은 보수가 쉬우므로 장기간 사용으로 부식이 된 곳은 부식물을 칠 솔로 털고 도장을 실시한다.

③ 공동구^{空洞口}에 누수가 발생되었을 때는 주로 콘크리트 시공 이음 및 조인트 구간에 많이 발생하므로 이러한 구간은 누수부분을 정으로 쪼아서 새로운 콘크리트가 잘 이어지도록 먼저 조치하고 방수를 한다.

④ 옥외 급수배관의 파열로 인한 누수 등 긴급 보수공사를 요하는 시설물은 해당 전문 업체 등에 의뢰하여 조속히 보수하도록 조치한다.

🏢 제2절 조경시설물 및 설비관리

01 조경시설물 및 급수관리

1) 조경시설물의 점검

(1) 수목관리

식재시기는 일반적으로 수목의 활착이 어려운 하절기와 동절기는 피하여 봄과 가을에 식재한다. 수목이 활착하여 생장할 때까지 주기적으로 충분히 관수한다. 또한 병충해의 발생 유무를 수시로 관찰하고 발생시에는 즉시 구제하여 수세가 약해지지 않도록 한다. 가을에 식재할 경우에는 월동대책을 세워 짚이나 새끼 등으로 보호 조치를 한다. 고객에 의해서 지주목 파손, 가지꺾기, 수피손상, 흔들기 등으로 수목이 고사하는 경우가 많으므로 수세가 좋지 못한 수목에 대해서는 표시판 등을 세우고 고객의 접근을 막도록 한다.

(2) 잔디관리

잔디종자는 발아가 어렵기 때문에 파종하여 번식하는 것보다는 지하경을 이용한 영양번식이 바람직하다. 따라서 잔디밭 조성은 보편적으로 일정한 크기의 뗏장을 붙이는 방법이 주로 이용되어 왔는데 근래 종자에 화학 처리하여 파종하는 종자번식이 발달되어 최근에는 면질 포에 일정한 간격으로 부착시킨 발아대가 생산되어 실용화되고 있다.

2) 급수관리 water feeding

(1) 수질관리

상수에서 저수조까지의 수질에 관해서는 공급자가 책임지고 있으나 저수탱크 이후는 건물관리자가 수질에 대하여 책임을 져야 한다. 따라서 급수설비에서는 저수조 및 옥상 수조를 항상 청결하게 유지해야 하며, 청결한 물을 필요한 만큼 적절한 압력으로 공급하여야 한다. 또한 오수, 쥐, 해충 등이 들어가지 않도록 해야 하며, 이물이나 독물이 고의로 투입되는 것을 방지하기 위해서도 각 수조의 맨홀 뚜껑은 관계자 이외는 쉽게 열 수 없도록 반드시 잠금장치를 해야 한다.

(2) 급탕설비

온수조의 성능검사 때와 자체검사 때는 온수조 내부에 들어가서 침전물이나 부착된 오물을 제거하고 부식상태를 점검한다. 온수조 안에 들어갈 때에는 충분히 냉각시키고 환기시키며, 내부에서 사용하는 전등은 가드가 붙어있는 캡타이어 케이블 등을 사용하고 또 사용 중인 보일러, 기타의 연결배관은 확실히 차단한다.

온수조 바닥에 침전물이 쌓이면 바닥과 침전물 사이에 용존산소의 농도가 다른 부분보다 낮아져서 바닥이 부식하고 쇳가루 같은 녹이 붙어도 부식한다. 따라서 점검 때마다 침전물이 많으면 급수관이나 온수 반송관에 스트레이너를 설치하여 정기적으로 청소한다.

온수조설비에서 가장 중요한 것은 적당한 온도를 유지하는 일이다. 심야의 전력을 이용하는 전기온수기에서는 85도까지 높여서 사용하지만 일반 온수계통에서는 보통 55~60도로 공급하도록 하며 항상 저수조 출구에서 온도가 유지되고 있는지를 확인하여 조정한다.

02 설비관리

1) 공기조화설비

(1) 난방설비

유류보일러는 개별 난방식으로 호텔 내 보일러실에 설치된 소형의 경우, 연소 온수보일러로 가열된 난방공급수가 주방에 설치되어 있는 온수분배기를 통하여 각 침실 및 방열기에서 방열한 후 다시 환수분배기에 보내어 환수관에 치부된 난방 순환펌프로 보일러에 재순환되는 하향 배관방식이다.

(2) 냉방설비

냉방설비는 냉동, 에어컨, 음식물저장관리를 위한 시스템이다. 특히 완벽하게 일년 내내 호텔시설 내부의 공기가 안락하게 유지되도록 하는 데 그 목적이 있다. 냉방시설유지 비용이 매년 증가하고 있는 상황이므로 에너지관리자들은 비용을 줄일 수 있도록 기술을 개발하고 사용 중인 시스템을 최대한 활용하여 경영비용 절감에 최선을 기울여야 한다.

(3) 환기시설

환기설비란 자연 또는 기계적 수단에 의해 실내에 급기, 배기를 하여 재실자의 건강, 쾌적도 및 작업능률을 유지하고, 물품의 제조, 격납시설의 보전, 각종 동식물의 사육재배를 하기 위한 설비이다.

(4) 자동제어 automatic control 설비

보일러실 및 중간 기계실별로 장비의 가동, 정지, 온도, 압력, 습도의 상태를 기록하는 등 원격제어 및 감시를 하여 유지관리를 쉽게 할 수 있도록 하는 설비이다.

2) 전기설비

(1) 전기설비관리

호텔의 조명기구는 형광등, 백열등과 각종 조명시설로 구성되어 있으며, 조명기구의 선택과 조명도에 따라서 호텔 내부의 환경과 분위기를 좌우하며, 안정감을 조성하고 실내장식의 미화에도 크게 영향을 미친다. 그러므로 호텔객실이나 내부시설에 있어서 영업장 특성에 적합한 조명시설을 갖추고 알맞은 촉광을 유지하는 것이 호텔 시설관리의 기본이라고 할 수 있다.

(2) TV 공청설비의 관리

바람에 안테나가 수신방향이 돌아가지 않았는지, 바람 등으로 동축케이블이 크게 흔들리지 않는지, 접속부분이 느슨하거나 녹슬지 않았는지, 전송선로 및 증폭기의 전원이 끊어지지 않았는지 확인한다.

(3) 방화설비관리

작동시험으로 작동 여부를 확인한다. 회로의 절연저항을 1년에 1회 250V급 메가로 측정하여 규정치 이하이면 절연 불량개소를 조사한다. 또한 감지기가 오작동이 되면 즉시 교체하고 정온식, 자동식 감지기는 알코올 램프를 대고 경보가 울리는지 확인한다. 연기감지기는 담뱃불을 이용하여 경보기가 울리는가 확인하고 감지기 내부를 연 1회 청소한다.

제3절 기타 호텔시설관리

01 에너지관리

에너지관리는 한 사람 또는 어느 한 부서의 노력으로 되는 것이 아니고 모든 조직구성원들이 참여하여 부서에서 추천된 사람으로 하여금 위원회를 구성하여 에너지 프로그램을 계획·실행·확인함으로써 실행되며, 총지배인은 소유주만큼 에너지관리에 대한 철학이 있어야 프로그램을 완성할 수 있다. 에너지관리를 위해 조직과 고객의 불편을 최소화하고 직원의 급료는 공정을 기한다. 운영상 장소별 환경·온도를 재조정한다. 또한 조직과 시설의 변화를 위한 소유주의 추가 투자가 필요하다면 산업체 에너지위원회는 부문별·서비스지역별 기초기획과 실행계획서를 준비하고 에너지관리 프로그램에 대해 종사원들에게 제안의 기회를 준다.

02 배출시설관리

대기오염 배출시설, 즉 열공급시설에 의한 연소공해 물질로부터 인근 도시주변 및 관광객들의 보건위생상 위해를 방지하여 쾌적한 생활환경을 영위하기 위해서는 관리에 필요한 사항, 즉 대기오염 방지기술 및 제반 지식을 정확히 숙지하는 것이 매우 중요한 일이며 환경보전법에서는 환경기준의 달성과 유지를 위하여 일정규모 이상의 열공급시설에 대하여 법적 자격을 구비한 배출시설 관리인으로 하여금 관리·운영하도록 규정하고 있다.

환경보전법상 관리하여야 할 배출시설은 연료를 연소시켜 10만kcal 이상의 열량을 발생시킬 수 있는 시설이다. 배출시설 및 방지시설의 운영 상태를 파악하기 위해서는 주기적으로 오염물질배출량을 측정하여야 한다. 대기오염측정기를 보유하고 있는 호텔은 자체적으로 측정하고, 측정기가 없는 호텔은 환경부지정 측정대행업체에 법적 기준에 의거 검사를 의뢰한다.

대기오염방지시설에는 완전연소를 기하여 공해오염물질 발생을 억제시키는 전처리시설과 연소 후 발생된 오염물질을 효과적으로 집진하는 후처리시설이 있다. 전처리시설로는 중력, 관성력, 원심력, 세정, 여과, 전기음파, 흡수 및 흡착 등에 의한 집진시설이 있으며 방지시설의 선택은 배출시설의 종류 및 설치지역의 대기오염 정도에 따라 고려되어야 한다.

03 안전관리

호텔경영에 관련된 호텔의 재산과 그 주변 또는 호텔에 부속된 시설과 호텔시설 내에 있는 설비물과 비품 및 호텔에 체재하는 고객의 생명과 재산, 종업원들의 생명과 재산 등의 관리이다. 그러한 재난이 미치는 각 부문별 영향의 관계는 어떠한 안전수단이 가장 바람직한 안전관리인가를 결정하고, 호텔기업 경영상 발생하는 재해의 원인 및 경과의 규명과 그 방지에 필요한 관리를 말한다.

1) 시설부문의 안전관리

시설부문의 안전관리는 재해로부터 인간의 생명과 재산을 보호하기 위한 계획적이고 체계적인 제반 활동을 말한다. 안전활동이 생활화·습관화되도록 지도·계몽하며, 재해 발생시에는 정확한 원인을 분석하여 같은 재해가 다시 발생하지 않도록 안전교육 및 점검을 통한 안전관리 업무계획을 수립하고 예방대책을 세움으로써 재해를 미연에 방지하는 데 목적이 있다.

2) 전기설비의 안전관리

전기설비의 안전관리를 소홀히 하면 전기기의 고장이나 사고가 발생하여 관리 운영 및 지장을 초래하고 전기기가 손상·파괴되어 직접 재산상의 손해가 발생할 뿐만 아니라 인명재해까지 뒤따를 경우도 있다.

3) 승강기의 안전관리

호텔에 설치되어 있는 승강기는 사고 발생시 치명적이므로 정기적으로 안전검사를 하여 안전검사필증을 부착하여야 한다.

4) 가스설비의 안전관리

가스를 안전하게 사용하기 위해서는 항상 가스기구를 바르게 사용하고 유지관리에 힘써야 한다. 이를 위해서 가스사업자는 정기적으로 안전점검을 실시하여 안전사고를 방지하는데 힘써야 한다. 그러나 실제로 가스 사용자와 관리요원의 점검이 더욱 중요한 위치를 차지하고 있다.

04 방재관리

방재관리의 목표는 재해발생의 근본원인을 제거하고 재해극복을 위한 환경을 조성하며 재해가 발생했을 때는 지체 없이 재해복구를 위하여 계획성 있게 업무를 처리하는 데 있다.

1) 사전대책

석축, 옹벽, 담장, 맨홀 등 주요 시설물에 대하여 관리책임자를 선임, 책임자로 하여금 계획성 있게 업무를 처리한다.

2) 재해보고

재해 발생 즉시 시·군 민방위과에 유선보고를 한다. 재해 발생 및 조치 내용을 다음 날 08:00까지 집계하여 유선 보고한다. 그리고 단위 건당 재해현황과 문제점, 대책 등을 피해 사진을 첨부하여 7일 이내에 서면 보고를 한다.

3) 재해복구

응급복구는 시공자의 하자사항은 응급복구 후 복구비용을 시공자에게 징구한다. 항구복구는 원상복구를 원칙으로 하며, 재발생 우려가 있는 곳은 개선복구한다. 또한 재해 발생 및 조치사항을 방재기록정리대장에 정리하여 비치한다.

4) 풍수안전대책

일반적 예방대책, 호우대책, 태풍대책, 기상 특보령 대책 등이 있다.

05 보안관리

보완관리는 투숙객의 생명과 재산, 호텔의 재산, 종사원의 생명과 재산을 보호하는 업무로서 경비요원은 항상 책임감을 가지고 성실한 자세로 임해야 한다.

품위 있는 용모와 친절한 봉사로서 근무지를 이탈함이 없이 인수인계를 정확하게 하며 건물 내외의 제반 사항 및 각종 설비의 상태를 알고 있고 중요고객, 노약자 및 신체장애자의 투숙상황을 파악하고 있어야 한다. 또한 비상시 대처할 수 있는 행동지침을 숙지하고 훈련을 통해 숙달된 행동요령을 익혀 두어야 한다. 그리고 직업의식을 철저히 갖도록 하며, 투숙객의 안전 및 재산의 손실예방에 최선을 다해야 한다.

관광호텔의 안전관리를 다루는 부서는 영업부서의 경비요원과 시설관리자들이다. 특히 경비요원은 고객에게 친절하게 대하고, 정중한 언어를 사용해야 하며, 비상사태 발생시에는 최후의 수호자가 되어야 하고, 항상 책임을 지각하여 왕성한 사기로 근무에 임해야 한다.

호텔출자 관리에는 비영업부문의 출입관리로서 출입자의 출입목적 파악, 방문자의 출입 허가표식, 관계자 이외의 출입제한 구역통제 등의 관리업무가 있고 출입자의 관리감독 업무로서 종업원 신분의 표식, 출입자의 짐 검사, 기타 판매원의 출입관리, 배달원의 출입관리, 쓰레기처리의 관리, 외부용역기관 요원의 관리, 종업원의 방문자관리 등의 업무를 들 수 있다. 기타 개방된 문의 관리에는 비상구의 관리, 창문관리 등이 있다.

06 방화관리

　소방법 시행령 제8조는 방화관리자를 두어야 할 소방대상물의 소유자, 관리자 또는 점유자는 자위소방대를 조직하여 방화관리를 정하고, 소방계획을 작성하여 소방훈련을 실시하도록 규정하고 있다.

　소방계획은 방화관리업무를 충실히 수행하기 위하여 수립대상에 따라 그 실정에 적합하도록 수립되어야 하며, 소방대상물의 화재예방을 위한 자체점검계획, 소방용 설비 등에 대한 점검 및 정비계획, 자위소방대의 조직과 조직원의 임무에 관한 사항, 피난통로, 피난구, 안전구획, 배연구획 및 기타 피난설비의 유지 · 관리계획 그리고 방화구역, 제한구역, 방화내장, 방염 그 밖의 방화상의 구조 및 설비의 유지 · 계획관리, 인원의 수용계획, 소방훈련 및 교육훈련계획, 위험물의 저장 취급에 관한 사항, 분임방화관리에 관한 사항, 공사장의 방화관리에 관한 사항, 기타 관할 소방서장이 명하는 사항 등이 수립계획에 포함되어야 한다.

학습목표

☑ 호텔사업계획의 개요와 사업계획의 기본단계에
대해서 이해한다.

☑ 호텔사업계획의 기초이론과 사업계획서
작성법에 대해 공부한다.

☑ 호텔부지 선정 및 배치계획에 대해 공부한다.

☑ 호텔계획 실시단계에 대한 개념을 이해한다.

CHAPTER **11**

호텔사업계획
Hotel Project

호텔사업계획
Hotel Project

제1절 호텔사업계획의 개요

01 호텔사업계획서의 의의

호텔사업의 성공 여부는 계획단계에서 결정된다고 할 수 있다. 일반 상품계획에 있어서도 복잡성이 고려된 다종다양한 상품계획이 있어야 한다. 그렇다면 계획의 기본이념을 어디에 두어야 할 것인가가 문제이다. 즉, 마케팅이란 먼저 소비자를 충족시켜 줄 상품의 제공을 생각하지 않을 수가 없다. 역시 호텔에서도 고객을 주체로 하여 호텔상품의 소비자인 투숙객 및 이용객을 기초이념으로 생각하여 기본계획을 수립하여야 될 것이다. 고객의 욕구에 맞는 물적, 인적 서비스를 구성하여 호텔시장에 적정한 판매정책을 수립하고 그 활동이 원활하게 이루어져야 한다. 좀 더 자세히 설명한다면 어떤 호텔을, 어떤 서비스를 가지고, 얼마의 요금으로 제공하여야 하는가 하는 연구와 그에 대한 조사계획으로부터 시작하여 실행에 옮기는 것이 무엇보다 더 중요하겠다. 종전의 관습에서 벗어나 어디까지나 마케팅 지향적으로 전향하는 호텔사업계획을 수립해야 한다는 것이다.

사업계획서는 한번 만들어지면 일회성으로 그 생명이 소멸되는 것이 아니라 계속해서 존속 보관되어 있어야 한다. 설령 그것이 힘든 노력 끝에 완성된 계획서라 할지라도 상황 변화에 따라서 새로운 수정요인이 발생할 때마다 그때그때 교정해서 써야 한다. 그리고 사업계획서 내부에 잠재되어 있는 문제요소들이 논의될 때마다 항상 열린 마음을 가지고 점검하고 교정해야 한다. 사업계획서는 완벽성과 자신감을 바탕으로 작성되어야 한다. 창업자 자신이 가지고 있는 목표 아이템을 제3자에게 설득력 있게 납득시킬 수 있는 것이 사업계획서의 제1의 목표이다. 그리고 객관성이 결여되어서는 안 된다. 자신감이 너무 지나쳐 자만심이 되거나 자신의 의견에 몰입되어 버린다면 사업계획서의 신뢰성에 큰 타격을 미칠 수 있다.

사업계획서는 정확한 자료에 의거한 객관적인 것이어야 한다. 또한 핵심내용을 강조, 부각시켜야 하며 전문용어의 사용을 피하고 보편적으로 설득력 있게 작성되어야 한다. 남들과는 다른 자신의 핵심아이템을 중점 부각시키고 그것이 기술적인 내용일 경우라도 투자자 및 관련 당사자가 알기 쉽게 작성되어야 한다. 마지막으로 자금조달 운용계획은 정확하고 실현가능성이 있어야 한다. 다시 말해서, 사업계획서 작성시 가정을 배제해야 한다. '이렇게 되면 자금조달은 순조로울 것이다,' 무엇이 어떻게 된다면 판매에는 아무 문제가 없을 것이다.'라는 식의 가정을 바탕으로 작성되어서는 안 된다. 특히 자금조달 및 운용부분에 있어서는 더욱 그 원칙이 중요하다.

02 사업계획서의 중요성

1) 사업계획서는 창업^{계획사업}의 시행착오를 줄여준다.

사업계획서를 만들다 보면 그동안 미처 깨닫지 못한 사업의 결점을 발견하게 된다. 흩어진 사업구상들이 한군데로 모이면서 상호 배타적인 점들도 있고 좀 더 준비해야 할 일들도 알게 된다. 전체적인 사업계획의 모습이 드러나면서 계획사업의 전반적인 강점과 약점을 알게 되고 이에 대한 효과적인 대처방안을 다시 한번 강구함으로써 창업^{계획사업}의 시행 착오를 줄여준다.

2) 사업 초기, 계획사업의 지침서가 된다.

사업계획서는 사업 초기의 업무추진계획서와도 같은 것이다. 사업이 일단 시작되면 처리해야 할 업무가 많고 시간이 부족하여 여러 가지 대안 등을 검토하고 세부적인 계획을 수립하는 일에 많은 시간을 낼 수 없다.

워낙 일이 바쁘다 보면 눈앞의 일들만 매달리게 되고 당초 추구하고자 한 계획사업의 기본방향, 목적 등의 장기계획을 잊어버릴 수 있다. 이때 사업계획서는 사업의 기본방향을 일깨워주고 유용한 행동지침이 될 수 있다.

3) 잘 만들어진 사업계획서는 투자가나 금융기관의 마음을 움직인다.

사업을 시작하려는 사람들이 겪는 가장 곤란한 것이 자금부족이다. 이 자금부족을 해소하는 방법으로 투자가를 초대할 수 있다. 그러나 이 투자가를 유치할 때 단순히 말로 설명하는 것보다 논리정연하고 설득력 있는 사업계획서는 투자가의 마음을 보다 쉽게 움직일 것이다. 금융기관으로부터 대출을 받을 때도 마찬가지이다. 담보만 있다고 해서 돈을 꿔주는 것은 아니다. 자금을 대출해주고 난 후에 사업이 성장하여 차입금을 상환할 수 있는 능력이 있는지, 사업자의 경영능력은 있는지 등을 종합적으로 판단하기 위해서 사업계획서를 요구한다. 잘 만들어진 사업계획서는 투자가나 금융기관으로부터 원하는 자금을 대출받는 데 있어 큰 힘이 된다.

4) 인·허가기관에서도 사업계획서를 요구한다.

신규사업을 추진하는 경우에 겪는 또 하나의 고충은 업종에 따라 틀리겠지만 관계기관으로부터의 인·허가를 받는 일이다. 최근 정부의 기업활동 규제완화나 행정규제개혁 등으로 사업가들의 경영활동을 제한하는 규제들이 많이 완화되었지만 아직도 사업 인·허가를 위해 관계기관으로부터 허가를 취득해야 하는 일들이 많다. 허가기관에서 요구하는 사업계획서는 대부분 정해진 양식이 있으나, 사업자가 미리 작성해 둔 사업계획서가 있다면 이를 근거로 하여 소정 사업계획서 작성이 용이할 것이다.

5) 사업계획서는 유능한 인재를 영입할 수 있다.

사업계획서를 읽는 또 다른 대상은 함께 일할 사람이다. 많은 회사들이 좋은 사람을 구하는 데 어려움을 겪고 있다. 좋은 사람을 구할 때 높은 임금도 중요하지만 회사의 장래성은 더욱 중요한 직장선택의 요인이 된다. 스톡옵션제의 도입이나 명쾌한 회사 비전의 제시는 도전정신과 창의성을 가진 유능한 인재를 사업멤버로서 영입할 수 있다.

6) 사업계획서는 사업과 관련된 모든 이해관계인에게 활용된다.

사업계획서는 위와 같이 창업자, 투자가, 금융기관, 인·허가기관, 사업멤버뿐만 아니라 창업자의 사업에 도움을 줄 수 있는 모든 이해관계인, 즉 매입처, 매출처 더 나아가 일반 고객, 제3자에 이르기까지 사업에 대한 관심유도와 설득자료로 그 활용도가 매우 높다.

제2절 호텔사업계획의 기본단계 및 이해

호텔사업계획의 기본적 유형의 내용은 개발자의 방법에 따라 달라질 수 있다. 그 절차는 일반적으로 '사업계획 승인 → 건축허가 → 준공검사 → 영업허가 → 관광호텔 등록 → 오픈 등'으로 이루어진다. 관광숙박업을 경영하고자 하는 자는 건축허가를 받기 전에 사업계획서를 작성하여 문화체육관광부장관의 승인을 얻어야 한다.

호텔건립 계획은 특정장소를 선정하여 일시에 대규모의 자본을 투자하는 고정비율이 큰 산업이다. 따라서 불확실한 기업환경의 효율적, 합리적 운영을 위해서는 사업계획팀의 인적 구성이 매우 중요함을 인식하여야 한다.

01 설계단계

1) 기획설계

건축주가 설계자에게 사업의 의의를 명확하게 설명하고 방향을 설정하여 사업 착수부터 준공 후 운영에 이르기까지를 예시하는 것을 말한다.

설계자는 건축주측에서 만든 제반 기획자료 및 타당성조사에 대해 설계자문, 유사설계 비교, 용도, 적정규모, 공사비 등에 대하여 자문, 자료조사, 부지조사 등을 통해 건축주의 사업방향을 명확하게 해준다. 또한 기본계획에 필요한 제반사항을 기본적으로 파악하여 설계목표 및 방향을 설정하고 설계자료를 수집, 분석, 검토, 종합한다.

2) 계획설계

기획설계시 검토되었던 자료와 설계 협의시 사업계획팀과 협의된 사항을 기초로 하여 제반사항을 확정 발전시켜 호텔경영자가 의사결정을 하는 단계를 말한다.

설계개요, 대지활용 및 배치계획, 단위공간계획, 건축계획, 설비 및 전기계획, 설계시공 공정표 등을 말한다.

3) 기본설계

실시계획 작업을 위한 준비단계로서 계획설계에서 미비한 사항을 보완하고 각실 용도, 위치, 면적, 치수를 확정시켜 실시설계에 차질이 없도록 사업계획팀과 최종합의를 한다.

설계개요, 위치도, 조경개념도, 실내외 재료마감표, 각층 평면도, 입면도, 일반 단면도, 주요 부분 단면설계도, 구조개요도, 개략공사비 내역서, 설계 및 공사 공정표, 투시도 · 조감도 등이 이에 해당한다.

4) 실시설계

공사의 주체가 되는 설계도서를 작성하는 작업으로 실시공사에 전혀 지장이 없도록 하여야 한다. 설계회사와 사업계획팀 사이에 합의된 사항을 바탕으로 공사를 원활히 수행하도록 하는 제반 설계업무를 말한다.

5) 설계요구서

설계자가 사업계획팀의 요구사항을 확실하게 파악함으로써 설계기간의 단축 및 설계변경 등에 의한 비용을 절감하고 설계자가 설계시 사업계획팀의 의도가 최대한 발휘될 수 있도록 하는 것을 말한다.

설계요구서 작성시 유의사항은 다음과 같다.

- 매장면적 비율의 최대화 검토
- 건축공사비 상승을 억제하기 위한 설계명세서의 검토
- 수용능력의 최대화 검토

- 초기비용과 운영비용의 관계에 대한 검토
- 관리부문을 효율화하는 배치 검토
- 고객동선, 관리동선의 검토
- 에너지절약 기기의 검토
- 경쟁력 구비를 위한 시설, 운영의 검토

구분		내용
사업계획 개요		사업계획 일정, 호텔등급 목표, 시설의 수준
대지활용계획		건축 배치 안, 주차장, 향후 증축계획, 고객 및 직원 동선
호텔형태		외관, 높이, 연면적, 랜드마크
시설계획	객실	객실 수, 면적, 구성내용, 복도 폭, 화장실 면적, 영업방침
	로비	주요 기능, 면적, 분위기
	식당, 주방	종류, 면적, 분위기, 영업방침
	연회	종류, 규모, 위치, 분위기, 영업방침, 연회부속시설
	메인 주방 및 각 식당주방	위치, 면적, 주방 운영방안(통합, 별도)
부대시설		종류, 규모, 위치, 영업방침
판매 및 편의시설		종류, 규모, 위치
업무 및 지원시설		필요시설내용
창고		면적, 종류, 위치, 동선계획
직원시설		직원 수, 필요시설 내용 및 규모
옥외시설		종류, 규모, 영업방침

02 사업계획서의 중요성 Business Planning

1) 사업계획서는 창업계획사업의 시행착오를 줄여준다.

사업계획서를 만들다 보면 그 동안 미처 깨닫지 못한 사업의 결점을 발견하게 된다. 흩어진 사업구상들이 한군데로 모이면서 상호 배타적인 점들도 있고 좀 더 준비해야 할 일들도 알게 된다. 전체적인 사업계획의 모습이 드러나면서 계획사업의 전반적인 강점과 약점을 알게 되고 이에 대한 효과적인 대처방안을 다시 한번 강구함으로써 창업계획사업의 시행착오를 줄여준다.

2) 사업 초기, 계획사업의 지침서가 된다.

사업계획서는 사업 초기의 업무추진계획서와도 같은 것이다. 사업이 일단 시작되면 처리해야 할 업무가 많고 시간이 부족하여 여러 가지 대안 등을 검토하고 세부적인 계획을 수립하는 일에 많은 시간을 낼 수 없다.

워낙 일이 바쁘다 보면 눈앞의 일들만 매달리게 되고 당초 추구하고자 한 계획사업의 기본방향, 목적 등의 장기계획을 잊어버릴 수 있다. 이때 사업계획서는 사업의 기본방향을 일깨워주고 유용한 행동지침이 될 수 있다.

3) 잘 만들어진 사업계획서는 투자가나 금융기관의 마음을 움직인다.

사업을 시작하려는 사람들이 겪는 가장 곤란한 것이 자금부족이다. 이 자금부족을 해소하는 방법으로 투자가를 초대할 수 있다. 그러나 이 투자가를 유치할 때 단순히 말로 설명하는 것보다 논리정연하고 설득력 있는 사업계획서는 투자가의 마음을 보다 쉽게 움직일 것이다. 금융기관으로부터 대출을 받을 때도 마찬가지이다. 담보만 있다고 해서 돈을 꿔주는 것은 아니다. 자금을 대출해주고 난 후에 사업이 성장하여 차입금을 상환할 수 있는 능력이 있는지, 사업자의 경영능력은 있는지 등을 종합적으로 판단하기 위해서 사업계획서를 요구한다. 잘 만들어진 사업계획서는 투자가나 금융기관으로부터 원하는 자금을 대출받는 데 있어 큰 힘이 된다.

4) 인·허가기관에서도 사업계획서를 요구한다.

신규사업을 추진하는 경우에 겪는 또 하나의 고충은 업종에 따라 틀리겠지만 관계기관으로부터의 인·허가를 받는 일이다. 최근 정부의 기업활동 규제완화나 행정규제개혁 등으로 사업가들의 경영활동을 제한하는 규제들이 많이 완화되었지만 아직도 사업 인·허가를 위해 관계기관으로부터 허가를 취득해야 하는 일들이 많다. 허가기관에서 요구하는 사업계획서는 대부분 정해진 양식이 있으나, 사업자가 미리 작성해 둔 사업계획서가 있다면 이를 근거로 하여 소정 사업계획서 작성이 용이할 것이다.

5) 사업계획서는 유능한 인재를 영입할 수 있다.

사업계획서를 읽는 또 다른 대상은 함께 일할 사람이다. 많은 회사들이 좋은 사람을 구하는 데 어려움을 겪고 있다. 좋은 사람을 구할 때 높은 임금도 중요하지만 회사의 장래성은 더욱 중요한 직장선택의 요인이 된다. 스톡옵션제의 도입이나 명쾌한 회사 비전의 제시는 도전정신과 창의성을 가진 유능한 인재를 사업멤버로서 영입할 수 있다.

6) 사업계획서는 사업과 관련된 모든 이해관계인에게 활용된다.

사업계획서는 위와 같이 창업자, 투자가, 금융기관, 인·허가기관, 사업멤버뿐만 아니라 창업자의 사업에 도움을 줄 수 있는 모든 이해관계인, 즉 매입처, 매출처 더 나아가 일반고객, 제3자에 이르기까지 사업에 대한 관심유도와 설득자료로 그 활용도가 매우 높다.

03 사업계획서의 내용 Overview of A Business Plan

1) 사업계획서는 안내 역할을 한다.

사업계획서는 '당신의 사업에 대한 미래의 청사진을 예측해 주는, 가령 보물지도와 같이 안내 역할을 하는 문서'이다.

2) 사업계획서는 금융재무사회에서 요구하는 요건을 충족시켜야 한다.

사업계획서를 작성하는 이유는 금융재무사회에서 요구되는 요건을 충족시키려는 것이 가장 중요하기 때문이다. 금융기관인 은행, 창업투자기관, 투자가들은 우리가 모르는 무엇인가를 알고 있다. 가령 1년 또는 2년 이내에 80% 이상의 창업체가 도산한다는 점을 그들은 잘 알고 있다. 그리고 그들은 이처럼 놀라운 실패율의 원인을 철저한 분석과 생각의 결여라는 데서 찾고 있다. 오늘날 중소기업의 90%는 사업계획서를 작성하지 않고 있다. 그 주된 이유는 일반적으로 사업아이디어로부터 출발하여 혼자서 사업경영을 하고 있는 독립창업가이기 때문이다. 시행착오 방식을 통하여 성공적인 사업가가 될 수 있다고 믿는 것은 착각이다. 이는 시간, 재능, 금전상으로 커다란 손실이다.

'계획을 통한 충분한 사고'만이 사업성공을 보다 빠르게, 보다 성공적으로, 보다 덜 고생스럽게 유도한다.

3) 사업계획서의 효익

① 위기에 대처능력을 가능하게 한다.

② 재원을 가져다 준다. 자본주의 세계에서는 자본 없는 아이디어는 아무런 가치가 없다고 말한다. 미래의 전망을 철저히 살펴본 사업계획서를 통하여 성공을 가져다 줄 것이며, 이는 금전적 재원을 불러준다.

③ 사업운영에 따른 보물지도이다. 특정목적을 달성하기 위해 일관된 관심을 갖게 하며, 불확실한 영역으로의 이탈을 방지하여 오류된 영역으로 진입하는 것을 예방한다. 또한 사업이정표에 대한 진행과정을 신중하게 판단할 수 있다.

④ 자신감을 불러일으킨다. 이는 공급업체 및 은행가에게 신용을, 고객에게 매상증가를, 종업원에게는 강력한 유대관계 등을 가져다 준다.

⑤ 대화도구가 된다. 말하는 것도 중요하나 글로 표현하는 것은 보다 큰 영향력을 미친다. 동업자, 종업원, 투자가, 잠재적인 소비자들에게 사업 강점, 사업의 계획을 이해시켜 준다. 그리고 작성된 계획대로 방향에 맞춰 그들은 실행을 도모한다.

4) 사업계획서에 무슨 내용을 포함시키는가 하는 문제이다.

사업계획서는 사업의 성공을 가져오기 위한 모든 정보가 포함되어야 한다. 최고경영자의 요약에서 시작하여 사업목표, 전략, 경영관리, 생산계획의 독특성, 재무상의 예측, 성공을 얻기까지의 전 과정을 사업계획서에 살펴야 한다. 중요한 것으로는 경영자요약, 사업의 기본특성, 마케팅계획, 운영계획, 재무계획 등이다.

① 무엇을 작성해야 하는지에 대해서는 창업 또는 기존 사업의 성격에 따라 좌우된다. 창업사업체는 단편적인 사실들로부터 중요정보들을 개발한다. 이는 여러 단계의 절차과정을 요구한다. 가령 도서관, 상공회의소, 경쟁업체, 회계사, 사업체 출자자들을 면담하여 귀중한 정보를 수집한다. 반면에 기존 사업체는 이미 많은 정보와 재무적 자료를 보유하고 있다. 그러나 시장조사를 통하여 보다 개발, 조정되어야 한다. 가령 기존의 회계자료를 통하여 미래성장이 투영, 예측가능할 수 있다.

② 얼마의 분량으로 작성되어야 하는가 라는 질문에 대해서는 100쪽 분량의 사업계획서도 존재하지만 일반적으로 매출액이 100만 달러 미만의 사업체의 경우에는 10쪽 분량이 보통이다. 중소기업체의 경우에는 30쪽 분량이 적절하다고 본다. 이는 표지, 내용, 부록 등을 모두 포함시킨다.

5) 사업계획서가 필요한 시기는 여러 단계를 거치게 된다.

사업계획서가 필요한 시기는 인생과 마찬가지로 창업체로 출생되어 매각까지 여러 단계를 거치게 된다.

어떤 단계에서는 이런 규칙들을 무시하기도 하나, 일반적으로 사업생명주기는 다음과 같다.

① 타당성과 구상단계 : 사업이 시작되기 이전, 특정인의 장점과 이해와 적합시키는 데 수년에 걸쳐 살핀다.

② 창업단계 : 계획의 첫 단계부터 창업운영의 첫 3개월까지로, 기업가에게 가장 어려운 시기이다.

③ 초기성장단계 : 사업운영의 3개월부터 2년 후까지로, 사업경영상에 많은 어려움을 경험하게 된다.

④ 성장단계 : 창업 2년 이후의 시기이다.

⑤ 안정단계 : 창업 5년 이상으로 사업가가 사업초점과 이해를 소홀히 하기 쉽다.

⑥ 처분단계 : 시장상황, 개인의 경력방향, 소유자의 마음에 따라 좌우되나, 처분시점으로는 어느 시기와도 무관하다.

제3절 사업계획서 작성법

01 업종, 회사 및 그 제품과 서비스

1) 업종 상황

해당 업종의 구조를 파악하고 현재의 상황과 앞으로의 전망을 제시한다. 그리고 시장 규모, 성장 추세, 경쟁자 등에 대해서 간단히 언급한다. 또한 계획사업에 긍정적으로 혹은 부정적으로 영향을 미치는 경제적 추세에 대해서도 논의한다.

2) 회사와 사업의 개념

계획사업의 개념을 설명한다. 즉, 창업할 회사가 무슨 사업을 하려고 하며 어떤 제품이나 서비스를 제공할 것인지 그리고 주요 고객은 누구이고, 누가 될 것인지에 대해 설명한다.

3) 제품과 서비스

주력 제품과 서비스를 설명하고 주요한 제2의 상품에 대해서 언급한다. 제품과 서비스의 독특성을 강조하고, 기존의 제품과 서비스와의 차이점을 설명한다. 그리고 향후의 제품과 서비스의 개발계획에 대해서도 언급한다.

4) 시장진입 및 성장전략

제품과 서비스의 혁신적, 시기적인 이점 등 마케팅 계획에서의 주요 성공변수를 제시하고, 가격책정과 유통, 촉진 및 광고전략을 설명한다. 그리고 최소한 5년 동안의 성장목표와 전략을 제시한다.

02 시장조사와 분석

사업계획서 작성에서 시장조사와 분석은 가장 어려운 부분인 동시에 가장 중요한 부분의 하나이다. 시장조사와 분석을 잘 하려면 충분한 시간을 갖고 시장과 관련된 다양한 자료를 면밀하게 분석할 필요가 있다. 사업계획의 다른 부분들은 시장조사와 분석에 크게 의존한다. 이를테면 예상 매출액 수준은 제조 및 운영계획, 마케팅계획, 재무계획 등에 직접적으로 영향을 미친다. 그러므로 이 장은 사업계획의 다른 부분에 앞서 작성하는 것이 바람직하다.

1) 고객

제품과 서비스에 대한 고객이 누구이고 누가 될 것인지에 대해 구체적으로 논의한다. 잠재고객은 공통적인 성격을 가진 상대적으로 동질적인 그룹으로 분류할 필요가 있다. 고객에 대한 접근 난이도, 고객의 규모, 구매결정까지 걸리는 시간 등을 살펴본다. 그리고 가격, 품질, 서비스 등 구매결정에 영향을 미치는 요인을 기초로 고객의 구매과정을 설명한다.

2) 시장규모와 전망

향후 5년 동안의 전체 시장의 규모를 추정하고 제품과 서비스에 대한 시장부문별, 지역별 시장점유율을 물량과 금액면에서 전망한다. 그리고 산업동향, 사회경제적 추이, 인구이동 등 시장변동에 영향을 미치는 요소들을 살펴보고 최소한 향후 3년 동안의 연간 성장률을 예상한다.

3) 경쟁자분석

경쟁자의 강점과 약점에 대해서 평가한다. 대체가능한 제품과 서비스, 그리고 그것들을 공급하는 회사를 열거한다. 그리고 시장점유율, 품질, 가격, 유통방법, 서비스 등에 기초해서 경쟁적인 혹은 대체가능한 제품 및 서비스와 비교한다. 또한 이들 제품과 서비스의 장점과 약점을 분석하고 그것들이 고객의 욕구를 충족시키지 못하는 이유를 설명한다. 그리고 최근에 어떤 회사가 진입하고 이탈했으며, 그 이유가 무엇이었는지에 대해 살펴본다. 또한 3-4개의 주요 경쟁자를 선정해서 시장진입의 성공과 실패요인을 분석한다. 경쟁자를 분석함으로써 얻을 수 있는 이익은 새로운 혹은 개선된 제품과 서비스를 개발할 수 있으며 상대적으로 우월한 위치를 확보할 수 있다는 것이다.

4) 예상 시장점유율과 매출액

현재 혹은 장래에 예상되는 경쟁에 직면해서 팔 수 있는 제품과 서비스에 관해서 요약한다. 제품과 서비스의 시장규모와 전망, 고객, 경쟁자와 그들의 매출 추이에 기초해서 향후 최소한 3년 동안의 시장점유율과 매출액을 수량과 금액면에서 추정한다.

03 마케팅 계획

1) 전체 마케팅 전략

표적시장의 가격체계와 유통경로하에서 회사의 특별한 마케팅 철학과 전략을 제시한다. 잠재고객이 누구이며 그들과 어떻게 접촉하고 서비스, 품질, 가격, 배달, 보증제도 등을 어떻게 판매에 연결시킬 것인지에 대해 논의한다. 만약에 혁신적이고 비상한 마케팅 전략이 있다면 그것에 대해서도 설명한다. 전국적 혹은 지역적으로 처음 도입할 제품과 서비스를 설명하고 추후의 판매확대에 대한 계획도 논의한다. 또한 계절적인 추이에 대해서도 살펴보고 시즌이 아닐 때 촉진할 방법을 제시한다.

2) C.I.P Corporate Identity Program

(1) 개념

Corporate Identity program의 약자로 기업이미지 통합계획으로 불리며 흔히 DECOMAS Design Coordination As a Management Strategy, 즉 경영전략으로서 디자인 조정 및 통합을 의미한다.

호텔에 있어서 건물의 시설수준을 마무리하는 결정적 역할을 하며 호텔의 심벌마크에서부터 각종 간판, 사인물, 유니폼, 고객용품, 사무용품, 판촉물에 이르기까지 컬러나 lay out 측면에서 디자인의 통일을 통한 호텔이미지 형성에 결정적인 역할을 하는 요소이다.

또한 통일된 이미지의 지속적인 부각으로 경쟁력 강화를 통한 마케팅의 효율을 높이는 수단이다.

(2) 목적 및 효과

① 소비자, 일반대중, 정부, 경쟁자, 유통기구, 하청업자, 납품업자 등 기업의 외부환경집단에 대하여 기업의 목표 실상과 이미지가 동일하게 느끼게끔 하는 전략
② 대외적 수요자에게만 좋은 이미지, 통일된 이미지를 심어주는 것뿐만 아니라 대내적으로 전 직원의 의식개혁 및 단합화로 기업의 실상을 개선해 나가는 작업의 수단
③ 유능한 직원모집, 정부의 지원, 주식 및 자금시장에서 자금조달, 신규시장 개척에 큰 역할
④ 모든 마케팅 전략의 출발점

(3) 기본요소

- Brand
- Symbol mark
- Type face
- Corporate color
- Slogan

(4) 도입동기

① 새로운 회사의 설립, 인수, 합병
② 새로운 분위기 및 경영전략 강조
③ 사업내용의 확대 또는 다각화
④ 해외시장 진출이나 국제화시대의 대응
⑤ 경영환경에 비해 기업이미지가 떨어진다고 판단되는 경우

⑥ 경영위기 및 사업부진의 타개

⑦ 시장경쟁력 강화

⑧ 기업의 큰 사고나 스캔들 등에 의한 마이너스 이미지를 없애려는 경우

3) 가격책정

제품과 서비스에 붙일 가격에 대해 논의하고 주요 경쟁자의 가격정책과 비교한다. 그리고 매출총이익이 유통과 판매, 보증제도, 서비스, 개발 및 설비비용의 상환 등을 허용할 만큼 충분한지에 대해서도 논의한다. 또한 책정된 가격이 제품과 서비스를 받아들이고 경쟁에 직면해서 시장점유율을 유지하고 발전시키며 이윤을 낳을 수 있는지에 대해 검토한다.

4) 판매전략

자체판매, 판매대리점, 유통업자, 기존업체의 판매조직, 다이렉트 판매 등 이용가능한 판매수단을 열거하고 유통경로를 설명한다. 그리고 유통업자, 판매대리점 등의 선정방법을 밝히고 그들 각자가 올릴 예상판매액을 제시한다. 자체판매의 경우 연간 판매사원당 판매액을 제시하고 업종평균과 비교한다. 다이렉트 판매를 이용한다면 이용가능한 매체를 열거하고 예상 반응률을 밝힌다. 또한 초기 및 장기 판매계획을 제시한다.

5) 광고와 촉진

제품이나 서비스가 잠재고객의 관심을 불러일으킬 수 있는 방법을 제시한다. 매체광고, 다이렉트 메일링, 텔레마케팅, 카탈로그, 판촉, 인쇄물, 광고대행사의 활용 등에 대한 계획을 세운다. 촉진 및 광고 캠페인의 일정과 비용을 제시한다.

04 운영계획

1) 지리적인 입지

계획사업의 지리적인 입지를 설명한다. 그리고 입지분석의 결과를 제시한다. 노동력을 이용할 수 있는 정도 및 질, 고객이나 공급자의 접근용이성, 교통편의, 해당 지역의 세금과 법규 등의 관점에서 입지의 장점과 단점 등을 논의한다.

2) 생산전략과 계획

제품의 생산과 관련된 제조과정을 설명한다. 생산비용, 생산능력 등의 문제는 물론 자금조달, 이용가능한 노동력, 기술적인 문제의 관점에서 제조 및 운영계획을 설명한다. 이용가능한 원자재, 노동력, 부품, 생산의 제 경비 등에 대한 분석과 함께 다양한 매출 수준에서의 생산비 및 생산량에 관한 정보를 제시한다. 품질관리, 생산관리, 재고관리 방법을 논의하고 서비스 문제와 관련된 고객 불만족을 최소화하는 방법에 대해서도 설명한다.

3) 설비투자 계획

생산에 필요한 설비를 언제 어떻게 도입할 것인지에 대해 서술한다. 그리고 설비도입에 따른 규모의 경제를 논의한다. 또한 향후 3년 동안 도입할 예정인 설비와 관련해서 설비확장방법과 시기 등을 제시한다.

4) 법규와 법적인 문제

계획사업 그리고 그 제품과 서비스에 적용되는 법률이나 규정에 어떤 것이 있는지, 이를테면 사업을 위한 면허사항, 허가지역, 보건관련 허가사항, 환경 승인사항 등에 대해 논의한다. 그리고 계획사업에 영향을 줄 수 있는 현재 진행 중인 법규의 변동사항에 대해서도 파악한다.

05 재무계획

재무계획은 추정 재무제표의 작성을 통해서 계획사업의 향후 재무상태와 경영성과 등을 제시하는 것이다. 이 같은 재무계획의 목적은 계획사업의 잠재력을 보여주고 구체적으로 소요자금의 규모와 그 타당성을 제시하기 위한 것이다. 재무계획에는 사업계획서의 각 부문계획에 기초하여 추정 손익계산서, 추정 대차대조표, 추정 현금흐름표 그리고 손익분기점 분석이 포함되어야 한다.

추정 손익계산서는 수익과 비용의 측면에서 계획사업의 경영성과를 파악하는 데 사용되며 계획사업의 자본구조를 보여주는 추정 대차대조표는 부채항목을 통해서 자금조달계획을 세우는 데 유용하게 사용된다. 그리고 현금의 유입과 유출을 예측하는 추정 현금흐름표는 계획사업에서의 현금의 운용과정을 보여주고 있다. 또한 손익분기점 분석은 예상 매출액과 비용구조하에서 모든 비용을 커버하는 매출액 수준을 보여준다.

1) 추정 손익계산서

예상 매출액과 그에 따른 제조 및 운영비용을 기초로 하여 최소한 5년 동안의 추정 손익계산서를 작성한다. 그리고 추정 손익계산서 작성의 기초가 된 제조원가 명세서, 판매비 및 일반 관리비 등에 대해서도 논의한다. 또한 예상 매출액이나 이익 목표를 저해하는 주요 위험요소에 대해서도 살펴본다.

2) 추정 대차대조표

최소한 향후 3년 동안의 대차대조표를 작성한다.

3) 추정 현금흐름표

사업 첫 해에는 매달 그리고 다음 2년 동안은 적어도 4분기마다 현금의 유입과 유출을 분석한다.

4) 손익분기점 분석

손익분기점을 계산하고 손익분기점 도표를 그려봄으로써 예상 매출액으로 언제 손익분기점에 도달할 수 있으며, 그 도달의 용이성 및 그 시기를 앞당길 수 있는 방법 등에 대해 검토한다.

5) 자금조달계획

계획사업에 필요한 자금의 규모를 확정하고, 소요자금에서 자기자본을 제외한 자금에 대한 조달계획을 세운다.

06 인원 및 조직계획

1) 조직

회사의 예상 조직도를 제시하고, 부문의 역할 및 그 책임자를 소개한다.

2) 주요 핵심 관리자

주요 핵심 관리자의 이력과 노하우, 직무능력, 과거의 실적 등을 상세하게 기술하고 주어진 역할을 수행할 수 있는 능력을 보여준다. 주요 핵심 관리자의 정확한 임무와 책임을 설명한다.

3) 관리자 급여와 소유권

지불될 급여 및 보너스의 금액과 인센티브 성격으로 관리자들에게 지급될 주식옵션 등에 대해 설명한다. 그들이 과거의 직장에서 받았던 급여와 앞으로 지불될 보상을 비교한다. 그리고 이사회의 규모와 구성에 관한 회사의 철학을 논의한다. 예정된 이사회의 구성원을 제시하고 인적사항을 밝힌다. 또 다른 투자자가 있다면 그들의 주식지분에 대해서도 설명한다.

4) 피고용자 및 기타

피고용자의 고용계약과 기타 계약에 대해 설명한다. 주식의 소유와 처분에 관련된 제한 사항을 지적한다. 사업을 위해 필요한 외부의 지원서비스를 열거하고 회사에서 선정한 법률, 회계, 컨설팅, 은행 등의 조언자들을 제시한다.

07 사업추진일정계획

사업을 시작하고 그 목적을 실현하는 데 필요한 주요 업무의 추진상황을 보여주는 사업추진일정표는 사업계획의 기본적인 부분의 하나이다. 사업추진일정표는 일반적으로 시장조사와 분석, 마케팅계획, 제조 및 운영계획, 재무계획, 인원 및 조직계획 등 전체 사업계획을 구성하는 세부계획의 각 항을 언제부터 언제까지 추진할 것인지를 밝히는 표라고 할 수 있다. 그러므로 사업추진일정표에는 시장조사에서 피고용자의 채용에 이르기까지 일정한 관계가 있는 주요 업무가 모두 포함되어야 한다. 잘 짜인 사업추진일정표는 회사의 구성원들에게는 사업을 효율적으로 추진하게 하며, 투자자들에게는 사업의 성공에 대한 신뢰도를 제고시켜 준다.

제4절 호텔사업계획 및 실시계획

01 기획조사단계

1) 사업타당성^{feasibility} 조사

호텔업은 타 업종과는 다르게 투자규모가 크며, 투자회수기간도 장기간이다. 또한 이익의 실현도 그 규모가 작아 위험도가 크다. 또한 타당성 검증을 통하여 투자규모 및 투자 여부를 결정할 수 있어야 한다.

(1) 타당성 분석의 정의

타당성 분석이란 최종 투자 여부 결정까지 발굴된 사업계획을 대상으로 미래에 예상되는 경제적 가정을 전제로 관련된 모든 요소와 이들의 상호 관계를 고려하여, 특정 사업계획의 성공가능성을 조사, 분석하는 일련의 과정을 말하며, 구체적으로는 신규사업계획에 대한 시장성을 분석하고 사업계획의 건설비용 등 소요자금을 추정하며, 생산원가와 일반관리비 등을 분석 예측하여 추정 재무제표와 현금수지표를 작성한 후, 계획사업의 경제성, 수익성 및 차입원리금 상환가능성 등을 종합적으로 검토하는 것을 말한다.

즉, 새로운 경영에 요구되는 의사결정을 위해 정확한 정보를 수집, 분석하여 계획하고 있는 사업의 성패 여부 및 경제적인 투자 여부를 결정하기 위한 것으로 계획된 신규사업 시설이나 매입하려는 시설에 대한 개발가능성을 확인하는 분석활동이다.

(2) 타당성 분석의 필요성

객관적이고 체계적인 사업타당성 검토는 계획사업 자체의 타당성 분석을 통해 창업회사의 성공률을 높일 수 있다. 따라서 창업자들이 사업타당성 검토를 통하여 구상하고 있는 기업의 여러 형성요소를 정확하게 파악하여 창업기간을 단축할 수 있고, 효율적인 창업업무를 수행한다. 그리고 창업자가 독단적으로 점검해 볼 수 없는 계획제품의 기술성, 시장성, 수익성, 자금수지계획 등 세부항목을 분석, 제시함으로써 해당 업종에 대해 미처 깨닫지 못한 세부사항을 사전에 인지하여 효율적 창업경영을 도모한다. 뿐만 아니라 호텔기업의 구성요소를 정확하게 파악함으로써 경영자의 경영능력 향상에 도움을 줄 뿐만 아니라 계획사업의 균형 있는 지식습득과 보완해야 할 사항을 미리 확인하여 조치를 취할 수 있다.

(3) 타당성 분석의 평가요소

기술성 분석은 소비자가 원하는 제품을 제공하는 데 따르는 제반의 비용을 추정하는 데 필요한 정보를 입수하기 위한 분석을 말하며, 시장성 분석은 지역분석, 입지분석 그리고 공급 및 수요를 예측하는 시장조사로 나누어 설명할 수 있다. 그리고 경제성 분석이라 함은 내부능력 분석, 기술성 분석, 시장성 분석과정에서 입수한 정보를 토대로 생산, 구매, 판매, 일반관리 등에 대한 계획을 수립하는 것이다.

(4) 경제성 분석방법

추정된 미래 현금흐름을 기초로 투자인들의 투자가치를 평가하여야 하는데, 이것을 투자의 경제성 분석이라 한다.

① 평균이익률법

평균이익률법은 투자기간 동안의 연평균이익을 연평균투자액으로 나눈 평균이익률을 기초로 투자인들의 투자가치를 평가하는 방법이다.

장점으로는 현금흐름을 추정할 때 사용된 회계자료를 거의 그대로 이용할 수 있고 일반적으로 이해가 쉽다는 것이다.

단점으로는 회계적으로 계산된 이익을 기초로 하고 있으며 화폐의 시간가치를 고려하지 않고 있다. 따라서 투자안들의 투자가치를 평가하는 기준인 절사율을 합리적으로 정하기가 어렵다.

$$\blacksquare \ 평균이익률 = \frac{연평균이익}{연평균투자액} \times 100\%$$

② 회수기간법

투자자금을 모두 회수하는 데 걸리는 기간, 즉 회수기간을 기준으로 투자안들의 투자가치를 평가하는 방법이다.

장점으로는 이해하기 쉽고, 계산도 간단하다. 또한 투자위험을 감소시켜 준다. 따라서 기업의 유동성을 향상시켜 주고 새로운 투자기회에 유리하다.

단점으로는 회수기간이라는 시간성만을 투자결정의 기준으로 하고 있다. 또한 화폐의 시간가치를 고려하지 않고 있으며, 회수기간 이후의 현금흐름은 무시하고 있다. 따라서 기업의 장기적 성장을 가져오는 장기적 투자안들에 대해서는 투자기회를 놓칠 위험이 있다.

2) 건축계획

호텔건축계획에서는 무엇보다도 고객이 원하는 2C, 즉 쾌적함comfort과 편리함convenience을 고려해야 하는데, 고객에게 그 두 가지를 최대한으로 만족시키기 위해서는 많은 노력이 필요하다. 특히 시설면에 있어서 위생sanitation, 안전safety, 능률speed과 같은 3C 요소를 충족시키지 않으면 안 된다. 제2차 세계대전 후 여행객들의 동향과 사회활동은 급격한 변화를 가져왔다. 이에 따라서 호텔의 건축양식도 놀랄 만한 발전이 있었다. 현대에 와서 호텔경영은 호텔 건축양식의 질이 경영성패의 결정적 요인이 되고 있다고 한다. 호텔이란 시설 그 자체가 상품이기 때문에 건축양식이 우수하지 않으면 경영에 있어 큰 부담을 갖게 된다. 우선적으로 호텔의 성격과 그 규모를 결정하고 나서 경영방침과 자금계획, 그리고 건축계획에 들어가게 된다.

호텔의 입지조건 분석은 도시로서의 평가, 장소로서의 평가, 대지로서의 평가분석을 종합하여 고려한다. 도시로서의 평가분석은 상업조건의 평가를 말하고, 장소로서의 분석은 숙박, 음식, 연회의 입지로 분류하여 그 호텔의 특성에 맞는지 여부를 분석함을 말하며, 대지로서의 분석은 건축설계상의 대지입지요건을 말한다.

시티호텔City Hotel로서의 입지선정은 교통이용상 편리한 위치에 있어야 한다. 터미널terminal호텔은 교통시설을 최우선하여야 하며, 일반적으로 상용commercial호텔의 부지선정에서도 이 점을 고려해야 한다. 그러나 지금까지 대부분의 호텔들은 도심지 번화가에만 부지 선정을 고집해왔지만, 근래에는 교통시설의 발달로 반드시 도심에만 집중할 필요는 없고, 도심으로부터 약 10km 이내에서 부지를 선정해도 무방하다. 또한 주위환경이 양호하고 공기가 좋은 지역으로, 특히 소음이 심하지 않은 곳이 좋으며, 자동차 이용시 진입로 및 주차공간이 양호해야 한다. 마지막으로 주위에 인접한 타 호텔들과의 경쟁 등을 고려해야 한다.

리조트 호텔Resort Hotel의 부지선정에 고려할 사항은 수질이 양호하고 풍부한 물을 얻을 수 있을 것, 수해, 풍설 해 등의 침해가 없을 것, 전망이 좋을 것, 식료품이나 린넨linen류 등 구입이 용이한 지역, 휴양지로서의 성격을 충분히 활용할 수 있는 위치에 있을 것 등이다.

(1) 도시로서의 평가Macro Evaluation

어느 특정도시에 호텔창업을 고려할 때에는, 그 지역을 도시단위로 평가하여 대단위 지역으로서의 위치결정, 도시의 생산력, 도시의 성격, 교통상의 입지조건, 도시의 성장잠재성, 인력수급관계와 경쟁호텔과의 경합 등을 검토하여 판단한다.

호텔 입지로서의 도시분석은 일반적으로 구매력이 큰 상업형 도시가 좋다. 그러나 대도시 주변의 베드타운bed town 도시는 인구가 많고, 구매력이 큰 상업지역이라 하더라도 호텔의 입지로는 부적당하다. 또한 관광지 도시는 계절에 따라 비·성수기의 변동이 커서 호텔경영에 있어서는 연중 일정한 가동률을 유지하기가 어렵다. 대기업의 공장 등이 많은 산업단지 도시는 그곳에 있는 기업들과 운명공동체적인 경향이 강하고, 그 업계 경기의 호·불황에 경영상태가 좌우되기 쉽다.

이상에서와 같이, 도시력 분석 등에서 본 호텔창업의 적지 여부 판단요소에는 여러 가지가 있을 수 있으며, 하나의 통계숫자만이 반드시 유력한 판단자료만은 아닌 것이다.

또한 좋은 입지조건을 지닌 지역에는 이와 같은 호텔시설이 집중되게 되어 과다경쟁을 불러 오게 되는 수가 많다. 문제는 과다경쟁에서도 견디어낼 수 있도록 하는 철저한 사전조사와 검토가 필요하다. 예를 들어, 소입지 내에서의 경쟁력 검토, 그 지역만의 특색, 영업활성화방법 등에 대한 충분한 검토와 함께 그 지역 내에 있는 기존 경합대상 호텔들과 자사호텔 신규계획과의 관련성 등에 대한 조사가 필요하며 인력수급면에 대해서도 사전 검토가 중요하다.

(2) 장소로서의 평가 Micro Evaluation

장소로서의 평가는 소입지 평가를 의미한다. 입지환경에 따라 호텔의 등급, 식음료시설의 구성도 등이 크게 좌우되나, 일반적인 호텔의 입지조건은 교통이 좋고, 소비형 도시시설과 가까우며, 공공업무시설과도 가까운 곳이 좋다.

① 숙박시설 입지조건은 다음과 같다.

　㉠ 주요 교통역에서 가까워야 한다. 도보로 5분 이내일 것

　㉡ 식당가나 점포가 등의 번화가에서 가까워야 한다.

　㉢ 공항 등의 교통이용에 편리해야 한다.

　㉣ 안정되고 한적한 장소는 고급숙박시설에 적지이다.

② 식음료입지

식음료입지는 무엇보다도 번화가에 접속되어 있는 것이 좋다.

③ 연회입지

대연회장, 국제회의장, 결혼식장 등을 가진 시설이 우수한 호텔이 적합한 장소가 좋다. 그리고 충분한 주차공간과 양호한 진입로 동선 등의 접근성이 중요하다.

연회장은 일시적으로 많은 손님들이 이동하므로 이 인원을 동시에 수용할 수 있는 시설이 중요하다. 그러나 반드시 상업입지가 아니더라도 자동차로 진입하기 쉬운 장소이어야 한다.

3) 공간계획

공간계획 Space Program은 호텔설계시에 매우 중요한 사항하다. 호텔은 장기체재자를 위한 레지덴셜 호텔 Residential Hotel과 단기체재자를 위한 트랜지언트 호텔 Transient Hotel로 나눌 수 있다. 호텔의 성격에 따라 공간계획의 구성이 달라지는데 이는 공간배분뿐만 아니라 수익배분에 의해서도 좌우된다.

장기체류자 위주의 레지덴셜 호텔은 보통 식음료부분의 매출이 많은데 객실은 여유 있고, 쾌적함을 주며, 공공부분은 충분한 면적을 할애하고 호화로운 시설이 될 수 있어야 한

다. 단기체류자 위주의 트랜지언트 호텔은 비즈니스 목적의 호텔로 객실면적을 가능한 많이 할애한다. 리조트 호텔은 조망이 좋은 위치에 오락시설 계획을 필요로 한다.

호텔의 계획에 있어서 구획계획Block Planning을 시작하기 전에 각 부문별로 개략적인 규모를 설정하는 것은 배치계획이 호텔기획 측면의 필요도와 일치하는지 여부를 확인하는 데 유효한 수단이 되기 때문이다. 설정된 각 부문별 면적의 균형Balance은 호텔의 규모, 등급Grade, 종류시티 호텔, 비즈니스 호텔, 리조트 호텔 등에 따라 다르다. 지역 내 유사 비교호텔들과 면적구성 비율을 비교하는 것도 규모 설정의 적합 여부를 확인하는 데 유익하다.

최근에는 프랜차이즈Franchise 방식이나 운영위탁방식에 의한 호텔건설들이 늘어나고 있는데, 이 경우 상황에 따라 오너가 제시하는 방법이나, 운영자측에서 제시하는 여러 가지가 있을 수 있다. 이런 운영방식의 호텔계획에서는 운영기준에 적합한 계획을 실행하는 것이 중요하다. 동시에 다음 3가지 지표를 기준으로 해서 계획내용을 체크, 확인해 두는 것이 필수적이다.

① 객실당 면적크기TA/NR

객실 수가 많은 대규모 호텔들에서는 연회, 식음료 기타 부대시설, 공용부분, 후방부문Back Part이 차지하는 면적이 클수록 객실 수에 대한 전체면적Total Area/No. of Rooms이 커지는 경향을 나타낸다. 일반적으로 이러한 부분은 호텔의 등급을 표시하는 지표로써 사용된다. 특별히, 시티 호텔들에서는 객실당 면적이 보통 40~50m² 이상인 것을 볼 때 호텔들 간의 특성 차이가 확연하게 반영한다고 생각된다.

② 유효부분의 전체 바닥면제에 대한 비율유효면적비 : Effective Area/Total Area

호텔의 사업기획에서 수입은 객실, 식음료, 연회 등 각각 다른 부분으로부터의 매출 총계로 구해진다. 호텔의 유효면적비는 시티 호텔에서는 40~50%, 비즈니스 호텔에서는 50~66%를 차지하는 경우가 많다.

③ 객실 층 유효비율총 객실 수/층 면적

객실 층의 유효비율은 전 객실 층 면적에 대한 총 객실 수의 비율을 나타낸 객실평면계획의 밸런스 지표이다.

객실치수_{가로×세로}, 총 객실 수/층 면적, 객실 층 평면형상, 계단 수 등의 수치는 설비계획에 따라 변화한다. 호텔객실 층 평면계획의 특성은 엘리베이터에서 객실까지의 보행거리가 제약되고, 객실정비의 서비스 범위에 따른 객실 수의 한도 등이 고려되어야 한다는 것이다. 이러한 이유에 따라 객실 층의 유효비율은 70% 전후로 집중된다.

호텔의 적정규모는 시장성과 경쟁력에 따르는 것이 원칙이며, 호텔의 규모는 객실 수에 의해서 결정된다. 다소 예외는 있으나 일반적으로 300실 정도까지는 객실 수의 증가에 따라 기준 층의 면적이 커지나, 400실 이상일 경우에는 적정규모가 2,000m² 상한선으로 증가율은 완만하게 된다. 이와 같은 호텔규모와 기준층 바닥면적의 관계는 객실 수 300~400실을 표준으로 할 경우에 나타나며, 이와는 반대로, 기준층의 객실 수가 40~80실 규모에서는 이러한 증가비율은 제한적으로 나타난다.

건설자금의 총액에 의해 대략적인 면적 또는 체적을 계산해 낼 수 있다. 먼저 호텔 전체 객실 수가 결정됨에 따라 체적을 계산해 낼 수가 있는데, 즉 호텔의 객실 수를 결정함에 따라 호텔 전체의 면적과 건축비 등의 어림숫자를 산출해 낼 수가 있다. 또 그 지역 관광시장의 현 상황조사에 의하여 경영목표에 일치되는 잠정고객수를 추정하게 되어 이를 토대로 호텔의 규모를 결정하게 된다. 호텔 건설계획에 있어 참고해야 할 것은 현재의 해당 지역 관광시장 여건뿐만 아니라 미래 관광지 개발 후의 시장상황도 고려해야 한다는 것이다. 그 이유는 그 지역에 호텔이 건설됨에 따라 관광 활성화도 기대되게 됨으로 해서 그 관광지 개발규모에도 커다란 변화를 가져올 수 있기 때문이다.

02 호텔의 부지선정 및 배치계획

1) 부지선정

호텔 부지선정에 있어서 중요하게 고려해야 할 사항 중 하나가 소음이다. 소음 정도가 높은 지역은 시작부터 호텔입지로서는 부적합하다. 그러나 불가피하게 소음발생 빈도가 높은 입지를 선정해야 할 상황이라면 최소한 교통량이 심한 도로나 철로선으로부터 객실면이 향하지 않도록 설계하는 편이 좋다.

도심지 내의 호텔 중에서도 호텔의 성격에 따라 고객의 선호도가 다르다. 시티 호텔인 커머셜 호텔과 레지덴셜 호텔은 도심지에서도 교통이 좋고 여행자의 활동에 편리하여야 하며, 되도록 안정된 위치여야 한다. 아파트먼트 호텔Apartment Hotel은 통풍과 채광 등 거주 조건에 적합하며, 시장 및 오락시설 등 상업지역과 연계되어 교통이 편리한 위치가 적합하다.

리조트 호텔은 기후와 지역풍토의 특색을 가져야 하며, 자동차 교통도 불편하지 않아야 한다.

2) 배치계획

호텔의 배치계획은 여러 통로체계로부터의 호텔접근성과 자동차 진·출입 동선을 충분히 고려한 교통설계계획이 무엇보다도 중요하다. 고객동선은 가능한 현관으로의 주접근로와 주차장과의 관계가 순환되도록 해야 하며, 대규모 행사를 위한 진출입 동선은 일반 고객 진·출입 동선과는 거리를 두고 구분되어져야 한다.

관광지에 건설되는 리조트 호텔은 복도corridor면적이 다소 큰 듯 하더라도 조망이나 쾌적함을 중시하여 앞으로 장래 증축 및 개조가능한 구조로 설계해야 하며, 지하층에는 여러 가지 종류의 레크리에이션 시설을 설계 배치하는 것이 좋다. 도시 시가지에 세워지는 시티 호텔은 부지 확보의 제약으로 인해서 복도면적을 작게 하고 고층화에 적합한 평면형 설계가 필요하게 된다. 아파트먼트 호텔은 리조트 호텔과 시티 호텔의 중간적인 배치 설계방법으로, 특별히 쾌적한 거주환경을 고려하여 통풍 및 채광이 좋은 평면형의 계획이 요망된다.

배치계획은 부지조건 및 호텔의 발주자로부터 제기된 조건들을 기본으로 하여 크게 전체적으로 만들어서 그 가능성을 검토한다. 이는 일반적으로 개략적인 설계계획을 알기 위한 것과는 다르게 이해하기 쉬운 형태로 자세하게 산정하는 편이 좋다. 또한 실제 사례들과의 비교 검토도 이 단계에서 해야 하며, 최종 예산에 대한 개략적 계산Lump Sum 정리도 해당된다.

(1) 객실동의 배치계획

배치계획을 가장 명확하게 표시해야 하는 곳은 객실동의 형태이며, 기준층 평면에 대해서는 같은 요건 중에서도 기본안을 준비하는 것이 먼저 계획을 진행하기 위해 필요하다. 이 단계에서는 기준층을 원형 등 알기 쉬운 형태로 상정한다. 단형의 경우에는 객실의 길이에 한계가 있기 때문에 편복도형, 중복도형도 하나로 단면길이가 정해진다.

원형이나 삼각형 등의 경우는 복도길이를 단축시키기 때문에 사용비가 오르나 결점도 많다는 것을 인식한 다음에 상정하는 것이 바람직하다.

Y형이나 Z형, 중정형 등의 평가는 변형Variation의 하나로 생각한다. 이 단계에서는 기둥배치 등을 가정하기 때문에 유연성 있는 평면으로 포착하는 편이 좋다.

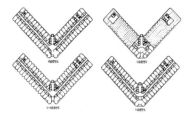

1개의 객실면적과 사용경비에 기준층 바닥면적을 상정할 때 호텔 그레이드의 결정에 의하나, 사용비가 65~75% 사이라면 큰 착오는 없다. 높이는 영업적인 의도와 법규제 등을 감안하고, 또한 종합설계 등의 특별조치의 높이제한 완화에 대해서도 고려한다. 기준층은 경제적 측면에서 보면 가급적 낮은 층 높이가 요구되나, 천장의 높이는 호텔의 그레이드 표현에도 관련되기 때문에 결국 2.9~3.3m 사이의 층 높이가 가장 많다내력벽의 경우 2.8m도 가능하다. 객실동 전체의 높이는 스카이 레스토랑이나 기계실도 고려하여 가정한다. 최고층의 경우는 수압 등의 문제로 중간 수조실이나 저층부의 바로 위에 기계실을 설치하는 경우가 있기 때문에 주의한다.

(2) 저층부의 배치계획

저층부는 부지조건에 따라 객실 고층부에 비하여 유연한 계획을 하는 편이 좋다. 지상부가 몇 층에서 시작되는가를 정하는 것이 가장 중요하나, 숙박객 이외에는 1층을 기준으로 2~3층 내에서의 유동성에 제한을 두어야 하며, 이 이상은 특별한 설계가 필요하다. 저층부 계획은 연회장의 크기에도 좌우되며, 기둥이 없는 연회장을 갖추는 경우는 중층을 피하고 저층부에 우선적으로 위치를 선정한다. 이 단계에서는 평면계획을 할 필요는 없고, 발주자의 의도하는 제 시설의 면적으로 되어 있으면, 대개 좋다고 해야 할 것이다.

대 · 중 · 소의 연회실과 결혼식장 관련시설의 유무, 식음료부문에서는 커

피하우스, 메인 다이닝룸^{Main Dinning Room}, 메인바^{Main Bar}와 한식, 양식, 일식, 중식의 레스토 랑이나 칵테일라운지 등의 유무 또 부대시설로서는 쇼핑 아케이드나 클럽, 수영장, 운동 시설 등의 유무를 확인한다. 또한 로비 등의 퍼블릭 부분의 볼륨이나 주방, 식품고, 검수대 ^{Receiving Deck}나 린넨 창고, 종업원 관련시설, 사무실, 기계실 등의 후방부문이 차지하는 볼륨 을 일단 억제하는 것이 필요하다. 주차장은 법정대수, 그 밖에 호텔의 영업내용에 따라서 는 대규모의 시설이 필요하기 때문에 건설비를 고려하여 저층부 계획에 짜 넣는다. 저층부 의 배치계획은 주 진입로와 정문, 서비스 차량의 출입과 주차장 출입구 등 교통계획과 떼 어놓을 수 없다. 프론트^{Front}와 엘리베이터의 관계를 고려하여 로비의 위치를 가정한다.

(3) 층고 계획

층고는 천장높이에 의해 결정되는데 설비 배선을 감추거나 실내디자인상 기둥^{column}을 감추기 위해 천장^{ceiling}을 붙이는 경우 객실의 높이를 더 높여야 한다. 따라서 층고도 높아 진다. 호텔 객실의 간벽을 기둥^보 밑에 설치함으로써 객실부분의 층고를 낮출 수 있다. 최 상층의 경우 옥상바닥이 직사광선을 받으므로 객실 내 외부 열전달을 차단하기 위한 목 적으로 천장을 붙인다. 설비기계나 수평관을 배관할 때는 기기류의 높이나 수평관의 배관설치에 필요로 하는 공간을 고려하여 천장높이를 결정한다.

층고를 필요 이상으로 높이면 건물이 높아져서 구조적으로 건물의 중 량을 증대시키게 되어 내진력^{earthquake-resistant}이 약해진다. 반대로, 층고 를 너무 낮게 잡으면 천장높이가 낮아져 실내가 답답하게 느껴질 수도 있다.

3) 호텔접근로 주차장

도보 동선과 자동차 동선이 교차되지 않게 한다. 그리고 현관문의 개폐시 호텔로비로부 터의 시야가 차단되게 한다. 서비스 동선은 분리시켜 손님의 눈에 보이지 않게 해야 하며 소음이나 배기가스로 손님에게 불쾌감을 주지 않도록 객실과 떨어진 위치가 좋다.

4) 정원계획

정원은 부지의 넓이나 주변의 환경, 호텔의 성격, 규모, 호텔건물과의 균형을 고려하여 배치한다. 부지의 여유가 없는 경우에는 중앙건물의 오픈공간이나 저층부의 옥상에 정원을 만드는 것을 고려한다.

도심호텔에서는 주로 꽃으로 작은 정원을 만들고, 관광호텔에서는 넓은 잔디밭에 아열대식물 등을 재배하는 것도 좋다.

5) 객실의 배치

각 객실 간의 관리운영이나 설비동선 등을 고려하여 기능적으로 각 층을 배치한다. 일반적으로 층수가 많은 건물에서는 1, 2층의 저층부 또는 지하층에 공공부분과 관리부분의 설비를 배치하고, 3층 이상의 상층부에는 각 객실을 배치한다.

층수가 적은 경우에는 1층에 공공부분이나 관리부분을 배치하게 되는데, 이 경우 각 객실과의 관계나 건물안정 상태를 잘 고려해서 배치해야 하며, 특히 손님의 프라이버시가 훼손되지 않도록 각별히 신경써야 한다.

① 객실 수의 결정

과학적인 시장조사를 토대로 하여 과거·현재·미래에 걸친 소비자 동향을 철저하게 파악하지 않으면 안 된다. 또한 도로교통 변화 동태율 추이, 식자재원가 변화 추이, 노동조건, 건축비, 급수원의 종류, 열원의 종류 등 세밀한 시장의 조사를 필요로 한다.

② 호텔 객실형태 결정

시장조사를 기초로 하여 single room, double room, twin room, suite room 등의 수와 그 비율을 결정한다.

호텔의 규모는 조사한 예상 숙박객 수를 토대로 하여 객실 수를 대략 결정한다. 관광지호텔은 도심지호텔에 비해 계절에 따른 숙박객의 이용률 변동이 비교적 심하다. 그리고 관광지호텔의 경우, 예상 숙박객의 최대 수요가용능력에 맞추어 객실 수를 결정하게 되면 비수기에 잉여객실이 많게 되어 비경제적이므로 최적 수요가용능력에 맞는 탄력성 있는 계획이 필요하다. 반면에 도심지호텔의 객실은 2인용을 전체 기준으로 하고, 관광지호텔의 경우 4인실을 늘리고 1인실은 되도록 줄이는 것이 바람직하다.

03 주차장계획

1) 주차장 특성

호텔에서는 일반고객 이외에도 구매물건 납품 등과 관련해서 업무차 호텔을 방문하는 외부고객들의 주차도 함께 이루어지는데, 원칙적으로는 고객용 차동선과 서비스 업무용 시설의 차동선과는 분명히 구분되어져야 한다.

특히 서비스업무와 관계되어서는 보통 대형차가 들어오기 때문에 천장높이의 고려도 필요하며, 쓰레기 반출차량 등 다양한 차들이 진·출입하므로 고객용 차동선과는 분명히 나누어 설치하는 것이 좋다. 주차장 출입구에서는 경보장치, 보도턱 절단^{Corner Cut}에 대해서도 고려가 필요하다.

2) 주차장 규모의 결정

오피스 빌딩의 경우와 달리 호텔의 주차의무 설치대수는 연회장의 크기 및 객실 수와 깊은 관련이 있다.

최근 상용호텔에서는 자동차를 이용하는 비즈니스맨이 증가하고 있어 객실 수와 주차 대수는 더욱 밀접한 관계를 가지고 있다.

3) 호텔의 소요 주차대수 산정

주차장법 시행령에 의하면 객실 2개당 주차장 1대+부대 운동시설별 산정대수+기타 부대시설면적 40m²당 1대의 비율 이상으로 설계해야 한다. 그러나 주차장법에 의한 주차장 확보가 이루어졌다 하더라도 도시교통정비 촉진법에 의한 교통영향평가에 대해서 전문용

역업체에게 의뢰하여 최종 심의를 거쳐야 하므로 이를 염두에 두어야 한다.

이것은 최초 호텔규모 산정과 더불어 건축계획의 기초적인 필요요구사항이다. 건축법이나 주차장법에 합당하게 계획되었다 하더라도 교통영향평가 심의과정에서 근본적으로 필요한 주차장 확보 규모가 변경될 소지가 있으므로 주차장 확보문제는 많은 연구가 필요하다. 주차장법에서 규정하는 소요 주차대수는 그 최소한의 대수이다. 그러나 교통영향평가에서는 향후 5년간의 교통량 증가를 예상하여 주차장을 확보해야 하기 때문에 주차장법의 소요 대수보다 보통 2배 가까이 소요 대수가 산출되기도 한다. 이는 근래의 폭발적인 교통량 팽창으로 호텔손님들을 위한 서비스적인 측면에서 충분한 주차시설 확보가 호텔 운영에 직접적인 영향을 끼치기 때문이다.

따라서 일반적으로 호텔의 객실 1실당 주차대수는 최소한도 1.0대 이상의 비율로 주차장 확보가 이루어져야 한다.

04 호텔의 평면계획

1) 저층부 평면계획

저층부 평면계획은 연회장계획 및 동선계획이 중요하다. 연회장은 크기와 규모를 어떻게 할 것인지, 몇 개의 소연회장을 확보할 것인지 등에 따라 호텔의 배치와 구조가 결정된다.

로비는 호텔의 첫인상을 말해주는 곳이며, 객실뿐만 아니라 아케이드, 대연회장과도 연결되기 때문에 호텔의 동선계획에서 대단히 중요한 곳이다.

(1) 주출입구 Main Entrance

출입구는 호텔 이용자가 제일 먼저 대면하는 공간이며, 로비를 통해 각각의 공간과 연결시켜 주는 곳이다. 출입구에는 주출입구, 부출입구, 연회장 출입구, 아케이드 출입구, 나이트클럽 출입구, 오락시설 출입구 등 이용객을 위한 출입구와 종업원 출입구, 수화물 출입구 등 서비스용 출입구가 있다. 도시호텔인 경우 투숙객과 방문객 동선을 구분하고, 각 시설의 특성과 안전성을 높이기 위하여 각기 다른 종류의 출입구를 마련하는 것이 좋다. 특히 입구는 알기 쉽고 눈에 잘 띄도록 하고, 야간조명 등을 설치하여 야간에도 위치 파악이 쉽도록 한다.

(2) 로비 Lobby

국제 관광호텔 정비법은 로비를 "손님, 기타의 관계자가 영업시간 중 자유로이 출입하는 현관 및 수용인원에게 맞는 규모의 로비, 기타의 손님 공용으로 제공하는 실이 있을 것"으로 정의하고 있으며, 손님에게 공용으로 제공하는 실은 다음과 같이 갖추어져 있어야 한다고 정의하였다. 현관과 가까이 위치하여 무료로 자유롭게 이용될 수 있도록 하고, 의자 및 테이블이 갖추어져 있으며, 가까운 위치에 공용화장실이 있어야 한다.

① 로비의 기능

로비는 현관, 프론트, 엘리베이터, 계단 등의 모든 동선이 교착하는 중계점으로 호텔을 이용하는 고객들을 서로 연결시켜 주어야 하고, 또 고객이 기다리고 모일 수 있는 공간으로서 역할을 하는 곳이다. 그렇기 때문에 동선은 간결하고, 쾌적하여야 하며, 대기장소로써 알기 쉽고, 또 안정되어야 한다.

화장실 설계시는 어떤 경우에도 플러시 밸브 Flush Valve 소리가 로비에서 들리지 않도록 하고, 로비에서 화장실의 내부가 보이지 않도록 한다. 화장실에는 물건을 놓는 선반이 필요하다.

또한 화장실 내에 파우더 코너 Powder Corner 를 독립시킬지 여부를 체크한다. 여성 화장실은 옷을 갈아입는 공간으로 이용되는 경우도 있다. 로비 내에는 보관한다.

공중전화, 스키대여, 양복 상의대여, 넥타이 대여 등 트렁크룸 Trunk Room 이 필요한 경우도 있다. 재떨이, 휴지통을 확인한다.

당직지배인 Duty Manager 의 위치는 로비 전체를 관리하고, 그다지 손님 눈에 띄지 않는 곳에서 바라보는 위치가 좋으며, GRO Guest Relation Officer 의 위치는 고객이동 동선보다 조금 들어간 위치가 좋다.

로비는 투숙객 이동 동선을 중심으로 설계한다. 현관에 도착한 고객은 이곳 로비로 제일 먼저 들어가게 되며, 숙박이나 식사, 사교를 위해서 이용되는 장소이다. 연회 출입구의 경우, 규모나 운영방법 등에 따라 출구와 입구를 나누는 경우도 있다.

일반적으로 로비는 현관과 접속되어 프론트오피스^{Front Office}와 용이하게 연속될 수 있는 위치가 되어야 한다. 또한 엘리베이터와 계단을 이용하여 객실로 연결되고, 식당이나 오락실의 접근이 보다 용이하게 될 수 있는 장소이어야 한다. 로비는 공용공간^{Public Space}의 중심이 되어 휴식, 면회, 담화, 독서 등 매우 다목적으로 사용되는 공간으로 라운지와는 명확한 구분이 없다. 로비는 현관, 프론트, 엘리베이터, 계단 등의 모든 동선이 교차되는 지점으로 호텔을 이용하는 고객들의 이동을 연결시켜 주어야 하고, 또 고객이 기다리고 모일 수 있는 공간으로서의 역할을 하는 곳이다.

그렇기 때문에 동선은 간결하고, 쾌적하여야 하며, 대기장소로써 찾기 쉽고, 또 안정되어야 한다.

② 로비의 디자인

호텔계획에 있어서 현관, 로비, 라운지는 동선을 보다 세심하게 설계하고, 인테리어면에서도 보다 많은 투자를 하여 쾌적하고 안락한 분위기를 만들어야 한다. 로비는 수평동선이 수직동선으로 연결되는 공간일 뿐 아니라, 외관과 호텔의 전체적인 인상을 보여주는 역할을 하는 공간이다.

이런 의미에서 특히 조형적인 면에 좀 더 큰 배려를 필요로 하는 공간이라 볼 수 있다. 또한 넓은 공간이 요구되는 메인 로비^{Main Lobby}는 프론트와 바로 서비스 동선이 연결되는 위치에 있기 때문에 구조계획상 등한시 할 수가 없다.

로비 면적으로는 프론트, 매점, 엘리베이터, 복도 등의 공간이 제외된다. 로비 등이 두 개 이상으로 분리된 경우에도 그 합계 면적으로 인정되나, 일체적으로 이용되어야 한다. 연회장을 이용하는 고객 출입구와 로비는 대규모 연회장 이용객들이 모이는 대형 클럽을 형성하고, 연회예약이나 행사와 관련하여 고객을 접촉하는 공간이나 연회사무실 등도 설치한다. 이외에도 로비에는 응접라운지, 고객에게 여행이나 그 외의 정보 서비스를 제공하는 카운터, 토산품 등을 위한 쇼핑 등도 고려한다.

(3) 프론트오피스

프론트는 호텔운영의 중심부라 할 수 있기 때문에 호텔경영의 합리화와 사무전산화, 각종 통신설비의 도입으로 모든 관련 업무를 신속하게 연결처리하며 작업능률을 올려서 인

건비를 절약할 수 있도록 한다. 프론트데스크는 메인 출입구나 로비 주위에 설치하여 투숙객이 쉽게 찾을 수 있게 하며, 프론트데스크 후방에 위치하는 오피스와 통할 수 있게 한다. 데스크의 높이는 평균 1m이다.

휴대품보관소, 예치품 선반은 대규모 행사 등의 혼잡에 대비하여 카운터의 길이를 여유 있게 한다. 카운터 길이는 일반적으로 100명당 1m로 한다. 그러나 혼잡한 회의실의 카운터 길이는 3m, 대규모 연회장의 경우에는 5m 이상으로 한다.

2) 연회장 평면계획

도심지 호텔에서 회의장, 연회장, 리셉션, 전시공간 등은 도심적 기능을 수용하는 데 가장 중요한 시설이다. 도시의 다양한 행사를 수용하기 위해서 도심지 호텔은 소, 중, 대규모의 연회 그리고 대형 회의공간을 갖추고 있어야 한다. 그러나 현실적으로 한정된 시설 내에서 다양한 요구를 수용하기 위해서는 공간활용의 유연성이 최대한 요구된다. 대연회장 홀에서 이동식 칸막이를 사용하여 가변성을 높이는 것이 그 한 예이다.

대규모 연회장을 갖춘 호텔에서는 진입로 설계에서부터 숙박객부문과 연회장부문을 분리하는 배려가 필요하다. 각각의 접근로의 분리가 불가능할 경우에는 입구에서부터라도 확실하게 분리시키는 계획이 필요하다. 따라서 연회장 이용고객들의 주차 동선 설계는 별도로 계획하여야 한다. 연회장의 동선은 '출입구 → 로비 → 연회장' 순으로 흐르게 하고, 연회장 후방동선은 '주방 → 식음료 준비공간 → 연회장' 순으로 서비스 동선을 계획한다.

연회장 로비는 너무 협소하지 않게 계획하고, 외부정원을 바라볼 수 있게 설계하여 손님에게 심리적으로 안정감을 주도록 한다. 그리고 대형 행사시에 외부로부터 반입되는 기물과 장비 등의 반출입구를 고려한다.

(1) 연회장 구조관련계획

객실과 연회장은 호텔건물의 구조적인 스팬Span을 결정하는 근본적인 부분이다. 일반적으로 연회장은 대형공간이 요구되기 때문에 객

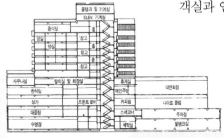

실과는 다른 구조양식^{Frame System}으로 설계되어야 한다. 즉, 연회장은 내부 기둥이 없는 구조양식으로 계획되어야 하는데 보통 호텔운영의 규모에 따라 10~30m의 스팬이 요구된다. 연회장은 긴 간격을 필요로 하는 또 다른 공간들과 함께 객실의 고층 탑 축선 외부에 위치를 잡아야 연회장으로서 요구되는 구조적 디자인 문제를 해결할 수 있다. 종종 이러한 요구들로 인하여 L자의 교차부분, H형태의 다리부분, U자형 평면 등으로 객실 탑 외부에 인접하여 위치하게 된다.

(2) 연회장의 구성요소와 관련된 계획

연회장은 호텔규모에 따라 연회장, 전용 로비, 대기실, 준비실, VIP실 등을 두며 그 위치는 주방과 근접하여 배치하는 것이 좋다. 또한 객실시설과는 명확히 구별하여 소음 등의 방해가 되지 않도록 해야 한다. 특히 대연회장은 화려하면서도 때로는 아무것도 준비되지 않은 공간을 다양한 음향연출과 무대장치 그리고 내부 홀 장식 등에 의해 여러 가지 행사 성격에 맞게 변화시킬 수 있는 계획이 요구된다.

연회장은 단체연회나 국제회의, 결혼피로연 등 각종 리셉션에서 전시행사에 이르기까지 매우 다양하게 사용되므로 연회장에는 무대설치와 함께 조명장치, 음향장치, 동시통역시설, 스피커장치의 계획도 필요하다. 또한 연회 이외의 댄스파티나 칵테일파티를 위한 무대조명과 댄스플로어 등을 각기 다른 행사목적에 맞게 변형설치할 수 있는 설비장치를 해야 한다. 특히 연회실 부분은 객실과는 그 이용목적, 고객층, 이용시간, 서비스 형태에서 다르기 때문에 객실부분과는 다른 공간의 형태, 규모, 설비 등이 요구된다.

3) 식당 평면계획

최근의 호텔들은 다양한 종류의 식당시설들을 자체 내에 갖추고 있다. 보통 기준층에는 투숙객을 대상으로 하는 식당이 위치하고, 그 이외 식당에서는 일반 외부손님들을 대상으로 품격 높은 요리와 서비스를 제공하는 것을 목적으로 설계한다.

일반적으로 식음료시설은 호텔 투숙객뿐만 아니라 도시민의 이용이 많은 시설로서 로비 주변에 집중 배치된다. 시설 종류로는 커피숍, 양식당, 일식당, 중식당, 뷔페식당, 로비

라운지, 칵테일바, 스낵바 등 다양하나, 호텔의 특성과 시장성이 고려되어 시설 구성이 이루어진다. 특히 커피숍은 투숙객보다 외부손님의 이용이 많은 곳으로서 호텔설비의 중심이자 호텔의 이미지를 나타내는 곳이다. 그러므로 커피숍은 호텔 출입구와 로비에서 인접하고 외부로부터 독립된 출입구를 가질 수 있는 곳에 위치하게 된다. 호텔의 식당시설의 종류 및 규모의 결정은 외부 이용자의 빈도, 연회와 회의집회 등과 호텔의 영업방침에 영향을 받고 있다. 또한 다른 호텔이나 외부음식점과의 경쟁도 고려해야 한다.

메인식당은 호텔의 여러 레스토랑 중에서 제일 격이 높은 식당으로서 주로 투숙객을 대상으로 하지만 최근에는 외래객을 대상으로 하는 경우가 많다. 식당면적은 3.3m²당 2~2.5인으로 보고 있고, 식사를 제공하는 업소의 합계면적과 관계 주방면적과의 관계는 호텔의 종별에 관계없이 대개 식당 면적은 주방 면적의 70~80%가 적당하다. 식당에 설치해야 하는 좌석 수는 다음과 같다.

① 시티^{city}호텔에서는 약 0.6석/수용인원
② 리조트^{resort}호텔에서는 약 0.8석/수용인원

각 좌석당 1.3m² 정도이므로 ①은 0.8m²/수용인원, ②는 1.0m²/수용으로 생각해도 좋다. 최근 투숙객의 그릴, 커피숍 이용률이 높아지고 있다. 그릴 등이 별도로 있는 경우 입식좌석을 제공하는 것이 좋고, 식당홀 안에 간이주방이 부속해 있으면 이것을 식당으로 취급해서 그 합계면적을 무엇보다 유효하게 사용하는 것이 필요하다.

(1) 카운터 서비스 레스토랑

카운터와 의자로만 구성되어 있어 가벼운 식사에 적당하다. 면적의 이용률이 높고 어떠한 부지에도 자유로이 설치할 수 있다. 그릴, 카페테리아, 런치룸, 스낵바, 초밥, 꼬치요리 등의 식당이 주로 카운터 서비스 형태를 갖는다. 이 식당은 카운터를 사이에 두고 조리사와 손님이 직접 교류하여 서비스가 신속하다. 조리장은 카운터 주변의 분위기와 청결에 특히 주의한다.

(2) 테이블 서비스 레스토랑

웨이터의 서비스에 의해 요리를 주방에서 테이블까지 나르는 형식이며 인적 서비스의 비중이 높고 인건비와 유지비 등 다른 서비스 형식에 비해 비경제적이다. 일반적으로 이곳을 이용하는 손님의 수준이 높은 편이다. 안락하고 쾌적한 분위기를 연출한다. 설계계획시 손님과 종사원, 주방 등의 동선이 혼잡하지 않게 하며 서비스 통로를 막지 않는다.

숙박객 및 외래객을 대상으로 하고 외래객이 편리하게 이용할 수 있도록 출입구를 별도로 설치한다. 커머셜 호텔의 식당은 다른 호텔에 비해서 절반의 면적이면 충분하고, 리조트 호텔의 경우에는 단시간에 많은 사람들이 이용하므로 충분한 면적이 필요하다.

(3) 커피숍

커피숍은 호텔에서 가장 기본적이면서도 가장 붐비는 곳이다. 일반적으로 로비나 그곳에서 인접한 위치에 있다. 숙박객, 외래객들의 대화나 대기장소로 사용된다. 주로 간단한 식사와 음료를 제공하며, 아침 뷔페 카운터가 배치될 수 있도록 좌석배치에 융통성을 가져야 한다.

(4) 바와 라운지

바와 라운지는 1층 또는 지하에 위치하며, 오락실 부근 또는 그 일부 공간에 설치한다. 그리고 칵테일 라운지는 술 종류를 주로 제공하며, 경양식을 서비스한다. 또 그곳에 바 카운터를 설치하고 담화장소의 기능을 갖추게 한다. 그 외에도 칵테일 라운지, 테라스 바, 풀바 등이 있으며 사교클럽으로 제공되는 경우도 있다.

4) 요리주방 평면계획

주방, 팬트리, 베이커리, 식자재창고, 냉장실, 주방장실, 구매사무소, 검수과 등이 있으며, 서비스 복도와 계단, 엘리베이터로 이들과 연결되며 종업원 출입구와 물품, 식자재 납입장소는 일원화하는 것이 좋다.

주방의 설계는 능률, 경제, 위생의 3가지 요건을 충족시킬 수 있어야 한다. 주방면적은 조리실 이외의 제조설비와 기타 냉동실을 포함하여 전체 식당면적의 44~75% 정도를 차지한다. 조리실은 아주 중요한 부분으로서 일반적으로 식당면적의 25~30% 정도 차지한다. 따라서 제한된 공간에서 여러 설비물의 합리적인 배치로 작업동선을 최소화하는 것이 좋다.

주방의 위치는 식품저장실 및 식당과 동일 층에 두는 것이 작업능률을 올릴 수 있다. 연회장이나 각종 식당이 주방과 동일 층에 없을 때는 계단과 엘리베이터, 리프트 등을 충분히 이용하는 방안을 검토한다. 일반적으로 1, 2층 또는 지하 1층에 위치한다.

주방설계시 고려사항에서 준비된 음식운반이나 기구 등의 안전한 이동을 위해서는 바닥에 계단을 설치하는 것은 절대로 피해야 한다.

5) 부대시설과 기타 시설 평면계획

(1) 부대시설

객실, 식음료시설과 함께 호텔에서 중요한 부분이 부대시설이다.

피트니스 센터에는 헬스클럽을 비롯한 사우나, 스팀룸, 마사지, 선텐룸, 수영장, 미용실, 이용실 등이 있다.

헬스클럽은 호텔의 등급 또는 호텔 이용자의 수에 따라 장비의 구성과 면적을 결정하며 사우나에는 스팀룸, 마사지실 등을 설치한다. 수영장은 특급호텔에서 기본적으로 갖춰야 하는 시설이다. 운영방법은 전체 오픈식, 멤버십, 일반대중에게는 오픈되지 않고 멤버와 숙박객에게만 오픈하는 형식 등이 있다. 수영장은 객실에서 로비나 다른 공공장소를 통과하지 않고 직접 접근하는 동선과 클럽멤버나 숙박객이 로비에서 직접 통할 수 있는 동선계획이 필요하다. 수영장 풀의 크기는 6×12m 이상은 확보해야 하며, 풀 사이드에 데크 공간 3m를 확보해야 한다. 수영장에서도 음식을 제공할 수 있어야 한다.

(2) 기타 시설

① 쇼핑 아케이드

항공사 및 여행대리점의 카운터 위치를 함께 고려하여 기능을 연결시킨다. 대규모 호텔에 많다. 동선은 손님이 이동하기 쉽도록 될 수 있는 한 단거리 동선으로 한다. 쇼핑전용

층인 경우 객실손님이 이용하기엔 거리가 멀어질 수도 있다. 주로 외부손님의 이용비율이 높다.

② 로비형

소규모 호텔에 많다. 약국, 서점, 꽃집 등 숙박, 연회 손님만 이용하는 경우가 많다. 로비의 분위기를 잃지 않도록 배려한다.

③ 멤버십 룸

회원제로 보통 한 층 전체를 사용한다. 작은 방과 키 보틀^{Key Bottle}, 테이블과 편안한 의자 등으로 구성된다. 식사, 주류, 음료가 가능하며, 라이브 뮤직으로 안락하고 편안한 분위기를 연출한다.

6) 기계부분

보일러실, 공기조화 및 배풍기계실, 전기실, 변전실, 발전실, 펌프실, 영선실, 급·배수 기계실 등이 있다^{설비계획에서 자세한 설명}

7) 종업원 전용 사무 및 후생시설

종업원 및 관리부분은 접객부분, 요리주방부분, 기계부분과 종업원 전용의 사무 및 후생시설부분으로 나뉜다. 접객부분은 다시 용도부분과 세탁설비부분으로 나뉜다.

(1) 접객부분

프론트오피스에 속한 부분은 사무실, 예약실, 교환실, 지배인실, 휴대품보관소^{Cloak Room} 등이 있으며, 객실부분에는 서비스 스테이션^{Service Station}, 린넨실^{Linen Room} 등이 있다.

① 용도관계

용도사무실, 창고, 린넨실, 세면실 등에 각각 종업원이 배속되어 있다.

② 세탁설비

호텔 세탁물의 종류는 객실용품, 공동실용품, 식당용품, 주방용품, 종업원 피복, 숙박객 의류 등이 있다. 청결한 린넨류를 투숙객에게 제공하는 것과 투숙객 세탁류의 빠른 서비스는 호텔업 본질의 서비스로써 중요한 임무이다.

(2) 주방 및 물품관계 평면계획

주방, 팬트리, 베이커리, 식품창고, 냉장실, 주방장실, 구매사무소, 검수과 등이 있으며, 이들을 연결하는 서비스 복도와 계단, 엘리베이터가 있다. 종업원의 출입구와 물품, 식품의 반출입구는 하나로 일원화하는 것이 좋다.

- 종업원 출입구 위치와 종업원의 동선 및 물품의 관리방법을 검토한다.
- 탈의실, 로커룸, 휴게실, 화장실, 식당 등의 크기 및 그 배치와 동선을 검토한다.
- 임원실의 층별 배치를 검토하고 각 부문의 사무실 크기를 파악한다.
- 컴퓨터실, 교환실 등의 배치는 경비문제와 설비문제를 검토하여 결정한다.
  단, 소규모 호텔에서는 프론트에서 교환업무를 함께 하는 경우가 있다.

① 주방

주방은 연회장, 레스토랑, 바 등에 다양한 음식을 제공하는 역할 관계뿐만 아니라 룸서비스를 포함하는 호텔 전체 서비스의 중추이다. 조리사, 바텐더^{Bar Tender}, 웨이터에 이르기까지 호텔 종업원의 60~70% 정도가 직접적으로 주방을 사용하는 자들이다. 따라서 호텔 운영 측면에서 볼 때 주방 전체 계획에서 세부계획에 이르기까지 아주 중요한 의미를 지니고 있다. 그러면서도 레스토랑과 연회장의 경우는 다채로운 음식을 손님의 구미에 알맞게 해주는 것을 원칙으로 하여 메뉴 자체가 다양하여야 하지만, 연회의 경우는 메뉴를 비교적 표준화하는 대신 대량의 요리를 동시에 공급하는 것이 일반적이다.

주방의 설계요건으로는 능률, 경제, 위생이 기본원칙이다. 주방의 면적 중에서 조리실은 주요 부분으로서 일반적으로 식당면적의 25~30%를 차지한다. 호텔의 주방면적은 조리실 이외에 제빵, 캔디 또는 아이스크림 제조 등을 위한 설비와 기타 냉동실을 포함하여 전체

식당면적의 44~75%를 가져야 한다.

최근 주방은 조리나 운반 및 기구의 기계화로 면적이 줄어들었고, 여러 설비물의 합리적인 배치로 작업동선이 줄어드는 추세이다.

주방의 위치는 식품저장실 및 식당과 동일 층에 두는 것이 좋으며, 인접해 있으면 작업능률을 올릴 수 있다. 일반적으로 1, 2층 또는 지하 1층에 위치하는 것이 많다. 조리된 음식이나 주방기구 운반을 위해서 바닥에 단을 두는 것은 절대로 피해야 한다.

② 기계관리실

보일러실, 공기조화 및 팬 룸Fan Room, 전기실, 변전실, 발전실, 펌프Pump실, 영전실, 급·배수 기계실 등이 있다.

③ 종업원 전용의 사무 및 후생시설

종업원 전용출입구, 경비실, 사무실, 남녀 로커룸, 화장실, 욕실, 전용식당, 세탁실, 이용실, 오락실을 설치하여야 한다. 호텔의 영업은 24시간 계속되므로 종업원 숙소는 건물의 일부에, 또는 가까운 위치에 있어야 한다. 시티 호텔이나 번화한 거리의 관광지에 있는 호텔은 최소한의 종업원만 호텔에 숙식하여 통근자가 많으나, 산간벽지에 있는 리조트 호텔은 종업원의 대다수를 숙소에 수용하여야 한다. 종업원 숙소의 침실, 화장실, 욕실은 남녀 구분을 엄격히 구별하여 별동이나 별층으로 하는 것이 좋다. 호텔 전체의 능률과 서비스 향상을 위해서는 먼저 종업원 숙소의 편의를 고려하지 않으면 안 된다.

8) 호텔의 기준층 평면계획

기준층은 호텔의 객실이 있는 대표적인 층으로 기준층의 평면은 규격과 구조적인 해결을 통해 호텔 전체를 통일시켜야 한다. 이와 같은 호텔설계는 기준층 계획부터 시작된다.

기준층의 객실 수는 기준층의 면적이나 기둥간격의 구조적인 문제에 좌우되며, 스팬Span을 정하는 방법으로 2실을 연결한 것을 최소의 기둥간격으로 보면 구조나 시공상의 어려움은 없다. 기둥간격은 실의 크기에 따라 달라질 수 있으나, 보통 '(최소의 욕실 폭+각 객실입구 통로 폭+반침 폭)×2배'로 간단하게 산정된다. 기준층의 평면형은 현복도와 중앙

복도로 한쪽 면 또는 양면으로 객실을 배치한다. 객실의 크기와 종류는 건물의 단부와 층에서 차이를 둠으로써 구분할 수 있다. 동일 기준층에 필요한 것은 서비스실, 배선실, 엘리베이터, 계단실 등이다. 복도의 최소 폭은 1.375m, 최대 폭은 2m로 하고 출입문은 30cm 들어가서 설치한다. 또한 객실 층의 엘리베이터가 홀 양쪽에 있을 경우 폭은 3~3.35m가 적당하고, 한쪽에만 있을 경우 2.25m가 적당하다. 최소 천장높이는 2.25m이다.

memo

학습목표

- ☑ 한국 호텔산업의 현황과 전망에 대해 알아본다.
- ☑ 미래 호텔산업의 전망과 과제는?
- ☑ 호텔기업의 미래 경영전략은?

CHAPTER **12**

미래 호텔산업의
전망과 과제

미래 호텔산업의
전망과 과제

 제1절 한국 호텔산업의 현황과 전망

01 한국 호텔산업의 현황

최근 우리나라도 국민들의 의식구조가 소비지향 패턴으로 변화되고 있음에 따라 호텔은 특정층이 아닌 중산층의 문화생활공간으로 일반화되어가고 있다. 그만큼 호텔문화는 우리 생활 속의 한 부분이 되었다. 이에 따라 호텔경영은 자체 내의 독자적인 경영기법과 서비스기술의 축적에 대한 노력이 필요하며, 정부의 호텔지원과 육성정책의 기본방향은 단기적 지원이나 근시안적 행정조치보다는 호텔업의 자율성과 독자적인 경영능력을 갖출 수 있는 방향에서의 기본적 정책개발이 필요하다. 최근 호텔의 경영추세를 보면 호텔기업도 원가절감을 위해 대규모화 경향을 계속 보이고 있다. 호텔의 대규모화는 곧 객실의 규모로 평가할 수 있다. 이 대규모화의 이점은 호텔이 필요로 하는 수많은 물품의 구입을 대량화함으로써 원가를 크게 줄일 수 있고 건축단가도 내릴 수 있게 되는 것이다. 이러한 이점으로 말미암아 오늘날 국제적 규모의 호텔은 보통 수천 실에 이르기까지 많은 객실을 보유하는 현상을 나타내고 있다.

또한 종래의 객실이 높은 천장 및 넓은 공간에 낭비라고도 볼 수 있는 짜임새 없는 집기·비품을 설치한 데 비하여, 오늘날 새로이 건설되는 호텔들은 적당한 높이의 천장과 규격화된 계기·비품 등을 장치하여 냉·온방 유지관리에 비용지출을 최대한 줄이고 또한 종업원의 직무를 전문화시켜 시감 및 동작연구를 통한 작업시간의 측정에 의한 철저한 인력관리를 하고 있다. 인력관리의 또 다른 방안으로 기계화의 도입이다. 현관업무, 예약업무의 전산처리 및 하우스키핑, 주방, 영선부 등의 기계화 및 자동화가 그 예이다.

종래의 스위트룸은 곧 호화스럽고 넓은 공간의 특실을 의미하였다. 거실과 침실이 구별되어 있는 넓은 공간의 객실을 부유층이 아닌 일반적인 비즈니스맨 혹은 출장 빈도가 높은 세일즈맨에게 사용하기 쉬운 가격에 제공하게 되면 다양한 종류의 객실을 단순화시키고 이를 스위트화함으로써 호텔측에서는 객실수입의 증대를 꾀할 수 있고 고객입장에서는 평등한 서비스를 받을 수 있는 것이다.

02 한국 호텔산업의 전망

향후 우리나라 호텔업의 발전적 방향을 전망해 보면 먼저 호텔은 다기능적 기업으로 앞으로 단순히 숙박과 식사를 제공하는 시설만이 아니고 보다 폭넓은 시설과 서비스를 제공하는 복합적인 사업이 될 것이다.

그리고 호텔경영관리적 측면에서 볼 때 첨단기술의 도입은 호텔산업에 적잖은 변화를 가져올 것이다. CRS를 비롯하여 비즈니스 여행자를 위한 객실의 컴퓨터와 각종 업무용 기기는 물론 회계관리나 객실의 안전관리, 에너지관리 및 환경관리 등도 이에 많은 변화를 이미 가져오고 있다. 또한 호텔의 대체재라 할 수 있는 콘도미니엄, 민박, 펜션, 캠핑장 및 별장 등의 증가 현상으로, 이와 같은 관련 업계와의 문제로서 이들 간의 상호 영향변수를 들 수 있다. 다음으로 호텔산업은 과중한 노동을 요하는 않는 서비스업이므로 어느 정도 높은 연령층에게도 매력적인 직업이 될 수 있을 것이다. 따라서 장래 예상되는 노동력 부족현상을 은퇴자 노동력의 이용으로 해결하는 것도 하나의 바람직한 방안으로 볼 수 있다.

호텔산업에 있어서의 신기술의 도입은 우선 자동화시스템의 발전 및 일반종사원 개개

인의 업무량이 줄어들게 되므로 한 사람의 직원이 여러 가지 종류의 업무를 처리할 수 있는 시간적 여유를 갖게 된다. 이는 한 가지 일에 전문적인 사람보다 다기능적인 사람이 각광받게 될 것이며 호텔경영진도 종사원의 기능개발을 위하여 각종 교육, 훈련에 더욱 힘을 기울이게 될 것이다. 끝으로 호텔의 형태와 제반 여건에 적합한 시장의 최적화 형태를 추구하여 유형별 수요의 세분화현상에 대응할 것으로 예상된다. 또한 각 호텔의 체인화와 이에 따른 마케팅 수단으로서의 상표화 등 시장의 점유율을 높이기 위한 기술적 영업전략이 장기적으로 계속될 것으로 예상된다.

이밖에도 정치, 경제, 사회, 문화, 개인의식 등에서 근본적인 변화와 개혁이 일어난다. 기업들에게도 많은 기회와 위협을 동시에 제공함으로써 미래에 전개될 시장환경에 어떻게 대응하느냐에 따라 기업의 성패가 결정된다. 호텔경영환경변화는 미래의 호텔산업 경영형태를 결정하는 주요한 변수로 등장할 것으로 예상되어 호텔의 경영 대응방안이 필요할 것이다. 또한 호텔산업계는 글로벌 거대 호텔기업군과 특화된 호텔기업군으로 산업계가 양분되어 시장을 과점하는 소수의 글로벌 호텔기업과 틈새시장을 공략하는 이익중시 호텔기업으로 재편될 것으로 예상된다. 따라서 글로벌 네트워크와 제휴를 가진 호텔기업과 작지만 강한 특성화된 호텔기업만이 살아남게 될 것이다.

제2절 미래 호텔산업의 전망과 과제

01 호텔기업의 경영환경 변화

호텔기업의 환경변화는 업종 간 확대될 성장의 격차 및 서비스의 복합화에 대처하며 얼마나 미래 지향적으로 발 빠른 사업구조 전환을 추진해 나가는가가 중요한 관건이 되리라 판단된다. 그리고 이를 위해서는 구조적 변혁과 동시에 고객만족을 목표로 한 경영 전반적 부분의 체질개선 방향에서의 복합적인 경영혁신이 요구된다. 따라서 성공적인 호텔산업의 발전을 위해 새로운 시대에 대비한 호텔산업의 전망과 전반적인 추세를 통해 효율적인 호텔경영에 대해 제안을 하면 다음과 같다.

호텔경영환경 변화의 필요성에 대한 이해와 예측을 하는 데 있어 가장 중요한 것은 고객이므로 호텔기업이 고객에 대하여 면밀한 관심과 긴밀한 접촉 없이는 어떠한 호텔경영도 성공할 수 없다. 지금까지는 고객필요와 선호도만을 중심으로 고객분석이 이루어져 왔는데 미래의 소비자의 변화는 환경변화에 따른 일상적인 변화가 아니라 일순간에 변화하는 소비자의 행동에 많은 관심을 가져야 한다. 그 이유는 가장 가치 있는 고객을 알아보고 보답하기 위한 방편이며, 지속적이고 향상된 고객서비스의 유지와 우수고객 및 충성고객을 더 많이 확보하기 위한 호텔경영이다. 이로써 순식간에 변하는 고객태도 변화를 간파하여 데이터베이스에 의한 고객찾기에 많은 관심을 가져야 한다. 따라서 한 순간의 통찰력과 창의력을 통해 고객이 필요로 하는 것과 욕구가 어떻게 변화하였으며 향후에는 어떻게 변화할 것인가에 대해 전략적으로 파악해야 한다.

02 호텔경영시스템의 변화

영업의 자동화는 객실 수의 증대, 체크인·아웃의 절차상 불편, 각종 서비스문제, 효율적 에너지관리문제, 노동력 절감, 생산성 향상 등 호텔산업이 직면한 문제점을 효과적으로

처리하고 과학적인 경영과 운영, 서비스의 극대화 등은 자동화를 통해 호텔영업의 변화를 가져오고 있다. 영업의 자동화는 호텔에 있어 고객의 구매결정 및 행위의 변화와 새로운 서비스를 제공, 객실재고관리, 고객포트폴리오관리, 수익률관리 등 호텔경영의 의사결정 도구로서 영향을 미칠 것이다. 또한 호텔영업활동 비용절감에 진전되어 과정별로 분해해 보고 저효율적인 요인을 찾아 제거함으로써 생산성과 저비용의 개념에 자동화가 이용될 것이다.

전통적으로 호텔예약은 전화예약이나 제3자를 이용하는 중간유통을 통해 직 · 간접으로 예약영업방식을 취해왔다. 그러나 현재의 많은 호텔기업들이 인터넷을 통한 호텔예약방식에 많은 투자와 관심을 가짐에 따라 호텔과 고객 간의 연계비용을 감소시켜 호텔가격을 줄임으로써 연계비용의 잉여비용을 고객에게 혜택으로 주는 영업전략이 시행되고 있다. 따라서 미래에는 고객이 호텔을 선택할 때 인터넷을 통한 e‒마케팅 및 e‒Biz와 웹에 기반을 둔 예약관리시스템 구축으로 이루어질 것이며, 고객들은 호텔을 선택할 때 얼마나 빠르고 쉽게 호텔예약을 할 수 있는가에 관심을 가질 것이다.

인터넷을 통한 예약관리시스템은 호텔고객의 예약뿐만 아니라 고객 구매시스템화되어 고객 예약시 객실타입 선호도부터 가격, 특별요구사항, 고객의 불평불만의 자료까지 생성할 수 있는 고객관리자료로 발전될 것이다.

맞춤서비스는 과거의 호텔상품은 일률적인 패키지 형태의 서비스상품이 주종을 이루고 있었으나, 현대에는 다양한 고객유형에 맞는 서비스상품을 만드는 것이 필연적인 과제로서 등장했다. 컴퓨터와 관련된 인터넷정보기술에 의해 호텔은 고객에게 저비용 서비스전략을 수행할 수 있게 되었다. 동일한 서비스 품질을 유지함으로써 다양한 고객욕구를 효과적으로 충족시킬 수 있는 다품종 소량 서비스체제를 통해 고객 개개인에 맞는 서비스의 극대화에 노력해야 한다.

상품과 서비스를 결합해 만든 신용어 프로비스의 등장은 고객 개개인의 성향에 맞춘 호텔상품 개발과 부가가치를 동시에 창출시키는 서비스상품 개발 필요성에 시사하는 바가 크다. 즉, 고객 위주의 호텔경영에 따라 고객 개인의 특성화된 서비스 부가가치를 제공하는 일대일 서비스가 필요하게 되었다. 이와 같이 미래의 호텔경영에서는 다양화되는 호텔고객 개개인의 요구나 욕구에 맞춘 눈높이 서비스상품이 등장할 것이다. 기존 호텔상품의 구성이 물적 서비스, 인적서비스, 시스템적 서비스를 통해 고객의 욕구를 충족시킨 크로스

셀링에서 고객 개개인의 눈높이에 맞춘 클로스서비스 또한 버전차별화 서비스인 일대일 마케팅이 필요할 것이다.

03 지역 특수성을 고려한 경영

호텔경영방식 중 지역의 특수성을 호텔경영에 도입할 것이다. 지역 특수성을 고려한 경영은 국내에서 추구하고자 하는 중소규모 호텔사업에 적합한 경영으로서 관심을 가질 필요가 있다. 초특급호텔에서 경영하는 영업방법을 추구할 것이 아니라 자사의 고객 특성과 핵심역량을 가지고 지역의 특성에 맞는 상품으로 고객을 유치하는 전략이 필요하다.

04 호텔경영의 아웃소싱 확대

미래의 호텔기업의 효율적인 구조조정을 위한 수단으로서 전략적 아웃소싱의 활용이 적극적으로 모색되어야 할 것이다. 호텔의 경쟁력 회복을 위해서 고비용 구조를 효율적으로 개선하는 것이 시급한 호텔기업들도 외부자원을 활용하여 자사의 약점을 보완하는 아웃소싱을 적극 도입하여 고비용 체질을 개선할 필요가 있다. 호텔업의 아웃소싱 방식은 제3자 위탁방식, 분사 개념인 자회사방식, 매각방식 등 3가지 형태로 나타날 것이다. 이와 같이 호텔의 아웃소싱 방법은 다양한 형태로 나타나지만 미래의 호텔전문 아웃소싱의 형태는 주제별 아웃소싱이 등장할 것이다. 이것은 호텔사업의 확대로 인한 컨벤션 및 대규모 스포츠 이벤트, 연회행사시 아웃소싱사가 가지고 있는 개별적 핵심역량을 가지고 전문분야를 분담하여 호텔 이벤트를 수행하는 형태로 발전할 것이다. 더 나아가 향후 미래의 신호텔 경영기법은 새로운 아웃소싱인 네트워크형 아웃소싱 또는 co-sourcing이 있다. 네트워크형 아웃소싱이란 핵심역량이나 핵심제품 이외의 모든 기능을 아웃소싱으로 하고 공급업체와 수평적 네트워크를 형성하여 시너지 효과를 제고시키는 형태로서 복수의 주체가 각각 서로의 경영자원을 공유하고 상호 보완적으로 활용하는 형태다.

05 호텔 지식경영의 활용

새로운 시대의 경영 패러다임의 변화 중 가장 크게 나타나는 것이 지식, 정보 및 서비스를 기반으로 하는 지식경영이다. 따라서 호텔기업도 예외일 수는 없으며 시장의 변화와 소비자의 태도에 빠르게 적응하기 위해 지식경영을 도입함으로써 조직구성원의 지식 창출과 활용, 공유를 극대화하여 새로운 경영 패러다임을 형성하여야한 다.

호텔경영을 추구하는 데 중추적인 역할을 하는 것은 호텔에서 고객과 직접 접촉하는 일선 종사원이다. 따라서 종업원 개개인의 역량개발에 집중적인 지원을 함으로써 종사원의 학습을 권장하여 지식을 공유할 수 있는 보상과 권한이임을 강화해야 한다.

지식경영은 타 호텔과 다른 차별적 서비스를 할 수 있는 기회를 제공함으로써 호텔의 경쟁력 우위를 점할 수 있으며, 고객들은 이미 기존의 경쟁력을 중요하지 않게 생각하기 때문에 지식경영을 통한 호텔의 역량과 서비스 개발은 미래에 초점을 두고 이루어져야 할 것이다.

06 호텔관리자의 역할증대

호텔경영이 자동화되고 경영정보가 신속 정확하게 제공되면서 효율적인 정보분석이 가능해졌다. 따라서 예전의 관리자들의 업무인 보고서 작성 및 분석 등은 최고경영자들이 직접 컴퓨터를 조작해서 쉽게 산출해 낼 수 있게 되었다. 이것은 호텔경영의 새로운 흐름으로 조직의 구조조정을 통한 조직이 슬림화되면서 여러 부서에서 경영훈련을 쌓아 2~3인의 역할을 감당해내는 역량을 호텔에서 요구하게 되어 미래의 호텔관리자는 기존 호텔경영과 관련된 뛰어난 자질이나 능력이 필요할 것이다.

미래의 호텔관리자 역할은 서비스와 경쟁력으로 성공적인 호텔관리를 하여야 하는데 그것은 고객정보관리의 과학적인 접근방법과 종사원관리로서 집약될 수 있다. 이것은 호텔기업환경으로부터 새로운 정보를 평가하는 것과 고객의 정보에 대한 다양한 상황들을 이해하여 경영에 반영하는 것, 종사원과의 인간 교류로서의 인적 관리가 주요한 관리능력으로 평가될 것이다.

07 중저가 호텔^{budget hotel}의 출현

최근 호텔산업도 고품격 및 고가격 호텔타입에서 기능적인 호텔을 선호하는 쪽으로 바뀌면서 각 호텔업계는 이에 대응가능한 새로운 마케팅 전략 구축의 필요성이 대두되었다.

숙박기능, 콘퍼런스기능, 비즈니스기능 및 다양한 서비스 등으로 종래 호텔의 기능을 더욱 강화한 복합화된 호텔들도 있으나, 호텔시장의 환경변화에 따라 앞으로 확대가능한 새로운 유형의 호텔상품으로 나타나고 있는 것이 바로 객실판매 중심호텔, 즉 버젯호텔이 등장할 것이다. 유럽의 중저가 체인호텔들이 국내에도 등장함으로써 기존 호텔업계의 판도변화와 함께 관광객의 숙박형태도 크게 바뀔 것으로 예상된다.

또한 정부의 중저가 호텔 육성책으로 「관광숙박시설 확충을 위한 특별법」을 지정하여 서울시 행정구역을 8개권을 선정하여 중소규모의 호텔을 건립하는 데 지원하기로 하였다. 이를 구체적으로 추진하기 위해 관광진흥법상 관광호텔업의 하나로 분류하던 것을 종합관광호텔과 일반관광업으로 이원화하여 일반관광호텔업에 중저가 호텔대상으로 분류하여 지원의 차별화를 마련했다. 따라서 향후 국내 호텔산업에서도 더 다양한 형태의 중저가 호텔이 등장할 것으로 예상된다.

08 호텔기업의 미래경영전략

관광산업 중에서도 큰 비중을 차지하고 있는 호텔업의 기능과 역할은 우리나라에 입국하는 외래관광객의 절대 다수가 관광숙박시설을 이용한다는 사실과 함께, 국민다수의 생활수준과 의식수준의 변화에 따른 휴식과 여가의 활용공간 제공이라는 사회문화 복지적차원에서 관광호텔업에 대한 새로운 인식의 제고가 필요하다. 또한 규모의 경제 실현과 전문인력에 대한 투자로 전문성 확보, 무한경쟁환경에서의 다각적인 통합을 통한 경쟁력 확보, 호텔마케팅, 기술개발에 의한 호텔운영의 변화 및 서비스상품의 다양화 등 호텔기업의 경영대응능력으로 볼 수 있다. 따라서 정부는 국민 여가생활에 중추적인 역할기능을 갖는 호텔업의 건전한 육성발전을 위해 장기적 안목에서 각종 규제의 완화와 함께 관련법제도 등의 정비를 통한 정책적 지원을 활발히 전개하여 나가는 것이 절실히 필요하다 하겠다. 새로운 경영전략을 개략적으로 정리하여 살펴보면 다음과 같다.

① 현재 관광호텔업계에서는 급변하는 경영환경하에서 새로운 경영기법의 도입을 통한 합리적 경영에 맞추고 있다. 환경변화에 적극적으로 대응하는 마케팅 전략으로 객실판매 중심형 호텔이 등장하고 있는데, 이런 객실판매를 중심으로 하는 전문화 경향이 유행하고 있다. 또한 유명 호텔브랜드의 확산에 따른 체인화로 새로운 기술이 적극적으로 도입되고 있다.

그리고 인력채용에 있어서 미숙련 종사원보다는 숙련된 종사원을 채용하려는 전략을 시도하는 것도 특이한 사항이다.

② 관광호텔업계에서는 이윤을 남기기 위한 마케팅 전술로서 마케팅 계획을 세우고 소유자나 경영자가 직접 참여하며, 판매원은 판매에만 열중하도록 하고 관련자 모두가 판매에 나서고 적극적으로 광고해야 한다. 또한 대중매체와의 관계이해도를 높이고 이윤이 높은 소비시장을 찾아 가용객실당 수입을 충분히 이해하는 운영촉진방안을 파악해야만 한다.

③ 호텔 수익성 향상을 위하여 판매 종사원을 더욱 생산적이게 하려면 판매시간에 회의를 하지 않아야 한다. 또한 회의는 판매부분을 책임지고 있는 관리자가 직접 주도해야하는데 회의는 항상 이유가 있으며, 오해가 없도록 문서화해야 한다는 것을 명심해야 하며 회의자료를 회의 참석자들에게 미리 알려 회의에 대한 의문점이 없도록 하고 참석자 모두가 회의에 대비할 수 있도록 하여야 한다.

회의자료에는 상품지식에 대한 사항들이 포함되는 것이 좋으며 판매기술이나 시간관리 등 판매 훈련내용을 포함시키는 것이 좋다. 제한시간을 정해서 가능한 빠른 시간 내에 마치는 것이 좋지만 참석자 모두가 참여할 수 있는 기회는 부여해야 한다. 참가자들을 위협하는 방식으로 회의를 진행해서는 안 되고 유머를 통해서 분위기를 살리도록 한다. 그 회의를 통해서 동기부여의 기회가 될 수 있도록 하며 주간 정기회의 같은 경우 특정한 날과 시간을 정해서 참석자들에게 자신들의 일정을 조정할 수 있도록 해야 한다.

④ 성공적인 식음료 운영전략을 세우기 위해서 전반적인 호텔 내부의 식음료조직을 체크해 보아야 하고 컨설턴트를 통하거나 외부의 레스토랑 경영자와 계약을 할 수도

있다. 호텔기업 경영전략은 다기능적^{multi-functional}이어야 한다. 그 내용으로는 호텔사업 영역확대 전략을 세운다거나 정보재 및 인터넷의 조직구조 등에 우수한 인력확보와 양성에 힘을 기울인다든가 하는 다양한 내·외부 추진력이 오늘날 호텔기업의 전략을 결정하는 데 근원을 제공할 것이다.

참고문헌 및 인용문헌

21C호텔경영학(2006). 호텔경영학, 현학사

김경한(1999). 호텔레스토랑산업의 경영전략, 백산출판사

김경한(2011). 호텔경영학, 백산출판사

_____(2004). 서비스기업의 심리적 대기모형에 관한 연구. 경기대학교. 박사학위논문.

_____(2004).서비스기업의 심리적 대기모형에 관한 연구. 경기대학교.박사학위논문.

김대권(1999). 관광인적자원관리, 백산 출판사

_____, 관광인적자원관리, 백산출판사, 1999

김동승(1999). 음료학개론, 백산 출판사

_____, 음료학개론, 백산출판사, 1999

나정기(1995). 메뉴관리론, 백산 출판사

_____, 메뉴관리론, 백산출판사, 1995

박유식(1999). 지각된 대기시간과 서비스 생산시간이 품질평가에 미치는 영향.

_____(1999). 지각된 대기시간과 서비스 생산시간이 품질평가에 미치는 영향.

_____(2000). 대기시간이 서비스품질평가에 미치는 영향. 마케팅연구.

_____(2000). 대기시간이 서비스품질평가에 미치는 영향. 마케팅연구.

송성인(2002). 최신호텔경영론, 백산 출판사

_____, 최신호텔경영론, 백산출판사, 2002.

안대희 · 박종철 · 송수익 · 정주영(2011). 대왕사

원석희(1998). 서비스품질경영, 형설출판사

_____, 서비스품질경영, 형설출판사, 1998

원유석 외(2007). 연회. 컨벤션경영론, 한올출판사

_____ 외(2007). 호텔산업의 인적자원관리, 한올출판사

_____(2005). 서비스회복패러독스의 조절변수에 관한 연구. 경기대학교. 박사학위논문

_____(2006). 호텔객실실무론, 백산 출판사

_____(2008). 호텔서비스마케팅, 대왕 사

_____(2009). 호텔사업계획, 대왕사

_____(2010). 호텔식음료서비스실무론, 백산 출판사

_____(2011). 호텔경영학총론, 대왕 사

_____, 호텔경영학총론, 대왕사, 2011

_____, 호텔식음료서비스실무론, 백산출판사, 2010

원융희(2004). 호텔레스토랑 창업프로젝트, 백산출판사

유정남(1998). 호텔경영론, 기문 사

_____, 호텔경영론, 기문사, 1998

이봉석 외(2002). 관광사업론, 대왕 사

_____, 관광사업론, 대왕사, 2002

이순구 · 박미선(2010). 호텔경영의 이해, 대왕사

이유재(1994). 서비스마케팅, 학현사

_____(2000). 고객만족 연구에 관한 종합적 고찰. 소비자학 연구.

_____(2000). 고객만족 연구에 관한 종합적 고찰. 소비자학 연구.

_____, 서비스마케팅, 학현사, 1994

이정학(2006). 호텔경영의 이해, 기문 사

_____, 호텔경영의 이해, 기문사, 2006

이화인 외(2001). 호스피탈리티산업의 이해, 백산 출판사

_____, 호스피탈리티산업의 이해, 백산출판사, 2001

조정은(2005). 대기시간이 서비스품질평가 및 재 구매 의도에 미치는 영향과 그 변수에 관한 연구. 서울대학교. 석사학위논문.

_____(2005). 대기시간이 서비스품질평가 및 재 구매 의도에 미치는 영향과 그 변수에 관한 연구. 서울대학교. 석사학위논문.

최정길(2010). 호텔경영학, 21세기사

최훈(2000). 포도주의 그 모든 것, 행림출판사

_____, 포도주의 그 모든 것, 행림출판사, 2000

한진수 외, 호텔경영론, 형설출판사, 2003.

_____(2003). 호텔경영론, 형설 출판사

허정봉 · 송대근(2010). 호텔경영학의 만남, 대왕사

Abrams, Michael and Paese, Matthew(1993), "Wining and Dining the Whiners," Sales and Marketing Management, Vol. 145 (2)

Andreasen, A.R. & A. Best(1977), "Customers Complain-Dies Business Respond?," Harvard Business Review, 4(1).

Berry, Leonard A. and Parasuraman, A.(1991), Marketing Services: Competing Through Quality. New York: The Free Press.

Berry, Leonard L., Valarie A. Zeithaml & A. Parasuraman[1990], "Five Imperatives for Im-pro-ving Service Quality," Sloan Management Review, 31[Summer].

Biter, M.J., B.H. Booms & M.S. Tetreault[1990], "The Service Encounter: Diagnosing Fa-vo-ra-ble and Unfavorable Incidents," Journal of Marketing, 54[January].

Bitner, Mary Jo, Bernhard H. Booms & Mary Stanfield Tetreault[1990], "The Service En-co-u-n-ter: Diagnosing Favorable an Unfavorable Incidents," Journal of Marketing, 54[January].

Blodgett, J.G.[1994], "The Effects of Perceived Justice on Complainants'Repatronage Inten-tions and Negative Word-of-Mouth Behavior," Journal of Consumer Satisfaction, Dissatisfaction and Complaining Behavior, 5.

Boshoff, Christo [1997], "An Experimental Study of Service Recovery Options," Internation alJournalofServiceIndustryManagement,Vol.8[2]

Cathy, Goodwin & Ivan Ross[1992], "Consumer Responses to Service Failures: Influence of Pro-cedural and International Fairness Perceptions," Journal of Business Research, 25.

Chung, beth and K. Douglas Hoffman[1998], "Critical Incidents. Service Failures That Matter Most,"

CornellHotelandRestaurantAdministrationQuarterly,[June]

Day & Muzaffer Bouder[1978], "Consumer Response to Dissatisfaction with Services and In-tangibles," in H. Keith Hunt[ed.], Advances in Consumer Research, Ann Arbor, MI: Asso-ci-ation for Consumer Research.

Dube, Laurette & Manfred F. Maute[1996], "The Antecedents of Brand Switching, Brand Loyalty and Verbal Responses to Service Failure," Advances in Service Marketing and Management, 5.

_____[1996], "The Antecedents of Brand Switching, Brand Loyalty, and Verbal Responses to Service Failure," inAdvanceinServiceMarket ingandManagement,TeresaSwartz,DavidE.Bowen,andStephenW.Browen,eds. Vol.5,Connecticut:JaiPress.

Etzal, Micheal J. & Bernard I. Silverman[1981], "A Managerial Perspective on Directions for Retail Customer Dissatisfaction Research," Journal of Retailing, 57[Fall].

_____[1981], A Managerial Perspective on Directions for Retail Customer Dissatisfaction Research, JournalofRetailing,57[Fall]

Feinberg, R.A., R. Widdows, M. Hirch-Wyncott & C. Trappey[1990], "Myth and Reality in Customer Service: Good and Bad Service Sometimes Leads to Repurchase,"

Journal of Consumer Satisfaction, Dissatisfaction and Complaining Behavior, 3.

Fisk, Raymond P., Stephen W. Brown & Mary Jo. Bitner[1993], "Tracking the Evolution of the Services Marketing Literature," Journal of Retailing, 69[1].

Folkes, Valerie S. and Kotsos, Barbara [1986], "Buyers' and Sellers' Explanations for Product Failure: Who Done It," Journal of Marketing, Vol. 50 [2]

Gronroos, Chrisitan [1984], "A Service Quality Model and Its Marketing Implications," European Journal of Marketing, Vol.18[4]

Heider, F.[1958], The Psychology of Interpersonal Relations, New York: John Wiley.

Hoffman, K.D., S.W. Kelley & H.M. Rotalsky[1995], "Tracking Service Failures and Employ-ee Recovery Efforts," Journal of Service Marketing, 9[2].

Johnston, R.[1998], "The Effect of Intensity of Dissatisfaction on Complaining Behavior," Journal of Consumer Satisfaction, Dissatisfaction and Complaining Behavior, Vol.9

_____[1995], "Service Failure and Recovery: Impacts of Attributions and Process," in Teresa A. Bowen Swartz, E. David & Stephen W. Brown[eds.], Advances in Service Marketing and Management, Greenwich, CT: JAL Press.

Keaveney, Suan M.[1995], "Customer Switching Behavior in Service Industries: An Explora-to-ry Study," Journal of Marketing[April].

Kowalski, Robin M.[1996], "Complaints and Complaining: Functions, Antecedents, and Con-sequences," Psychological Bulletin, 119[2].

Langeard, E.J., Bateson, E.G,. Lovelock, C.H. & E. Pierre, [1981] Services. Marketing; New Insights from Consumers and Managers, Report Cambridge, Ma; Marketing Science Institute.

Levitt, Theodore[1986], The Marketing Imagination : New , Expanded Edition. The Free Press, New York: N.Y.

Maxham, James, Ⅲ & R. Netemeyer[2003], "Firms Reap What They Sow: The Effects of Shared Values and Perceived Organizational Justice on Customers'Evaluations of Complaint Handling," Journal of Marketing, 67[January].

McCollough, Leonard L, Berry, and Manjit S. Yadav[2000], "An Empirical Investigation of Customer Satisfaction After Service Failure and Recovery," JournalofserviceResearch,Vol.3[2]

McCollough, M.A., L.L. Berry, M.S. Yadav[2000], "An Empirical Investigation of Customer Sa-tisfaction after Service Failure and Recovery," Journal of Service Research, 3[Novem-ber].

Miller, D.T. & M. Ross[1975], "Self-Serving Biases in the Attribution of Causality: Fact or Fiction?," Psychological Bulletin, 82[2].

Murray, Keith B. & John L. Schlacter[1990], "The Impact of Services versus Goods on Consumers's Assessment of the Perceived Risk and Variability," Journal of the Academy of Marketing Science, 18[Winter].

National Accounts of OECD Countries, 2004

Oliver Richard L and Wayne S. DeSarbo[1988], "Response Determinants in Satisfaction Judgements", Journal of Consumer Research, 14 [march]

Parasuraman, A., Zeithaml, Valerie and Bery, Leonard, L. [1985], "A Conceptual Model of Service Quality and Its Implications for Future Research," Journal of Marketing, Vol.49[Fall]

Ross, m. and Sicoly, F.[1979], "Egocentric Biases in Availability and Attribution", Journal of Personality and Social Psychology, Vol.37[3]

Schneider, Benjamin and Bowen, David E. [1999], "Understanding Consumer Delight and Outrage," Sloan Management Review, Vol.41[1]

Scott, William G. & Terence R. Mitchell[1976], "Organizational Theory: A Structural and Behavioral Analysis," Homewood, I 11, Irwin, Co.

Tax, S.S. and Chandrashekaran, M. [1992], "Consumer Decision Making Following a Failed Service Encounter: A Pilot Study," Journal of Satisfaction, Dissatisfaction and Complaining Behavior, Vol. 5.

_____, Brown, S.W., and Chandrashekaran, M. [1998], "Customer Evaluations of Service Complaint Experiences: Implications for Relationship Marketing," Journal of Marketing, Vol. 62 [2]

Weiner, Bernard[1980c], "A Cognitive [Attributional]-Emotional-Action Model of Motivated Behavior. An Analysis of Judgments of Help-giving," Journal of Personality and Social Psychology, Vol. 39

Zemke, R. & C. Bell[1990], "Service Recovery: Doing It Right The Second Time," Training [June].

저자소개

이 준 재

[학력]
- 경희대학교 대학원 관광학과 졸업(호텔관광학박사)

[경력]
- 현) 한남대학교 컨벤션호텔경영학과 교수
    (사)한국관광레저학회 학술부회장
    한국호텔리조트학회 부회장
    (사)한국국제소믈리에협회 부회장
    한국와인소믈리에협회 고문
    한국관광학회, 한국호텔관광학회 이사 등 다수

- Seoul Palace Hotel F&B 근무
- 전) 한국관광호텔업협회 등급평가심사위원
- 건양대학교 예식산업학과 교수 등 다수

[자격사항]
- 호텔경영관리사자격(CHA)
- 국제마스터소믈리에자격(ASI)
- 조주기능사자격(한국산업인력관리공단)
- 식음료관리사, 국제바텐터자격(AHLA)
- 국제파티플래너자격(KPCA)

원 유 석

[학력]
- 경기대학교 대학원 호텔경영학과 졸업(호텔경영학박사)

[경력]
- 현) 한남대학교 경상대학 컨벤션호텔경영학과 교수
    재단법인 국제한식문화재단이사
- 웨스틴조선호텔 식음료서비스 근무
- 밀레니엄힐튼호텔 연회서비스 근무
- 스위스그랜드호텔 식음료서비스, 당직지배인 근무
- 그랜드힐튼호텔 객실관리부장, 휘트니스센터부장,
    인사부장 근무
- 금강산아난티리조트호텔(GHM) 인사부장 근무

- 반얀트리호텔 운영이사 근무

[저서]
- 호텔식음료 서비스관리(Hotel Food & Beverage Service Management)
- 호텔서비스마케팅(Hotel Service Marketing)
- 호텔기업의 정보시스템(Hotel Information System)
- 호텔연회기획관리(Hotel Banquet Planning Management)
- 호텔사업계획(Hotel Business Project)
- 호텔인적자원관리(Managing of Hotel Human Resources)

임 미 라

[학력]
- 세종대학교 호텔관광경영학 석 · 박사

[경력]
- 현) 서울예술전문학교 호텔예술학부 학부장
- (재)충남발전연구원/(재)대전발전연구원 근무
- 강동대학/청주대학교/배재대학교/대덕대학교 외래교수
- 한국관광레저학회/한국콘텐츠학회 논문심사위원
- 한국외식경영학회/대한관광학회/한국호텔관광학회
    정회원

- 커피바리스타2급 심사위원
- KBS2 스카우트 심사위원 출연(ZOO COFFEE)편 방송
- MBC 파워매거진 출연
- SBS 모닝와이드 출연

[저서]
- 관광사업론
- 마이스산업의 이해

호텔총지배인의
호텔경영론

초판1쇄 인쇄 2015년 2월 16일
초판1쇄 발행 2015년 2월 25일

저　　　자 이준재 · 원유석 · 임미라
펴 낸 이 임순재
펴 낸 곳 **한올출판사**
등　　　록 제11-403호
주　　　소 서울시 마포구 성산동 133-3 한올빌딩 3층
전　　　화 (02)376-4298(대표)
팩　　　스 (02)302-8073
홈 페 이 지 www.hanol.co.kr
e - 메 일 hanol@hanol.co.kr

값 26,000원 ISBN 979-11-5685-056-4